LECTURAS SOBRE DERECHO DE TIERRAS

MARÍA DEL PILAR
GARCÍA PACHÓN
(Editora/compiladora)

LECTURAS SOBRE DERECHO DE TIERRAS

TOMO IV

UNIVERSIDAD EXTERNADO DE COLOMBIA

Lecturas sobre derecho de tierras. Tomo IV / Jorge Eduardo Camargo Carvajal [y otros] ; editora/ compiladora María del Pilar García Pachón. -- Bogotá : Universidad Externado de Colombia. 2020.
460 páginas : gráficos, mapas ; 24 cm.

Incluye referencias bibliográficas.

ISBN: 9789587904000

1. Restitución de tierras -- Aspectos jurídicos – Colombia 2. Propiedad de la tierra -- Aspectos jurídicos – Historia – Colombia 3. Propiedad de la tierra -- Aspectos jurídicos – Historia – Brasil 4. Propiedad de la tierra -- Aspectos jurídicos – Historia – Perú 5. Tierras baldías -- Aspectos jurídicos – Colombia 6. Derechos de los indígenas -- Aspectos jurídicos -- Colombia I. García Pachón, María del Pilar, editora II. Universidad Externado de Colombia III. Título

348.4 SCDD 15

Catalogación en la fuente -- Universidad Externado de Colombia. Biblioteca EAP.
julio de 2020

ISBN 978-958-790-400-0

Calle 12 n.º 1-17 Este, Bogotá
Teléfono (57 1) 342 0288
publicaciones@uexternado.edu.co
www.uexternado.edu.co

Primera edición: julio de 2020

Diseño de cubierta: Departamento de Publicaciones
Corrección de estilo: José Ignacio Curcio Penen
Composición: Precolombi EU-David Reyes
Impresión y encuadernación: DGP Editores S.A.S.
Tiraje de 1 a 1.000 ejemplares

Impreso en Colombia
Printed in Colombia

JORGE EDUARDO CAMARGO CARVAJAL
ÁLVARO HERNANDO CARDONA GONZÁLEZ
NINO CAVALLO
JAIME AUGUSTO CORREA MEDINA
JULIANA DE OLIVEIRA SALES
DANIELLA FARÍAS SCARASSATTI
WILLIAM IVÁN GALLO APONTE
JEFFREY LEÓN BALCERO
MYRIAM CAROLINA MARTÍNEZ CÁRDENAS
IVÁN EDUARDO MATIZ SÁNCHEZ
ANDRÉS PARRA CRISTANCHO
GLADYS ROJAS LEÓN
SERGIO ROLDÁN ZULUAGA
HÉCTOR SANTAELLA QUINTERO
CARLOS ALBERTO TELLO MOSQUERA
YEHISON FERNANDO VARGAS MORENO
FERNANDO VARGAS VALENCIA

CONTENIDO

PRESENTACIÓN

El presente tomo de la colección derecho de tierras que me complace presentar es resultado del trabajo realizado por el Grupo de Investigación en Derecho del Medio Ambiente de la Universidad Externado de Colombia. Este libro se socializa ante el público en una época de confinamiento social generada por el COVID 19 que deja diversas lecciones, inclusive en el marco del derecho de tierras, por tanto encuentro pertinente hacer ciertos comentarios respecto de los retos que se han podido evidenciar, en particular la forma en que podrían entrar en conflicto los derechos fundamentales a la restitución, el debido proceso y la participación, con los asuntos propios de la restitución de tierras.

Las dificultades y retos generados por el aislamiento decretado en todo el territorio nacional por causa de la pandemia, y la consecuente declaratoria de emergencia sanitaria mediante la Resolución 385 del 12 de marzo de 2020 del Ministerio de Salud y Protección Social, impulsaron al Consejo Superior de la Judicatura a determinar por medio de diversos acuerdos[1] la suspensión de los términos judiciales, establecer algunas excepciones y adoptar medidas por motivos de salubridad pública y fuerza mayor[2]. Para los asuntos de restitución de tierras es de especial importancia el Acuerdo PCSJA20-11549 del 7 de mayo de 2020 que determinó en su artículo 7.º las excepciones a la suspensión de términos en materia civil:

> Se exceptúan de la suspensión de términos prevista en el artículo 1.º del presente acuerdo las siguientes actuaciones en materia civil, las cuales se adelantarán de manera virtual: [...] 7.3. El proceso de restitución de tierras consagrado en la Ley 1448 de 2011, con excepción de las inspecciones judiciales y diligencias de entrega material de bienes. Todas aquellas actuaciones

---

1 Acuerdos PCSJA20-11517, PCSJA20-11518, PCSJA20-11519, PCSJA20-11521, PCSJA20-11526, PCSJA20-11527, PCSJA20-11528, PCSJA20-11529, PCSJA20-11532 y PCSJA20-11546 del Consejo Superior de la Judicatura.

2 A la declaratoria de la emergencia sanitaria inicial le siguió la declaratoria del estado de emergencia económica, social y ecológica en todo el territorio nacional mediante el Decreto 417 del 17 marzo de 2020 y otra más a través del Decreto 637 del 6 de mayo de 2020

> o diligencias judiciales del proceso de restitución de tierras que no se puedan hacer de forma virtual o que requieran el desplazamiento del personal para su realización seguirán suspendidas.

En estas circunstancias surgen dos interrogantes: ¿puede esta medida asegurar que los sujetos atiendan y den respuesta oportuna a las necesidades de actuación procesal? O, por el contrario, ¿con la virtualidad se termina por sacrificar el derecho al debido proceso? La figura procesal ordenada en este caso es la suspensión impropia, que implica que los despachos pueden seguir adelante con los procesos pero los términos de ejecutoria quedan suspendidos, salvo que se pueda continuar con la etapa que corresponda por medios telemáticos. En la norma no se establecen criterios que permitan delimitar la forma en que el juez debe valorar en cada caso las condiciones de la verificación, o evidenciar que la virtualidad no soslaya el debido proceso, o que la viabilidad fáctica de comunicación admite el ejercicio del derecho de defensa; tampoco se identifican los criterios mínimos que el juez debe verificar, ni las reglas que le exigen examinar asuntos de los que se infieran las condiciones óptimas para adelantar la diligencia que corresponda.

Ante la necesidad de proteger los derechos de las víctimas es importante que el juez se dé a la tarea de valorar las circunstancias particulares de cada caso con el fin de evitar la revictimización por fallas que atenten contra el debido proceso. Aunque diferentes códigos procesales otorgan validez a los actos y actuaciones adelantados a través de medios electrónicos, el ejercicio pleno del derecho de defensa no depende solo del acceso a internet o a una plataforma informática, sino que deben existir las condiciones y las herramientas suficientes que le permitan a la víctima ejercer sus derechos para atender de manera adecuada los requerimientos procesales que correspondan.

Evidentemente, en lo que tiene que ver con la actividad administrativa lo lógico es que se avance en su culminación, como ha ocurrido con la Agencia Nacional de Tierras que en época de confinamiento obligatorio decidió entregar títulos de propiedad y sus correspondientes certificados de tradición y libertad a través de su página web. Es necesario que continúen las actividades administrativas, lo que deja importantes lecciones sobre diversos asuntos, por ejemplo, los costos que se deben asumir al hacer de manera presencial la entrega de títulos, o la economía en tiempo y dinero para los beneficiarios de la medida de manera virtual, entre otros.

La pandemia que se vive a escala global exige que los asuntos de tierras se entiendan también desde la óptica de la necesaria atención a los riesgos sanitarios y medioambientales a los que pueden verse enfrentados los ciudadanos rurales. La propiedad de la tierra y su tenencia no deja de ser un asunto estratégico para el país y la situación actual permite observar cuáles fases de los procedimientos se podrían llevar a cabo presencialmente, y cuáles adelantar sin mayores inconvenientes por medio de plataformas virtuales.

Es claro que tanto el derecho de tierras como las otras ramas del ordenamiento jurídico se deben adaptar para dar respuesta a las nuevas formas y estructuras que asumirá la sociedad en la etapa postcovid 19, y por ello es necesario analizar tanto los efectos de las decisiones normativas excepcionales como el comportamiento de los ciudadanos y las autoridades frente a ellas.

Ahora bien, apartándonos de las decisiones normativas excepcionales, y concentrándonos en los aspectos relevantes del derecho de tierras, el libro que el lector tiene en sus manos cubre algunas de las problemáticas y discusiones más actuales de esta rama del ordenamiento jurídico. La obra se divide en tres partes. La primera está dedicada al estudio del derecho de propiedad y se inicia con el escrito elaborado por Álvaro Hernando Cardona González y Yehison Fernando Vargas Moreno en el que analizan el Decreto 578 de 2018, los procesos de reconocimiento de dominio rural allí establecidos, y la forma en que su puesta en marcha ha dejado en evidencia la informalidad en la titularidad del dominio o propiedad sobre la propiedad rural, procurando aportar elementos que pueden ser útiles para facilitar la interpretación de la norma.

A continuación, en su escrito "Análisis sobre las condiciones de acreditación del derecho de propiedad rural en Colombia: los terrenos baldíos y los derechos de propiedad", el profesor Andrés Parra Cristancho estudia las posturas interpretativas relativas a las condiciones en que se acredita la propiedad privada sobre bienes inmuebles en el régimen jurídico colombiano, recogiendo las más representativas para el debate, y proponiendo una que pretende dar coherencia a las disposiciones normativas al identificar las inconsistencias de las interpretaciones examinadas y la forma en que podrían ser superadas.

Por su parte, Iván Eduardo Matiz Sánchez, Daniella Farías Scarassatti y Gladys Rojas León presentan el documento "Formalización y regularización de la propiedad rural y urbana en Brasil, Colombia y Perú: contexto histórico, normativo y de política, actualidad y prospectiva", en el que describen los fenómenos de informalidad e irregularidad en la tenencia y propiedad de la tierra en esos países, y la forma en que se ha procurado atender la situación.

Desde la perspectiva de los derechos humanos, Jorge Eduardo Camargo Carvajal, delegado para asuntos agrarios y tierras de la Defensoría del Pueblo, analiza en su artículo los programas de acceso a las tierras y la forma en que la Defensoría actúa en defensa de la población campesina.

En su escrito Juliana de Oliveira Sales y William Iván Gallo Aponte estudian el fenómeno de la concentración de fundos y el conflicto que se genera entre los diversos actores del campo, y para ello examinan las estrategias de lucha dirigidas a lograr una reforma agraria, dando particular relevancia a la ocupación de tierras, y procurando identificar si desde el mismo ordenamiento jurídico es posible ejercer violencia sobre algunos ciudadanos.

Cierra la primera parte del libro el texto "La invasión de tierras: su influencia negativa en la gestión del territorio", en el cual su autor, Nino Cavallo, presenta la invasión de tierras como una problemática que incide en la vida social, a la vez que identifica algunos efectos del fenómeno enfocándose en tres unidades hermenéuticas: la gestión territorial, la invasión de tierras *vs.* el rol de las autoridades, y los efectos de la invasión de tierras en el desarrollo social y el medio ambiente.

La segunda parte, dedicada a la ordenación del territorio y a los asuntos étnicos relacionados con las tierras, se inicia con el artículo de Carlos Alberto Tello Mosquera "El catastro multipropósito en Colombia. Una mirada a su implementación desde un enfoque diferencial étnico", en el cual el autor señala la necesidad de que las autoridades catastrales apliquen este enfoque diferencial con el fin de hacer viable la interacción con las autoridades de las comunidades negras a fin de incorporar en el sistema los bienes individuales y colectivos que conforman su territorio.

Por su parte, Jaime Augusto Correa Medina y Myriam Carolina Martínez Cárdenas presentan la forma en que la Agencia Nacional de Tierras ha procurado proteger a las comunidades étnicas en los procesos de acceso a las tierras. El escrito identifica la dimensión jurídica de los derechos de las comunidades indígenas de acceso a la tierra, hace un diagnóstico de la dotación de tierras y las pretensiones territoriales que se han presentado, y da a conocer las propuestas de solución ante las tensiones surgidas.

La tercera y última parte de la obra está dedicada a los asuntos relativos al Acuerdo de Paz y las víctimas, y se inicia con el artículo de Héctor Santaella Quintero y Jeffrey León Balcero, quienes analizan los cultivos de uso ilícito a partir de lo que determina el punto 4.1 del Acuerdo Final, planteando que el Plan Nacional Integral de Sustitución de Cultivos Ilícitos (PNIS) constituye la vía óptima para enfrentar el problema, saldar la deuda estatal con los territorios de la periferia nacional afectados por este flagelo, y ayudar a las comunidades a salir de la ilegalidad en que están inmersas.

A continuación el profesor Sergio Roldán Zuluaga se ocupa de las posibles consecuencias que pueden surgir del mandato constitucional de crear una jurisdicción agraria en cumplimiento de la Reforma Rural Integral, y afirma que es necesario coordinar la restitución de tierras con la actividad de política redistributiva de tierras bajo la competencia de la jurisdicción contencioso administrativa.

Finalmente, en su escrito el profesor Fernando Vargas Valencia identifica a los beneficiarios, determinadores y perpetradores como máximos responsables de las violaciones de derechos humanos. El texto sugiere que existen diversos niveles de responsabilidad y deberes para lograr la reparación de daños con el fin de dar una respuesta eficiente al fenómeno de macro-victimización.

Agradecemos a los autores su participación en esta obra colectiva, calificada como de investigación por los pares externos debido a la calidad de sus artículos. Estamos seguros de que sus aportes serán de gran utilidad para los estudiosos en la materia, para las autoridades y los jueces encargados de estos asuntos y, en general, para aquellos que desean mantenerse actualizados en el derecho de tierras.

Agradecemos también al Departamento de Publicaciones de la Universidad Externado de Colombia y a su extraordinario equipo editorial, y especialmente al señor rector Juan Carlos Henao por impulsar la continuidad y el crecimiento de nuestro Grupo de Investigación y nuestro Departamento.

María del Pilar García Pachón
Directora
Departamento de Derecho del Medio Ambiente

TABLA DE ACRÓNIMOS

ACNUR	Agencia de la Organización de las Naciones Unidas para los Refugiados
ADR	Agencia de Desarrollo Rural
AF	Acuerdo Final
ANT	Agencia Nacional de Tierras
ANLA	Autoridad Nacional de Licencias Ambientales
ANUC	Asociación Nacional de Usuarios Campesinos
ART	Agencia de Renovación del Territorio
ASCOBA	Asociación de consejos comunitarios y Organizaciones del Bajo Atrato
ATER	Asistencia Técnica y Extensión Rural
BID	Banco Interamericano de Desarrollo
BM	Banco Mundial
CCJ	Comisión Colombiana de Juristas
CEDOC	Centro de Documentação Dom Tomás Balduino da Comissão Pastoral da Terra
CEV	Comisión de Esclarecimiento de la Verdad
CIDH	Corte Interamericana de Derechos Humanos
CNMH	Centro Nacional de Memoria Histórica
CNRR	Comisión Nacional de Reparación y Reconciliación
C. Const.	Corte Constitucional
COFOPRI	Comisión de Formalización de la Propiedad Informal
COHAB	Empresa de Vivienda Municipal
Conpes	Consejo Nacional de Política Económica y Social
CPT	Comisión Pastoral de la Tierra
CTE	Comité Técnico Especializado
DANE	Departamento Administrativo Nacional de Planeación

DIGESPACR	Dirección General de Saneamiento de la Propiedad Agraria y Catastro Rural
DIH	Derecho Internacional Humanitario
DNP	Departamento Nacional de Planeación
ELCA	Encuesta Longitudinal Colombiana de la Universidad de los Andes
ENA	Encuesta Nacional Agropecuaria
FAO	Organización de las Naciones Unidas para la Alimentación y la Agricultura
FARC-EP	Fuerzas Armadas Revolucionarias de Colombia-Ejército del Pueblo
FINDETER	Financiera de Desarrollo Territorial S.A.
FISO	Formulario de Inscripción de Sujetos de Ordenamiento Social de la Propiedad
GERA	Grupo de Reforma Ejecutiva
IBC	Instituto del Bien Común
IBRA	Instituto de Reforma Agraria
ICBF	Instituto Colombiano de Bienestar Familiar
IDE	Infraestructura de Datos Espaciales
IGAC	Instituto Geográfico Agustín Codazzi
Incoder	Instituto Colombiano de Desarrollo Rural
INCORA	Instituto Colombiano de la Reforma Agraria
INCRA	Instituto Nacional de Colonización
INDA	Instituto Nacional de Desarrollo Agrario
INS	Instituto Nacional de Salud
INURBE	Instituto Nacional de Vivienda de Interés Social y Reforma Urbana
IRAC	Agencia Internacional para el Estudio del Cáncer
JEP	Jurisdicción Especial para la Paz
MADR	Ministerio de Agricultura y Desarrollo Rural

MINAGRI	Ministerio de Agricultura y Riesgo
MP	Medida Provisoria
MST	Movimiento de los Trabajadores Rurales sin Tierra
MVCS	Ministerio de Vivienda, Construcción y Saneamiento
MVCT	Ministerio de Vivienda, Ciudad y Territorio
NUPRE	Número Único Predial Registral
OEA	Organización de Estados Americanos
OMS	Organización Mundial de la Salud
UNODC	Oficina de Naciones Unidas contra la Droga y el Delito
ONU	Organización de Naciones Unidas
PECIG	Programa de Erradicación de Cultivos Ilícitos mediante aspersión aérea con el herbicida Glifosato
PDET	Planes de Desarrollo con Enfoque Territorial
PETT	Proyecto Especial de Titulación de Tierras
PFPR	Programa de Registro de la Propiedad Rural
PIB	Producto Interno Bruto
PISDA	Planes Integrales Comunitarios y Municipales de Sustitución y Desarrollo Alternativo
PMCV	Programa Mi Casa, Mi Vida
PND	Plan Nacional de Desarrollo
PNIS	Plan Nacional Integral de Sustitución de Cultivos de Uso Ilícito
POT	Planes de Ordenamiento Territorial
PRA	Programa de Reparación Administrativa
PRB	Programa de Restitución de Bienes
PRONAF	Programa Nacional de Agricultura, Fortalecimiento de la Agricultura Familiar
REURB	Regularización del Suelo Urbano

RMC	Región Metropolitana de Campinas
RRI	Reforma Rural Integral
RUPD	Registro Único de Población Desplazada
RUPTA	Registro Público de Predios y Territorios Abandonados
RUV	Registro Único de Víctimas
SBN	Superintendencia de Bienes del Estado
SIG	Sistema de Información Geográfica
SIVJRNR	Sistema Integral de Verdad, Justicia, Reparación y No Repetición
SNCR	Sistema de Catastro Rural
SNPU	Secretaría Nacional de Programas Urbanos
SNR	Superintendencia de Notariado y Registro
SUNARP	Superintendencia Nacional de los Registros Públicos
SVJRNR	Sistema de Verdad, Justicia, Reparación y No Repetición
TPDPC	Tratamiento Penal Diferenciado para Pequeños Cultivadores
UARIV	Unidad para la Atención y Reparación Integral a las Víctimas
UBPD	Unidad de Búsqueda de Personadas dadas por Desaparecidas
UPRA	Unidad de Planificación Rural Agropecuaria
URT	Unidad Administrativa Especial de Restitución de Tierras
URT	Unidad de Restitución de Tierras
VJR	Verdad, Justicia y Reparación
ZIDRES	Zonas de Interés de Desarrollo Rural, Económico y Social

PRIMERA PARTE
DERECHO DE PROPIEDAD Y DOMINIO RURAL

ÁLVARO HERNANDO CARDONA GONZÁLEZ*
YEHISON FERNANDO VARGAS MORENO**

El Decreto 578 de 2018 y los procesos de reconocimiento de dominio rural

SUMARIO

RESUMEN

Desde la especialidad del denominado derecho de tierras o derecho agrario, la ciencia jurídica tiene en Colombia un gran reto para evitar los conflictos sociales que puedan surgir al distribuir la superficie territorial rural entre quienes la desean y se consideran aptos para explotarla, y quienes la poseen materialmente, por el incesante crecimiento de la demanda de nuevas tierras disponibles para explotación agraria o pecuaria, las necesidades también crecientes de recursos naturales no renovables y la obligación constitucional de conservación natural para garantizar el desarrollo sostenible de la Nación.

Pese a que el país ha reconocido la importancia de cerrar la brecha de la pobreza rural y generar los factores para evitar la migración hacia las ciudades de quienes tienen vocación para desarrollar actividades agropecuarias, y ha intentado implementar políticas y legislación para enfrentar estos problemas, hoy persiste la necesidad de garantizar la sostenibilidad alimentaria de una población creciente y satisfacer los anhelos económicos

* Abogado, magíster en Derecho de los Recursos Naturales; docente y miembro del Grupo de Investigación del Departamento de Derecho Ambiental de la Universidad Externado de Colombia, y Procurador Agrario y Ambiental de Boyacá. Correo electrónico: alvarohcardona@hotmail.com.

** Doctor en Filosofía de la Religión del Seminario Anglicano Internacional de Virginia (EE.UU.) y Candidato a magíster en Derecho Procesal y Probatorio de la Universidad de Boyacá; actualmente se desempeña como enlace territorial de la Organización Internacional para las Migraciones, Agencia de Naciones Unidas del Programa de Formalización de la Propiedad Rural de la ANT. Correo electrónico: yehisonfernandovargasmoreno@gmail.com que traen consigo mayores presiones para disponer de más áreas para la explotación agropecuaria.

En un afán por formalizar las tenencias y posesiones de predios rurales con antecedentes registrales que se inician con una falsa tradición, y que han puesto en evidencia la enorme informalidad en la titularidad del dominio o propiedad sobre la propiedad rural, el Estado expidió el Decreto 578 de 2018 generando con ello muchas susceptibilidades que ameritan un análisis con el fin de orientar una posición jurídica unívoca. Y es aquí donde surge el objeto de este artículo elaborado a cuatro manos entre quien debe impulsar los procesos administrativos de formalización apoyando las responsabilidades que en tal materia corresponden a la Agencia Nacional de Tierras (ANT), y quien debe velar por la defensa de los intereses de los campesinos desde el Ministerio Público. Eso sí, sin la pretensión de declarar agotado el debate, pero en cambio aportando elementos desde su experiencia para un mejor análisis.

PALABRAS CLAVE

Bienes baldíos, adjudicación administrativa, campesinos, conflictos sociales, derecho agrario, derecho de tierras, dominio privado, dominio público, tierras.

ABSTRACT

From the specialty of the denominated Land Law or Agrarian Law, legal science has a great challenge in Colombia to avoid social conflicts that may arise when distributing the rural territorial surface between those who want it and can exploit it, and those who possess them materially, due to the incessant growth in demand for new lands available for agricultural or livestock exploitation, the growing needs of non-renewable natural resources and the constitutional obligation of natural conservation to guarantee the sustainable development of the Nation.

Although the country has recognized the importance of closing the rural poverty gap and generating the factors to prevent migration to the cities of men who have a vocation to develop agricultural activities and has tried to implement policies and legislation to address these problems. Today, there is still a need to guarantee the food sustainability of the population and satisfy the economic desires of a growing population, which brings with it greater pressures to have more areas for agricultural exploitation.

In order to formalize the holdings and possessions on rural properties with registration records that begin with false tradition, which have evidenced the enormous informality in the ownership of the domain or property over the rural property, the State issued Decree 578 of 2018, which generates many susceptibilities that merit analyzing and guiding a unique legal position. And there arises the purpose of this four-hand article between who must promote the formalization administrative processes supporting the responsibilities that in this matter correspond to the National Land Agency (ANT) and who must ensure the defense of the interests of the farmers from the Public Ministry. Of course, without the presumption of declaring the debate exhausted, but instead providing elements from their experience for a better analysis.

KEYWORDS

Vacant goods, administrative adjudication, farmers, social conflicts, agricultural law, land rights, private domain, public domain, land.

INTRODUCCIÓN

Es evidente que procurar un acceso equitativo a la propiedad rural productiva ha sido una de las tareas más difíciles a las que se ha debido enfrentar el Estado colombiano. Cada gobierno ha intentado sin éxito implementar una reforma rural agraria (actualmente reforma rural integral). Aún muchos campesinos trasforman el suelo rural para producir alimentos sin tener certeza respecto de la titularidad del dominio sobre sus predios, con lo cual se ha retrasado el pleno cumplimiento del artículo 64 de la Constitución Política. De forma que no puede ser ajeno al derecho de tierras o derecho agrario[1] el reto de estudiar y plantear formas que eviten los conflictos sociales que

---

1 Respecto de las definiciones de derecho agrario o de tierras cfr. A. H. Cardona González (2018a: 447-452).

puedan surgir al distribuir la superficie territorial rural, y reconocer los antiguos derechos de posesión.

La situación de inseguridad jurídica respecto de los predios se agravó cuando la Corte Constitucional sentó el lineamiento jurisprudencial iniciado con los alcances de la Sentencia T-488 (Corte Constitucional, 2014), que si bien enfatiza en el respeto de la propiedad privada e igualmente de la propiedad pública de la Nación, precisa que, de existir en los procesos judiciales indicios que permitan inferir la probabilidad de que se trata de un bien de la Nación, bien porque tenga destinación específica para cumplir un fin normativo o social, o porque sencillamente no se demuestre que aún no se ha despojado del dominio, debe esclarecerse primero esa situación antes de proceder con las sentencias dentro de los procedimientos de pertenencia. Tal imperativo, reconozcámoslo, absolutamente lleno de sentido común, como quiera que los juzgados y tribunales civiles no impedían el reconocimiento de la propiedad por la vía de la posesión, se constituyó en un obstáculo para cumplir con el fin esencial del Estado de promover el acceso progresivo a la propiedad de la tierra a los trabajadores agrarios, pues hizo más complejos, y con razón, los procesos judiciales de pertenencia por medio de los cuales se estaban definiendo las posesiones basadas en falsas tradiciones, complicando con ello la tarea administrativa de clarificación de predios para descartar que fueran baldíos y a cargo de la Agencia Nacional de Tierras (ANT)[2].

De conformidad con el panorama catastral colombiano, actualizado en 2014 por el Instituto Geográfico Agustín Codazzi (IGAC, 2020a), "el área geográfica del país es de 114 millones de hectáreas, mientras que el área catastral es de 101,6 millones de hectáreas, de las cuales el 99,6% es decir 101,2 millones de hectáreas está conformado por áreas rurales". De lo cual

---

2 Por solo poner un ejemplo de esta situación, la Procuraduría Judicial II Agraria y Ambiental de Tunja, una de 33 en todo Colombia, entre 2016 y 2019 presentó 328 solicitudes de clarificación de propiedad ante la ANT. Todas surgieron de la situación generada por las oficinas de registro de instrumentos públicos de Boyacá, cuando en cumplimiento del artículo 18 de la Ley 1579 de 2012 suspendieron las inscripciones de las sentencias proferidas en procesos de pertenencia. De ahí que la ANT esté desbordada en su capacidad operativa para atender en todo el territorio nacional las solicitudes o necesidades de clarificar si un predio es o no baldío.

se deduce que estamos atrasados en definir el catastro, en precisar qué bienes ya salieron del dominio de la Nación, cuáles son baldíos adjudicables, adjudicar los aún disponibles para la producción agraria, y clarificar la propiedad privada. Por ende, la reforma rural integral aún está por ejecutarse.

Se dice frecuentemente que en Colombia el mayor problema de la tierra rural es su inequitativa distribución (Oxfam International, 2020), y parece que se trata de un fenómeno histórico pues, como señala Kalmanovitz (2010: 218), al igual que "otros países colonizados por España, Colombia se caracterizó por una distribución inicial de las tierras y otros recursos económicos realizada de acuerdo con criterios de casta, en una sociedad segmentada entre blancos, mestizos, indígenas y negros esclavos". Sin embargo, nos parece pertinente advertir que aunque estamos de acuerdo en que ese es un grave problema, no lo es en cambio el de la ocupación material; es decir, el problema es de reparto, pues en la práctica una gran parte del suelo rural nacional está ocupado de manera formal, y otra, también importante, de manera informal (p. ej., falsa tradición). Para enfatizar todavía más nuestra afirmación deben considerarse estas cifras:

> Entre 1903 y 2012 el Estado adjudicó 60 millones de hectáreas baldías a personas naturales y jurídicas, y a comunidades indígenas y afro, lo que representa más de la mitad de la superficie nacional, que suma 114 millones de hectáreas (Centro Nacional de Memoria Histórica, 2020).

Aunque no es fácil hallar cifras certeras del porcentaje de ocupación del suelo rural dado que la mayoría de los estudios se centran en la problemática que surge de la concentración de la tierra, comparar el porcentaje de personas con mayores o menores extensiones de tierras rurales permite tener una cifra aproximada de la ocupación total. Por ejemplo: aproximadamente el 86,3% de los propietarios posee 8,8% de la superficie con propiedades de menos de 20 hectáreas; el 10,7% tiene 14,6% de la superficie con propiedades de entre 20 y 100 hectáreas; el 2,6% tienen 14% de la superficie con propiedades de entre 100 y 500 hectáreas, y el 0,4% tiene el 62,6% de la superficie con propiedades de más de 500 hectáreas (Oidhaco, 2013: 3). Al respecto también cabe reseñar las cifras y conclusiones del economista J. Quemba (2018: 32-35).

Entonces, sobre la base de que el problema no es la ocupación material de tierras sino la manera como se reconoce o no la titularidad formal, y cómo puede ser objeto de procesos administrativos de formalización por el Estado, surge el interés de precisar cómo las prescripciones del Decreto 578 de 2018 pueden contribuir a solucionar esta situación. Y este problema no es ajeno al resto del mundo: "La informalidad en la tenencia de la tierra es una problemática global. Sólo 30 por ciento de los derechos de la propiedad en el mundo está formalizado, es decir que 70 por ciento de los predios son informales" (Moreno, 2019).

I. LA PROMOCIÓN DEL ACCESO A LA TIERRA

Como afirma Contreras Pantoja (2019: 331) "... la ordenación del territorio rural no es una discusión zanjada, sino un constante proceso evolutivo que seguirá cambiando conforme a las realidades geográficas, culturales, sociales y económicas de las regiones". Probablemente por esa necesidad de cambio de enfoque en la denominada hasta la Constitución Política de 1991 reforma rural, se ha concebido ahora como Reforma Rural Integral (RRI), que en los términos del párrafo 13 de los considerandos del Decreto Ley 902 de 2017,

> ... busca sentar las bases para la transformación estructural del campo y establece como objetivos contribuir a su transformación estructural, cerrar la brecha entre el campo y la ciudad, crear condiciones de bienestar y buen vivir para la población rural, integrar las regiones, contribuir a erradicar la pobreza, promover la igualdad y asegurar el pleno disfrute de los derechos de la ciudadanía; en aras de contribuir a la construcción de una paz estable y duradera.

Como se verá, la promoción de acceso a la tierra ha pasado de leyes sustantivas que fortalecieron el papel administrativo del Estado con el Instituto Colombiano de la Reforma Agraria (INCORA) y luego con el Instituto Colombiano de Desarrollo Rural (Incoder), a leyes procesales como la Ley 1561 de 2012 que consolidaron el papel judicial. Pero más relevante es que, en tal marco, de los pocos procesos administrativos encaminados a ejecutar esa transformación estructural que se contemplaba en la normatividad antes del Decreto Ley 902, se pasó a diez, entre los cuales se destaca el de formalización de la propiedad, que junto con el de adjudicación de baldíos o tierras expropiadas, es el que más recursos administrativos y esfuerzos emplea actualmente la ANT.

A. ENTRE 1886 Y 1991

Para empezar a tratar verdaderamente la problemática de la distribución de la tierra rural en Colombia, la cual, en palabras de Londoño Ulloa (2017: 47a): "... se cimentó sobre un modelo que privilegió el reconocimiento de la propiedad a partir del cumplimiento de ciertas ritualidades", es necesario saber cómo se transformó la Constitución de 1886. Para describir en qué momento quedó atrás esa concepción y el Estado empezó a transitar por las reformas normativas agrarias, es apropiado traer a colación la reseña de F. Mayorga (2016a) en la que describe cómo surgió ese momento y cómo se avizoraron las dificultades de basar una reforma agraria en la distribución tanto de las tierras baldías como de las expropiadas:

> El siglo XX vio aparecer el nacimiento de los conflictos que generó la llamada cuestión agraria, que cobraron particular vigencia en Cundinamarca y en el Tolima, en casos como los de la hacienda El Chocho y la hacienda Tolima. La controversia se generó por el enfrentamiento de los propietarios, que alegaban su título de propiedad inscrita para obtener la defensa del Estado, y los colonos que, aunque no tenían documento legal alguno, invocaban la posesión que habían mantenido en un determinado espacio geográfico como factor de la defensa de su derecho. Una vez asumió el poder, el presidente Alfonso López Pumarejo reunió un comité de expertos, entre los cuales figuraron los abogados rosaristas Eduardo Zuleta y Antonio Rocha, para que prepararan el proyecto que andando el tiempo se convirtió en la Ley 200 de 1936, conocida con el nombre de Ley de tierras. En ese estatuto se daba prioridad a la posesión material sobre la posesión escrita. Sin embargo, la Ley 200 no tuvo los resultados que se esperaban, en parte por la falta de voluntad política de gobiernos posteriores para darle a la institución de la propiedad el sentido que la reforma constitucional de 1936 le había otorgado, en clara contraposición con las viejas normas del Código Civil decimonónico entonces, como hoy, vigente.

Fue, entonces, una reforma a la Constitución Nacional de 1886 la que permitió empezar a fraguar la reforma en la administración de las tierras rurales.

Y fue con la Ley 200 de 1936 con la que, además, se pretendió aplacar los conflictos sociales sobre la tierra rural, sometiéndolos al régimen jurídico nacional. Era una estrategia con la que se buscaba menoscabar la insatisfacción social. Dicho de otra manera, esta regulación pretendía someter mediante leyes la utilización económica del suelo rural, la clarificación del dominio y la posesión de baldíos (Arboleda Ramírez, 2008: 104).

La Ley 135 de 1961, Ley de reforma agraria, tampoco brindó una solución al problema agrario (Mayorga, 2016b), pues también pretendió

> [...] reformar la estructura social agraria por medio de procedimientos enderezados a eliminar y prevenir la inequitativa concentración de la propiedad rústica o su fraccionamiento antieconómico; reconstruir adecuadas unidades de explotación en las zonas de minifundio y dotar de tierras a los que no las posean, con preferencia para quienes hayan de conducir directamente su explotación e incorporar a ésta su trabajo personal[3].

Pero fue más una formalidad legal para ratificar lo normado por la Ley 200 de 1936, salvo por la importancia de introducir la figura de la Unidad Agrícola Familiar (UAF).

B. EN LA CONSTITUCIÓN DE 1991

Actualmente el artículo 64 de la Constitución Política de Colombia define el marco de acción estatal y social para adelantar la denominada Reforma Rural Integral (RRI), y prescribe, básicamente, que corresponde al Estado promover el acceso progresivo de los trabajadores agrarios a la propiedad de la tierra rural, pero suministrándoles los servicios de educación, salud, vivienda, seguridad social, recreación, crédito, comunicaciones, comercialización de los productos y asistencia técnica, todo con el objeto final de mejorar su ingreso y calidad de vida.

A partir de la asamblea Nacional Constituyente de 1991, órgano que discutió y aprobó la actual Constitución Política, se comenzó a avizorar la necesidad de acompañar el acceso a la propiedad de la tierra rural con apoyo

---

3 Artículo 1.º de la Ley 135 de 135 de 1961.

para su usufructo. Precisamente en ese sentido la Corte Constitucional (1995) terminó por aceptar:

> … si bien es cierto el Estado tiene el deber de promover el acceso progresivo a la propiedad de la tierra, especialmente, a quienes la trabajan, no es menos cierto que tal fin no se logra únicamente con la adjudicación de tierras baldías, que es una forma de hacerlo, sino también con otras políticas, como por ejemplo, la concesión de créditos a largo plazo y con facilidades de pago; la creación de subsidios para la compra de tierras, el fomento de las actividades agrícolas, etc., que también buscan esa finalidad.

Aunque probablemente este último aspecto aún esté muy rezagado, tal como lo advierte el coordinador del Gobierno Nacional para los encuentros de La Habana con las FARC que desembocó justamente en el denominado Acuerdo Final para la Terminación del Conflicto y la Construcción de una Paz Estable y Duradera, "… la mayoría de los avances en materia de pobreza que ha experimentado la ruralidad en los últimos años responde a programas de tipo social que no han estado acompañados por estrategias enfocadas en promover la inclusión productiva" (De la Calle, 2019: 313b).

Por lo tanto, para satisfacer el mandato constitucional incluido en el artículo 13 de la Constitución Política de garantizar a los trabajadores agrarios el acceso progresivo a la titularidad de la tierra en condiciones de igualdad material o sustantiva, el Estado acoge a los campesinos como sujetos de especial protección con derechos constitucionales, (Corte Constitucional, 2012a). A pesar de las políticas agrarias implementadas por los gobiernos, aún con el sano objetivo de democratizar el acceso a la propiedad rural, los campesinos colombianos continúan sumidos en condiciones de pobreza e indignidad inadmisibles. En consecuencia, no es extraño que, en cumplimiento de su papel de salvaguardar la integridad y supremacía de la Constitución Política[4], la Corte Constitucional justifique la adopción de acciones afirmativas que permitan una exigibilidad material de los

4 El primer párrafo del artículo 241 de la Constitución Política establece que, dentro de lo ordenado para la Rama Judicial del poder público, a la Corte Constitucional se le confía "la guarda de la integridad y supremacía de la Constitución, en [sus] estrictos y precisos términos".

derechos de los hombres del campo (Corte Constitucional, 2015) lo cual, a su vez, como ya lo había expuesto en otra sentencia, implica un tratamiento privilegiado de su relación con la tierra tendiente a:

> ... establecer una igualdad no solo jurídica sino económica, social y cultural para los protagonistas del agro, partiendo del supuesto de que [...] la intervención del Estado en este campo de la economía busca mejorar las condiciones de vida de una comunidad tradicionalmente condenada a la miseria y la marginación social... (Corte Constitucional, 2002).

Contando con el marco normativo definido por el artículo 64 de la Constitución Política, la Ley 135 de 1961 fue reemplazada por la Ley 160 de 1994, y fue esta la que, con el objetivo de identificar qué predios eran de propiedad del Estado, cuáles eran los que estaban indebidamente ocupados (lo cual suponía un inventario del territorio rural que nunca se ha levantado hasta hoy) y encaminar acciones para su recuperación con el fin de adjudicarlos, estableció los siguientes procedimientos administrativos: 1. La clarificación, deslinde y recuperación de baldíos indebidamente ocupados, y 2. La extinción del derecho de dominio.

C. ALGUNOS OBSTÁCULOS PARA LA PROMOCIÓN DEL ACCESO A LA TIERRA RURAL

La historia de la ruralidad ha estado ligada a los derechos que se tienen sobre ella, y de manera relevante el de la propiedad (Londoño Ulloa, 2017: 50b), por lo cual es apenas natural que todos los problemas del campo pasen por la relación que tiene quien la transforma con el fundo que trabaja y que le brinda su sustento.

Pero también ha sido permanente reflejo de las precarias condiciones de la inmensa mayoría de quienes trabajan la tierra. De acuerdo con Zuleta (2018), el sector agropecuario debería ser el nuevo petróleo del país, sin embargo, hoy en día los pobladores del área rural son evidentemente más pobres que los de su contraparte urbana. Por ejemplo, en 2017 la pobreza extrema en el campo superó en más de tres veces la de las ciudades (15,4% frente al 5,0%), aspecto que también se refleja en la educación, pues el porcentaje de adolescentes entre los 15 y los 19 años que terminaron la primaria fue casi 10 puntos porcentuales mayor en el área urbana que en la rural (De la Calle, 2019: 309a). Son también esas condiciones de baja autoestima, poca educación y escaso acceso a la capacidad de decisión las que han impedido que se facilite la formalización de los derechos sobre los predios rurales ocupados por los campesinos. De ahí que en la Sentencia C-077 de 2017) la Corte Constitucional haya subrayado que las tres dimensiones del derecho de acceso a la tierra para los campesinos y los trabajadores rurales comprenden: 1. La garantía de seguridad jurídica; 2. El acceso a los bienes y servicios que les permitan realizar sus proyectos de vida, y 3. El acceso a la propiedad de la tierra a través de los mecanismos necesarios.

Otro problema que debe enfrentar la promoción del acceso a la tierra es la realidad topográfica del territorio, lo cual no es de poca monta. Irónicamente, al momento de legalizar las posesiones actuales la riqueza ambiental constituye una dificultad.

> En pocas palabras, se podría asegurar que Colombia está conformado prácticamente en su totalidad por montañas, bosques, extensas zonas planas dedicadas a la agricultura o ganadería o zonas de conservación ambiental, en donde está restringido el desarrollo de nuevas construcciones (IGAC, 2020b).

Lamentablemente también los niveles de violencia e inseguridad tradicionales constituyen un obstáculo para el éxito de los programas de formalización de la propiedad rural.

> [...] el principal impacto del conflicto armado sobre la tenencia de la tierra "es la sustitución del control estatal por los grupos armados irregulares", quienes desplazaron al menos a la mitad del campesinado de las regiones bajo su dominio, en muchos casos para entregarles esas tierras a terceros, y además subordinaron los derechos de propiedad a la tributación (Reyes, 2020).

Ya a finales del siglo XX, matizada por la influencia de los cultivos ilícitos y el narcotráfico, se podía probar ampliamente la estrecha relación entre las tierras campesinas, es decir, la informalidad, y la necesidad de los grupos armados ilegales de ampliar las áreas de cultivos para producir drogas internacionalmente prohibidas con alto valor de mercado, lo cual impactó con violencia el campo (Reyes Posada, 2016).

Las herencias y las compraventas han hecho que cambien las tierras campesinas y el número de propietarios o poseedores. La tierra se ha dividido entre los hijos de cada generación, fracturando la propiedad, de forma que la propiedad que antes pertenecía a una persona hoy se reparte entre varias, lo que ha llevado, incluso, a lo que actualmente se denomina minipropiedad. Las Unidades Agrícolas Familiares (UAF) no son respetadas, pero, ¿cómo hacerlo garantizando que sirvan como mecanismo para la dignificación? (USAID, 2019).

II. DESCRIPCIÓN DEL DECRETO 578 DE 2018

Como ya se expresó, dadas las implicaciones que trajo consigo la Sentencia T-488 de 2014 de la Corte Constitucional, en 2018 el Gobierno Nacional expidió el Decreto 578 procurando tomar medidas adicionales a las del Decreto Ley 902 de 2017, por el cual se tomaron las primeras para la implementación de la Reforma Rural Integral y se definió el procedimiento de formalización. En este caso las medidas se concentraron en modificar las funciones de la Superintendencia de Notariado y Registro, crear la Superintendencia Delegada para la Protección, Restitución y Formalización de Tierras, asignar a esta última la función de "Verificar las matrículas inmobiliarias que identifican registralmente los predios rurales y proponer las acciones a que haya lugar", y, finalmente, definió los derechos para tenedores en falsa tradición.

No podríamos continuar desarrollando este ensayo sin antes recordar los fines del registro inmobiliario: el primero es transferir los derechos reales inmobiliarios, es decir, que el certificado de registro por sí solo no constituye plena prueba de dominio; al respecto la Corte Suprema de Justicia (1986) ha señalado:

> La prueba de dominio de un bien raíz está constituida por el título. Cuando el demandante ha adquirido el bien por compra, su título de dominio no puede ser otro que la copia auténtica de la escritura correspondiente, con la nota de registro del caso. El certificado del registrador se limita a demostrar que la inscripción de la escritura está vigente; que el comprador del bien todavía es dueño del mismo.

El segundo es publicar la transferencia de los derechos reales sobre inmuebles, cumpliendo con la divulgación de la información, ya que cualquier persona puede acudir a la oficina de registro de instrumentos públicos correspondiente y verificar la historia de cualquier inmueble. Y es que el certificado de registro no siempre tiene un fin constitutivo de dominio, sino de publicidad, es decir, dar a conocer los derechos reales (Velásquez Jaramillo, 2008: 366a). Y en tercer lugar, sirve de solemnidad ya que, como otros actos jurídicos, sin el registro no se puede hablar de la existencia de derechos de dominio sobre inmuebles (Velásquez Jaramillo, 2008: 366b). Según lo dispuesto en el Código Civil (arts. 1435 y 2434, 756 inc. 2 y 2652 respectivamente) en los casos de hipoteca, usufructo y uso, se exige escritura pública e inscripción en el registro correspondiente.

Continuando con la descripción del Decreto 578 de 2018, es importante destacar que terminó definiendo los bienes bajo falsa tradición como aquellos que cuentan con título y modo respecto de actos de dominio incompleto, que provienen de alguno de los derechos reales señalados en el Código Civil. El decreto también incluye la denominación del dominio incompleto que adopta reiteradamente la Superintendencia de Notariado y Registro, y que hallamos incluida en la Consulta 1477 de 2014 emitida por el Instituto Colombiano de Bienestar Familiar (ICBF), de la siguiente manera:

> El dominio incompleto se puede determinar por varios aspectos, dentro de los cuales encontramos la falsa tradición y la posesión inscrita (*sic*). La falsa tradición es la inscripción en el registro de instrumentos públicos del acto de transferencia de un derecho incompleto que se hace a favor de una persona, por parte de quien carece de dominio sobre determinado inmueble. Existen varios actos dentro de la falsa tradición, dentro de los cuales se destacan la compraventa de derechos y acciones, adjudicación en sucesión ilíquida (partición amigable); mejoras, posesión, enajenación de cuerpo cierto teniendo solo derechos de cuota, venta de cosa ajena, remate de derechos y acciones, entre otros. La falsa tradición tiene como características, que no se transfiere la propiedad y no permite ejecutar actos de señor y dueño tales como: enajenar el derecho real de dominio, englobar, construir servidumbres, propiedad horizontal, entre otros (ICBF, 2014: 2).

¿Qué es la formalización de predios rurales? Para responder este interrogante, necesario para comprender lo que se viene expresando, resulta afortunada la precisión que hace C. Ceballos Varela (2016: 20), basada en su investigación sobre desarrollo rural:

> El concepto de formalización debería asociarse más con aquellas situaciones jurídicas que se presentan sobre un predio privado, es decir, un terreno que salió del patrimonio del Estado definitivamente por la expedición de un título originario de aquél, o una cadena de títulos traslaticios del dominio que se consolida en cabeza de un particular, pero, este particular la ha descuidado permitiendo que un tercero ejerza en ella actos de señor y dueño; o voluntariamente, la transfirió a un tercero sin el cumplimiento de las formalidades legales; o simplemente, nunca registró el título de propiedad ante la Oficina de Registro de Instrumentos Público (ORIP).

Para lograr entender los propósitos del Decreto 578 consideramos necesario tener en cuenta algunos antecedentes: en primer lugar debemos remontarnos al Decreto 1250 de 1970, por el cual se adoptó el Estatuto de Registro de Instrumentos Públicos, que establecía en su artículo 7.º que el folio de matrícula inmobiliaria constaría de seis columnas, la última de las cuales estaría destinada a "... la inscripción de títulos que conlleven la llamada falsa tradición, tales como la enajenación de cosa ajena o la transferencia de derecho incompleto o sin antecedente propio"; en segundo lugar, debemos recordar que el Decreto 1250 fue derogado

> "por la Ley 1579 de 2012 que pasó a ser el nuevo Estatuto de Registro de Instrumentos Públicos, en la cual se dispuso que la inscripción de falsa tradición sólo procederá en los casos contemplados en el Código Civil y las leyes que así lo dispongan, y determinó que en la matrícula inmobiliaria se emplearía la calificación '[...] 06. Falsa tradición: para la inscripción de títulos que conlleven la llamada falsa tradición, tales como la enajenación de cosa ajena o la transferencia de derecho incompleto o sin antecedente propio'".

Los antecedentes normativos descritos permiten observar que la falsa tradición es un problema que afecta a los poseedores de los predios que se encuentran inscritos en folios abiertos para identificarlos, pero sin las formalidades que exigen las normas para la plena y formal tradición, por lo que es necesario tener claridad respecto de la definición para buscar con eficacia una solución integral (jurídica y material) a esta dificultad.

De acuerdo con lo anterior, los propósitos del Decreto 578 surgieron relacionados con las dificultades administrativas y judiciales para acceder a la tierra. Aunque en la promoción radial y televisiva realizada por el Gobierno Nacional con ocasión de la sanción del Decreto 578 se haya anunciado que la Superintendencia estaba formalizando predios, eso sólo generó una tergiversación de lo que realmente es la falsa tradición y, por supuesto, una desinformación entre las comunidades campesinas, lo cual no contribuyó a su buen recibo entre los destinatarios.

Es muy importante dejar en claro que con la expedición de dicho decreto no quedan formalizados los predios rurales bajo falsa tradición, sino que lo que realmente establece es la obligación de la Superintendencia de Notariado y Registro de adelantar un estudio de títulos que (si se reúnen los requisitos anotados en un capítulo posterior) determine la existencia de un titular de derecho real de dominio en aquellos predios cuyo folio de matrícula inmobiliaria, en su anotación n.º 1, nace de la denominada falsa tradición. Estudio que debe cumplir con la segunda regla establecida en la Ley 160 de 1994 en su artículo 48 que precisa que debe ser un título no originario expedido por el Estado e inscrito con anterioridad al 5 de agosto de 1974, fecha de entrada en vigencia de dicha ley.

A. MODIFICACIONES NORMATIVAS DEL DECRETO 578

El Decreto 578 de 2018 introdujo modificaciones relacionadas expresamente con la organización administrativa, la nomenclatura y las funciones de la Superintendencia de Notariado y Registro así: a) le adicionó a las funciones que ya tenía asignadas la de verificar las matrículas inmobiliarias que identifican en el registro inmobiliario los predios rurales, y b) consecuente con lo anterior, le permite a esta entidad adelantar los trámites a que haya lugar para expedir los actos administrativos tendientes a identificar y declarar la cadena de tradición de dominio, los actos de tradición y de falsa tradición, y la existencia de titulares de eventuales derechos reales sobre predios rurales.

Para el cumplimiento de estas nuevas atribuciones se requiere verificar que los derechos reales se ejerzan sobre fundos rurales que no superen el rango mínimo de la UAF, y que las inscripciones en el folio de matrícula inmobiliaria se hayan realizado con anterioridad al 5 de agosto de 1974; además, que pese a la falsa tradición se le haya dado tratamiento público de propiedad privada al bien, que dichos títulos estén inscritos de acuerdo con lo señalado en el artículo 665 del Código Civil, y que su precaria tradición no sea producto de violencia, usurpación, desplazamiento forzado, engaño o testaferrato.

Tampoco serán objeto del estudio mencionado los predios rurales que cuenten con medidas cautelares adoptadas en procesos de restitución de tierras, de extinción del derecho de dominio y los que se encuentren ubicados en zonas de resguardos indígenas, comunidades negras o en parques nacionales naturales. Esto se validará con la manifestación bajo la gravedad de juramento del interesado, expresada en la misma solicitud. Por supuesto la norma contempla que dicha manifestación se haga sin perjuicio de que la delegada de tierras requiera a las entidades que considere pertinente a efectos de que le certifiquen que el municipio dentro del cual está ubicado el predio no se superpone, total o parcialmente, con estas zonas.

Como se criticará varias veces en este artículo, esta nueva función que se asigna a la Superintendencia de Notariado y Registro sólo procede ante petición de parte, lo cual es un absurdo por la innegable condición económica de la mayoría del campesinado colombiano, pero, además, por cuanto es una tarea que se puede tornar compleja pues habrá casos en los que el solicitante del estudio no tenga a su disposición la suficiente información requerida por la oficina de registro de instrumentos públicos (siendo esencial el número de folio de matrícula), forzándolo, como sucede en la práctica, a aportar escrituras públicas sin número de matrícula inmobiliaria. Situación que seguramente impedirá que el solicitante se quede sin los beneficios para determinar si existe o no el antecedente de propiedad privada que pretende el decreto. En la nueva norma se mantiene la misma situación previa, la presunción de ocupar un predio como posible baldío. Y esto desincentivará aún más la formalización.

Insistimos en que el objeto del decreto en estudio no es formalizar predios rurales, y mucho menos los que superen la UAF. Aunado a lo anterior, pese a que por más de cien años el país ha intentado solucionar los problemas relacionados con la tenencia de la tierra en busca de una verdadera reforma rural integral, incluyendo la estrategia de la formalización de los predios ocupados y transformados, su intención no ha dado los frutos esperados.

B. REQUISITOS DE LOS PREDIOS PARA SER COBIJADOS POR EL DECRETO 578

Conforme al contenido del Decreto 578 de 2018, para adelantar el trámite administrativo con el fin de precisar la tradición de predios rurales con folio de matrícula inmobiliaria abierto se exigen los siguientes requisitos:

a) Procede sólo para predios rurales que no superen el rango mínimo de la UAF. Cabe entonces recordar que la extensión de la UAF:

> ... se determina según la zona relativamente homogénea en el país. Si se hace una distribución estadística de las UAF definida en las resoluciones vigentes, tomando promedios municipales, se encuentra que existe una distribución proporcional de municipios y rangos entre UAF 4,5 y 238 hectáreas en 1.067 municipios del país y 21 municipios presentan UAF mayores a 238 hectáreas, siendo 1.600 hectáreas el tamaño más grande (Mejía Alonso y Mojica Flórez, 2015: 37).

b) Procede sólo para predios en los que se descarte que haya habido desplazamiento forzado, engaño o testaferrato. La verdad es que mientras no se implemente un sistema de información fiable que no dependa sólo de las anotaciones de acciones o querellas inscritas en las matrículas inmobiliarias, con relación a estas situaciones, este requisito es inane.

c) Procede cuando los antecedentes registrales provienen de la falsa tradición o son los señalados en el artículo 665 del Código Civil.

d) Procede para predios que se hallen dentro de las denominadas zonas de implementación, que la misma Superintendencia definirá atendiendo a las necesidades del país[5]. De tal manera que el avance a otras áreas del territorio nacional depende de que estos procesos administrativos progresen en las zonas de implementación; es decir, es un proceso gradual. Nos preguntamos: ¿qué pasará con las solicitudes de campesinos en zonas no definidas?

---

5 Mediante la Resolución n.º 3422 del 6 de abril de 2018 el Superintendente de Notariado y Registro determinó la creación del comité para definir y priorizar las zonas para la implementación de las funciones asignadas a la Superintendencia de Notariado y Registro.

e) Aunque no es exactamente un requisito, la norma dejó como opción que el interesado podrá aportar la documentación que permita la ubicación geográfica del predio, incluyendo certificados catastrales, planos, recibos de pagos de impuestos y otros.

Sin el lleno literal de los requisitos expuestos no se podrá acreditar la calidad de sujeto de aplicación de los beneficios que menciona la norma analizada. Muchas personas ejercen posesión sobre predios rurales, confiados en acreditar su propiedad legítima con un simple documento privado, no formalizado, como la usual "carta-venta" que posiblemente dejó su abuelo, o un familiar fallecido, sin la información primordial para su identificación jurídica y catastral, limitando las posibilidades futuras para el actual poseedor de convertirse en propietario de derecho real. Por lo que la demanda de los servicios de la Superintendencia de Notariado y Registro aumentará enormemente.

C. PROCEDIMIENTO QUE SE DEBE SEGUIR PARA LOGRAR LOS OBJETOS DEL DECRETO 578

Con posterioridad a la expedición del Decreto 578 de 2018, y como es propio en Colombia donde se volvieron costumbre las normas complementarias[6], la Superintendencia de Notariado y Registro expidió la Resolución 4209 de 2018 por la cual se adopta el procedimiento para tramitar la verificación de las matrículas inmobiliarias que identifican un determinado predio rural. Sin embargo, 22 días después fue necesario que se expidiera otra Resolución, la 4721, para ajustar lo que presuntamente se había estudiado juiciosamente.

Por supuesto, este procedimiento se debe solicitar y tramitar ante la Superintendencia, específicamente ante su delegada para la protección, restitución y formalización de tierras, y se espera que culmine con la expedición de un acto administrativo que identifique su cadena de tradición

6 El procedimiento se podría haber incluido de una vez en el decreto, con lo cual habría contribuido con la seguridad jurídica que es tan apreciada por la mayoría de los campesinos por las especiales condiciones económicas que soportan. Y con mayor razón, como quiera que fue necesaria otra resolución expedida veinte días después, para precisar los aspectos meramente de trámite.

de dominio, los actos de tradición y de falsa tradición, y la existencia de titulares.

El procedimiento es el siguiente: en primer lugar, el interesado debe presentar su solicitud a través del formato dispuesto para ello, que podrá obtener de dos maneras: a) impreso, adquiriéndolo en la Superintendencia o en las oficinas de registro de instrumentos públicos, en las notarías cercanas a su domicilio o en las unidades móviles de registro, o b) descargándolo y diligenciándolo en la página web de la Superintendencia de Notariado y Registro. El formulario se debe radicar directamente ante la Superintendencia Delegada para la Protección, Restitución y Formalización de Tierras, ante las oficinas de registro de instrumentos públicos, en las unidades móviles de registro, o remitirlo por correo certificado o al correo electrónico dispuesto para ello. En caso de que un mismo interesado necesite radicar la solicitud referente a varios predios, debe hacerlo en formatos separados.

Aquí nace una de las principales críticas que se hacen al alcance de la norma analizada: es absurdo que el trámite se inicie forzosamente por petición de parte, pues ello no corresponde al propósito de una RRI, sino que debería iniciarse de oficio por la Superintendencia, y más todavía cuando no ha existido una buena cadena de custodia, ni se ha dado traslado a toda la información del antiguo sistema que llevaban las oficinas de registro del país; a lo que se suma que desde la creación de la Superintendencia de Notariado y Registro en 1970, y de las oficinas de registro en 1974, los llamados calificadores de los actos y negocios jurídicos de la época no eran personas idóneas para realizar los estudios necesarios y darle la calificación correspondiente al estatuto registral, ni determinar si en efecto los documentos que se sometían a su escrutinio, como medios para trasladar el dominio, eran compraventas reales. Si así hubiera sido hoy contaríamos con fieles anotaciones de los antecedentes de propiedad privada que desvirtuarían la falsa tradición y harían innecesaria la actual presunción de predio baldío que tanto está costando al país.

En segundo lugar, la entidad receptora debe efectuar una verificación previa; esto es, una vez radicada la solicitud la Superintendencia Delegada para la Protección, Restitución y Formalización de Tierras debe proceder a efectuar una revisión previa, dentro de los diez días hábiles contados a partir del día siguiente a la recepción. Esta revisión tiene por objeto establecer que el inmueble cumple con varios requisitos: a) que tenga su número de matrícula inmobiliaria o, en su caso, la documentación pertinente que permita su ubicación en el registro inmobiliario; b) que el predio no supere el rango mínimo de la UAF vigente; c) que el predio posea falsa tradición y que esta no se haya originado en violencia, usurpación, desplazamiento forzado, engaño o testaferrato; d) que en la información registral del predio aparezcan inscripciones de medidas cautelares por existencia previa de procesos de restitución de tierras, de extinción del derecho de dominio, y e) que el predio rural esté ubicado en zonas de resguardos indígenas, comunidades negras o al interior de parques nacionales naturales.

En tercer lugar, si existe improcedencia de la solicitud por falta de los requisitos señalados, la Superintendencia Delegada para la Protección, Restitución y Formalización de Tierras, comunicará mediante oficio esta circunstancia al interesado. Aunque contra esta decisión no procede recurso alguno, creemos que nada impide que al subsanar los requisitos se pueda volver a radicar la solicitud, obligando con ello a la autoridad administrativa a tramitarla. Pero también advertimos otro riesgo allí, pues no se prevé qué hacer en caso de que cuando el campesino vuelva a radicar la petición ya se hayan declarado otras zonas de implementación y a estas se les esté dando la prioridad para los trámites.

En cuarto lugar, si procede la solicitud se debe verificar la cadena traditicia del predio con anterioridad al 5 de agosto de 1974, para lo cual se tendrán en cuenta las siguientes reglas: se estudiará el folio de matrícula inmobiliaria y, derivado de ello, se podrán solicitar los antecedentes registrales a la oficina de registro de instrumentos públicos correspondiente, con el fin de corroborar la información que se encuentre en ella, y si existen inconsistencias en las anotaciones y/o complementaciones. En el evento de predios que no tengan folio de matrícula inmobiliaria en el sistema actual, pero que cuenten con datos de registro en los libros del antiguo sistema, se debe solicitar a la oficina de registro de instrumentos públicos correspondiente que remita los respectivos documentos que sirven de antecedentes. En este caso la oficina de registro tiene un término no mayor a ocho días para remitir los antecedentes registrales. En caso de que no reposen allí, la oficina debe remitir la solicitud a la oficina donde reposen, la cual debe responder en el mismo término con que contó la que inicialmente recibió la petición. Es necesario anotar que no siempre los registros inmobiliarios se localizan en su totalidad en las escrituras o libros del antiguo sistema, debido a que en algunos municipios donde actualmente hay oficina de registro de instrumentos públicos, por diferentes causas no existen, originando inseguridad jurídica para el campesino y para el Estado. Sin embargo, el solicitante puede aportar la documentación necesaria que tenga en su poder o que haya hallado en su búsqueda, toda vez, que algunos poseedores o propietarios afanados por acceder a los diferentes subsidios, créditos y demás beneficios que ofrece la Agencia de Desarrollo Rural (ADR) o el Banco Agrario, realizan su propia previa investigación.

En quinto lugar, una vez la Superintendencia Delegada para Protección, Restitución y Formalización de Tierras recibe de la oficina de registro de instrumentos públicos la información, procede a elaborar un análisis jurídico de la tradición del predio objeto de solicitud, y a verificar la existencia de derechos reales, siempre y cuando, como se ha mencionado, estén debidamente inscritos con anterioridad al 5 de agosto de 1974, y se haya dado al bien el tratamiento público de propiedad privada. Para acreditar que un predio tiene la característica de propiedad privada se requiere como prueba el título originario expedido por el Estado que no haya perdido su eficacia legal, o los títulos traslaticios debidamente inscritos, otorgados con anterioridad a la vigencia de la Ley 160 de 1994, en que consten tradiciones de dominio por un lapso no menor al término que señalan las leyes para la prescripción extraordinaria, que para la época de la expedición de la Ley 160 correspondía a veinte años, es decir, a partir del 5 de agosto de 1974. Por supuesto la prueba de la propiedad privada por medio de títulos debidamente inscritos con anterioridad a la Ley 160 de 1994 no es aplicable respecto de fundos agrarios no adjudicables (hoy, p. ej., los parques nacionales naturales), o que estén reservados o afectados para servicio o uso público.

Este estudio lo deben desarrollar profesionales del derecho con amplia experiencia en lecturas y análisis de folios de matrículas inmobiliarias, y con capacidad para determinar la situación jurídica del inmueble sometido a escrutinio, lo que implica la revisión detallada de todas sus anotaciones, la verificación de la(s) inscripción(es) del dominio, e incluso si el inmueble presenta gravámenes o medidas cautelares, por ejemplo, hipotecas, usufructo, anticresis, pactos de retroventa, embargo, prohibiciones de venta u otros.

La culminación del trámite se da cuando de la verificación se concluye la existencia de derechos reales, ante lo cual se expide el acto administrativo que así lo declare. Además, este acto administrativo se debe pronunciar si, con la verificación en el folio de matrícula inmobiliaria o en los libros del antiguo sistema, se determina también la falta de existencia del folio de matrícula inmobiliaria, lo que hace que se ordene al registrador de instrumentos públicos competente su apertura, incluyendo en el campo de complementación toda la información consignada en el acto administrativo, adicionando el traslado de los actos jurídicos registrados en los libros del antiguo sistema a que hubiere lugar indicando los efectos publicitarios de la decisión. Si sólo se modifica el folio de matrícula inmobiliaria se debe adicionar el antecedente de propiedad privada, lo cual no formaliza el predio pero sí amplía su tradición, facilitando el inicio de las acciones judiciales por la vía del proceso de pertenencia (Código General del Proceso) o, en su defecto, por la del proceso especial prescrito en la Ley 1561 de 2012; estas acciones sí formalizan, sanean, la falsa tradición y titulan el predio sobre el cual se ha venido ejerciendo la posesión material, obviamente, desvirtuando definitivamente la calidad de baldío como lo señala la Sentencia T-488 de 2014. Con esto último una vez más se confirma que el Decreto 578 de 2018 no titula ni formaliza predios rurales, sino que es un trámite que termina apoyando al campesino.

Por el contrario, si, como consecuencia del estudio descrito, no se cumplen las condiciones ya indicadas, o se establece que sólo se cumplen en parte del predio, en el acto administrativo que motiva tales circunstancias se debe ordenar comunicar lo resuelto y la devolución de los documentos que acompañaron la solicitud o que apoyan la decisión.

Sea que se concluya o no la existencia de derechos reales, si nos atenemos a lo que expresa la Resolución 4209 de 2018 contra el acto administrativo que hemos venido describiendo procede únicamente el recurso de reposición; aunque, si la decisión es tomada por la Superintendencia Delegada, en los términos del Código de Procedimiento Administrativo y de lo Contencioso Administrativo debería proceder también el recurso de apelación ante el superintendente de notariado y registro.

Aunque está previsto en la norma analizada que una vez asumido el estudio formal de la solicitud, el término para adoptar la decisión final no debe ser superior a veinte días hábiles, no podemos dejar de precisar que los términos previstos para dar cumplimiento a este trámite procesal pueden no cumplirse debido a la falta de personal de la Superintendencia, la espera de respuestas por las oficinas de registro, la verificación de la documentación aportada por el solicitante y demás tramitología. Creemos que puede ser clara la norma y posiblemente garantista, pero no cumple con su objeto, ni con los principios procesales de celeridad, concentración de la prueba, impulso oficioso y prevalencia del derecho sustancial.

Se habrá podido notar que el decreto no abrió la posibilidad para que una entidad administrativa diferente a la ANT entre a formalizar predios rurales.

Debería ser una preocupación de la política pública y de la agenda nacional la escasez de la tierra rural, cada vez más evidente por las divisiones materiales de los predios, por la identificación de nuevas áreas ambientalmente protegidas o por el aumento de las existentes, las ampliaciones de los cascos urbanos y otros fenómenos antrópicos. No en vano hasta la Corte Constitucional en la Sentencia C-644 de 2012 incorpora en sus consideraciones el factor de la "escasez de tierra disponible".

CONCLUSIONES

La primera conclusión es reconocer que en mayor o menor medida el Estado ha intentado por varias vías realizar una I que beneficie al campesino tenedor o poseedor. En Colombia es frecuente desconocer los avances económicos y sociales, y los éxitos en el cumplimiento de las leyes. Somos más propensos a reconocer lo que nos hace falta como sociedad que a registrar lo que se ha logrado. Y el derecho de tierras no escapa a esta característica. Sin embargo, no ha obtenido los resultados esperados y cada vez más el campesino en condición de informalidad sobre los predios que ocupa se siente vulnerado por el desconocimiento de su anhelo, y especialmente por los obstáculos que las normas y los funcionarios le imponen para poder llegar a ser un verdadero titular del derecho real de dominio. El aplazamiento de enfrentar valerosamente de una vez por todas la distribución del área total nacional para la producción agropecuaria ha agravado su solución. Por ejemplo, ahora hay que reversar la composición de las UAF en muchísimas partes del territorio nacional porque, por no contar con instrumentos eficaces para frenar el fraccionamiento de las extensiones rurales, miles de predios están por debajo de estas y, por supuesto, es imposible asegurar una vida digna a los campesinos, que sí son propietarios, pero en condición de pobreza extrema y que se agrava. Otro problema es la invasión de actividades productivas no agropecuarias en áreas con gran potencial productivo: los predios recreacionales o campestres, problemática que merece también una investigación.

Sin embargo, somos críticos respecto de lo que se pretende veladamente con el Decreto 578 de 2018, por cuanto: i) disfraza la incompetencia del Estado para administrar un registro público de títulos sobre propiedad inmobiliaria, y es incapaz de ponerlo a tono con un mecanismo de progresividad territorial mediante la declaratoria de zonas de implementación, limitando el acceso sólo a las peticiones de parte, y ii) pretende interponerse de alguna manera en el papel que deben cumplir los jueces, su capacidad probatoria y su rol como determinadores de los derechos ciudadanos.

La segunda conclusión es la necesidad de redireccionar la formalización de la propiedad rural. "Por nuestra ubicación geográfica contamos con suelos de diversas vocaciones de uso" (IGAC. 2020c), así que debemos considerar la potencialidad de uso como un factor decisivo a la hora de tomar decisiones sobre formalización; no para impedirla, desconociendo los inalienables derechos del hombre del campo, sino para ordenar en favor de su dignificación el uso y aprovechamiento del territorio. Si de verdad apostamos a la seguridad alimentaria, debemos trabajar desde la formalización y las adjudicaciones de baldíos o predios expropiados, por un mejor uso del suelo agropecuario. De acuerdo con la Encuesta Nacional Agropecuaria (ENA) publicada en 2017 por el Departamento Administrativo Nacional de Estadística (DANE), 78,2% del área total rural nacional se dedicó a la actividad pecuaria, y tan solo un 7,3% a la actividad agrícola (*La República*, 2019). Según esta misma fuente, el área total cultivada fue de 5.901.363 hectáreas.

También se debe dejar sentado que el saneamiento de la falsa tradición que predomina en los folios de matrícula inmobiliaria de los predios rurales colombianos no es garantía para que el campesino acceda a la tierra y demuestre la propiedad privada, sino que se requiere un estudio de títulos o de cadena traditicia para demostrar la propiedad privada del fundo. La Nación debe tener certeza de cuántos baldíos de tierra productiva aún no están ocupados, y de cuántos dispone para repartir, garantizando la propiedad. De ahí la necesidad de comprender que para lograr el objetivo esencial del Decreto 578, la calidad del estudio de títulos en que se base debe ser exhaustivo a fin de determinar la existencia o no de antecedentes de propiedad privada, y con ello acelerar los procesos administrativos ante la ANT de formalización o de adjudicación.

Finalmente, queda demostrado que aunque el Decreto 578 de 2018 pretende ser una respuesta eficaz para garantizar el acceso a la tierra para el campesino aún tiene varios defectos: i) debe ser considerado como una herramienta complementaria que facilite el acceso de los campesinos a las tierras, por lo que las demás deben ser revisadas para ser articuladas; ii) se debe revisar la falta de celeridad del procedimiento que trae consigo, y iii) debe permitir que la Superintendencia de Notariado y Registro adelante de oficio el trámite, pues de otra manera se limita el acceso para el campesino, en su mayoría de pocos recursos si el trámite normativo sólo puede iniciarse por solicitud de parte exigiendo que sea este quien demuestre que el predio que ha transformado tiene la calidad de propiedad privada, aunque afectado por falsa tradición, y en consecuencia descarte la calidad de baldío.

BIBLIOGRAFÍA

Arboleda Ramírez, P. B. "La concepción de la propiedad privada contenida en la Ley de tierras de 1936", en AA.VV. *Revista de la Facultad de Derecho y Ciencias Políticas*, vol. 38, n.º 108, Medellín, Universidad de Medellín, enero-junio de 2008.

Cardona González, A. H. "Baldíos desde la perspectiva de patrimonio nacional y la eficaz protección ambiental", en AA.VV. *Lecturas sobre Derecho de Tierras*, t. II, Bogotá, Universidad Externado de Colombia, 2018.

Ceballos Varela, C. *Efectos de la formalización de la propiedad de la tierra en el desarrollo rural-El caso de Leiva, Nariño*, tesis, Facultad de Estudios Ambientales y Rurales, Bogotá, Pontificia Universidad Javeriana, 2016.

Contreras Pantoja, D. F. "La ordenación del territorio rural a partir de los instrumentos de planificación: ¿una discusión zanjada o en construcción?", en AA.VV. *Lecturas sobre Derecho de Tierras*, t. III, Bogotá, Universidad Externado de Colombia, 2019.

Centro Nacional de Memoria Histórica. "Tierras. Balance de la contribución del CNMH al esclarecimiento histórico", 2020, disponible en [http://www.centro-dememoriahistorica.gov.co/micrositios/balances-jep/tierras.html], consultada el 11 de enero de 2020.

De la Calle, H. *Revelaciones al final de una guerra*, Bogotá, Penguin Random House, 2019.

IGAC. "Tan solo el 0,3 por ciento de todo el territorio colombiano corresponde a áreas urbanas: IGAC", *Noticias*, Instituto Geográfico Agustín Codazzi, 2020, disponible en [https://igac.gov.co/noticias/tan-solo-el-03-por-ciento-de-todo-el-territorio-colombiano-corresponde-areas-urbanas-igac], consultada el 11 de enero de 2020.

ICBF. Concepto n.º 7 del 19 de enero de 2017, disponible en [https://icbf.gov.co/cargues/avance/docs/concepto_icbf_0000007_2017.htm], consultada el 13 de enero de 2019.

Kalmanovitz, S. *Nueva historia económica de Colombia*, Bogotá, Taurus Historia y Universidad Tadeo Lozano, 2010.

La República. "Los cultivos de mayor participación son los agroindustriales con 34,7%", *La República*, sección Actualidad, mayo 17 de 2019, disponible en [https://www.larepublica.co/economia/segun-encuesta-nacional-agropecuaria-el-area-total-cultivada-fue-de-5901363-en-2017-2863085], consultada el 11 de enero de 2020.

Londoño Ulloa, J. E. "Acceso a tierras y formalización para legalidad. Apuesta de paz territorial", en AA.VV. *Lecturas sobre derecho de tierras*, t. I, Bogotá, Universidad Externado de Colombia, 2017.

Mayorga, F. "La propiedad territorial en Colombia", *Credencial*, sección Historia, octubre de 2016, disponible en [http://www.revistacredencial.com/credencial/historia/temas/la-propiedad-territorial-en-colombia], consultada el 12 de enero de 2020.

Mejía Alonso, M. F y J. Mojica Flórez. *Conocimientos necesarios sobre las tierras rurales en Colombia*, Bogotá, Oxfam, Ediciones Aurora, Editorial Nomos, 2015.

Moreno, I. "El 60 por ciento de los predios rurales en Colombia no está formalizado: Banco Mundial", *Semana Rural*, sección Historias, octubre 18 de 2019, disponible en [https://semanarural.com/web/articulo/banco-mundial-asegura-que-mas-de-la-mitad-de-colombia-cuenta-con-predios-informales/1192], consultada el 15 de enero de 2020.

Oidhaco. *Tierra en Colombia: entre despojo y negocio. Presentación de la situación actual de una problemática al centro del conflicto*, Bruselas, 2013.

Oxfam International. "Radiografía de la desigualdad: distribución de la tierra en Colombia", 2020, disponible en [https://blogs.oxfam.org/es/blogs/17-07-04-radiograf%C3%ADa-de-la-desigualdad-distribuci%C3%B3n-de-la-tierra-en-colombia/index.html], consultada el 12 de enero de 2020.

Quemba, J. "Informalidad laboral en el sector rural colombiano", *Econógrafos*, n.º 124, Bogotá, Escuela de Economía, Centro de Investigaciones para el Desarrollo (cid), Universidad Nacional de Colombia, 2018.

Reyes, A. "Informe de Tierras", en *Tierras. Balance de la contribución del cnmh al esclarecimiento histórico*, 2020, disponible en [http://www.centrodememoriahistorica.gov.co/micrositios/balances-jep/tierras.html], consultada el 11 de enero de 2020.

Reyes Posada, A. *La reforma rural para la paz*, Bogotá, Debate, 2016.

usaid. "En una propiedad de antes, hoy hay hasta diez predios", entrevista con Margarita Domínguez, promotora comunitaria del Piloto de Formalización Masiva, Programa de Tierras y de Formalización Rural, 5 de agosto de 2019, disponible en [https://usaidptdr.exposure.co/en-una-propiedad-de-antes-hoy-hay-hasta-diez-predios], consultada el 10 de agosto de 2019.

Velásquez Jaramillo, L. G. *Bienes*, Medellín, Librería Jurídica Comlibros, 2008.

Zuleta, E. "El sector agropecuario debe ser el nuevo petróleo de Colombia", *Palabras Mass*, Blog *El Tiempo*, 21 de noviembre de 2018, disponible en [http://blogs.eltiempo.com/palabras-mass/2018/11/21/sector-agropecuario-nuevo-petroleo-colombia/], consultada el 5 de enero de 2019.

JURISPRUDENCIA

CORTE CONSTITUCIONAL

Sentencia C-595 del 7 de diciembre de 1995, Expediente D-971, M. P.: Carlos Gaviria Díaz.

Sentencia C-006 del 23 de enero de 2002, Expediente D-3596, M. P.: Clara Inés Vargas Hernández.

Sentencia C-644 del 7 de diciembre de 2012, Expediente D-8924, M. P.: Adriana María Guillén Arango.

Sentencia C-623 del 30 de septiembre de 2015, Expediente D-9344, M. P.: Alberto Rojas Ríos.

Sentencia C-077 de febrero 8 de 2017, Expedientes acumulados D-11275 y D-11276, M. P.: Luis Ernesto Vargas Silva.

CORTE SUPREMA DE JUSTICIA

Sentencia de noviembre 12 de 1986, M. P.: Eduardo García Sarmiento.

ANDRÉS PARRA CRISTANCHO*

Análisis sobre las condiciones de acreditación del derecho de propiedad rural en Colombia: los terrenos baldíos y los derechos de propiedad

SUMARIO

RESUMEN

La certeza de los derechos de propiedad sobre los bienes inmuebles constituye una condición necesaria para superar los fenómenos de informalidad sobre la propiedad, la ejecución de las políticas de reforma agraria y el ordenamiento social de la propiedad. En ese sentido, se propone un análisis de las posturas relacionadas con las condiciones en las que se acredita la propiedad privada sobre bienes inmuebles en el régimen jurídico colombiano. Este tema, de apariencia obvia, resulta altamente problemático, con un

---

* Abogado de la Universidad Libre y filósofo de la Universidad Nacional; docente de la especialización en Derecho de Tierras de la Universidad Externado de Colombia. Correo electrónico: andres.parra@uexternado.edu.co.

largo debate doctrinal y jurisprudencial que supera ya más de un siglo. En tal orden, en un ejercicio de reconstrucción argumentativa se recogen las posturas más representativas del debate. El trabajo termina con una propuesta que intenta dar coherencia a las múltiples disposiciones normativas sobre el tema, señalando las inconsistencias de las posturas reconstruidas, y cómo pueden ser superadas con la que se propone como solución al debate.

PALABRAS CLAVE

Reforma agraria, derechos de propiedad, acceso a tierras.

ABSTRACT

Legal certainly when it comes to ownership of rural property, becomes an absolute condition to overcome the property's informality phenomenon, and to effectively execute agricultural policies, especially those related to rural social order. Thereupon, it is proposed a profound analysis of the diverse trends and positions, related to the accreditation of the property or legal entitling in the Colombian legal and regulatory framework. Such a topic seems to be extremely obvious, nevertheless, it is highly challenging, and around it an extended legal and jurisprudential debate which has lasted for more than a century, has arisen. This being the case, the most representative postures around de debate are complied, in an argumentative reconstruction exercise. This paper ends up proposing an alternative remedy, seeking coherence between several normative provisions on the matter, pointing out the existing inconsistencies found among the exposed postures, and how such contradictions can be overcome using the proposed thesis.

KEYWORDS

Agrarian reform, property rights, access to land.

INTRODUCCIÓN

En 2014, mediante la Sentencia T-488, la Corte Constitucional resolvió una acción de tutela dando paso a una serie de órdenes estructurales sobre los derechos de propiedad: se trató de una acción promovida por un particular, quien reprochó la omisión del registrador de instrumentos públicos de efectuar la inscripción de una sentencia que declaró a su favor la pertenencia de un predio rural. El funcionario arguyó que de su análisis se podía concluir que la naturaleza del predio era la de un terreno baldío y no un derecho de propiedad particular. Dado que los terrenos baldíos son imprescriptibles, identificó como irregular la prescripción y se abstuvo de registrar la sentencia. Para coincidir con la postura del registrador, la Corte Constitucional afirmó la imprescriptibilidad de los baldíos y apeló a las reglas de acreditación de la propiedad, y orden´ la nulidad de la prescripción, la aplicación del procedimiento de clarificación de la propiedad y la conformación de un inventario que relacionara todos los baldíos del territorio nacional.

En 2016, y también dentro del fallo de una acción de tutela, la Corte Suprema de Justicia abordó la pretensión del Incoder de anular una sentencia de prescripción, al señalar que tenía por objeto un terreno baldío. La Corte Suprema hizo referencia a las posturas de la Sentencia T-488 de 2014, pero se separó de ellas al juzgar que se había omitido la aplicación de una regla que definía las características de los predios de propiedad privada.

En tal orden, se abstuvo de anular la sentencia de prescripción pese a que guardaba una estrecha similitud con los supuestos de hecho analizados como fundamento de la sentencia de la Corte Constitucional (Corte Suprema de Justicia. Sala de Casación Civil STC-1776 de 2016).

Este enfrentamiento jurisprudencial es el más reciente, pero no el único sobre el tema de acreditación de la propiedad. A mediados de los años 80 el Consejo de Estado mantuvo una discusión similar.

En un primer momento se examinó la legalidad de un acto administrativo de clarificación de la propiedad expedido por el Incora[1], que había determinado que sobre un predio ubicado en el departamento de Nariño

---

1 Dicho trámite administrativo tiene por objeto examinar si a favor de alguien se acredita o no la condición de pertenencia de una determinada extensión territorial, y en tal orden reconocer su propiedad, o si, por el contrario, no se acredita dominio ajeno y se reconoce su calidad de terreno baldío; cfr. capítulo X de la Ley 160 de 1994. Al momento de expedición de la sentencia bajo examen las reglas estaban contenidas en las leyes 200 de 1936 y 135 de 1961, y en el Decreto 1265 de 1977.

no se acreditaba el dominio ajeno y, en consecuencia, se reputaba baldío, y por tanto de propiedad de la Nación.

El acto administrativo fue cuestionado por los demandados aduciendo que desde años atrás era objeto de explotación económica, por cuanto el predio había ingresado a su patrimonio y debía calificarse como propiedad privada. La sentencia mantuvo la decisión administrativa, es decir, reconoció que se trataba de un terreno baldío, considerando para tales efectos que el único medio válido para acceder a su propiedad era la decisión administrativa de disposición: los terrenos baldíos son de propiedad de la Nación, y las disposiciones que les permiten a los particulares su aprovechamiento también incluyen solicitar su titulación.

En ese orden de ideas, se reconoce la explotación económica del predio como un supuesto de hecho que permite exigir la titulación, y no como el hecho originador de la propiedad (Consejo de Estado. Sentencia del 9 de diciembre 1983).

La decisión no fue tomada de manera unánime, pues el salvamento de voto del magistrado Eduardo Suescún Monroy compartió los argumentos de la demanda. Según consignó el magistrado, la ocupación constituye el modo originario para acceder a la propiedad de los terrenos baldíos, por lo que ocuparlos y explotarlos económicamente es un hecho que por sí mismo convierte a su ejecutor en propietario. La decisión del Estado de titular un terreno baldío no es constitutiva del dominio, sino un acto empadronador que se limita a llevar una estadística de la propiedad (Sent. del 9 de diciembre 1983: 25-29).

Dos años después la tesis mayoritaria fue rebatida, y la Sala Plena del Consejo de Estado declaró la nulidad de un acto administrativo de clarificación de la propiedad que había reconocido como terrenos baldíos unos predios ubicados en el Casanare. Según la decisión, los terrenos baldíos son adquiridos mediante su cultivo y labranza, y en general por las actividades de aprovechamiento económico, condición que es reconocida como suficiente que realice un sujeto que de forma inmediata se convierte en propietario (Consejo de Estado. Sala Plena. Sent. del 31 de julio 1985).

Dicha tesis se mantuvo vigente hasta la expedición de la Ley 160 de 1994, cuando expresamente se determinó que la única forma de acceder a la propiedad de los terrenos baldíos era el título expedido por el Estado, y que los ocupantes de baldíos solo mantenían una expectativa frente a la adjudicación.

La discusión acá recogida, así como la comentada párrafos atrás, se refiere a las decisiones tomadas por la Corte Suprema de Justicia desde la década de los años 40, en lo que se denomina una interpretación de las presunciones consignadas en los artículos 1.º y 2.º de la Ley 200 de 1936. Incluso ya en vigencia de la Ley 160 de 1994, con la que se esperaba cerrar el debate, un fallo de la Corte Suprema de Justicia retomó los argumentos de la ocupación como modo originario, y abrió nuevamente la discusión respecto de la determinación de los terrenos baldíos, y la acreditación y fundamentación del derecho de propiedad (Corte Suprema de Justicia. Sala de Casación Civil. Sent. del 28 de agosto 1995).

En septiembre de 2016 la Corte Suprema de Justicia parece haber recogido la tesis expuesta por ella en la Sentencia STC 1776 de febrero de 2016, modificando la tesis de ocupación y explotación como hechos constitutivos del dominio, para en su lugar legitimar la titulación como modo único de acceder a la propiedad de los terrenos baldíos.

Pese a ello, la discusión no ha sido superada pues las posturas interpretativas no son unánimes, y ni siquiera quienes comparten una u otra tesis consignan las mismas premisas.

Ese mismo año la senadora Nohora Tovar Rey, del Centro Democrático, presentó ante el congreso un proyecto de ley que nuevamente abrió el debate al señalar que los terrenos baldíos son áreas sobre las que no se ejerce ningún tipo de aprovechamiento económico, por cuanto los predios explotados por sus ocupantes no pueden tener en modo alguno la condición de tierras baldías. La exposición de motivos señaló que de lo que se trataba era de proteger la propiedad ancestral ejercida por particulares en los llanos orientales, y que, con la discusión sobre la naturaleza de los predios, se veían expuestos sus intereses ante la inminente intervención del Estado para clarificar sus propiedades[2].

En suma, se trata de una pugna entre dos visiones respecto de la acreditación de la propiedad y su relación con la propiedad pública, la cual se mantiene vigente desde el siglo pasado con puntos de inflexión y variados matices.

---

2 Proyecto de Ley 157 de 2016, disponible en [http://www.senado.gov.co/az-legislativo/proyectos-de-ley].

¿Cuál es el punto de enfrentamiento de las referidas posturas? Ciertamente no es la inadmisibilidad de la acción de prescripción adquisitiva sobre los terrenos baldíos, pues este punto es compartido por los dos pronunciamientos, y en ambos casos se hace referencia a una larga tradición legal que lo prohíbe desde la Ley 48 de 1882. El motivo sobre el que orbita el debate reside en las características que definen que un terreno específico debe ser calificado como baldío y, en consecuencia, lo que define la propiedad privada.

De una parte, se sostiene que la determinación de baldíos apela a un criterio utilitarista en el que la ausencia de aprovechamiento o, por el contrario, el ejercicio de actividades de las que se derive provecho, constituyen circunstancias que inciden en la configuración de presunciones que determinan qué extensiones de terreno, según el caso, deben ser consideradas propiedad privada o baldíos (arts. 1.º y 2.º de la Ley 200 de 1936).

Pero, de otra, también se afirma que los terrenos baldíos son aquellos sobre los que no es posible acreditar el dominio ajeno, y que este solo puede ser configurado según alguna de las reglas de acreditación contenidas en las leyes agrarias y no civiles.

Las dos posturas referenciadas comparten el planteamiento de problema en una forma binaria; del conjunto de bienes inmuebles en el régimen jurídico colombiano surgen dos tipos de categorías: las que acreditan el dominio ajeno a la Nación y los inmuebles que no tienen dicha característica. A estos últimos se les denomina terrenos baldíos[3]. Sin embargo, difieren en la identificación de las características que califican a un inmueble como baldío o del dominio particular.

Aunque las sentencias referidas hasta ahora representan solo un pequeño número de los múltiples pronunciamientos sobre el tema, son las más representativas.

---

3 La definición de terreno baldío en nuestro sistema jurídico se expresa de manera negativa, pues el significado no describe el conjunto de propiedades que debe tener un bien para denominarse baldío, sino que, por el contrario, señala que quedan comprendidos bajo dicho concepto todos aquellos bienes inmuebles a los que no es posible acreditarles el dominio ajeno. En suma, la definición es residual, y comprende todo lo que no se pueda demostrar que salió de dicha condición. Esta presunción es conocida como "dominio eminente".

Presentar en detalle este debate exige reconstruir los argumentos de cada una de las posturas en tensión, por lo que se plantea abordarlo en tres partes:

En la primera se analiza la postura que gravita en torno al aprovechamiento económico como elemento constitutivo de los derechos de propiedad sobre los predios rurales, y para ello se reconstruyen los argumentos a partir de la legislación colonial, y cómo influyeron en el régimen de tierras que reglamentó el acceso a los terrenos baldíos.

En la segunda se señalan los fundamentos de la postura conforme a la cual el acceso a los terrenos baldíos solo se puede efectuar mediante el título expedido por el Estado. Aunque reviste algunas inconsistencias, esta es quizás la postura más aceptada en la actualidad.

En la tercera se presenta una propuesta fundada principalmente en la interpretación de las fórmulas de acreditación de la propiedad consignadas en el artículo 48 de la Ley 160 de 1994. Aunque no se trata de una postura completamente original por cuanto recoge parte de los fundamentos de las posturas comentadas, especialmente el título de Estado, introduce distinciones que llevan a aceptar que el acceso a los baldíos no ocurre para todos los casos a través del título originario expedido por el Estado.

En resumen, se trata de ambientar el debate con el fin de plantear una postura que permite escapar a las inconsistencias de las teorías de acreditación de propiedad.

I. EL APROVECHAMIENTO ECONÓMICO COMO HECHO CONSTITUTIVO DE LA PROPIEDAD

En este acápite se reconstruyen los principales argumentos con los que se ha defendido que la acreditación de la propiedad se basa esencialmente en el aprovechamiento económico, y para ello se presentan las principales razones, aclarando que no obedecen a una construcción integral y lineal, es decir, no todos los exponentes de esta tesis aceptarían de manera expresa lo que acá se recoge, sino que probablemente se limitarán a aceptar algunos de los puntos expuestos.

Finalmente, es preciso aclarar que aunque esta postura se robusteció con las reformas del liberalismo a los derechos de propiedad implementadas en la década de 1930 bajo la consigna de la tierra para quien la trabaja, el origen de los derechos de propiedad puede ser identificado incluso en la aplicación e interpretación de las disposiciones de la corona española en la administración de las tierras realengas americanas. Aún hoy, independientemente de la argumentación jurídica con la que se aboga por esta postura, son notables las consideraciones que se realizan para defender la propiedad fundada en el aprovechamiento económico como una cuestión social que asegura la concordia pública, y el cumplimiento de los imperativos constitucionales de preservar el acceso progresivo, entre otros, de los pobladores rurales a los derechos de propiedad.

A. LA APARENTE IMPRESCRIPTIBILIDAD DE LOS BALDÍOS

Es preciso aclarar que actualmente no existe una postura que acepte de manera abierta que los terrenos baldíos pueden ser objeto de prescripción adquisitiva; de hecho, en las más recientes versiones de la tesis de que la propiedad inmobiliaria se adquiere por el aprovechamiento económico se acepta abiertamente la imprescriptibilidad de los terrenos baldíos.

Esto se puede explicar por cuanto dicho carácter fue tempranamente consignado dentro del régimen colombiano de los terrenos baldíos (Brewer Carias, 2005): en el artículo 3.º de la Ley 48 de 1882 se señaló que las tierras baldías se reputan bienes de uso público por lo que no son susceptibles de ser adquiridas por prescripción (Pimiento Echeverri, 2015). En sentido similar, el artículo 61 de la Ley 110 de 1912 (Código Fiscal) determinó que el dominio de los baldíos no puede ser obtenido por vía de prescripción[4]. De este modo, la justificación de la acreditación de la propiedad fundada en el aprovechamiento económico tomó matices distintos a los de defender la aplicabilidad de la prescripción sobre los baldíos.

---

4 La argumentación de imprescriptibilidad de los terrenos baldíos agrega a tales disposiciones la del artículo 61 de la Ley 160 de 1994, para concluir que su adquisición solo puede ocurrir por medio de la adjudicación administrativa, previa verificación de los requisitos exigidos, que en términos generales se refieren a condiciones personales de los solicitantes –patrimonio, pertenencia de otros inmuebles rurales y aprovechamiento económico del predio, entre otros– y a las condiciones de los predios–, entre ellas que se trate de extensiones no superiores a una UAF y que no sean áreas inadjudicables.

Sin embargo, esto no siempre fue así: en un fallo de 1942[5] la Corte Suprema de Justicia arguyó que los terrenos baldíos podían ser adquiridos por un fenómeno de prescripción, que calificó de *sui géneris*, configurado por un régimen distinto al del derecho civil, permitiendo la adquisición de tierras limitadas a las áreas cultivadas y aprovechadas económicamente, y en todo caso, sometidas a la obligación de mantenerlas así so pena de perder la condición de propietario.

Tal afirmación es problemática por cuanto su justificación no se puede establecer a partir de un particular enunciado normativo del que, en efecto, se pueda establecer la figura especial de prescripción; por el contrario, su construcción exige una compleja argumentación que orbitará en torno a la figura del cultivo como una acción exigida para la constitución de la propiedad.

La argumentación puede ser recogida en los tres puntos que a continuación se reconstruyen y comentan.

1. PRESCRIPCIÓN DE TIERRAS REALENGAS

Esta postura apela a la estrecha similitud de varias de las figuras del actual régimen de tierras con el implementado durante el régimen colonial, en particular los criterios de asignación de las tierras realengas. Su objetivo es mostrar que pese a la rigidez con la que se concibió inicialmente el reconocimiento de la propiedad, exigiendo para todos los casos la autorización previa y expresa de la corona más el aprovechamiento económico, con el paso del tiempo el criterio fue flexibilizado para aceptar que por sí solo el aprovechamiento económico podría dar lugar a derechos de propiedad.

En el inicio del régimen colonial la adquisición de las tierras baldías solo operó mediante el mecanismo de las capitulaciones de la corona española y de los repartimientos que los descubridores realizaban en virtud de las capitulaciones que les eran otorgadas. En todo caso, tales figuras estuvieron condicionadas a la ejecución de actividades de aprovechamiento económico, sin que se pudiese afirmar que el mero aprovechamiento legitimaba la apropiación, pues este solo se podía ejercer sobre tierras previamente asignadas.

---

5 Corte Suprema de Justicia. Sala de Negocios Generales. Sentencia del 5 de agosto de 1942.

Esta condición se mantuvo dentro de varios instrumentos legales, como la Ordenanza de Felipe II promulgada el 13 de julio de 1573, y en las Cédulas de El Pardo expedidas en 1578 y 1589, en las que se detallaba el poder de disposición de la corona a través de la regulación de un procedimiento de adjudicación, e incluso en cuya virtud establecía la validez de los títulos con los que se pretendía acreditar propiedad, arguyendo en su fundamento la imperiosa necesidad de proteger el patrimonio del soberano.

En términos generales, las disposiciones de la Real Cédula de 1591 mantuvieron el mismo lineamiento: la propiedad exigía la autorización de la corona y el aprovechamiento económico. No obstante, algunos de sus apartes son interpretados como un primer punto de inflexión en la rígida teoría de la defensa de patrimonio de la corona: de un lado, reafirmó el dominio que esta ejercía sobre las tierras baldías, por cuanto ordenó que se restituyeran todas aquellas que se hubieran poseído sin justos y verdaderos títulos, habilitando a los virreyes y presidentes de las audiencias pretoriales para constar la exhibición de los títulos.

Este imperativo coincide a grandes rasgos con el descrito hasta ahora; sin embargo, la ley en referencia dispuso igualmente amparar las tierras poseídas con buenos títulos y recaudos, y aquellos que con justa prescripción se poseyeren. Las disposiciones de la Recopilación de Leyes de los Reinos de las Indias de 1680 reprodujeron sin mayores modificaciones esta disposición en la Ley XIV del título XII del libro IV[6], por cuanto son citadas de manera conjunta para sostener que la prescripción constituía un modo legítimo de adquirir el dominio de las tierras realengas o baldías frente al Rey[7].

---

6 Ley XIV Don Felipe II, 20 de noviembre de 1578; 8 de marzo de 1589, y en el Pardo 1.º de noviembre de 1591: "Que á los poseedores de tierras, estancias, chacras y caballerías con legítimos títulos, se les ampare en posesión, y las demás sean restituidas al rey", disponible en [http://www.cervantesvirtual.com/research/recopilacion-de-leyes-de-los-reinos-de-indias--mandadas-imprimir-y-publicar-por-la-magestad-catolica-don-carlos-ii-tomos-1-e-2/foeaf15f-60b0-48d2-af78-d794ff4eb008.pdf].

7 La sentencia de la Corte Suprema de Justicia de 1942 se separa de esta opinión, pues pese a identificar que en efecto las disposiciones de 1591 y 1680 refieren a la prescripción como un modo para que los poseedores fueran amparados en su ejercicio, aclara que, dado el contexto, la única interpretación válida para dicho enunciado es entenderlo referido al aprovechamiento económico que realizaban las personas que habían sido autorizadas por la Corona, la justa prescripción solo podía operar en favor "de los pobladores a

El punto de giro de la teoría de la protección del patrimonio de la corona se identifica con mayor claridad en las cédulas de San Lorenzo de 1754 y San Ildefonso de 1780. En ellas se realizó un punto de corte en 1970: se condicionó la obligación de exhibir los títulos de adquisición para todas aquellas posesiones ejercidas sobre tierras realengas con posterioridad a 1700, sin importar si para el momento de su exhibición tales tierras estaban o no siendo aprovechadas económicamente. Por el contrario, las posesiones sobre tierras realengas iniciadas con anterioridad a 1700 exoneraban a sus ejecutores de la presentación de los títulos de adquisición con lo cual "no debían ser en adelante turbados, emplazados ni denunciados respecto de las posesiones de dichas tierras".

En suma, se identifica un primer tratamiento distinto a la rigidez de la exhibición de los títulos de la corona como condición para la acreditación de la propiedad en una fórmula, si quiere transaccional, que a partir de un determinado momento fijó una amnistía para quienes ejercieran actividades de aprovechamiento económico sobre tierras de las que no podían demostrar su procedencia.

2. LEY DEL 11 DE OCTUBRE DE 1821

Un segundo punto de inflexión de la teoría de la protección de los bienes estatales tomó como referente las normas sobre adjudicación de tierras baldías en el periodo republicano, mostrando nuevamente el cambio de un rígido propósito protector de los baldíos como bienes estatales, al reconocimiento del ejercicio de ocupación de tierras baldías con aprovechamiento económico como fuente directa para la constitución de los derechos de propiedad.

Para ello se propone un análisis de la Ley del 11 de octubre de 1821[8], considerada el primer régimen sobre tierras baldías, de la que se resalta,

---

quienes se entregaban las tierras en repartimiento y que se hacían dueños de ella por su explotación económica" (CARDOSO GAITÁN. Ob. cit.).

8 Dicha ley aparece como Ley del 13 de octubre de 1821 "Sobre enajenación de tierras baldías y creación de oficinas de agrimensura"; sin embargo, en la parte final se señala que la ley fue dada en el Palacio del Congreso General de la República de Colombia, en la Villa del Rosario de Cúcuta, el 11 de octubre de 1821-11, de la Independencia, disponible en [http://www.bdigital.unal.edu.co/21/34/leyes_de_1821.pdf].

como se hizo en el análisis del régimen colonial, la materialización de un interés por salvaguardar el patrimonio estatal, al condicionar que el acceso a los terrenos baldíos solo se podía realizar por expresa disposición del Estado, bien a través de un procedimiento de compra en el que se prefería a quienes ejercieran la posesión de las tierras (art. 5.º)[9], o bien concurriendo para que se expidieran en su favor los respectivos títulos de propiedad.

Frente al tránsito de las propiedades constituidas antes de la Independencia se condicionó su reconocimiento a la inscripción en las oficinas de agrimensura, dentro del término perentorio de cuatro años, omisión que implicaba la reincorporación de tales tierras al patrimonio de la República.

Según la Sentencia de 1942 ya citada, los artículos 14 y 15 de la referida ley distinguían dos tipos de hipótesis: la primera establecía un trato mucho más severo respecto de los títulos coloniales por cuanto la omisión del registro revertía el dominio a la Nación, y estaba dirigida a corregir la excesiva prodigalidad de la corona española en la adjudicación de tierras realengas. La segunda se refería a las compras sucesivas efectuadas ya dentro de la constitución de la nueva nacionalidad, en cuyo caso preveía la práctica de registros a expensas de los propietarios.

A partir de este último examen se concluye que el registro no tenía efectos constitutivos de la propiedad, pues en tal tarea no se distinguía el tipo de títulos, ni su validez, por lo que se afirma que se limitaba a cumplir una tarea estadística, un empadronamiento de la propiedad. Con ello se sostenía que tanto la inscripción de los títulos como su omisión no generaban efectos jurídicos de dominio.

Aunado a ello se señala que el plazo perentorio de los cuatro años para tramitar la inscripción de los títulos anteriores a 1821 fue prorrogado en varias ocasiones, lo que demostraría que los hechos superaban los objetivos de la norma, lo que es calificado como un principio de tolerancia que flexibilizó el rígido criterio de la exigencia de un título emanado por el Estado como única manera de acreditar la propiedad.

---

9 "Artículo 5.º. Los que poseyeren tierras baldías de tiempo inmemorial, o a pretexto de una justa prescripción, deberán concurrir en el término perentorio de un año a sacar sus títulos de propiedad, debiendo, si no lo hicieren, volver al dominio de la República las expresadas tierras aunque estén pobladas o cultivadas".

Como se observa, la interpretación de la Ley de 1821 enfatiza su ineficacia, conciencia que se hace expresa en las prórrogas otorgadas, aplazando los efectos de reversión sobre las tierras cuyos títulos no hubieran sido inscritos en la oficina de agrimensuras.

3. EL CULTIVO Y LA MORADA COMO HECHOS CONSTITUTIVOS DE PROPIEDAD

Finalmente, existen varias disposiciones que demuestran que el giro en el criterio rígido de protección de los bienes baldíos como bienes estatales cedió paulatinamente hasta reconocer que el cultivo y la morada resultaban suficientes para configurar los derechos de propiedad, situación que solo era empadronada por el título de propiedad, es decir, se hacía énfasis en que era el aprovechamiento económico lo que constituía el derecho de propiedad, condición que podía ser refrendada con el título, pero que, en todo caso, no era necesaria para afirmar la condición de propietario.

En la siguiente tabla se recogen las disposiciones que generalmente se citan para justificar lo expuesto.

Fuente	Disposición normativa
Ley 70 de 1866	"Artículo 5.º. Tienen el mismo carácter de baldíos pertenecientes a la Nación, los terrenos incultos de las cordilleras y los valles, a menos que los que pretendan tener algún derecho a ellos, lo comprueben con pruebas legales o con la posesión por veinticinco años, continua real y efectiva del terreno cultivado".
Código Fiscal 1873	"Los que se consideren dueños de parte de las tierras expresadas en el artículo anterior, o que pretendan tener algún derecho a ellas, deberán comprobarlo ante la Oficina de la Estadística Nacional, con título legítimo o con la justificación legal de haberlas poseído durante veinticinco años, con posesión continua, real y efectiva del terreno cultivado".
Ley 61 de 1874	"Artículo 1.º. Todo individuo que ocupe terrenos incultos pertenecientes a la Nación, a los cuales no se les haya dado aplicación especial por la ley, y establezca en ellos habitación y labranza, adquiere derecho a la propiedad sobre el terreno que cultive, cualquiera que sea su extensión".
Ley 110 de 1912 (segundo Código Fiscal)	"Artículo 65. La propiedad de los baldíos se adquiere por su cultivo o su ocupación con ganados, de acuerdo con lo dispuesto en este Código".
Ley 34 de 1936	"Artículo 9.º. En las adjudicaciones de baldíos decretadas a título de cultivador, lo que transfiere el dominio tanto sobre el sector cultivado como sobre el adyacente que determinen las leyes respectivas, es el hecho del cultivo reconocido en la respectiva providencia de adjudicación".

B. LA TENSIÓN ENTRE PRESUNCIONES

La tesis de la ocupación es el resultado de la interpretación de algunas disposiciones de las denominadas reformas de la República Liberal. La consigna de la "tierra para quien la trabaja" planteaba la necesidad de superar fenómenos de apropiación de terrenos en cabeza de personas que no la aprovechaban directamente.

En la exposición de motivos del proyecto de ley que sirvió de base para la expedición de la Ley 200 de 1936, el ministro de Hacienda Nacional señalaba que la implementación del sistema jurídico español y de sus valores en la época de la colonia produjo, entre otros efectos, un fenómeno denominado divorcio entre el trabajo y la propiedad, según el cual las comunidades indígenas no se relacionaban con la tierra de una manera claramente utilitarista con pretensiones de explotación económica y para derivar de ella acumulación de riquezas, sino que, por el contrario, su relación cobraba una importancia desde el punto de vista espiritual y su aprovechamiento se limitaba a obtener lo necesario para la subsistencia. Ello contrastaba con el concepto abstracto del título que reconocía los derechos de propiedad a quienes no necesariamente adelantaban su posesión, con lo que se configuraron propietarios sin posesión y cultivadores sin propiedad (Chaux, 1933; Martínez, 1939).

En ese sentido la Ley 200 de 1936 fue una decisión del legislador dirigida a resolver las divergencias suscitadas ante la prevalencia de la posesión inscrita sobre la material, dando preeminencia a la posesión ejercida a través de actividades de las que se derivara provecho económico (Corte Suprema de Justicia. Sala Civil. Sentencia del 24 de julio de 1937).

Así, el primer argumento con que se justifica la tesis de la ocupación consiste en afirmar en que el solo aprovechamiento económico convierte los predios en propiedad privada. Se funda justamente en la interpretación del artículo 1.º de la Ley 200 según el cual los predios rurales poseídos por particulares son propiedad privada.

Al respecto es recurrente la referencia a lo sostenido por Antonio Rocha, integrante de la comisión preparatoria de la Ley 200 de 1936 que indica:

> Y aquí viene una última explicación muy importante. La ley de tierras ha querido consagrar la propiedad rural en forma real. Según ella y sus claros

> antecedentes, se es dueño por el solo hecho de la explotación económica. El campesino en Colombia no funda una finca con la aspiración de hacerse dueño, sino con la conciencia de serlo realmente. El título servirá para otros fines económicos, que ya hemos enumerado, pero no para constituir la propiedad. El derecho de propiedad se adquiere *in re*, y no *ad-rem*. No es un derecho personal sino real (Rocha, 1983).

La objeción más obvia que se puede plantear a dicha interpretación consiste en que el artículo 1.º prevé una presunción de propiedad privada, y no necesariamente la configuración de la propiedad privada; es decir que el enunciado "se presume que es propiedad privada el predio rural poseído por particulares" es distinto al de "es propiedad privada el predio rural poseído por particulares".

La teoría expuesta no desconoce dicha condición y responde a ello de dos maneras: de conformidad con el artículo 1.º de la Ley 200 de 1936 –en virtud de la cual se reputan de propiedad privada los fundos explotados– se entiende como una concreción de lo dispuesto por el artículo 65 del Código Fiscal que precisa que "La propiedad de los baldíos se adquiere por su cultivo o su ocupación con ganados de acuerdo con lo dispuesto en este Código", y que afirma la explotación económica como fundamento para la adquisición. Es decir, pese a reconocer el carácter de presunción de propiedad, esta es enfrentada a otra disposición cuya interpretación permite afirmar que aprovechar económicamente los predios con cultivos o con ganados hace que adquieran la condición de propiedad privada.

La segunda admite que efectivamente el artículo 1.º de la Ley 200 establece una presunción de propiedad cuando se ejerce la posesión económica del predio; sin embargo, plantea el debate en términos de un enfrentamiento de presunciones, pues la clasificación de los bienes en baldíos y propiedad privada configura también una presunción, en tanto los artículos 44 del Código Fiscal y 675 del Código Civil establecen una negación indefinida, conforme a la cual se presumen baldíos los terrenos en los que se pruebe la propiedad de particulares.

Según dicha regla, les correspondía a los particulares demostrar que el predio no era de aquellos definidos como baldíos por estar fuera del dominio de la Nación. La expedición de la Ley 200 modificó dicha negación indefinida relevando a los particulares de la carga de demostrar la propiedad acreditando tan solo su aprovechamiento económico. A esta presunción se agregó la que establece del artículo 762 del CC conforme al cual se reputa como propietario quien ejerce la posesión, siempre que otro no demuestre ser propietario.

Así, quien aprovecha económicamente un predio es reputado como su propietario, presunción que puede ser opuesta a la Nación para negar la condición de terrenos baldíos. Según esto, la Nación podrá objetar la condición de propiedad particular, pero en dicha empresa tendrá que demostrar que el predio no es objeto de aprovechamiento económico.

Finalmente, la tesis da cuenta de un fenómeno que se puede presentar en su aplicación: no es admisible inferir la condición de terreno baldío solo por la inexistencia de un folio de matrícula que dé cuenta de los antecedentes registrales.

Según esto si la propiedad se constituye por el solo hecho de adelantar la explotación económica, esta puede ser reconocida a través del título que expida el Estado, no declarando constituida la propiedad, sino reconociendo que la propiedad surgió por la posición económica. Sin embargo, la propiedad se puede configurar sin necesidad de título y, por tanto, sin registro alguno.

II. EL TÍTULO DEL ESTADO COMO FUNDAMENTO EXCLUSIVO DE LA PROPIEDAD

Una segunda teoría que pretende dar cuenta de la acreditación de la propiedad es el denominado título del Estado. Al respecto es preciso aclarar que se acepta la aplicación de las reglas de acreditación de la propiedad previstas actualmente en el artículo 48 de la Ley 160 de 1994, y anteriormente en el artículo 3.º de la Ley 200 de 1936.

Sin embargo, la aplicación de estas reglas está sujeta necesariamente a lo previsto por el artículo 65 de la Ley 160 de 1994, conforme al cual los baldíos solo pueden ser adquiridos por título traslaticio de dominio expedido por el Estado. La radicalidad con que se aplica esta proposición lleva a denominarla título del Estado.

Si se acepta que los bienes inmuebles solo pueden ser de propiedad privada o bienes baldíos, y que los bienes baldíos solo pueden acreditar propiedad cuando existe un título expedido por el Estado, entonces es preciso aceptar que la propiedad privada solo puede ser originada en el título estatal, o bien, que la clasificación binaria de los inmuebles en baldíos y propiedad privada es insuficiente para explicar los distintos fenómenos de bienes inmuebles en el régimen colombiano.

Este último punto puede resultar especialmente controversial, en tanto la experiencia parece indicar que los múltiples tipos de bienes inmuebles no parecen limitarse a la forma binaria de baldíos o no baldíos. No obstante, aceptar esta intuición conlleva que la aplicación de las fórmulas de acreditación no puede dar cuenta consistente de la naturaleza de los bienes inmuebles.

Por ejemplo, es evidente que, dado su alcance, los bienes de uso público no pueden mantener la condición de bienes de propiedad privada, pues la cláusula *pueden ser usados por todos los habitantes de un territorio* es abiertamente contradictoria con aquello que caracteriza, de manera esencial, los derechos de propiedad, es decir, la capacidad de exclusión. De este modo, sostendremos que los bienes de uso público no son propiedad privada.

Pese a lo anterior, aún se puede cuestionar lo que se denomina bien de uso público. Al respecto consideremos que las razones que puede aducir un particular para negar la condición de uso público de un bien inmueble se deben centrar en demostrar que dicho bien hace parte de su patrimonio, para lo cual debe probar que se configuró alguna de las fórmulas de acreditación de propiedad.

En otras palabras, la definición de bienes de usos público no resulta incompatible con la clasificación de los bienes inmuebles según su naturaleza, de modo que el debate continuará abierto hasta tanto se defina la configuración de los derechos de propiedad.

Este tipo de debates son propios de los procesos de deslinde de tierras regulados en los capítulos X y XI de la Ley 160 de 1994, cuyo objetivo es fijar los límites que separan los predios de propiedad privada de los terrenos baldíos de la Nación. Pese a que son importantes los diagnósticos de los tipos de suelos para definir, por ejemplo, si se trata de terrenos inundables en las zonas de bajamar o en los playones comunales, o bien si su uso ha sido históricamente para pastoreo de animales en las sabanas comunales, lo realmente determinante en este tipo de deslindes es la acreditación de propiedad o la definición del tipo de naturaleza del bien inmueble. En otras palabras, la calificación de un playón comunal no puede ser deslindada sin que concurra un análisis de la propiedad para afirmar que no se acreditó un derecho en favor de un particular[10].

A. Los baldíos como bienes de la Nación

La afirmación conforme a la cual la propiedad de los terrenos baldíos solo se puede adquirir mediante título estatal implica tácitamente que los bienes baldíos le pertenecen a la Nación. Dicho de otro modo, restringir la adquisición de los baldíos a actos del Estado implica que la facultad de disposición sobre ellos se restringe a él, en tanto su titularidad le corresponde. Este rasgo puede ser identificado dentro de la abigarrada normatividad reguladora de la adjudicación de terrenos baldíos que, más o menos generalmente, ha establecido un procedimiento para su adjudicación, una serie de requisitos para sus beneficiarios y unas condiciones para el ejercicio de la propiedad privada que de ellos deviene, y que consecuentemente implica que sólo la Nación, como titular del dominio de dichos terrenos, es la que detenta la competencia para fijar las condiciones de su adjudicación, uso y aprovechamiento[11].

---

10 El procedimiento de deslinde surgió ligado al de clarificación de la propiedad, por cuanto su objeto se encamina a definir los límites que separan los terrenos baldíos de los predios de propiedad privada, lo cual comporta un análisis de sus condiciones físicas; empero, un riguroso examen de tales cuestiones no indica nada acerca de la naturaleza de los terrenos por cuanto su examen se debe realizar bajo parámetros idénticos a los de la clarificación de la propiedad. Es decir, la fijación de los límites de los terrenos baldíos solo puede ser resuelta a través del agotamiento del examen de las condiciones en las que se acredita la propiedad privada. El procedimiento es constantemente empleado para definir límites de terrenos baldíos que se identifican como no susceptibles de ser adjudicados, entre otros, playones comunales, cuerpos de agua en general y áreas de bajamar. Pese a ello el procedimiento puede igualmente ser aplicado para definir los linderos correspondientes a baldíos adjudicables, de los predios de propiedad privada. Por expresa disposición legal el procedimiento también resulta aplicable para deslindar las tierras colectivas de las comunidades negras de los predios de propiedad privada que ofrezcan incertidumbres sobre su delimitación.

11 Al respecto cfr. Consejo de Estado. Sala de lo Contencioso Administrativo. Sección Tercera. Sentencia del 9 de diciembre de 1983, M. P.: José Alejandro Bonivento Fernández,

Para justificar esta postura la Constitución Política de 1991, a diferencia de lo establecido en la de 1886[12], expresamente no categoriza como de propiedad de la Nación los bienes baldíos; empero, su artículo 102 generaliza indicando que el territorio junto con los bienes públicos que de él hagan parte pertenecen a la Nación.

Con dicha referencia se señala que por disposición de la Constitución la titularidad de los bienes baldíos fue radicada en cabeza de la Nación.

B. LOS BALDÍOS DEBEN DESTINARSE PREFERENCIALMENTE A LA ADJUDICACIÓN

Ahora bien, como bienes estatales los terrenos baldíos están dispuestos para su adjudicación a los particulares que cumplan con los requisitos establecidos en la ley:

> ... son bienes públicos de la Nación catalogados dentro de la categoría de bienes fiscales adjudicables, en razón de que la Nación los conserva para adjudicarlos a quienes reúnan la totalidad de las exigencias establecidas en la ley (Corte Constitucional. Sala Plena. Sentencia C-595 de 1995).

La adjudicación corresponde a un régimen especial que se edifica a partir del imperativo de garantizar el acceso progresivo a la propiedad rural, de modo que la adjudicación de bienes baldíos debe propender por mejorar las condiciones de vida de quienes resultan sus beneficiarios, a fin de que la igualdad sea real y efectiva, "adoptando medidas de protección a favor de quienes, por su difícil condición económica, se encuentran en circunstancias de debilidad manifiesta en el sector agropecuario" (Corte Constitucional. C-255 de 2012).

Para ello, en el régimen de la Ley 160 de 1994 la adjudicación exigía que el solicitante acreditara haber ejercicio una ocupación previa por un término

---

en la que se realiza un detallado recuento de la legislación relativa al régimen de terrenos baldíos desde la primera República.

12 La Constitución Nacional de 1886 disponía que los terrenos baldíos, junto con las minas y salinas, pertenecían al dominio exclusivo de la Nación, y facultaba taxativamente al Congreso a dictar las normas sobre su apropiación o adjudicación y recuperación.

no inferior a los cinco años y una explotación económica de por lo menos 2/3 partes del área que solicitaba en adjudicación, sin que en ningún caso esta pudiese ser superior a una UAF[13].

En el régimen actual, producto de la derogatoria de la ocupación previa, por efecto del Decreto Ley 902 de 2017 la adjudicación de los terrenos baldíos debe sujetarse a los procedimientos de selección objetiva mediante el mecanismo de Registro de Sujetos de Ordenamiento de la Propiedad (RESO), en el que, a partir de la constatación del cumplimiento de los requisitos de elegibilidad, los inscritos son sujetos de asignación de puntajes en los que se valora su situación económica y social dándole prelación a aquellos con mayores condiciones de vulnerabilidad.

Sobre esto último es preciso aclarar que el régimen de ocupación previa se continúa aplicando por efecto de la ultraactividad fijada por el Decreto Ley 902 de 2017, de modo que quienes hayan iniciado sus ocupaciones con

---

13 La UAF corresponde a una figura jurídico-económica implementada a partir de la Ley 135 de 1961 dirigida a mensurar los predios destinados a los programas de reforma agraria. Su análisis puede ser abordado de dos maneras. Desde un punto de vista cualitativo se define como una unidad de mensura que debe garantizar que el beneficiario de la adjudicación reciba una porción de tierra suficiente para remunerar su trabajo y el de su familia, pero que a su vez no sea tan extensa como para que su aprovechamiento económico requiera, como regla general, acudir a la mano de obra de terceros. La aproximación cualitativa debe permitir definir específicamente las extensiones que pueden ser calificadas como UAF, aspecto que apunta a cuantificar la UAF, lo cual se realiza de dos maneras: de un lado, como una fase de alistamiento para la adjudicación en los procesos de acceso a tierras, en la que el análisis de las condiciones técnicas de los predios, el tipo de proyecto productivo que se plantea adelantar y la experiencia de los beneficiarios define predio a predio la extensión constitutiva de la UAF, metodología que se denomina UAF predial; en paralelo se formula la metodología de las zonas relativamente homogéneas, construida para hacer viable la titulación de baldíos por el régimen de la ocupación previa. Si en este régimen la adjudicación no contempla la explotación económica como parte de un proyecto productivo, sino que reconoce la explotación adelantada por los colonos como un requisito para la adjudicación, antes de la ocupación la explotación debe fijar los límites de la apropiación en la ocupación. Esto último se fijó a partir de analizar las condiciones generales de cada municipio, definiendo por zonas los límites que serían susceptibles de ser ocupados para su posterior adjudicación y que fueron plasmadas en la Resolución 41 de 1996 del Incora.

anterioridad a la fecha de entrada en vigencia, pueden solicitar, una vez cumplidos los requisitos, su respectiva adjudicación[14].

C. IMPRESCRIPTIBILIDAD DE LOS TERRENOS BALDÍOS

Una consecuencia de considerar los baldíos como parte de la Nación, y que su propiedad solo se pueda adquirir mediante título expedido por el Estado a través de un procedimiento de adjudicación, es su imprescriptibilidad.

La fijación de un particular procedimiento para acceder a las tierras baldías implica que se niega la posibilidad de que de modo alternativo se adquieran derechos sobre ellas: la prescripción supone que el paso el tiempo y el ejercicio de actividades económicas calificadas como actos de posesión permiten la adquisición de los bienes que se encuentran en el comercio.

Por su parte, al estar restringida su adquisición exclusivamente al Estado, los baldíos no pueden ser objeto de apropiación por medio de la posesión. Esta regla corresponde a lo señalado por el ya citado artículo 65 de la Ley 160 de 1994 que la Corte Constitucional respaldó al aceptar la exequibilidad de que las tierras baldías, a diferencia de lo que ocurre en materia civil con los inmuebles en general, no se adquieran mediante la prescripción, sino por la ocupación y posterior adjudicación, previo el cumplimiento de los requisitos establecidos en la ley (Sent. C-595 de 1995, cit.).

En todo caso, se aclara que las ocupaciones ejercidas por los particulares no configuran necesariamente derecho a la adjudicación, en tanto,

> [m]ientras no se cumplan todos los requisitos exigidos por la ley para tener derecho a la adjudicación de un terreno baldío, el ocupante simplemente cuenta con una expectativa, esto es, la esperanza de que al cumplir con esas exigencias se le podrá conceder tal beneficio (Corte Constitucional. Sent. C-097 de 1996).

En esa medida, los baldíos son bienes inenajenables, esto es, que están fuera del comercio y pertenecen a la Nación, la cual los conserva para su posterior adjudicación, y tan solo cuando esta se realice obtendrá el adjudicatario su título de propiedad.

---

14 En cuanto al régimen de transición cfr. Agencia Nacional de Tierras. Circulares internas n.os 02 y 06 de 2018.

Así planteadas las cosas, careciendo de dueño reconocido el inmueble y no habiendo registro inmobiliario del mismo, surgían indicios suficientes para pensar razonablemente que el predio en discusión podía tratarse de un bien baldío y en esa medida no susceptible de apropiación por prescripción.

D. LA PRESUNCIÓN DE BALDÍOS Y LA NECESIDAD DE ADELANTAR CLARIFICACIONES DE LA PROPIEDAD

La tensión generada como efecto de las reglas previstas en la Sentencia T-488 de 2014 ha mostrado varios matices. Uno de ellos consistió en el adelantamiento de acciones de tutela por el Incoder al impugnar las sentencias de prescripción en los terrenos en que no se acreditó debidamente la propiedad privada. La acción estatal fue reprochada pues en varios de los casos los beneficiarios de las sentencias correspondían a sujetos que sin dificultad podrían cumplir con los requisitos para ser sujetos de reforma agraria, y por ende, beneficiarios de los programas de titulación de baldíos. La Sentencia 1776 de 2016 de la Corte Suprema de Justicia abordó la prescripción de un predio rural de pequeña extensión denominado Miravalles en el municipio de Sora, Boyacá. Independientemente de los argumentos de orden jurídico que allí se expusieron para oponerse a la tesis de este numeral, resulta relevante destacar que la postura institucional para oponerse a la prescripción se fundó en la afirmación de que el bien objeto de la prescripción se trata de un *presunto* baldío. Asegurar la naturaleza del predio requería, según se sostuvo, el adelantamiento de un proceso de clarificación de la propiedad.

Es decir, la oposición a la prescripción se fundó en una hipótesis de ostentar la condición de baldío, y no en la convicción del análisis de la naturaleza del predio.

Lo anterior llevó a la Corte Constitucional a que en el seguimiento de cumplimiento de la sentencia dispusiera la suspensión de los procesos de prescripción y la remisión a la autoridad de tierras para que adelantara el respectivo proceso de clarificación de la propiedad.

La medida se justificó por cuanto, ante la falta de certeza de la naturaleza de los predios, las prescripciones debían ser suspendidas, pues con ello se exponían a la adquisición de bienes baldíos mediante procedimientos judiciales cuando eso está expresamente prohibido[15].

III. PROPUESTA DE INTERPRETACIÓN DE LAS FÓRMULAS DE ACREDITACIÓN DE LA PROPIEDAD

En términos generales las posturas expuestas en los numerales anteriores representan los acercamientos con los que se ha pretendido dar solución al debate de acreditación de la propiedad, y en ellas pueden señalarse inconsistencias al ser desarrolladas y aplicadas a los casos concretos de clarificación de la propiedad. En ese orden de ideas, en el presente acápite se propone una alternativa de interpretación del tema para resolver los problemas que pueden reprocharse de las posturas reconstruidas.

Para el efecto se parte de la construcción del concepto de baldío, señalando algunas de las consecuencias de este ejercicio, para finalmente analizar las fórmulas de acreditación de la propiedad.

A. LOS BALDÍOS, DEFINICIÓN, LEXICOGRAFÍA Y SUS LIMITACIONES

Lo comentado hasta acá sería suficiente para señalar lo problemático que resulta tratar el asunto de los terrenos baldíos. En detalle, incluso podemos afirmar que el debate actual de acreditación de propiedad no difiere en algunos rasgos de los terrenos baldíos como la imprescriptibilidad, e incluso

---

15 Cfr. STC 16151-2014, reiterada, entre otras, en las STC 3765-2015, 10720-2015 y 4587-2017: "[E]s necesario determinar la naturaleza del bien a prescribir, pues no es posible adquirir de este modo los bienes que pertenecen a la Nación y ante la falta de claridad y certeza de cuáles son éstos, se ha permitido que sean adjudicados de forma irregular mediante procedimientos judiciales, saliendo ilegítimamente del dominio público. En especial, cuando se encuentra que la decisión no habría podido ser recurrida, seguramente porque el proceso de pertenencia se inició en contra de indeterminados, en virtud de que en el certificado del Registrador de Instrumentos Públicos que se allegó al trámite, se indicó que sobre el predio objeto de usucapión 'no se encontró persona alguna como titular del derecho real sujetos a registro', documento que no llena los requisitos legales".

la inalienabilidad. En términos generales el debate sobre tales cuestiones reside en la determinación de lo que se debe entender como baldío.

En la Sentencia 1776 de 2016 la Corte Suprema de Justicia aceptó la existencia de la categoría de terrenos baldíos, y abogó por la protección de tal tipo de bienes como públicos y cruciales en la ejecución de las políticas públicas de reforma rural y ordenamiento social de la propiedad.

No obstante tales acuerdos, las posturas se distanciaron considerablemente al asumir lo que debe entenderse como terrenos baldíos pues, aun aceptando que se trata de una especie de bienes fiscales dirigidos a la adjudicación a particulares, no se hacen mayores precisiones respecto de lo que se debe identificar para asegurar que un bien reviste la condición de baldío.

La ambigüedad del término exige explicitar aquello que comprende el concepto, como una manera de superar las disputas verbales que involucran el uso de la palabra baldío.

Una manera de hacerlo consiste en consultar la definición (también lexicográfica) que trae el diccionario[16]: un "baldío" es un bien inmueble sobre el que no se ejercen actividades de labranza o aprovechamiento económico. En dichos términos, la definición apela a una clasificación de los bienes inmuebles en función de si son o no cultivados.

El atributo o cualidad que se juzga determinante es convencional, aun cuando esté contenido en el diccionario. Con ello se quiere resaltar que en nuestro lenguaje el atributo "labrado" define el uso común del término "baldío", pero no cierra la posibilidad de que mediante otras convenciones se fijen atributos distintos como rasgos característicos de los elementos que se pretenden agrupar bajo dicho concepto.

---

16 En términos generales las definiciones realizan clasificaciones de los objetos que se pretenden representar con ellas, asignando significado a aquello que queremos definir (*definieudum*) mediante el uso de otros símbolos (*definiens*) que afirmamos tienen el mismo significado. Una definición lexicográfica ilustra el uso que se le da a un determinado término en una lengua en particular, y que a partir de una serie de reglas abstractas fija su significado y los condicionantes para su empleo en las oraciones. Las definiciones plantean una relación entre símbolos, de un lado, el término que se pretende definir conocido bajo la denominación de *definiendum* y de otro, el símbolo que describe sus significados, el sentido que debe adscribirse o *definiens*. La definición lexicológica informa el significado que se le asignó a un determinado *definiendum* (Copi Cohen, 2013).

B. UNA DEFINICIÓN ESTIPULATIVA DE LOS BALDÍOS

Construir una definición que tome distancia del significado etimológico del término baldío (bien de uso, según las reglas de la lengua española) exige la asignación de una acepción distinta, lo cual sucede en la legislación colombiana en la que se señalan como terrenos baldíos los bienes inmuebles ubicados dentro del territorio nacional, respecto de los cuales no se acredita el dominio ajeno, o los que, haciéndolo, reviertan al dominio de la Nación. Con ello el legislador designó un conjunto de propiedades o atributos que en lo sucesivo resultarían suficientes para denotar inmuebles a los que se pudieran atribuir tales atributos[17]. Por tanto, es indiferente que el diccionario y la legislación colombiana atribuyan significados distintos al término baldío.

C. LOS BALDÍOS COMO CATEGORÍA CONCEPTUAL: LOS TOMATES Y LAS PAPAS

Es importante precisar que las definiciones de baldíos se refieren a una categoría conceptual que adscribe ciertas propiedades o atributos según los términos definidos por el legislador. Las definiciones no versan sobre cosas sino sobre conceptos: cuando se define un concepto se presentan las características que determinados objetos deben reunir para ser abarcados por dicho concepto, pero en modo alguno con ello se define el objeto mismo[18].

---

17 Son varias las definiciones distintas a las lexicológicas, entre ellas: las aclaratorias, cuando se asignan usos adicionales en el lenguaje que pretenden reducir el margen de ambigüedad; las teóricas, para aclarar el uso del término en un ámbito específico de estudio, o las estipulativas o nominales, cuando su significado es asignado de manera independiente. En el presente caso la definición dada por la legislación colombiana al término baldíos es estipulativa, en tanto se separa del uso convencional en el lenguaje que le asignó el significado en función del aprovechamiento económico que se realice o no sobre un determinado bien inmueble. De este modo, se pasó de calificar el concepto de baldío como inmueble no aprovechado económicamente, al de carecer del atributo de pertenecerle a alguien.

18 De acuerdo con COPI y COHEN (2013): "Las definiciones siempre son definiciones de símbolos, porque sólo los símbolos tienen significados que pueden ser explicados por las definiciones [...] se puede definir la palabra silla, puesto que tiene significado, pero no podemos definir una silla en sí misma. Podemos sentarnos en una silla o pintarla o

Las características adscribibles al concepto baldío no son propiamente fenómenos naturales que se identifican como propios de ciertos terrenos: los bienes inmuebles ubicados en áreas rurales que no hacen parte del patrimonio de un determinado individuo también ostentan la condición de ser convencionales.

Si se supusiera que los terrenos baldíos solo pueden ser cosechados con tomates y los predios de propiedad privada con papas, la definición de los bienes que ostentan la condición de baldíos o de propiedad privada se limitaría a constatar el tipo de cosecha que se produce en cada uno[19].

Por el contrario, es preciso señalar que la condición de baldío de un terreno es una convención a la que se le adscriben características que no pueden ser identificadas con el mero examen de los objetos que se pretende imputar. Los bienes baldíos no revisten condiciones sensibles distintas a otros objetos que son también categorizados bajo el signo de bienes inmuebles.

De este modo, la relación entre el uso del lenguaje y la realidad que se pretende describir no es la de un realismo verbal en la que el signo refleja de modo necesario algún rasgo esencial del objeto descrito. En derecho, por el contrario, los símbolos se relacionan de manera convencional con otros símbolos que son asignados de manera independiente a razones lógicas o de la experiencia.

D. LA CATEGORÍA DE BIEN BALDÍO COMO PIEDRA ANGULAR

La estipulación del término baldío como bien inmueble que no ostenta la condición de pertenencia particular plantea una clasificación de orden más general que distingue dos subconjuntos, valorados en función de un atributo que es el dominio ajeno: los bienes que acreditan dominio y los que

---

quemarla o describirla, pero no podemos definirla porque una silla de verdad no es un símbolo que tiene un significado que explicar".

19 El ejemplo fue postulado por A. González Vesga. "La formalización administrativa como ejercicio de función jurisdiccional. Mitos y realidades", en *IV Jornadas Internacionales en Derecho de Tierras*, Bogotá, Universidad Externado de Colombia, mayo de 2019, para señalar las condiciones en las que se deben adelantar los estudios de títulos de la propiedad en los procesos de formalización de la propiedad.

no lo demuestran; este último grupo se denomina bienes baldíos (arts. 44 del Código Fiscal y 675 del Código Civil).

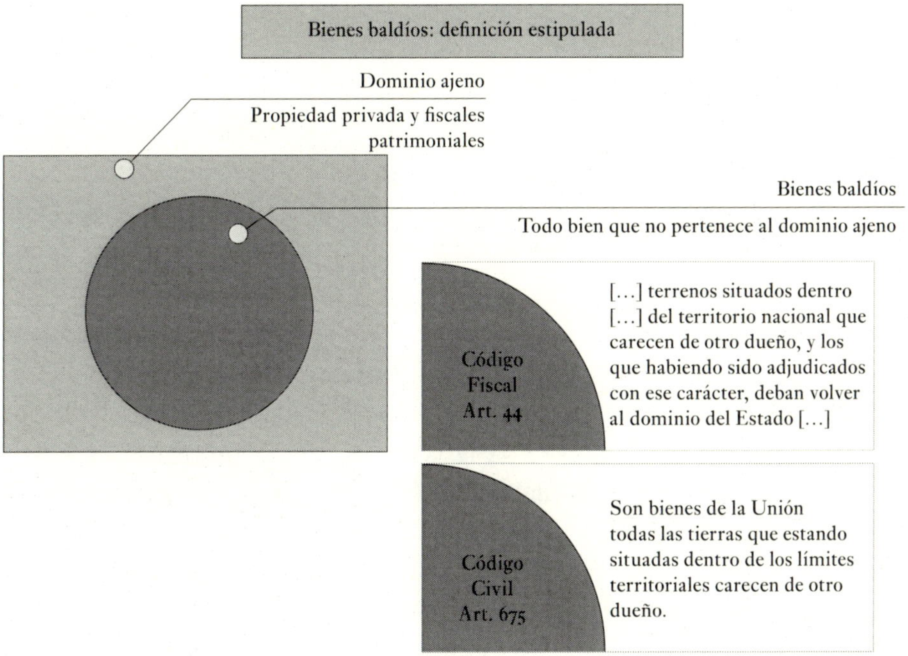

Es decir, al concebir que el conjunto de bienes inmuebles del territorio nacional está compuesto por la totalidad de los bienes cuyos únicos atributos son ser inmuebles y estar ubicados dentro del territorio nacional, es posible distinguir que son de dos tipos: los que le pertenecen a alguien, es decir, que acreditan dominio ajeno a la Nación, y los que por no tener dicha propiedad se reputan como baldíos, y por tanto, de propiedad de la Nación.

A estos últimos se agregan aquellos bienes que habiendo pertenecido a alguien revierten al dominio de la Nación por el cumplimiento de alguna de las condiciones establecidas en la ley; en ese sentido, la declaración administrativa de extinción de dominio por incumplimiento de la función social de la propiedad prevista en el capítulo XI de la Ley 160 de 1994 dispone qué predios revierten al dominio de la Nación en calidad de terrenos baldíos. Lo mismo ocurre con la mayoría de revocatorias de adjudicación de baldíos, entre otras, en la declaratoria de la condición resolutoria de trasferencias de baldíos[20].

Esta cuestión no es una presunción legal conforme a la cual se presumen como baldíos algunos bienes inmuebles, sino una imputación por efecto de una norma que les da tal carácter conceptual a los bienes que adolecen del atributo "pertenecer a alguien".

E. LOS BALDÍOS Y EL DOMINIO AJENO: UNA DISTINCIÓN MÁS PRECISA QUE EL ANTAGONISMO ENTRE PROPIEDAD PRIVADA Y BALDÍOS

Aquí es preciso hacer una aclaración: el debate se ha planteado como la oposición entre dos conceptos mutuamente excluyentes, que en su conjunto deben ser comprensivos de los distintos tipos de bienes inmuebles y que podría condensarse en la expresión "baldío es lo que no es propiedad privada".

No obstante que esta afirmación es ilustrativa para introducir el debate sobre la acreditación de la propiedad, en todo caso resulta problemática, pues no todo bien "no baldío" es propiedad privada ya que existen otros bienes inmuebles que sin serlo en sentido riguroso, tampoco ostentan la condición de baldíos como, por ejemplo, los bienes fiscales patrimoniales e, incluso, la propiedad étnica, bien sea que esté constituida por un título colectivo propio de las comunidades negras, o por la constitución de un resguardo indígena.

Esto se explica porque el concepto de lo que acá se ha denominado "dominio ajeno" es más amplio que el de propiedad privada, pues toda propiedad privada es dominio ajeno, pero no todo dominio ajeno es propiedad privada. Esta distinción resulta necesaria para justificar la pretensión de completitud que se afirma tiene la clasificación de los bienes según el atributo de pertenecer, o no, a alguien.

---

20 La segunda condición es en rigor redundante: si baldíos son los predios que no pertenecen a alguien, dicha descripción comprende igualmente los que expresamente dejaron de ser propiedad de alguien por el cumplimiento de una regla particular. Pese a ello, la proposición normativa insiste en eso para aclarar que integran el conjunto de bienes baldíos los que provengan de instituciones jurídicas capaces de sacar bienes del patrimonio de los particulares.

En suma, el aspecto que acá se plantea demuestra que la oposición de términos con la que ha sido presentada esta discusión es incompleta, pues ella no puede explicar los distintos fenómenos de derechos de propiedad que se pueden configurar en nuestro régimen jurídico de tierras.

La necesidad de apelar a refinar la distinción y ponerla en términos de dominio ajeno y no en el de propiedad privada se fundamenta en las posibles clasificaciones de los bienes.

F. CLASIFICACIÓN DE LOS BIENES INMUEBLES A PARTIR DE LOS CONCEPTOS DE BALDÍO Y DOMINIO AJENO

Realizar una clasificación de los bienes inmuebles resulta problemático: de un lado, por cuanto las fuentes para su clasificación, es decir, las normas que definen los tipos de bienes y el régimen al cual se someten, están altamente dispersas y su creación no ha seguido un criterio sistemático que las oriente; y por otro, porque se advierte que las clasificaciones adoptadas en nuestro derecho han sido influenciadas por instituciones francesas de la teoría del dominio que se reputan anacrónicas, especialmente a partir de la adopción de la Constitución de 1991[21], y que no recogen en su totalidad los fenómenos que se presentan en Colombia respecto de la propiedad (Pimiento Echeverri, 2015).

Pese a ello, en el siguiente acápite se hace una clasificación que parte de la distinción entre el dominio ajeno y los baldíos con el fin de presentar las distintas clases de bienes, en cuya definición no resulta determinante el criterio orgánico inicialmente postulado. En últimas, el objetivo consiste en recoger las distintas clases de propiedad que son determinantes para la construcción de un sistema de información sobre la propiedad, como una manera de dar cuenta de las posibles objeciones al rol fundacional que se le ha dado a la distinción entre dominio ajeno y baldíos.

---

21 Consejo de Estado. Sección Tercera. Sentencia del 22 de febrero de 2001, radicado 18503, M. P.: Alier Eduardo Hernández Enríquez: "No obstante, con la entrada en vigencia de la Constitución de 1991, esa clasificación tradicional entre bienes fiscales y bienes de uso público se quedó corta, toda vez que existen categorías de bienes que cuentan con características particulares que no se acomodan a las de una u otra especie".

1. LOS BIENES DE USO PÚBLICO

Aunque la clasificación de los bienes inmuebles parte de la fórmula prevista por el artículo 674 del Código Civil que distingue entre bienes fiscales y bienes de uso público, lo cierto es que ella no puede ser la base para explicar los diferentes tipos de bienes inmuebles.

Como se indicó, se ofrece una mejor explicación si su primera distinción parte de lo previsto por el artículo 44 del Código Fiscal, que divide los bienes inmuebles en baldíos y no baldíos: según el texto normativo, son baldíos los terrenos ubicados dentro del territorio nacional que carecen de otro dueño y aquellos que han revertido al dominio de la Nación[22].

Sin embargo, es necesario dar cuenta del fenómeno de los bienes de uso público en la clasificación hasta ahora postulada.

Para el efecto, es necesario tener en cuenta que los atributos adscritos a la definición de los bienes de uso público se concretan en los de ser bienes inmuebles, estar ubicados dentro del territorio nacional, cuyo uso está destinado a todos los habitantes.

Este último rasgo deja en claro que la condición de uso público es incompatible con el carácter de propiedad privada, pues en esta última es potestad del propietario ejercer la exclusión de las facultades de uso, goce y disposición de otros individuos. En otras palabras, lo que es uso público no puede ser del dominio privado.

Esta aproximación da cuenta de un tipo de bienes en virtud de un carácter estrictamente funcional, en el que se dividen los bienes según si su

---

22 Para la doctrina la categoría de baldíos resulta difícilmente ajustable al modelo de bienes fiscales y de uso público, en tanto la distinción sobre la que se edifican sus análisis parte de la clasificación del artículo 674 del CC. En tal orden, sus características no parecen ajustarse a ninguna de ellas, no son enteramente bienes de uso público ni tampoco de los fiscales que integran el patrimonio de las entidades públicas. Cfr. JULIÁN ANDRÉS PIMIENTO ECHEVERRI. "Los baldíos. La imposible clasificación", en *Derecho Administrativo de Bienes. Los bienes Públicos: historia, clasificación, régimen jurídico*, Bogotá, Universidad Externado de Colombia, pp. 176-187. Al abandonar como punto de partida la distinción del artículo 674, y en su lugar distinguirlos como de dominio ajeno y baldíos, se pueden entender fácilmente otros fenómenos de la propiedad estatal.

uso puede ser ejercido por todos los habitantes, o si solo está restringido a la voluntad del propietario.

Es posible conciliar dichas clasificaciones, pero se debe tener presente que cada una de ellas parte de la identificación de un supuesto o atributo, que no necesariamente es exhaustivo para dar cuenta de todas las categorías de bienes inmuebles.

La siguiente gráfica explica la relación entre los bienes estatales y sus propiedades definitorias:

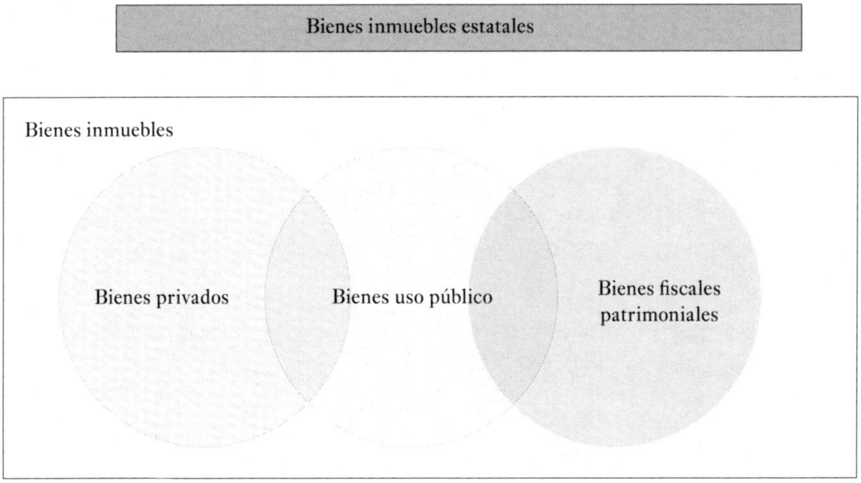

N1: son baldíos los terrenos situados dentro del territorio nacional que carecen de otro dueño (art. 44 Código Fiscal y art. 675 del Código Civil).

N2: son bienes de la Unión aquellos cuyo dominio pertenecen a la República; si su uso pertenece a los habitantes son de uso públicos (art. 674 Código Civil).

N3: son bienes fiscales del Estado los bienes baldíos (art. 4 Código Fiscal y art. 202 Constitución 1886).

El rectángulo representa el conjunto universal de bienes inmuebles dentro del territorio nacional, y en su interior se identifican tres grupos: i) los bienes privados, que son aquellos que acreditan dominio ajeno y que están radicados en cabeza de un particular; ii) los bienes fiscales patrimoniales de los cuales se acredita dominio, pero radicado en cabeza de una entidad pública, y iii) los bienes de uso público, que sin importar su origen constituyen y se superponen a cualquiera de las categorías.

Esto último no es un fenómeno extraño: piénsese, por ejemplo, en la adquisición de bienes inmuebles para la construcción de una vía pública;

el proyecto prevé la provisión de un bien que puede ser usado por todos los habitantes de territorio, y para ello puede adquirir derechos de propiedad que están en cabeza de un particular, bien sea a través de procesos de negociación voluntaria o incluso de expropiación. Lo mismo ocurre con los bienes que conforman el patrimonio de una entidad, de los que se exige la armonización de los intereses generales involucrados.

Los bienes baldíos pueden ser afectados al uso público, o bien ser trasferidos a una entidad a través del procedimiento de titulación a entidades de derecho público para su posterior afectación al uso público.

Estas dos últimas hipótesis permiten identificar fenómenos de bienes inmuebles que, antes de su afectación al uso público, y desde el punto de vista de su naturaleza, tuvieron la condición de bienes de dominio ajeno radicados en cabeza de una entidad de derecho público, es decir, bienes fiscales patrimoniales. En todo caso, es necesario aclarar que aquí no se resuelve por el tipo de naturaleza que reviste el bien inmueble una vez afecto al uso público. En principio la condición de dominio ajeno ejercido por una entidad pública no es necesariamente incompatible con la de uso público pues, para todos los casos, los bienes de las entidades se afectan a un interés general compatible con el que se le da cuando además se afecta el uso público.

En tal orden, lo bienes baldíos resultan ser el complemento de los conjuntos señalados.

2. LOS TIPOS DE DOMINIO AJENO

Como categoría opuesta a la de los terrenos baldíos, el dominio ajeno supone el reconocimiento de un fenómeno de apropiación que incorpora el bien al patrimonio de un determinado individuo, bien sea de una persona natural, una jurídica, o una entidad de derecho público.

En tratándose de particulares los bienes de dominio ajeno tienen la condición de bienes de propiedad privada, siendo variada su clasificación: i) predios de propiedad en general, sin más limitaciones para su ejercicio que las derivadas de la función social y ecológica de la propiedad prevista en la Constitución Política; ii) predios de propiedad comunal étnica, provenientes de los programas especiales de titulación en favor de comunidades por razones de ocupación ancestral; iii) predios de propiedad privada con afectaciones, ya sean impuestas, o propias de acuerdos voluntarios de los propietarios, y iv) predios de propiedad privada derivados de programas de reforma agraria, sometidos a condiciones especiales para su ejercicio y que, entre otras cosas, limitan las facultades para su enajenación.

Los bienes radicados en cabeza de una entidad de derecho público se denominan bienes fiscales patrimoniales, y se distinguen principalmente de los bienes baldíos porque el ejercicio de la propiedad de la entidad titular se realiza en condiciones similares a las de un particular que ejerce la propiedad privada. Tal connotación implica, entre otras cosas, que la forma de adquisición, de transferencia y, en general, de propiedad se sujeta, por regla general, a las normas de derecho civil, siendo, por tanto, aplicables varias de las figuras concebidas originalmente para regular relaciones entre particulares.

En la estructuración de cada una de las entidades se incluyen apartes que definen la constitución de su patrimonio, y en varios casos la forma particular en que los bienes inmuebles se integran a él; por ejemplo, los bienes fiscales no adjudicables, que serían aquellos que las entidades adquieren con el propósito de cumplir sus objetivos sin que ello implique el adelantamiento de procesos de enajenación, y los bienes fiscales adjudicables, que serían aquellos adquiridos con el propósito de ser entregados en proceso de redistribución de la tierra.

3. CLASIFICACIÓN DE LOS BIENES BALDÍOS

Por regla general los terrenos baldíos están dispuestos para que los particulares, por propia iniciativa, los ocupen y exploten como condición para su titulación. Sin embargo, no todos los terrenos baldíos han sido incluidos dentro de dicho régimen general, pues se exceptúan aquellas áreas que por disposición expresa del Gobierno Nacional han sido declaradas bajo algún tipo de reserva.

Dichas reservas de terrenos baldíos operan por varias razones, entre ellas: para desarrollar los programas especiales de aprovechamiento formulados por el Gobierno Nacional, previstos en el artículo 76 de la Ley 160 de 1994; para realizar actividades consideradas de interés general y de utilidad pública[23]; para albergar grupos étnicos, expedidas por el Incora, y para cumplir el mandato de un proceso agrario[24].

También se puede señalar la reserva territorial del Estado; de acuerdo con el artículo 45 de la Ley 110 de 1912, tienen la condición de baldíos de reserva territorial del Estado aquellos inmuebles ubicados en las islas de uno y otro mar, las costas desiertas, las islas y las costas de los ríos navegables. Para todos los casos se admiten hipótesis en las que los particulares pueden acreditar la propiedad, por cuanto será necesario a través de las acciones agrarias dar solución a dichas incertidumbres.

También se pueden distinguir los bienes baldíos inadjudicables, es decir, aquellos ubicados en el territorio nacional sobre los que no es posible acreditar el dominio ajeno, pero cuya exclusión del régimen general de titulación de baldíos ocurre en virtud de las condiciones intrínsecas que los hacen sujetos de una especial protección, entre los que se encuentran: los predios del sistema nacional de áreas protegidas; las sabanas comunales, entendidas como aquellos terrenos usados de forma común para el pastoreo; los playones, como áreas colindantes a los cuerpos de agua que son inundados periódicamente; los cuerpos de agua, tales como lagunas, ciénagas y humedales, y, finalmente, las áreas de bajamar, que corresponden a las playas que son periódicamente cubiertas por olas más grandes.

---

23 Se califican como inadjudicables los baldíos reservados o empleados para un uso público, para la prestación de un servicio público, o para el desarrollo de actividades consideradas de interés general y de utilidad pública, casos que implican la existencia de un acto administrativo que expresamente los haya destinado para tales efectos, y que puede ser resultado de la aplicación de una reserva, conforme lo dispone el artículo 75 de la Ley 160 de 1994. También podrían ser los casos de trasferencia de baldíos a entidades de derecho público en los que por diversas razones no se haya consolidado el derecho de propiedad en cabeza de la entidad solicitante. La aplicación de la acción de policía está condicionada a la existencia previa al acto de perturbación del acto administrativo que asignó la calidad de inadjudicable.

24 El proceso administrativo de la extinción del dominio prevé que los predios en los que se declare su extinción ingresan al patrimonio de la Nación en calidad de baldíos reservados, e igual ocurre con los procesos de recuperación de baldíos en virtud de lo establecido en el inciso 2.º del artículo 67 de la Ley 160 de 1994 modificado por el artículo 1.º de la Ley 1728 de 2014.

Finalmente, son terrenos baldíos aquellas áreas sobre las que no se ostenta propiedad privada y que no tienen limitación alguna para el ejercicio de su ocupación y explotación como condición para su titulación. Dentro de esa categoría hay varios tipos de baldíos, según se trate de los sujetos que solicitan su adjudicación: reforma agraria, grupos étnicos o programas de aprovechamiento en favor de empresas especializadas del sector agropecuario.

G. ANÁLISIS DE LAS FÓRMULAS DE ACREDITACIÓN DE LA PROPIEDAD

Hechas las precisiones respecto de los terrenos baldíos, su oposición al concepto de dominio ajeno y la clasificación de los bienes a partir de dicha distinción, se procede entonces a analizar las fórmulas de acreditación de la propiedad consignadas en los incisos 3.º y 4.º del artículo 48 de la Ley 160 de 1994 que indican:

> A partir de la vigencia de la presente ley, para acreditar propiedad privada sobre la respectiva extensión territorial, se requiere como prueba el título originario expedido por el Estado que no haya perdido su eficacia legal, o los títulos debidamente inscritos otorgados con anterioridad a la vigencia de esta ley, en que consten tradiciones de dominio por un lapso no menor del término que señalan las leyes para la prescripción extraordinaria.
>
> Lo dispuesto en el inciso anterior sobre prueba de la propiedad privada por medio de títulos debidamente inscritos con anterioridad a la presente ley, no es aplicable respecto de terrenos no adjudicables, o que estén reservados, o destinados para cualquier servicio o uso público.

Los incisos en referencia se articulan dentro de la expresa delimitación de la competencia del Incora (hoy Agencia Nacional de Tierras –ANT–) para adelantar los trámites de clarificación de la propiedad encausados a la determinación de si un terreno salió o no del dominio de la Nación, es decir, si es baldío o, por el contrario, si sobre él existe constitución de dominio ajeno.

Para el desarrollo de tal cometido se dispone de dos alternativas a partir de las cuales se acredita la propiedad privada: i) un título originario expedido por el Estado que no haya perdido su eficacia legal, o ii) los títulos debidamente inscritos otorgados con anterioridad al 5 de agosto de 1994, en los que consten tradiciones de dominio por un término no inferior a aquel señalado como necesario para la prescripción extraordinaria.

Las reglas de acreditación definen los requisitos que se deben reunir para afirmar, no para presumir, que un bien inmueble ubicado dentro del territorio nacional le pertenece a alguien. Estas reglas señalan que existen dos posibles formas de acreditar la propiedad a través de una proposición disyuntiva: el título originario que no haya perdido eficacia legal "o" los títulos entre particulares con unos determinados atributos. La acreditación, y no la presunción de propiedad, se realiza mediante una de tales formas, o bien a través de la configuración de las dos.

Este último punto resulta definitivo para entender el rol que desempeñan las presunciones de propiedad privada: si bien las modificaciones a las fórmulas de acreditación dispuestas por la Ley 160 de 1994 no alteraron expresamente las presunciones consignadas en los artículos 1.º y 2.º de la Ley 200 de 1936, estas no resultan incompatibles con la acreditación de la propiedad.

A nuestro juicio, el error de mayor significancia en la teorías de justificación de la propiedad basadas en el aprovechamiento económico, es darles un contenido independiente a las presunciones de propiedad, pues si el aprovechamiento económico es suficiente para definir la naturaleza de los predios, nada resuelven entonces las fórmulas de acreditación que inicialmente estaban consignadas en el artículo 3.º de la Ley 200 de 1936, y ahora en el artículo 48 de la Ley 160 de 1994.

1. TÍTULO ORIGINARIO

Conforme se indicó, la primera alternativa propuesta para acreditar la propiedad privada es la exhibición de un título originario expedido por el Estado que no haya perdido su eficacia legal. El título puede ser definido como el acto jurídico mediante el cual se realiza una manifestación de la voluntad dirigida a crear o modificar un derecho de dominio. Los títulos pueden ser *originarios de dominio* si prevén la creación o constitución de un derecho o situación jurídica, y *traslaticios de dominio* si se limitan a transferir un derecho ya existente (art. 765 Cód. Civ.).

Ahora bien, el artículo 13 del Decreto 59 de 1938[25] determinó dos tipos de títulos constitutivos de dominio:

> [...] a) Todo acto administrativo legalmente realizado y traducido en un documento auténtico, por medio del cual el Estado se haya desprendido del dominio de determinada extensión territorial.
>
> b) Todo acto civil realizado por el Estado en su carácter de persona jurídica y por medio del cual se haya operado legalmente el mismo fenómeno sobre tradición del dominio de determinada extensión territorial perteneciente a la Nación.

Las situaciones citadas refieren a actos de Estado mediante los cuales este dispone de una extensión territorial, lo que implica forzosamente que debe fungir como titular del dominio de lo que se desprende. No obstante, el dominio ejercido por el Estado en la expedición de actos originarios no es propiamente el descrito, sino el denominado dominio eminente o dominio *sui generis* en tanto en él no concurren las facultades propias de uso y goce[26]. Como corolario resulta, entonces, que los actos de disposición que las entidades del Estado realizan sobre bienes fiscales patrimoniales no pueden en modo alguno considerarse actos originarios del dominio.

En tal orden, el "título originario" podría precisarse como el acto propio del Estado que crea una situación jurídica respecto de una extensión

---

25 Si bien se puede cuestionar la eficacia de algunas disposiciones del Decreto 59 de 1938 en tanto constituye reglamentación directa de la Ley 200 de 1936, la referencia particular al artículo 13 se realiza por cuanto su contenido, más que prescriptivo, es de naturaleza descriptiva que en nada se vería afectado por su derogatoria.

26 Corte Suprema de Justicia. Sentencia de Casación Civil del 19 de junio de 1968: "... la potestad del Estado o de otras entidades públicas como son entre nosotros, los departamentos y los municipios. Empero esta vinculación no se asimila al dominio civil, sino que se mira como un nexo, entre lo público y lo privado, con características propias, que somete los bienes en cuestión a la titularidad del Estado, pero que, más que prerrogativas o facultades de aprovechamiento de los mismos, le impone a éste funciones de custodia, defensa y administración. Tal es, en líneas generales, el sentido de las expresiones 'dominio eminente' y 'dominio *sui generis*' empleados para designar esta figura jurídica y distinguirla de la propiedad civil o común".

territorial confiriendo su derecho de dominio en sentido estricto a determinada persona jurídica.

Usualmente el título originario se equipara con el título constitutivo lo cual resulta problemático por dos razones: i) porque nuestro Código Civil denomina títulos constitutivos a la ocupación, la accesión y la prescripción (art. 765), pero al mismo tiempo, los postula como modos de adquirir la propiedad (art. 673 ibídem), es decir, confunde las nociones de título y modo, y ii) porque el artículo 65 de la Ley 160 de 1994 señala que la propiedad de los terrenos baldíos adjudicables solo puede ser adquirida por título traslaticio de dominio otorgado por el Estado.

En tal orden, el título originario no es título constitutivo. Resulta natural, entonces, indagar por aquello que determina los denominados títulos originarios, y una de sus características es que son diferentes de los títulos entre particulares, en tanto son otorgados por el Estado o emanados de él. Sin embargo, en cierto sentido la adjudicación de bienes fiscales patrimoniales hecha por el Incora, el Incoder y hoy la ANT, bajo la denominación de adjudicaciones de FNA, son también otorgados por el Estado, pero no por ello se califican de originarios.

El rasgo característico del título originario solo se puede explicar por el tratamiento que se le da en las oficinas de registro para su inscripción; así, la calificación como tradición de la propiedad opera bajo varios principios de derecho registral entre los que destaca el denominado de tracto sucesivo conforme al cual solo el titular inscrito del derecho puede transferir la propiedad (lit. f art. 3.º Estatuto Registral). Cuando se trata de títulos entre particulares la aplicación del principio implica que el derecho se buscó en un título distinto al que se va a calificar, y entonces su justificación lo trasciende.

No ocurre así con el título originario por cuanto su justificación es inmanente a él. En ese orden de ideas podríamos afirmar que lo que distingue integralmente los títulos originarios de los particulares es que los primeros se justifican a sí mismos y los segundos no. Esta distinción es importante para demostrar el carácter transaccional que posee la fórmula de títulos entre particulares.

2. TÍTULO ENTRE PARTICULARES

Como se indicó, la segunda alternativa dispuesta por el inciso 3.º del artículo 48 de la Ley 160 de 1994 consiste en acreditar el dominio a través de títulos suscritos entre particulares inscritos con anterioridad al 5 de agosto de 1994, en los que consten tradiciones de dominio por un lapso no inferior al término que señalan las leyes para la prescripción ordinaria.

De la definición dada se pueden extraer las siguientes características:

1. Los títulos exigidos son traslaticios de dominio en tanto la opción se yuxtapone a la de un título originario expedido por el Estado, es decir, la norma prevé de modo general dos tipos de alternativas válidas para acreditar propiedad privada, mediadas por la conjunción "o" que es disyuntiva, por cuanto la caracterización de la segunda situación debe forzosamente ser distinta a la de un "título originario". Tal característica es determinante en tanto, como se mostrará, algunas interpretaciones posibles del artículo 48 conducen forzosamente a exigir para todos los casos títulos originarios.

2. Los títulos deben haber surtido exitosamente su trámite de inscripción por cuanto la exigencia no se limita al sólo título sino que demanda, además, la acreditación de que fue debidamente inscrito con anterioridad al 5 de agosto de 1994. Con tal exigencia la eficacia de los títulos se sujeta a las normas del derecho común que reclaman, como condición para el perfeccionamiento de los actos de disposición de derechos reales, el modo, entendido como el hecho jurídico cuya configuración la ley ha condicionado como necesaria para ejecutar la situación prevista en el título.

3. Las inscripciones deben ser verdaderos actos capaces de disponer de derechos de dominio, y en tal orden no cumplen los lineamientos exigidos aquellos actos de disposición que se inscriben bajo la condición de falsa tradición, tales como la enajenación de cosa ajena, o la transferencia de derecho incompleto o sin título antecedente.

Al respecto conviene aclarar que a partir de la expedición del Decreto 1250 de 1970, y por interpretación de su artículo 2.º, las oficinas de registro se abstienen de inscribir actos que impliquen la disposición exclusiva de la posesión –bajo el entendido de que este no es un derecho sino un hecho– salvo que la posesión tenga un antecedente registral anterior a 1970 (Burgos Cantor, 2004).

Ahora bien, el proceso de inscripción de los títulos en las oficinas de registro de instrumentos públicos comprenden cuatro procedimientos, a saber: i) *radicación*, cuando el interesado presenta el título o documento, y se levanta la respectiva anotación en el libro diario radicador con indicación de la fecha y hora de recibo, el número de orden sucesivo anual, la naturaleza del título, la fecha, la oficina y el lugar de origen; ii) *calificación*, que consiste en el examen que realiza la oficina de registro de la procedencia de inscribir el documento presentado, con el fin de determinar si se ajusta a los requisitos exigidos por la ley; iii) *inscripción*, es decir, la anotación del título en el respectivo folio de matrícula, y iv) *expedición* de la constancia de la anotación.

Así las cosas, se exige que los títulos esgrimidos para acreditar la propiedad privada hayan surtido a cabalidad el proceso de inscripción, hecho del que se destaca la etapa de calificación que constituye una constatación de legalidad exigida para los instrumentos inscritos.

Pese a la exigencia inequívoca del artículo 48 de que los títulos estén debidamente inscritos con sus tradiciones de dominio, dentro de dicho concepto se pueden incluir los títulos inscritos que en su origen han presentado irregularidades que permiten calificarlos con el apelativo de "falsa tradición", pero cuyas inscripciones, surtidos los trámites de calificación respectivos, den cuenta de que se trata de actos que implican verdaderamente la trasferencia del derecho de dominio. Tal posición parte de la presunción de legalidad inmanente a los actos administrativos, y en particular a los actos de inscripción surtidos por las oficinas de registro de instrumentos públicos.

Por otra parte, si se exige que la cadena de los títulos necesaria para acreditar la propiedad privada cumpla rigurosamente con los requerimientos para calificarlos como verdaderas tradiciones, se requeriría a su vez que todos dieran cuenta del título antecedente en virtud del cual el sujeto que se desprende del dominio lo adquirió antaño, es decir, que todas las tradiciones deben demostrar que el derecho transferido fue previamente adquirido, situación que forzosamente lleva a indagar por un título originario, en tanto todos los títulos traslaticios se limitan a transferir un derecho adquirido y no a crearlo. Así las cosas, una interpretación demasiado rígida de la caracterización de la segunda de las alternativas acreditadoras de la propiedad privada –títulos traslaticios– conduciría necesariamente a su negación, porque la exigencia de indagar en todos los casos por el título antecedente llevaría a exigir un título constitutivo que dé cuenta de la creación del derecho de dominio que, a través de la cadena de títulos, se ha dispuesto transferir.

Ahora bien, si se niega la posibilidad de acreditar la propiedad privada mediante actos exclusivamente suscritos entre particulares, forzosamente se debe aceptar que el único medio para acceder a su propiedad es mediante el trámite de titulación de baldíos, con lo que se afirmaría la tesis expuesta por el artículo 65 de la Ley 160 de 1994.

IV. REFLEXIONES FINALES Y CONCLUSIONES

Como se indicó, las interpretaciones expuestas en el numeral 3 del presente documento aplican con mayor énfasis el enunciado previsto en el artículo 65 de la Ley 160 de 1994, conforme al cual, la propiedad de los terrenos baldíos solo puede ser adquirida mediante título traslaticio expedido por el Estado.

Nuestra opinión es que dicha afirmación es cuestionable por las razones que se exponen bajo las siguientes denominaciones:

Regla tácita. La regla del artículo 65 de la Ley 160 no es absoluta en tanto admite al menos una excepción: el artículo 48 ibídem detalla los requerimientos de los títulos entre particulares y aclara que esta no es una forma válida para acreditar la propiedad de los baldíos no adjudicables, los reservados, o los destinados al uso público. Los baldíos solo pueden ser adquiridos mediante un título otorgado por el Estado porque, se aclara, los títulos entre particulares sirven para acreditar la propiedad de unos tipos de baldíos y no de todos ellos. A nuestro juicio, ello sugiere la construcción de una norma tácita conforme a la cual los títulos entre particulares, con las especificaciones antes anotadas, constituyen una forma para acreditar propiedad sobre baldíos adjudicables.

Reafirmación de la disyunción. Si las fórmulas de acreditación se presentan como una disyunción entre dos tipos de títulos (originarios y particulares), y aceptamos que lo que los distingue es que los primeros se justifican a sí mismos, y los segundos no, podemos entonces imaginarnos que todas las cadenas de tradiciones de dominio estarán compuestas por una sucesión finita de títulos que se iniciará con un título originario, evento en el que la propiedad se justifica por la primera fórmula, o bien con un título entre particulares que, como dijimos, no se justifica a sí mismo, por lo que, en aplicación del principio de tracto sucesivo, su *debida* calificación en el registro será la falsa tradición, haciendo imposible la configuración de la propiedad. Por tanto, la única alternativa para mantener la afirmación de que la propiedad se acredita a través de dos formas, y no solo por el título originario, consiste en admitir que la de los títulos entre particulares opera también sobre terrenos baldíos.

Histórico. Como se mostró, las fórmulas de acreditación de la propiedad fueron inicialmente consignadas en la Ley 200, y posteriormente recogidas con algunos ajustes en la Ley 160 de 1994. La segunda de las fórmulas de acreditación se incorporó al identificar un vacío normativo que nada prescribía sobre los títulos entre particulares con largas tradiciones en el registro de la propiedad. La comisión legislativa identificó que, pese a la convicción consuetudinaria de que treinta años de inscripción en el registro resultaban suficientes para acreditar la propiedad, nada de eso aparecía consignado en la legislación que regulaba los derechos de propiedad. Es justamente allí donde se prevé la incorporación de una alternativa, como una fórmula transaccional, que permita regularizar situaciones que debían tener la condición de propiedad.

Las posturas comentadas en el numeral 2 hacen uso de las presunciones consignadas en los artículos 1.º y 2.º de la Ley 200 de 1936 para extraer de ellas el fundamento normativo de la que el aprovechamiento económico que se realice sobre un fundo es suficiente para acreditar la propiedad.

Se recogen acá algunas inconsistencias que no pueden ser explicadas si se acepta que su función no se limita a la de la presunción limitada por las fórmulas de acreditación así:

– Si el aprovechamiento económico de un bien inmueble rural resulta suficiente para afirmar su condición de propiedad privada, ¿cómo se articulan los procesos de titulación de baldíos que tradicionalmente exigen a sus ocupantes ejercer el aprovechamiento de por lo menos 2/3 partes del área a titular? Como se indicó el régimen de ocupación previa exige la acreditación del solicitante de la titulación de terrenos baldíos de que ha ejercido la ocupación por un determinado lapso. Si el mero aprovechamiento económico es suficiente para configurar los derechos de propiedad, el solicitante de la titulación de un baldío no requiere que se lo titulen, pues su adquisición se efectuó desde el mismo momento en que incorporó su trabajo al predio.

– Si la ausencia injustificada de aprovechamiento económico de un predio rural lo convierte en baldío, ¿como se explica, entonces, la aplicación del proceso de extinción de dominio por incumplimiento de la función social de la propiedad? Estos procesos que se fundan en asegurar el cumplimiento de la función social y ecológica de la propiedad prevén que los predios de propiedad privada, que injustificadamente no sean aprovechados económicamente por sus propietarios, deben ser extinguidos. Esta condición debe ser definida a través de una sentencia en el marco de las modificaciones establecidas por el Decreto Ley 902 de 2017, y anteriormente por medio de un acto administrativo que daba fin al proceso administrativo de extinción del dominio. Si se acepta que la sola no explotación del predio es suficiente para calificarlo como baldío no se requeriría la aplicación de la extinción del dominio.

– Si la explotación económica ejercida sobre predios rurales los convierte en propiedad privada, ¿por qué es necesario adelantar la prescripción de predios que según esta tesis ya se incorporaron al patrimonio de su poseedor-propietario?

La titulación de baldíos se orienta por los principios de ordenamiento social de la propiedad, porque no solo indaga por el aprovechamiento económico, sino que analiza las condiciones personales de los ocupantes (sujeto de reforma o de ordenamiento), así como la ubicación y tamaño de los predios (UAF, aprovechamiento según normas racionales): todo adjudicatario de baldíos podría haber acudido a la prescripción, pero no todo prescribiente habría podido acudir a la titulación de baldíos. Todo predio titulado como baldío podría haber sido prescrito, pero no todos los predios prescritos habrían sido objeto de titulación de baldíos.

Estas inconsistencias señalan algunos de los puntos que no pueden ser explicados en una aplicación radical de las presunciones, por lo que en todo caso debe señalarse cuál es su correcto sentido.

Como se indicó, la Ley 200 de 1936 pretendía dar solución a los enfrentamientos entre colonos y propietarios. En ese orden de ideas, se ha justificado la construcción de las fórmulas de acreditación de la propiedad.

Estas fórmulas revisten una relativa complejidad y su aplicación no se desarrolla inmediatamente por cuanto las presunciones se erigen como una manera expedita de resolver los conflictos, hasta tanto se puedan aplicar en rigor las solemnidades de acreditación.

En tal orden, se aboga por una aplicación de las presunciones como mecanismo para resolver los conflictos que se puedan suscitar respecto de la posesión de un predio, en ella se acepta que el poseedor es propietario, sin menoscabo de los resultados de los procesos de clarificación de la propiedad que ponga remedio definitivo a tal controversia.

BIBLIOGRAFÍA

ACOSTA, J. "Los retos de la economía tras el fin del conflicto", *Portafolio*, 24 de agosto de 2016.

AGENCIA NACIONAL DE TIERRAS. Circular 3. Lineamiento n.º 01 2018, Limitaciones al ejercicio de la Propiedad Derivados de los Programas de Acceso a Tierras, Bogotá, 2018.

AGENCIA EFE. (s.f.). "EE.UU. califica de 'inaceptable' el aumento de cultivos de coca en Colombia, *El País.com.co*, 2018.

ALFONSO ROA, O. "Glifosato. Ineficacia estructural y probabilidad de daño a la salud debido a su uso en la aspersión aérea de los cultivos del arbusto de coca. Colombia 1998-2017", *Policopias*, 2019.

ARCHILA, E. "Se necesitan fallos más contundentes de la JEP", *El Tiempo*, 27 de abril de 2019.

ÁVILA, A. *Detrás de la guerra en Colombia*, Bogotá, Planeta, 2019.

BARCO VARGAS, V. Intervención ante la Asamblea General de las Naciones Unidas, Nueva York, 29 de septiembre de 1989, disponible en [https://www.virgiliobarco.com/es/discursos.html].

BAUTISTA REVELO, A. J.; B. CAPACHO NIÑO, L. F. CRUZ OLIVERA, M. MARTÍNEZ OSORIO, I. PEREIRA ARANA y L. RAMÍREZ BOLÍVAR. *Voces desde el cocal. Mujeres que construyen territorio*, Bogotá, Dejusticia, 2018.

BREWER CARIAS, A. "El régimen de las tierras baldías y la adquisición del derecho de propiedad privada sobre las tierras rurales en Venezuela", *Anuario de Derecho*, 2005.

BOTERO, G. "Es el narcotráfico, no la aspersión aérea", *El Tiempo*, 21 de marzo de 2019.

Burgos Cantor, R. Concepto n.º 14636 de 2004 Asunto: Falsa Tradición, 2004.

Camacho, A. y D. Mejía. "The health consequences of aerial spraying illicit crops: The case of Colombia", *Journal of Health Economics*, n.º 54, 2017.

Camacho, Á. "Narcotráfico: mutaciones y política", en C. A. Mejía. *Política antidroga en Colombia: éxitos, fracasos y extravíos*, Bogotá, Universidad de los Andes, 2011.

Centro Democrático. "Propuesta diálogos de paz sin afectar la institucionalidad democrática", marzo de 2015, disponible en [https://www.eltiempo.com/contenido/politica/proceso-de-paz/ARCHIVO/ARCHIVO-15490235-0.pdf].

Centro Nacional de Memoria Histórica. *La política de reforma agraria y tierras en Colombia. Esbozo de una memoria institucional*, Bogotá, Imprenta Nacional, 2013.

Chaparro Hernández, S. y L. F. Cruz Olivera. *Coca, instituciones y desarrollo. Los retos de los municipios productores en el posacuerdo*, Bogotá, Dejusticia, 2017.

Chaux, F. J. *Exposición de motivos del proyecto de ley "sobre dominio y posesión de tierras"*, 1933.

Copi, I. M. y C. Cohen. *Introducción a la Lógica*, 2.ª ed., Limusa, 2013.

Corzo, Á. "Glifosato puede causar cáncer, OMS". *El Espectador*, 14 de abril de 2015.

Defensoría del Pueblo. *Vigésimo primer informe del Defensor del Pueblo al Congreso de la República*, 2014.

Defensoría del Pueblo. *Informe especial: economías ilegales, actores armados y nuevos escenarios de riesgo en el posacuerdo*, Bogotá, 2018.

Defensoría del Pueblo. *Análisis de la fase inicial de diseño e implementación del Programa Nacional de Sustitución de Cultivos de Uso Ilícito (PNIS)*, Bogotá, 2017.

De Rementeria, I. "Politique de substitution et développement alternatif", en *Géopolitique de la drogue*, Paris, Édition La Découverte, 1991.

Departamento Administrativo Nacional de Estadística (DANE). "Tercer Censo Nacional Agropecuario, 2014", 2014.

"Discurso de Ernesto Macías durante la posesión presidencial", *El Heraldo*, 7 de agosto de 2019.

"EE.UU. celebra decreto que busca reanudar aspersión aérea con glifosato en Colombia",31 de diciembre de 2019, disponible en [http://www.redmas.com.co/internacional/ee-uu-celebra-decreto-busca-reanudar-aspersion-aerea-glifosato-colombia/].

FAO. *Derecho agrario y justicia agraria*, 1975.

FAO. *FAO.ORG*, 26 de junio de 2018, disponible en [http://www.fao.org/fao-stories/article/en/c/1142861/].

FELBAB-BROWN, V. "Afghanistan's Opium Production is through the Roof, Why Washington shouldn't Overreact", *Brookings*, 21 de noviembre de 2017, disponible en [https://www.brookings.edu/blog/order-from-chaos/2017/11/21/afghanistans-opium-production].

FELBAB-BROWN, V. "Lo que Colombia puede aprender de Tailandia sobre política de drogas", *Economía Institucional*, vol. 19, n.º 37, 2017.

FERREIRA, F. y M. MELÉNDEZ. "Desigualdad de resultados y oportunidades en Colombia: 1997-2010", en A. MONTENEGRO. *Equidad y movilidad social. Diagnósticos y propuestas para la transformación de la sociedad colombiana*, Bogotá, Universidad de los Andes, 2014.

FUNDACIÓN IDEAS PARA LA PAZ. "¿En qué va la sustitución de cultivos ilícitos? Desafíos, dilemas actuales y la urgencia de un consenso", Informe n.º 06, Bogotá, Fundación Ideas para la Paz, 2019 .

GAVIRIA TRUJILLO, C. "Prólogo", en A. GAVIRIA y D. LONDOÑO (comps.). *Política antidroga en Colombia: éxitos, fracasos y extravíos*, Bogotá, Universidad de los Andes, 2011.

GAVIRIA, A. y D. MEJIA. "Introducción", en A. GAVIRIA y D. LONDOÑO (comps.). *Política antidroga en Colombia: éxitos, fracasos y extravíos*, Bogotá, Universidad de los Andes, 2011.

Gilbert, J. "Derecho a la tierra como derecho humano: argumentos a favor de un derecho específico a la tierra", *Sur. Revista Internacional de Derechos Humanos*, 2013.

Gobierno Nacional de Colombia y farc ep. *Acuerdo Final para la Construcción de una Paz estable y duradera*, 2016.

Gómez Maseri, S. "ee.uu. podría descertificar al país si no controla cultivos ilícitos", *El Tiempo*, 13 de septiembre de 2017.

Grossi, P. *Historia del Derecho de Propiedad. La Irrupción del colectivismo en la conciencia europea*, Barcelona, Ariel, 1986.

Gutiérrez Sanín, F. "¿Una historia simple?", en *Contribución al entendimiento del conflicto armado en Colombia*, Bogotá, Ediciones Desde Abajo, 2015.

Instituto Kroc de Estudios Internacionales para la Paz. "Segundo informe sobre el estado efectivo de implementación del acuerdo de paz en Colombia diciembre 2016-mayo 2018", Notre Dame, Universidad de Notre Dame, 2018.

Jaramillo, S. "La paz territorial", *Oficina del Alto Comisionado para la paz*, *Conferencia dictada en la Universidad de Harvard*, 13 de marzo de 2014, disponible en [https://interaktive-demokratie.org/files/downloads/La-Paz-Territorial.pdf].

León, M. y C. Deere. *Género, propiedad y empoderamiento*, Tercer Mundo Editores y Programa de Estudios de Género, Bogotá, Universidad Nacional, noviembre de 2000.

Lewin, J. E. "Las propuestas del No, comparadas y desmenuzadas", *La Silla Vacía*, 15 de octubre de 2016, disponible en [http://lasillavacia.com/hagame-el-cruce/las-propuestas-del-no-comparadas-y-desmenuzadas-58381].

Londoño, H. "Líderes de sustitución de cultivos no han sido asesinados", *El Espectador*, 27 de enero de 2020.

"Los 10 duros dardos de Uribe a la firma de la paz", *Revista Semana*, 26 de septiembre de 2016.

"Magistrados a-visados: ¿Presión de Estados Unidos o cuestión de soberanía?", *El Espectador*, 11 de mayo de 2019).

Márquez, E. "Politique: la Colombie sous la influence", en *Géopolitique de la drogue*, Paris, Édition La Découverte, 1991.

Martínez Neira, N. H. *Las dos caras de la paz*, Bogotá, Planeta, 2019.

Martínez E., M. *Régimen de Tierras en Colombia. Antecedentes de la Ley 200 de 1936 "Sobre régimen de tierras" y decretos reglamentarios*, Bogotá, Talleres Gráficos Mundo al Día, 1939.

Mejía, D. y D. M. Rico "La microeconomía de la producción y el tráfico de cocaína en Colombia", en A. Gaviria y M. D. Rico (comps.). *Política antidroga en Colombia: éxitos, fracasos y extravíos*, Bogotá, Universidad de los Andes, 2011.

Ministerio de Justicia. "abc. Ruta futuro: política integral para enfrentar el problema de las drogas", 2018, disponible en [http://www.odc.gov.co/Portals/1/Docs/ABC _Poli%CC%81tica_AntiDrogas.pdf].

Moncayo Cruz, V. M. "Hacia la verdad del conflicto: insurgencia guerrillera y orden social vigente", en *Contribución al entendimiento del conflicto armado en Colombia*, Bogotá, Ediciones Desde Abajo, 2015.

Oficina del Alto Comisionado para la Paz. "Estas fueron las propuestas del NO y así quedaron en el Acuerdo de paz", 2016, disponible ne [http://www.altocomisionadoparalapaz.gov.co/Prensa/Paginas/2016/noviembre/Estas-fueron-las-propuestas-del-NO-convertida].

Oficina de las Naciones Unidas contra la Droga y el Delito (unodc). *Colombia. Monitoreo de territorios afectados por cultivos ilícitos 2018*, Bogotá, unodc, 2019.

Oficina de las Naciones Unidas contra la Droga y el Delito (unodc). *Informe mundial sobre las drogas 2017. Resumen, conclusiones y consecuencias en materia de políticas*, Viena, unodc, 2017.

onu. *Declaración de las Naciones Unidas sobre los derechos de los campesinos y de otras personas que trabajan en las zonas rurales*, 2018.

onu. *Declaración sobre los derechos de los campesinos*, 2018.

"Organizaciones sociales piden a Duque mantener sustitución voluntaria de cultivos ilícitos", *El Espectador*, 16 de agosto de 2018.

Osorio Alvis, M. A. *Política de drogas con enfoque de derechos humanos: población rural cultivadora de plantaciones de uso ilícito*, Bogotá, Universidad Externado de Colombia, 2019.

Ospino, H. "Situaciones que condicionan el cumplimiento de las principales funciones de parques nacionales naturales de Colombia en la región amazónica", en *Áreas Protegidas amazónicas y sus funcionarios como víctimas del conflicto armado*, Bogotá, Fundación para la Conservación y el Desarrollo Sostenible, 2019.

Parra Cristancho, A. "La reforma agraria: el ocaso de una política de inclusión en Colombia", *Lecturas sobre derecho de tierras*, Bogotá, Universidad Externado de Colombia, mayo de 2017.

Pimiento Echeverri, J. A. *Teoría de los bienes de uso público*, Bogotá, Universidad Externado de Colombia, (s.f.).

Pimiento Echeverri, J. A. *Derecho administrativo de bienes. Los bienes públicos: historia, clasificación, régimen jurídico*, Bogotá, Universidad Externado de Colombia, 2015.

Puerta, F. y M. P. Chaparro. "Radiografía del fracaso de la sustitución de cultivos de coca en Colombia", *InSight Crime*, , 29 de marzo de 2019, disponible en [https://es.insightcrime.org/noticias/analisis/sustitucion-voluntaria-coca-colombia].

Restrepo, J. M. "No paz y déficit fiscal como riesgos país", *El Espectador*, 27 de febrero de 2016.

Revelo Rebolledo, J.; M. García Villegas et al. *El Estado en la periferia. Historias locales de debilidad institucional*, Bogotá, Dejusticia, 2018.

Reyes, Y. "Glifosato y daños colaterales", *El Espectador*, 29 de julio de 2019.

Rivera Flórez, G. *Cultivos de coca, conflicto y deslegitimación del Estado en el Putumayo*, Bogotá, Universidad Externado de Colombia, 2005.

Rocha, A. *De la prueba en derecho*, Bogotá, 1983.

Salas Salazar, L. G. "Conflicto armado y configuración territorial: elementos para la consolidación de la paz en Colombia", *Bitácora Urbano Territorial*, vol. 26, n.º 2, 2016.

Salgado, H. "Hacia una nueva política pública sobre sustitución de cultivos de uso ilícito y desarrollo alternativo", en *El acuerdo agrario*, Bogotá, Ediciones Aurora, 2017.

Sánchez León, N. *Estrategias para una reforma rural transicional*, Bogotá, Dejusticia, 2017.

Secretaría Técnica del Componente Internacional de Verificación cinep/ppp-cerac. *Sexto informe de verificación de la implementación del Acuerdo Final de Paz en Colombia para los Verificadores Internacionales Felipe González y José Mujica (A.F. 6.3.2)*, Bogotá, 2019.

Sen, A. *Desarrollo y libertad*, Esther Rabasco y Luis Toharia (trads.), Bogotá, Planeta, 2000.

Vargas Meza, R. *Fumigación y conflicto. Política antidrogas y deslegitimación del Estado en Colombia*, Bogotá, tm Editores, 1999.

Vargas Meza, R. *Desarrollo alternativo en Colombia y participación social: propuestas hacia un cambio de estrategia*, Bogotá, Corcas Editores, 2010.

Vela Orbegozo, C. F. *El ombudsman*, 2014.

Vela Orbegozo, B. *Colombia no es una isla. Una contribución al debate sobre la formación del Estado colombiano en el entorno global*, Bogotá, Universidad Externado de Colombia, 2015.

"Volver al glifosato es un error", Editorial, *El Espectador*, 15 de enero de 2020.

Zorro, C. "Políticas de desarrollo alternativo en Colombia (1982-2009)", en A. Gaviria y D. Mejía. *Política antidroga en Colombia: éxitos, fracasos y extravíos*, Bogotá, Universidad de los Andes, 2011.

Windle, J. *Suppressing Illicit Opium Production. Successful Intervention in Asia and the Middle East*, Londres, I.B. Taurus, 2016.

JURISPRUDENCIA

Consejo de Estado. Sala de lo Contencioso Administrativo. Sección Tercera. C. P.: José Alejandro Bonivento Fernández, Expedientes acumulados n.os: 2545, Actor: Luis Gerardo Ortega Vargas; 2562, Actor: Aladino Ortega Moreno; 2767, Actor: Luis Gerardo Ortega.

Consejo de Estado. Sala de lo Contencioso Administrativo. Sección Tercera. Sentencia del 9 de diciembre de 1983, salvamento de voto M. Eduardo Suescún Monroy.

Consejo de Estado. Sala Plena. Sentencia del 31 de julio de 1985, C. P.: Aydee Ánzola Linares, Expediente n.º 11090. Actor: Jaime Rodríguez Camacho.

Consejo de Estado. Sala de Consulta y Servicio Civil. Sentencia del 24 de agosto de 2006, Radicación n.º 11001-03-06-000-2006-00082-00(1768), C. P.: Gustavo Aponte Santos.

Consejo de Estado. Sala de Consulta y Servicio Civil. Sentencia del 24 de agosto de 2006, Radicación n.º 11001-03-06-000-2006-00082-00(1768), C. P.: Gustavo Aponte Santos.

Constitución Política de Colombia. *Gaceta Constitucional*, n.º 116 del 20 de julio de 1991 (Congreso de la República 20 de julio de 1991).

Corte Constitucional. Sentencia C-595 de 1995.

Corte Constitucional. Sala Plena. Sentencia n.º C-097 de 1996, M. P.: Carlos Gaviria Díaz.

Corte Constitucional. Sentencia C-530 de 1996.

Corte Constitucional. Sala Plena. Sentencia C-189 de 2006, M. P.: Rodrigo Escobar Gil.

Corte Constitucional. Sentencia C-255 de 2012.

Corte Constitucional. Sala Quinta de Revisión. Sentencia T-488 del 9 de julio de 2014, M. P.: Jorge Iván Palacio Palacio.

Corte Constitucional. Sala Plena. Sentencia SU-235-16 del 12 de mayo de 2016, M. P.: Gloria Stella Ortiz Delgado.

Corte Constitucional. Sentencia T-236 del 21 de abril de 2017.

Corte Constitucional. Sentencia T-236 del 21 de abril de 2017.

Corte Constitucional. Sentencia C-630 del 11 de octubre de 2017.

Corte Constitucional. Comunicado de prensa n.º 26 del 18 de julio de 2019.

Corte Constitucional. Sentencia T-488 del 9 de julio de 2014, Expediente T-4.267.451.

Corte Suprema de Justicia Sala Civil. Sentencia de Casación del 24 de julio de 1937.

Corte Suprema de Justicia. Sala de Negocios Generales, M. P.: Aníbal Cardoso Gaitán.

Corte Suprema de Justicia. Sentencia de Casación Civil del 19 de junio de 1968.

Corte Suprema de Justicia. Sala de Casación Civil. Sentencia del 28 de agosto de 1995, M. P.: Nicolás Bechara Simancas.

Corte Suprema de Justicia. Sala de Casación Civil. STC 1776-2016, M. P.: Luis Armando Tolosa Villabona.

Decreto 238 1.º de febrero de 2012, *Diario Oficial*, año CXLVII, n.º 48330.

Decreto 2723 del 29 de diciembre de 2014, *Diario Oficial*, año CL, n.º 49379.

Decreto 578 del 27 de marzo de 2018, *Diario Oficial* n.º 50.548.

Instituto Colombiano de la Reforma Agraria. Resolución nº. 041 del 31 de octubre de 1996, Determinación de extensiones para las UAF, *Diario Oficial*, n.º 42910.

Superintendencia de Notariado y Registro. Artículo 3.º Resolución 4209 del 24 de abril de 2018.

Superintendencia de Notariado y Registro. Resolución 4721 del 10 de mayo de 2018.

IVÁN EDUARDO MATIZ SÁNCHEZ*
DANIELLA FARÍAS SCARASSATTI**
GLADYS ROJAS LEÓN***

Formalización y regularización de la propiedad rural y urbana en Brasil, Colombia y Perú: contexto histórico, normativo y de política, actualidad y prospectiva

SUMARIO

RESUMEN

La seguridad jurídica de la tenencia y propiedad de la tierra rural y urbana es fundamental para la superación de la pobreza y el desarrollo sostenible de los países. Es un presupuesto importante para que personas y comunidades enteras mejoren las condiciones de vida, junto con la oferta y garantía de la provisión de bienes y servicios complementarios. El rompimiento de la dicotomía y el equilibrio entre lo rural y lo urbano, incluida la equidad en la distribución de la tierra, depende en buena medida de unas políticas públicas que respondan de manera integral al fenómeno de la informalidad, con regulación realista y flexible, información básica catastral disponible y

---

* Abogado, magíster en Planeación para el Desarrollo y especialista en Investigación y Docencia Universitaria y en Derecho Comercial y de los Negocios; consultor nacional e internacional en gobernanza, tierras, catastro, registro, planeación y desarrollo; docente de la especialización en Derecho de Tierras de la Universidad Externado de Colombia y articulista. Correo electrónico: ivaneduardomatizsanchez@gmail.com.

** Arquitecta y Urbanista, magíster en Sistemas de Información Geográfica; investigadora del Grupo de Gobernanza de Tierras de la Facultad de Economía de la Universidad Estadual de Campinas, Brasil. Correo electrónico: dscarassatti@gmail.com.

***Ingeniera, magíster en Gestión Pública; docente asociada de la Facultad de Ingeniería Geográfica de la Universidad Nacional Federico Villarreal; investigadora y catedrática de Planificación y Gestión del Territorio, Catastro, Propiedad y Saneamiento Físico Legal de la Tierra; funcionaria de la Superintendencia de los Registros Públicos (SUNARP). Correos electrónicos: grojasl_lima@sunarp.gob.pe; grojas@unfv.edu.pe.

abierta, instituciones coordinadas y efectivas, y proyectos de mediano y largo plazo sostenibles, bajo un modelo de gobernanza realmente participativo.

PALABRAS CLAVE

Formalización, regularización, tenencia y propiedad de la tierra, rural y urbana.

ABSTRACT

The security of tenure and ownership of rural and urban land is essential for overcoming poverty and sustainable development of countries. It is a necessary precondition in order to allow people and entire communities to improve living conditions, together with the offer and guarantee of the provision of complementary goods and services. The breakdown of the dichotomy and the balance that must be sought between rural and urban areas, including equity in the distribution of land, depends largely on public policies that respond comprehensively to the phenomenon of informality, with realistic and flexible regulation, availability of basic cadastral information, effective and coordinated institutions, and sustainable medium and long term projects, under a truly participatory governance model.

KEYWORDS

Formalization, regularization, ownership and ownership of land, rural and urban.

INTRODUCCIÓN

Las distribuciones desiguales de la tenencia de la tierra, y los esquemas de acceso que discriminan entre ricos y pobres o según género o etnia, coartan el campo de acción para que los mecanismos de mercado conduzcan a mejores usos de la tierra, a la vez que restringen las oportunidades económicas de las comunidades, exacerbando el conflicto social y la violencia.

> Las políticas inapropiadas de tierras pueden constituir una seria limitación para el desarrollo económico y social: en muchos países, una tenencia insegura de la tierra, regulaciones desactualizadas e instituciones agrarias lentas o disfuncionales, constriñen la inversión privada, minan el buen gobierno [...] (Deininger, 2005a: 5).

De acuerdo con Deininger (2005b: 9 a 11), tener derechos de propiedad seguros es fundamental en la perspectiva de fomentar una inversión que incremente la productividad. En contraposición, la tenencia insegura impide a grandes grupos de personas y comunidades beneficiarse de incentivos para la inversión, acceder al crédito, manejar sosteniblemente el recurso, tener mayor independencia frente a la interferencia de los burócratas y contar con facilidades en la transferencia de la tierra.

> Para la mayoría de la gente de los países en desarrollo, la tierra no sólo es un activo muy importante sino también el recurso primario para la generación de un medio de vida y un vehículo importante para invertir, acumular riqueza y transferirla de una generación a otra. La tierra es, asimismo, un elemento clave de la riqueza de los hogares.

De acuerdo con el Banco Mundial (BM, 2019a), la mayoría de la población a nivel global no tiene tierras o derechos de propiedad seguros. Por tal motivo, en la medida en que esa situación se logre revertir, disminuirá la pobreza, aumentará la prosperidad compartida y la seguridad alimentaria, habrá mejoras en la urbanización y en el abordaje del cambio climático, aumentará la resistencia y se reducirá la desigualdad y exclusión de los grupos vulnerables.

Ante las presiones por los derechos de la tierra como consecuencia del crecimiento de la población, que pasará de cuatro mil millones de personas que viven en áreas urbanas a seis mil millones en 2045, la tenencia segura de la tierra es un requisito previo para el crecimiento urbano sostenible y su consecuente impacto en lo rural, complementada con seguridad, infraestructura y servicios (BM, 2019b).

Las ciudades son primordiales para el desarrollo económico, a tal punto que en América Latina y el Caribe diez de ellas generan un tercio del Producto Interno Bruto (PIB). No obstante, los desafíos son grandes considerando que un 81% de la población de la región vive en ciudades y para 2035[1] se espera un incremento de cien millones de personas. En la actualidad ciento cinco millones sobrellevan el déficit de vivienda producto de un legado de urbanización acelerada que ha combinado informalidad y escasez. Uno de cada cinco hogares reside en edificaciones que no pueden ser reparadas o que carecen de títulos de propiedad, agua potable, alcantarillado, piso adecuado o espacio suficiente (BID, 2018a: 12).

> La urbanización informal puede interpretarse, en parte, como una respuesta a la insuficiente oferta formal de servicios de vivienda. Los consumidores de bajos ingresos, al no encontrar oferta de soluciones de vivienda (sea tierra con infraestructura o viviendas mínimas) a precios compatibles con su capacidad de pago, optan por acceder al suelo residual por mecanismos informales y a la construcción progresiva de las viviendas [...].
>
> Los hogares que no pueden conseguir viviendas o suelo en el mercado formal recurren a la compra de suelo en subdivisiones ilegales o invaden tierras, generalmente suelo de propiedad pública o sin demanda en el mercado. [...] Para los sectores pobres, la ilegalidad de la operación inmobiliaria, y a veces la dudosa propiedad de quien vende, no representa un obstáculo mayor para adquirir el bien. [...] Cuando no invaden suelo público, los ocupantes ilegales de suelo maximizan sus probabilidades de no ser expulsados eligiendo suelos con poco valor comercial[2] (Rojas y Fretes, 2009a: 12-14).

Como anotan Smolka y De Araújo (2009b: 71) en referencia al mejoramiento de barrios y calidad de vida urbana,

> La informalidad es un fenómeno en expansión en la mayoría de las ciudades latinoamericanas. A ello contribuye una multiplicidad de factores, además de

---

1 En 2025 cien millones de residentes latinoamericanos vivirán en solo seis megaciudades: Ciudad de México (24,5 millones); São Paulo (23,2); Buenos Aires (15,5); Rio de Janeiro (13,6); Lima (11,5) y Bogotá (11,4) (BID, 2018b: 18).

2 Se realizan en suelos no aptos para el desarrollo residencial por tener fuertes pendientes, estar ubicados en lechos de arroyos o ríos, zonas inundables, suelos contaminados, cerca de basurales o en terrenos reservados para obras públicas no ejecutadas o de reserva ecológica.

> la pobreza urbana: el funcionamiento del mercado de suelo urbanizado, que provoca precios altos para la tierra de uso residencial con servicios adecuados; la reducida escala de los programas de provisión pública de vivienda social en las últimas décadas, y la indisciplina o delincuencia urbanística permitida por el insuficiente cumplimiento de los planes de uso del suelo, entre otros. Aun con el aumento de la inversión en dotación de infraestructura de los últimos años, y la proliferación de programas de mejoramiento de barrios y formalización de la tenencia de la tierra en América Latina, la informalidad parece no ceder.

La Agenda 2030 y los Objetivos de Desarrollo Sostenible de Naciones Unidas (ONU, 2018a: 16 y 33), establece como meta (1.4) dentro del objetivo n.º 1 (Poner fin a la pobreza en todas sus formas en todo el mundo), garantizar que todos los hombres y mujeres, especialmente los pobres y vulnerables, tengan los mismos derechos a los recursos económicos y acceso a los servicios básicos, la propiedad y el control de la tierra, entre otros. De ahí el indicador referido a la proporción de la población con derechos seguros de tenencia de la tierra[3]. En ese mismo sentido, pero en el marco del objetivo n.º 5 (Igualdad de género), se enfatiza en las reformas que otorguen a las mujeres igualdad de derechos, incluida la propiedad y el control de la tierra (propiedad o derechos seguros).

Por su lado, el objetivo n.º 11 (Ciudades y comunidades sostenibles), determina como meta (11.1) asegurar el acceso de todas las personas a viviendas y servicios básicos adecuados, seguros, asequibles y mejorar los barrios marginales; en otras palabras, disminuir la población urbana que vive en barrios marginales, asentamientos informales o viviendas inadecuadas (ONU, 2018b: 51).

Al tenor de lo anotado, en estas páginas se ofrece una mirada descriptiva y crítica de la informalidad e irregularidad de la tenencia y propiedad, así como de algunos programas y proyectos diseñados para revertir o disminuir el fenómeno en Brasil, Colombia y Perú. Además de la introducción, las conclusiones y la bibliografía, el artículo se divide en cuatro partes. La primera se refiere a la descripción de los principales referentes históricos,

---

3 a) que posee documentación reconocida legalmente, y b) que considera seguros sus derechos.

normativos y de política pública relacionados con la formalización o regularización de la tenencia y propiedad rural y urbana, a fin de conocer, de acuerdo con las particularidades culturales, sociales y políticas de cada país, cómo ha sido su proceso evolutivo.

La segunda parte comprende una breve descripción e ilustración de la manera como está organizado el modelo institucional de los países para abordar la formalización o regularización de la tenencia y propiedad rural y urbana. Por su lado, en la tercera parte se esbozan de manera general algunas de las problemáticas y causas más notables por país, asociadas u originarias del fenómeno de la informalidad e irregularidad de la tenencia y propiedad rural y urbana.

Por último, en la cuarta parte se citan algunos de los programas y proyectos emprendidos desde lo público con el fin de disminuir la informalidad o irregularidad de la tenencia y propiedad de la tierra rural y urbana en cada país, frente a los cuales se realizan algunas reflexiones críticas para motivar e incentivar una analítica más profunda a la hora de diseñar, formular e implementar políticas públicas de formalización o regularización. Reflexiones críticas que se complementan con las conclusiones que engloban el abordaje de los tres países.

I. REFERENTES HISTÓRICOS, NORMATIVOS, Y POLÍTICA PÚBLICA DE FORMALIZACIÓN Y REGULARIZACIÓN DE LA PROPIEDAD RURAL Y URBANA

A. BRASIL

El origen del problema de la tierra en Brasil se remonta a la época colonial. Después del descubrimiento los portugueses colonizaron las tierras brasileñas otorgando concesiones de grandes áreas a los nobles que habían prestado servicios a su tierra natal y a todos aquellos con intenciones de poblar el territorio. La propiedad así transferida se denominó Sesmaria y el respectivo título de concesión Carta de Sesmaria. Las sesmarias fueron la base sobre la cual se conformó inicialmente la propiedad inmobiliaria en Brasil.

Con ocasión de la Asamblea General Constituyente de 1822 se estableció un régimen extralegal en el que prevalecía la tenencia por ocupación, generando cierta inseguridad con respecto a la propiedad de la tierra. Dos años después se promulgó la Constitución Política del Imperio que garantizaba el derecho a la propiedad privada bajo la condición de cumplir su función social. Con el paso del tiempo, considerando las dimensiones continentales del territorio brasileño y la creciente complejidad de la estructura de parcelas, los administradores crearon una institución que abordaría específicamente los problemas de la tierra. Así surgió la Ley 601 de 1850, considerada la piedra angular para la construcción de un sistema de organización administrativa del territorio del Imperio[4]. Esta ley fue regulada por el Decreto 1318 de 1854 en el que, para promover la colonización, se establecieron pautas de medición y descripción de las tierras públicas así como de inspección de su distribución y venta. Ese decreto es un testimonio de la importancia que los legisladores de la época otorgaron a la necesidad de medir y ubicar con precisión todas las parcelas públicas y privadas (Jones, 1997: 42).

Pasadas algunas décadas el Decreto 451-B de 1890 estableció el registro y la transmisión de los bienes raíces por el Sistema Torrens, constituyéndose en una de las normas más claras y precisas de la historia brasileña, orientadas a conformar un sistema eficiente de publicidad inmobiliaria.

En 1970, mediante el Decreto Ley 1110 se creó el Instituto Nacional de Colonización (INCRA), el Instituto de Reforma Agraria (IBRA), el Instituto Nacional de Desarrollo Agrario (INDA) y el Grupo de Reforma Ejecutiva (GERA). El INCRA nació como una agencia independiente vinculada al Ministerio de Agricultura, encargada de reestructurar la tierra rural brasileña. Más adelante la Ley 5868 de 1972 creó el Sistema Nacional de Catastro Rural (SNCR), compuesto por el catastro de bienes raíces rurales de tierras públicas de corte declaratorio.

La desconfianza en torno a la exactitud de los datos presentados por el propietario o poseedor en sus declaraciones termina con la iniciativa del Certificado de Registro Rural promovido por el INCRA, que buscaba fuera la prueba de propiedad o derechos de la parcela rural. En los siguientes 20 años no se presentaron cambios importantes en el área catastral; los dos eventos más significativos son la creación del Registro Público de Tierras y el comienzo de la obligación de presentar mapas topográficos para aquellas parcelas de más de 1,00 ha.

---

4 Para lo cual se creó la Oficina General de Tierras Públicas.

En 1988 la Constitución Federal brasileña garantizó en el artículo 5.º, punto XXII, el derecho a la propiedad, condicionado al cumplimiento de su función social. Por su parte, la Ley 11.977 de 2009 estableció la regularización de la tenencia de la tierra y el Programa Mi Casa, Mi Vida (PMCV), destinado a costear viviendas para la población de bajos ingresos.

La regularización de la tierra se vinculó a este programa para la titulación de bienes inmuebles en favor de la población de bajos ingresos, permitiendo asignar recursos financieros para la construcción de viviendas en tierras regularizadas. Igualmente, se introdujeron nuevos parámetros con flexibilidad en lo urbano y ambiental para facilitar el reconocimiento legal de los asentamientos urbanos informales.

En 2001 la Ley 11.257, conocida como Estatuto de la Ciudad, reguló los instrumentos legales necesarios para implementar principios como los anotados, dejando espacio para la regularización de la tenencia de la tierra de interés social. De este modo, la ley se convirtió en una política pública relevante.

El Estatuto de la Ciudad reguló el capítulo de política urbana de la Constitución brasileña de 1988, y definió las pautas generales que deben observar la Unión (gobierno federal), los estados (gobiernos estatales) y los municipios (gobiernos municipales) para promover la política urbana. Basada en el principio de la función social de la propiedad y la gestión democrática de la ciudad, la ley contiene reglas de orden público e interés social que regulan el uso de la propiedad urbana para garantizar el bien colectivo, la seguridad y el bienestar de los ciudadanos. Contribuye a consolidar la formalización de la tierra como uno de los principales lineamientos de la política urbana en Brasil, y de los instrumentos de regularización de la tierra de las áreas urbanas ocupadas por la población de bajos ingresos.

En 2017 la Ley 13.464 determinó reglas para la formalización de las tierras públicas ocupadas en la Amazonía legal y en las tierras rurales y urbanas. El nuevo marco legal para la regularización de tierras derogó las disposiciones de la Ley 11.977 de 2009 relacionadas con el tema y tenía como objetivo reducir la burocracia, y racionalizar y disminuir los costos de los procesos de regularización de tierras en Brasil.

Es conveniente destacar que existen nuevos conceptos que alteran la lista de derechos establecidos en el Código Civil, como el derecho real de "laje" que se refiere a la coexistencia de unidades autónomas separadas ubicadas en la misma área, ya sea espacio aéreo o tierra subterránea pública o privada. El derecho de "laje" es una situación real presente en los varios centros urbanos brasileños.

El Estatuto de la Ciudad define la regularización del suelo urbano como el conjunto de medidas legales, urbanas, ambientales y sociales (REURB) destinadas a la incorporación de núcleos urbanos informales en la planificación territorial urbana, incluida la titulación de sus ocupantes. Es una política pública que tiene como objetivo regularizar los núcleos urbanos informales. En términos generales, si existe un núcleo urbano informal (p. ej., asignaciones irregulares) y se ajusta a los criterios de la ley, su regularización es posible mediante un procedimiento extrajudicial. Los objetivos del REURB apuntan a la regularización de esos núcleos, a su organización y a aconsejar la provisión de servicios públicos a sus ocupantes para mejorar las condiciones urbanas y ambientales en relación con la previa situación informal de ocupación.

La ley trae dos tipos de regularización, a saber: REURB-S, es decir, REURB de interés social, que incluye ocupaciones de personas de bajos ingresos con fines residenciales, quienes reciben el registro gratuito de la propiedad y toda la infraestructura básica en nombre del Gobierno, y REURB-E, o sea, REURB de interés específico, caso en el cual el interesado debe pagar toda la infraestructura que se defina en el proyecto de regularización de la región. Para las familias de bajos ingresos el municipio ejecuta el proyecto sin costos para ellas.

B. COLOMBIA

Se puede afirmar que en Colombia la informalidad en las relaciones de tenencia o propiedad de la tierra se originó en el primer acto de despojo con ocasión de la conquista española (1500 a 1550), cuando en nombre del Rey Carlos I empezaron a ser usurpadas masiva y violentamente las tierras de los indígenas aborígenes para ser repartidas y adjudicadas a los conquistadores, y a aquellos españoles que querían asentarse en los territorios descubiertos.

Según Arango (2014), citado por Suárez (2015a: 192), desde 1510 hasta finales del siglo XVI todas las formas de propiedad en la Nueva Granada surgieron del despojo de las tierras de los indígenas y de la explotación de su trabajo, consolidándose a partir de allí los grandes latifundios, las medianas y pequeñas aparcerías.

Palacios (2011: 75), mencionado por el Centro Nacional de Memoria Histórica (CNMH, 2016: 47, en CNMH, 2018a: 17), ubica entre 1590 y 1620 el origen de la "estructura característica del latifundio en las tierras planas y la colonización campesina de laderas y montañas, que ha marcado la distribución de la tierra en Colombia [...]" con la política de composiciones de tierras al mejor postor de la Corona Española.

Durante la Colonia (1550 a 1810) se mantuvo el despojo violento de tierras y las condiciones para el incremento de los latifundios, y desde entonces ha sido una constante. Deshonrosamente, Colombia es uno de los países líderes en desplazamiento interno con 8.000.000 de desplazados forzosos en 2018[5] (ACNUR, 2019: 6).

A partir de 1819, fecha de la Independencia, el gran protagonista de la administración de la tierra fue la apropiación de baldíos por distintos medios. De una u otra forma en Colombia la distribución de la tierra ha dependido de cómo distintos actores han acumulado baldíos y cómo la ley ha regulado su repartición, con la consecuente concentración de la propiedad (Suárez, 2015b: 193).

En los albores de la República (1819 y ss.) el Estado buscó fortalecer la garantía de los derechos de propiedad. Con ese objetivo se implementó la obligación del registro mediante la creación de las oficinas de registro público por cantón. Adicionalmente, se intentó conformar un catastro nacional y deslindar los terrenos, junto con el levantamiento de un censo de bosques y baldíos. No obstante, durante ese periodo continuó y se profundizó la concentración de la tierra y la estructura bimodal entre latifundios y minifundios.

En 1936, luego de la crisis de 1929, se expidió la Ley 200, conocida como la primera reforma agraria. Con ella se intentó corregir, sin mayores resultados, el fenómeno de concentración de la propiedad rural mediante la activación de la función social de la tierra. Sin embargo, la debilidad normativa de la reforma terminó favoreciendo la apropiación ilegal de baldíos y su legalización para la explotación económica[6].

---

5 En segundo lugar, después de Siria con 13 millones.

6 Uno de los temas en que se debe profundizar es la apropiación de grandes extensiones

Como resultado de la violencia interna y la disputa por la tierra, con la Ley 135 de 1961 surgió la segunda reforma agraria –social–, que pretendía disminuir las tensiones con la entrega de más predios a los campesinos minifundistas y acabar con los latifundios, otra vez sin mayores resultados. También se creó el Instituto Colombiano de Reforma Agraria (INCORA), adscrito al Ministerio de Agricultura, para recuperar el control estatal sobre los movimientos campesinos y reducir la tensión política ocasionada por los problemas agrarios.

En 1968 tuvo lugar la tercera reforma agraria para tratar de resolver los problemas que no lograron solventar las dos reformas anteriores. De nuevo se quería entregar la tierra a quienes la trabajaran y no a los terratenientes. Durante ese periodo se consolidó la Asociación Nacional de Usuarios Campesinos (ANUC), que rechazó las políticas del gobierno forzándolo a firmar en 1972 el Pacto de Chicoral, a la postre contraproducente. A pesar de que se otorgó voz y participación a los campesinos y sus organizaciones, la reforma mantuvo la tenencia de la tierra en las mismas manos (terratenientes y centros de poder). En general, la década de los años 70 se caracteriza por el estancamiento de la reforma agraria.

En un entorno de grupos armados ilegales (guerrillas), narcotráfico, concentración de la propiedad, debilidad institucional y apertura económica o globalización, tuvo lugar la Asamblea Nacional Constituyente, y como resultado la promulgación de la Constitución Política de 1991, que en su artículo 51 establece que todos los colombianos tienen derecho a una vivienda digna y que el Estado debe establecer las condiciones necesarias y promover sus planes. A su turno, el artículo 58 garantiza la propiedad privada y otros derechos adquiridos, declarando que la propiedad debe cumplir funciones sociales y ecológicas. Finalmente, los artículos 60 y 64 disponen que es obligación del Estado promover el acceso progresivo a la propiedad de la tierra a los trabajadores agrarios.

En 1994, dentro del nuevo marco constitucional y la apertura económica del país, se promulgó la Ley 160, denominada cuarta reforma agraria o mercado de tierras, con el fin de asegurar el acceso progresivo a la propiedad

---

de haciendas con juicios de pertenencia sobre tierras que no habían salido del dominio del Estado. Todo ello a partir de la Ley 200 de 1963 (CNMH, 2018e: 21).

de la tierra. Pese a los loables esfuerzos y propósitos, se repitieron muchos vicios del pasado y la reforma no logró cambiar la estructura de tenencia de la tierra, entre latifundios y minifundios. Como explica Machado (2009a: 36), se incrementó el latifundio, que pasó de tener un menor número de predios con mayor porcentaje de tierra, mientras que se multiplicó el minifundio.

Con el Decreto 1300 de 2003 se suprimió el INCORA y, como parte del programa de renovación de la administración pública, se creó el Instituto Colombiano de Desarrollo Rural (Incoder) al que se le asignaron diversas funciones, entre ellas ejecutar la política agropecuaria y de desarrollo rural; sin embargo, según Machado (2009b: 180), dicha entidad quedó mal diseñada pues en ella se mezclaron cuatro instituciones sin una estructuración orgánica ni una concepción clara del desarrollo rural.

La poca efectividad del Incoder hizo que se suprimiera en 2015, y en cambio se crearon tres entidades: a) la Agencia Nacional de Tierras (ANT); b) Agencia de Desarrollo Rural (ADR); y c) la Agencia de Renovación del Territorio (ART), las cuales se sumaron a la Unidad Administrativa Especial de Restitución de Tierras (URT), instituida para devolver a sus legítimos propietarios o poseedores las tierras que les fueron despojadas o que tuvieron que abandonar forzosamente como consecuencia del conflicto interno y la violencia (Ley 1448 de 2011)[7].

Con anterioridad a la firma del Acuerdo Final de Paz entre el Gobierno Nacional y las Fuerzas Armadas Revolucionarias de Colombia (FARC-EP), el artículo 103 del Plan Nacional de Desarrollo (PND) 2014-2018, "Todos por un nuevo país" (Ley 1753 de 2015), estableció la formalización de la propiedad rural de naturaleza privada, sin perjuicio de las disposiciones para la titulación de baldíos y regularización, con el fin de otorgar títulos de propiedad legalmente registrados a los trabajadores agrarios y pobladores rurales de escasos recursos que tuvieran la calidad de poseedores[8].

---

7 Igualmente, se crearon el Registro de Tierras Despojadas y Abandonadas Forzosamente y la Unidad Administrativa Especial para la Atención y Reparación Integral de las Víctimas.

8 Este artículo sigue vigente por cuanto la Ley 1955 de 2019, PND 2018-2022, "Pacto por Colombia, pacto por la equidad", no lo derogó.

En noviembre de 2016 se suscribió el señalado acuerdo que, ante las fallidas reformas agrarias de 1936, 1968 y 1994, planteó la Reforma Rural Integral (RRI), "Hacia un Nuevo Campo Colombiano". Como premisas el acuerdo señala: a) la importancia de la economía campesina familiar y comunitaria; b) el acceso y uso de la tierra y la creación de un fondo de tierras en beneficio de los campesinos; c) la formalización masiva de la mediana y pequeña propiedad rural y la resolución de conflictos; d) los planes de desarrollo con enfoque territorial para asegurar la transformación estructural del campo; e) el acceso adecuado a los bienes y servicios públicos, y f) la adecuación de tierras para el fortalecimiento del sector agropecuario.

Derivado de la implementación del Acuerdo de paz, el Decreto Ley 902 de 2017 fija medidas para facilitar la implementación de la RRI en materia de tierras, particularmente el procedimiento para su acceso y formalización, y lo relacionado con el fondo de tierras. El decreto está siendo revisado por el gobierno del presidente Duque en perspectiva de una mayor simplificación en los procesos y procedimientos, entre otras pretensiones.

Como parte de un nuevo entorno político y social, el PND 2018-2022, "Pacto por Colombia, pacto por la equidad" (Ley 1955 de 2019), reconoce el "débil proceso de consolidación de la Reforma Rural Integral" (DNP, 2019: 207, citado en Matíz y Baquero, 2019: 40). En ese sentido, el gobierno del presidente Duque propone crear las condiciones para que la tenencia de la tierra y el ordenamiento productivo habiliten el desarrollo del campo, la inclusión productiva y la seguridad jurídica, mediante la distribución equitativa de la tierra basada en un barrido predial masivo a cargo de la ANT[9], con el apoyo del Instituto Geográfico Agustín Codazzi (IGAC) y la Superintendencia de Notariado y Registro (SNR), en el marco del catastro multipropósito.

Como lo aseguran Restrepo y Bernal (2014: 22 y 132), la formalización de la tierra es un tema medular para el buen diagnóstico de las políticas agrarias. Aunque el fenómeno de la informalidad no es exclusivo de Colombia, y está asociado con problemas históricos y sociológicos ancestrales, su repercusión en lo social y económico acarrea serios problemas.

9 ANT a la cual se le entrega el rol de gestor catastral en lo referente a los componentes físico y jurídico para efectos del ordenamiento social de la propiedad, que incluye la formalización de la propiedad pública y privada.

Se puede afirmar que el fenómeno de la informalidad, o crecimiento informal urbano, se debe por lo general a la continua migración desde las zonas rurales, a la ausencia de alternativas económicas y a la ineficacia de las políticas de las administraciones de turno. En las ciudades los "[...] asentamientos precarios constituyen la manifestación física y espacial de la pobreza y la desigualdad en un país en gran parte urbano" (Conpes 3305, 2004: 3).

El artículo 2.º de la Ley 1001 de 2005, reglamentado parcialmente por el Decreto 4825 de 2011, dispone la titulación en favor de los ocupantes de terrenos públicos no destinados al uso común que han sido ocupados ilegalmente para viviendas de interés social. A su vez, leyes como la 9.ª de 1989 y la 388 de 1997, y decretos como el 564 de 2006, se refieren a la legalización de los asentamientos humanos constituidos por viviendas de interés social[10] para el desarrollo de planes y proyectos, como la mejora integral de los barrios.

Con la Ley 1848 de 2017 se determinó la formalización, titulación y reconocimiento de los predios urbanos. El propósito es favorecer a las familias que llevan muchos años en viviendas y barrios que siguen siendo informales, pero que cuentan con servicios públicos, vías de acceso, transporte, escuelas, parques y otros bienes dotacionales, es decir, que están en predios legalizados urbanísticamente o en proceso[11].

El citado PND 2018-2022 alude a la seguridad jurídica de la propiedad dentro del ordenamiento territorial (art. 87), puntualmente a la configuración de las acciones y actuaciones urbanísticas con miras a la promoción de la inversión y la estabilidad del sector constructor a mediano y largo plazo. Adicionalmente, mediante el artículo 277 se modificó el artículo 14 de la Ley 708 de 2001 en el sentido de hacer más expedita la cesión a título gratuito o la enajenación de bienes fiscales ocupados ilegalmente con mejoras o construcciones de destinación económica habitacional por personas o familias que cumplan con las condiciones para ser beneficiarias del subsidio de vivienda de interés social.

---

10 Artículos 122 y siguientes del Decreto 564.

11 Se exceptúan las áreas de protección ambiental y el suelo clasificado de protección, salvo las zonas sometidas a medidas de manejo especial, las zonas de alto riesgo no mitigable y los inmuebles de propiedad privada en ciertos casos, o los que ocupen espacio público.

Por último, el Decreto Ley 2106 de 2019, "Por el cual se dictan normas para simplificar, suprimir y reformar trámites, procesos y procedimientos innecesarios existentes en la administración pública", pretende ayudar y abreviar mucho más el reconocimiento de las viviendas en asentamientos legalizados, y apoyar el reconocimiento de tales viviendas a través de los municipios y distritos, favoreciendo la formalización de inmuebles en asentamientos urbanos (arts. 122 a 123).

C. PERÚ

La conquista española convirtió a Perú en un Virreinato y la tierra de la cultura inka, que hasta ese momento era comunal, pasó a ser repartida entre los españoles. De esa manera, el encuentro entre la sociedad andina y los conquistadores estableció una relación de dominación-subordinación sobre la cultura, el pueblo y la economía indígenas, lo cual derivó en desigualdad y concentración de la propiedad en manos de los conquistadores, con los consecuentes reclamos, levantamientos armados (p. ej., Sendero Luminoso), y reformas (Matos, 1984a: 25 y 66).

Desde la época del Virreinato se conformó un dominio privado de la tierra basado en haciendas cuyos dueños eran españoles y mestizos (Zapata, 2013). Bajo ese esquema, durante la Colonia la propiedad se fortaleció dejando en manos de pocos propietarios grandes extensiones de tierra que trabajaban campesinos pobres con pocos ingresos, muchos de los cuales migraban estacionalmente entre las haciendas en épocas de siembra y cosecha (Matos, 1990: 21).

Más tarde, entre 1900 y 1950, con el proceso de modernización y urbanización que indujo la industrialización y explotación de materias primas, las poblaciones pobres comenzaron a migrar hacia las ciudades costeras ocupando sus espacios libres, y hacia la selva para colonizar tierras, en ambos casos de manera informal. De 1950 en adelante se intensificaron las migraciones de personas que invadían las propiedades privadas y públicas buscando mejorar su situación económica y su calidad de vida, obligando a los gobiernos de turno a promover normas para regularizar la propiedad y limitar el crecimiento del fenómeno (Matos, 1984b: 28).

En 1961 se promulgó la Ley 13517 que reconoció dichas invasiones, lo que impulsó la formalización de las barriadas, dotándolas de servicios y títulos de propiedad individual con una visión desde el Estado Central. Esa ley se complementó con el Decreto Ley 17803 de 1969, de expropiación forzosa para ensanchar vías, remodelar, titular y aprovisionar de servicios las barriadas. Sin perjuicio de su loable propósito, más que contener la informalidad, la Ley 13517 terminó generando expectativas que a la postre estimularon nuevas ocupaciones informales.

El 24 de junio de 1969 el Gobierno Revolucionario de las Fuerzas Armadas expidió el Decreto Ley 17716 con el fin de iniciar la reforma agraria en todo el país bajo los siguientes lemas: "Campesino, el patrón ya no comerá más de tu pobreza", y "Dar tierra a quien la trabaja". La reforma viabilizó la redistribución de las tierras de las haciendas y latifundios, lo cual generó una profunda transformación con resultados sociales y económicos que luego llevarían al país a situaciones límite, incluido el terrorismo.

Mediante el Decreto Legislativo 19955 de 1972 se expropiación terrenos eriazos concesionados como denuncios mineros y que estaban en propiedad de terratenientes, y que luego se constituyeron en asentamientos de barriadas promovidas por el gobierno militar de Velazco Alvarado (Calderón, 2013a: 5).

Los intentos de descentralización transfiriendo a los gobiernos locales (municipalidades) la tierra pública y la facultad de titularla fueron neutralizados por el prolongado gobierno militar (1968-1980). En ese sentido, las municipalidades no participaron en la formación de las barriadas, proceso que fue llevado a cabo por diversas instituciones de acuerdo con objetivos políticos asociados a comportamientos clientelistas[12].

En 1996 se expidió el Decreto legislativo 803, denominado Ley de promoción del acceso a la propiedad formal, mediante el cual se creó la Comisión de Formalización de la Propiedad Informal (COFOPRI), que asumió, con apoyo del BM, la formalización de la tierra urbana de manera masiva bajo una política que, además de la titulación, contemplaba la inscripción en el registro público como premisa de seguridad jurídica con efecto en los procesos económicos que demandaran el respaldo público de la propiedad de la tierra.

---

12 La Corporación Nacional de la Vivienda (1961-1962), la Junta Nacional de la Vivienda (1963-1968), el Organismo Nacional de Desarrollo de los Pueblos Jóvenes (1968-1970), el Sistema Nacional de Apoyo a la Movilización Social (1971-1977) y el Ministerio de Vivienda (1978-1980).

En 2004, con fundamento en la Ley orgánica de municipalidades y en la Ley 28391, las municipalidades provinciales asumieron la potestad exclusiva de entregar títulos de propiedad, aunque por corto tiempo debido a lo limitado del capital humano y de equipo técnico para formalizar y titular, en contraposición con la alta demanda de regularización de la propiedad, situación que se tradujo en resultados deficientes. Así las cosas, en 2006 (Ley 28923) se dejó sin efecto la competencia exclusiva de las municipalidades en materia de titulación, lo cual se mantiene hasta la fecha con normas que han prorrogado y ratificado la decisión.

De esta forma, con la COFOPRI nuevamente la formalización de la propiedad regresó a ser un proceso centralista, pero con una importante variación: la conformación de alianzas estratégicas entre las municipalidades y la entidad a través de convenios con comisiones mixtas para formalizar la propiedad. Este esquema se ha mantenido, aunque con menor intensidad.

Por su lado, como las haciendas y fundos rurales fueron parcelados entre los trabajadores y organizaciones como consecuencia de la reforma agraria, el Ministerio de Agricultura creó el Proyecto Especial de Titulación de Tierras (PETT), con el que se inició el proceso de titulación de tierras agrícolas, asignándoles unidades catastrales a las parcelas con sus nuevos propietarios, que luego se inscribieron en el registro público. No obstante, esa titulación siempre reportó dificultades en la inscripción registral debido a la inexistencia de un catastro sistematizado, lo cual obstaculiza la identificación y ubicación de las parcelas, pues solo se logran inscribir poco más del 50% (Rojas et al., 2018: 47). Considerando las lecciones aprendidas, se siguen nuevos proyectos de titulación.

II. MODELO INSTITUCIONAL PARA LA FORMALIZACIÓN Y REGULARIZACIÓN DE LA PROPIEDAD RURAL Y URBANA

A. BRASIL

En Brasil la Dirección de Ordenamiento de la Estructura de la Tierra del INCRA[13] administra y promueve la estructura de gestión de la propiedad

13 Desde 2019 el INCRA está vinculado al Ministerio de Agricultura.

rural. Además de mantener el catastro de tierras rurales, es responsable de la coordinación general de regularización de tierras, y de las actividades de discriminación y destino de las tierras "devolutas"[14]. También coordina la ejecución de actividades de identificación, reconocimiento, delimitación, demarcación y titulación de las tierras ocupadas por comunidades tradicionales quilombolas.

FIGURA 1
MODELO INSTITUCIONAL DE GESTIÓN DE LA PROPIEDAD RURAL EN BRASIL

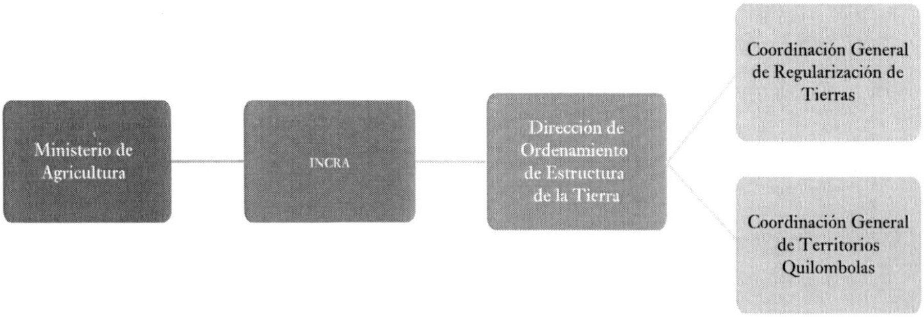

Fuente: elaboración propia.

A diferencia de lo que sucede en el ámbito rural, la formalización o regularización de la tierra y la propiedad urbanas, como proceso que introduce medidas legales, urbanas, ambientales y sociales para incorporar núcleos urbanos irregulares a la planificación territorial, incluida la titulación de sus ocupantes, no cuenta con un modelo institucional centralizado. Los municipios son los responsables de llevar a cabo los procesos y procedimientos de formalización o regularización desde el inicio. La regularización urbana puede ser promovida por los adjudicadores que dieron lugar a los centros informales, sin perjuicio de sus responsabilidades.

14 El término "devoluta" se refiere al concepto de tierra devuelta o para ser devuelta al Estado a través de acciones de regularización. Son tierras que no están destinadas por el Gobierno, y que en ningún momento han formado parte del patrimonio privado de un individuo a pesar de que están regularmente en su posesión.

B. COLOMBIA

En Colombia el modelo institucional rural involucra al Ministerio de Agricultura y Desarrollo Rural (MADR) como formulador de política pública, a las agencias adscritas que tienen por objeto la ejecución, siendo la ANT la responsable de la formalización y regularización de la tierra y la propiedad rurales, fundamentalmente. A la par concurren entidades de otros sectores como el IGAC, los gestores catastrales, la SNR y las oficinas de registro, con diferentes roles complementarios dentro del proceso.

FIGURA 2
MODELO INSTITUCIONAL DE FORMALIZACIÓN Y REGULARIZACIÓN DE LA TIERRA Y LA PROPIEDAD RURAL EN COLOMBIA

Diseño y formulación de política pública	Ministerio de Agricultura y Desarrolllo Rural
Ejecución de la política pública de Ordenamiento Social de la Propiedad (incluye formalización)	Agencia Nacional de Tierras
Ejecución de la política pública de Desarrollo Rural con Enfoque Territorial	Agencia de Desarrollo Rural
Intervención en zonas afectadas por el conflicto	Agencia de Renovación del Territorio
Restitución de tierras despojadas y abandonadas forzosamente	Unidad de Restitución de Tierras
Catastro multipropósito	Instituto Geográfico Agustín Codazzi y gestores catastrales
Registro de la propiedad rural y urbana	Superintendencia de Notariado y Registro y oficinas de registro

Fuente: elaboración propia.

En el ámbito urbano, y en relación con el programa "Casa Digna, Vida Digna", dentro del cual está prevista la titulación o formalización de la propiedad urbana, el modelo institucional parte de un Ministerio de Vivienda, Ciudad y Territorio (MVCT) responsable de la política pública, y otras entidades y actores privados con roles específicos para la materialización. Lo anterior, sin perjuicio del alcance del programa en lo rural con el mejoramiento de la vivienda, donde están llamados a concurrir el MVCT, el MADR y Prosperidad Social. Igualmente, dentro de su autonomía los municipios tienen un importante papel para promover y adelantar por sí mismos proyectos de formalización o regularización de la tierra y la propiedad urbanas.

FIGURA 3
MODELO INSTITUCIONAL DE FORMALIZACIÓN-TITULACIÓN DE LA PROPIEDAD URBANA EN COLOMBIA

Diseño y formulación de política pública	Ministerio de Vivienda, Ciudad y Territorio
Reglamentación, fideicomitente y revisor	FONVIVIENDA
Postulación, patrocinio y colaboración local	Entidades territoriales (municipios)
Operador, supervisión y evaluación	Findeter
Administración de recursos y contratación	Fiduciaria
Dasarrollo de actividades y control	Ejecutor e interventor
Información predial física y avalúos	Instituto Geográfico Agustín Codazzi y gestores catastrales
Registro de la propiedad	Superintendencia de Notariado y Registro y oficinas de registro

Fuente: elaboración propia.

C. PERÚ

Perú cuenta con tres modelos institucionales de formalización o regularización, uno para la propiedad rural, otro para la propiedad urbana y uno más para la propiedad pública. En el caso de las tierras rurales, con la rectoría del Ministerio de Agricultura y Riesgo (MINAGRI), la Dirección General de Saneamiento de la Propiedad Agraria y Catastro Rural (DIGESPACR) y los gobiernos regionales descentralizados, se promueven procesos de titulación y registro de parcelas con características y potencial agrícola.

En lo urbano la responsabilidad es centralista, con alguna participación esporádica de los gobiernos descentralizados representados por las municipalidades. Dependiente del Ministerio de Vivienda, Construcción y Saneamiento (MVCS), COFOPRI ha sido la entidad que desde 1996 hasta 2010 desempeñó netamente funciones de formalización; posteriormente, desde 2011 empezó a mutar su actuación hacia el catastro urbano, con una derivación, el catastro de daños, en respuesta a la necesidad de obtener data territorial continuamente disponible para la atención de cataclismos por sismos, deslizamientos, detritus e inundaciones en el país. En consecuencia, paulatinamente ha dejado la labor de formalización, en razón de que buena parte de los asentamientos urbanos han sido regularizados. Respecto de las tierras eriazas, playas, cerros y otros de propiedad del Estado, la responsabilidad de la formalización recae en la Superintendencia de Bienes del Estado (SBN). Finalmente, se debe mencionar que, al margen del ámbito (rural o urbano), en todos los procesos interviene de manera transversal la Superintendencia Nacional de los Registros Públicos (SUNARP).

FIGURA 4
MODELO INSTITUCIONAL DE FORMALIZACIÓN Y REGULARIZACIÓN DE LA PROPIEDAD RURAL, URBANA Y PÚBLICA EN PERÚ

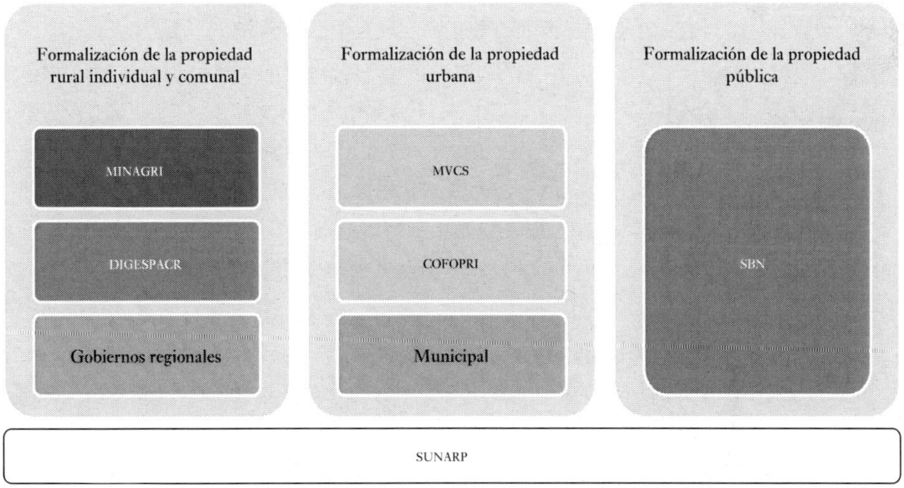

Fuente: elaboración propia.

III. PROBLEMÁTICAS DE LA FORMALIZACIÓN Y REGULARIZACIÓN DE LA PROPIEDAD RURAL Y URBANA

A. BRASIL

En Brasil el tema de la tierra o propiedad y la regularización o formalización se remonta en la práctica a la formación del propio estado y territorio. Como sucede en otros países de América Latina, en Brasil también se existen problemas relacionados con el conocimiento real del tema y la falta de datos e información oficial sobre el tamaño y características de la informalidad e irregularidad, sea rural o urbana.

En el ámbito rural abordar el problema histórico de falta de documentación de la tierra representa un obstáculo importante para muchos agricultores frente al beneficio derivado de las acciones de política pública definidas. La formalización o regularización de la tierra de las áreas agrícolas sigue siendo un problema pendiente de resolver y está presente en todas las regiones del país.

Según estimaciones del gobierno brasileño, más de un millón de familias viven en 9.332 asentamientos dispersos y alrededor del 85% no posee el título de propiedad y, por lo tanto, no tienen acceso a beneficios para fortalecer la actividad agrícola como los programas Nacional de Agricultura, Fortalecimiento de la Agricultura Familiar (PRONAF) y Asistencia Técnica y Extensión Rural (ATER), entre otros (Roseno, 2017a).

De otro lado, se considera que entre el 50% y el 80% de las propiedades urbanas tienen algún tipo de irregularidad en la naturaleza del registro. Aunque los datos provienen de ciudades como São Paulo y Río de Janeiro, oficialmente se admite que el porcentaje está cerca del 50 al 55% respecto de los procesos de acceso a la tierra y vivienda, dejando de lado las construcciones comerciales informales y otras prácticas. En ciudades brasileñas como Recife y Salvador la informalidad alcanza el 80% (Fernández, 2012: 13-15).

Según datos del censo del Instituto Brasileño de Geografía y Estadística (IBGE), en 2010 el país tenía 6.329 grupos subnormales[15] en 323 de los 5.565

---

15 Asentamientos irregulares conocidos como barrios marginales, invasiones, comunidades, aldeas, entre otros.

municipios brasileños, lo que representa el 6% de la población (11.425.644 de personas), y 3.224.529 hogares privados ocupados (5,6% del total). A su turno, 20 regiones metropolitanas personificaban en ese momento el 88,6% de estos hogares y la mitad (49,8%) de los hogares agrupados se encontraba en la región sureste del país (IBGE, 2010).

Un estudio realizado por el BID en la Región Metropolitana de Campinas (RMC) determinó que el 41,63% de los hogares aparece en las oficinas de registro, mientras que el 57,49% se considera informal porque no figura en el registro. Esta clasificación, generalmente no disponible en los estudios, indica que la mayoría de los bienes inmuebles en Campinas no tiene seguridad jurídica de la propiedad de la tierra por no estar registrados. De estos, el 16,3% tiene un acuerdo de escritura o compra validado en un registro de títulos y documentos que caracteriza el registro de tenencia. El 41,19% restante no tiene ninguna seguridad jurídica sobre sus propiedades porque tienen un contrato de cajones[16] o están en subdivisiones clandestinas o de barrios marginales (menos del 1% de los hogares se considera viviendas) (Reydon, Fernández y Siquera, 2017: 5).

En resumen, el problema de la informalidad o irregularidad se debe al hecho de que el país tiene un conjunto de reglas relacionadas con la tenencia y propiedad de la tierra que no permiten su regulación adecuada debido a la ausencia de un registro, la posibilidad inacabada de incautación y regularización, y la especulación (FAO/SEADE, 2017: 4).

Aunque no haya estadísticas confiables del número total de la irregularidad/informalidad, los problemas asociados con la propiedad de la tierra afectan a gran número de familias brasileñas y se gestan en el proceso histórico de ocupación del territorio, todo lo cual genera situaciones de precariedad en muchas dimensiones.

B. COLOMBIA

En Colombia, como se ha dicho, el problema de informalidad o irregularidad en las relaciones de tenencia y propiedad de la tierra se remonta a

16 Se trata de contratos que al celebrarse respecto de bienes informales no se pueden registrar. En portugués se denominan contratos gaveta.

las formas y efectos de la conquista española, pasando por la Colonia, la Independencia y la República, incluso hasta el momento actual. En lo urbano el fenómeno es más reciente pero no menos importante, vinculado a los acelerados procesos de urbanización, con una relación directa frente a los acontecimientos que han tenido lugar durante siglos en el ámbito rural.

Se puede afirmar con relativa certeza que no existe un censo consolidado y oficial que dé cuenta de la verdadera dimensión de la informalidad o irregularidad a nivel rural y urbano. En teoría, uno de los fines esperados con la implementación de la política pública de catastro multipropósito es poder contar con elementos de juicio válidos para conformar el inventario de la informalidad y de los baldíos, entre otros objetivos. A continuación se hace referencia a algunos datos extractados de diferentes análisis y documentos académicos y oficiales para ilustrar de forma indicativa el tamaño del problema.

Iniciando con lo rural, la Encuesta Longitudinal Colombiana de la Universidad de los Andes (ELCA), utilizada para medir la informalidad en la propiedad, presenta los siguientes resultados en términos de familias que no tienen derechos de propiedad registrados: en 2010 el 29,23%; en 2013 el 30,70% y en 2016 el 26,97%. En promedio, según esa fuente la informalidad sería del 28,9% (Colombia en Movimiento, 2017: 151).

Por su parte, el documento "Mejorando la Gobernanza de la Tierra en Colombia" del BM (2013), citando cifras del Programa de Registro de Propiedad Rural (PFPR) del MADR, señala que el 48% de las propiedades rurales inscritas en el registro (aprox. 3.946.376) no tiene título formal. Ese porcentaje es similar al 47,7% mencionado en el estudio de Gáfaro, Ibáñez y Zarruk (2012: 14).

Según el diagnóstico de la Misión para la Transformación del Campo (DNP, 2015a: 20):

> [...] la informalidad afecta al menos a tres quintas partes de los predios y casi la mitad de los municipios solo tiene entre 0 y 50% de los propietarios inscritos. A ello se agrega la falta de acceso a crédito y asistencia técnica.

Más adelante, en el Diagnóstico de Ordenamiento y Desarrollo Territorial la misión remarca de nuevo la tenencia informal, desordenada e insegura, argumentando que

> Solo el 6% de los municipios tiene un grado de formalidad total o casi-total, mientras que del 94% restante, un 16% se encuentra en informalidad total o casi total. El desorden y la inseguridad jurídica sobre la tierra parten de un problema de la administración de las tierras de la Nación. No se cuenta con un inventario de los baldíos y, como consecuencia, la tierra se ha ocupado de forma desordenada y espontánea por los particulares sin atender a la vocación del suelo. A pesar de que ha habido un proceso de entrega masiva de tierra a campesinos, pueblos indígenas y comunidades afrodescendientes, aún hay cerca de 60.000 familias solicitantes sin atender (DNP, 2015b: 39).

A partir de la Encuesta Nacional de Calidad de Vida del Departamento Administrativo Nacional de Estadística (DANE, 2011), el Departamento Nacional de Planeación (DNP) estima que "[...] en el 59,5% de los casos en los que los hogares ejercen relaciones con la tierra, lo hacen de manera informal por carecer de título de propiedad legalmente registrado" (Dcto. Ley n.º 902 de 2017: 3).

El Conpes 3951 del 26 de noviembre de 2018, "Concepto Favorable a la Nación para Contratar Operaciones de Crédito Externo con la Banca Multilateral hasta por USD 150 millones, [...] destinados a financiar parcialmente el programa para la Adopción e Implementación de un Catastro Multipropósito Rural-Urbano", haciendo referencia a las áreas del país con alta incidencia de informalidad y reseñando fuentes como las citadas, señala que puede alcanzar el 60% de los predios rurales (DNP, 2018a: 62).

Por último, el Pacto por la Equidad Rural y el Bienestar de la Población Campesina del Gobierno Duque retoma las cifras de la Misión para la Transformación del Campo, y reconoce que la tenencia de la tierra en Colombia "se ha constituido de manera informal, desordenada y sin garantías jurídicas". Agrega, además, que frente al acceso a la tierra la realidad del campo es alarmante, pues solo "[...] 37,4% de los hogares rurales tiene acceso a la tierra y, de estos hogares, el 59% presenta informalidad en la propiedad" (DNP, 2019: 4).

En lo urbano la Encuesta de Calidad de Vida (DANE-ECV, 2016), citada por el MVCT (2019a), revela que el 10,3% de los hogares urbanos que se declaran propietarios de vivienda no cuenta con una escritura o título, es decir que 1,2 millones de colombianos habitan en viviendas sin título de propiedad[17].

---

17 Según el último censo de población y vivienda de 2018, en Colombia hay 48.258.494

De otra parte, frente al Programa Nacional de Titulación y Transferencia de Bienes del antiguo ICT-INURBE (Instituto Nacional de Vivienda de Interés Social y Reforma Urbana) el MVCT (2019b) señala que de 16 municipios analizados, un promedio del 11,5% de los predios en el perímetro urbano son fiscales, y que hay 104 proyectos urbanísticos del ICT-INURBE con un total de 2.054,3 hectáreas, remarcando el potencial de titulación en cada municipio de predios fiscales con destinación económica habitacional.

GRÁFICO 1
CIFRAS DE INFORMALIDAD DE LA TIERRA Y LA PROPIEDAD RURAL EN COLOMBIA (PREDIOS U HOGARES)

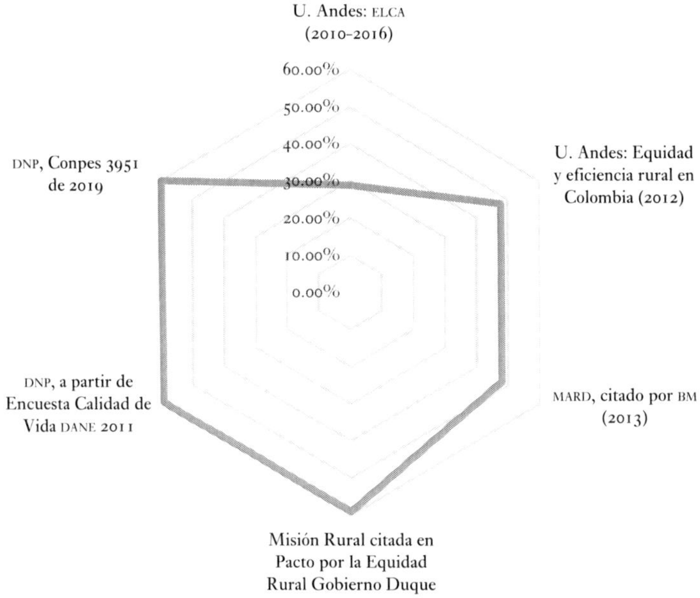

Fuente: elaboración propia a partir de datos reportados por las fuentes citadas.

Como se puede advertir, aunque no se tiene un registro oficial y confiable de las relaciones informales e irregulares con la tierra rural y urbana, así como de los baldíos, las cifras revelan un problema bastante grande en lo

personas, 13.480.729 viviendas, 14.243.223 hogares y el 77,1% de las personas vive en cabeceras municipales, el 7,1% en centros poblados y el 15,8% en rural disperso (DANE, 2019).

rural con un guarismo promedio de informalidad cercano al 50%[18]. En lo urbano se cuenta con mucha menos información agregada y la fuente revelada hace alusión a poco más del 10% de los hogares.

GRÁFICO 2
CIFRAS DE INFORMALIDAD EN HOGARES SIN ESCRITURA O TÍTULO DE PROPIEDAD EN COLOMBIA

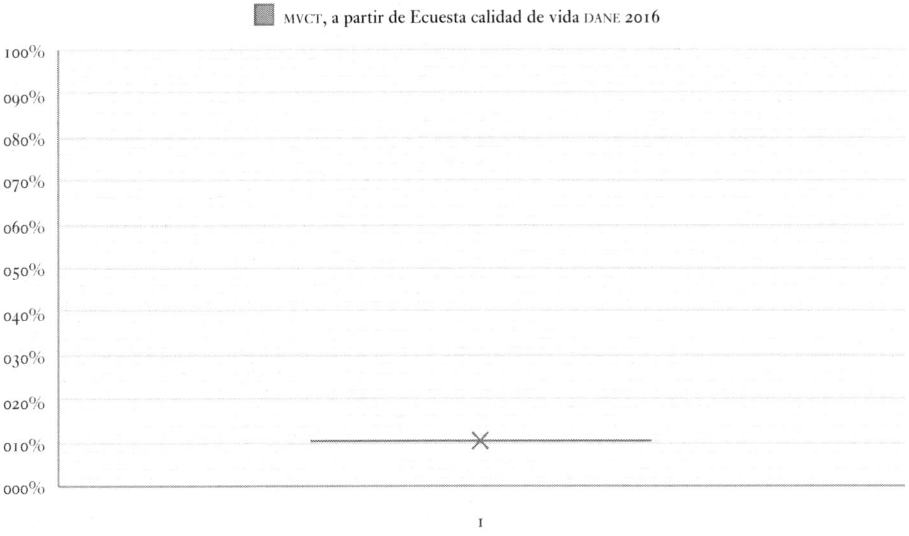

Fuente: elaboración propia a partir del dato reportado por la fuente citada.

Revisada la evaluación del diseño, la ejecución y los resultados del "Programa Especial para la Formalización de la Propiedad y la Modernización de la Titulación Predial" (BID-CO0157 aprobado en 1997), los hallazgos y razonamientos son más que elocuentes frente a una historia que se repite una y otra vez en Colombia, razón por la cual se trae como referencia.

Inicialmente el programa tenía previsto titular predios ubicados en 200 municipios rurales y 150 municipios urbanos, para lo cual se debía desarrollar una nueva metodología de campo en función de la producción masiva de títulos. Posteriormente, en 2001 el alcance fue replanteado manteniéndose

18 Aclarando que algunas de estas cifras se refieren a predios o propiedades y otras a hogares. Igualmente, unas retoman y repiten fuentes.

el componente de titulación rural, pero con una meta considerablemente menor (BID, 2014a: 20-21).

Al final las metas modificadas no se alcanzaron, con algo más contraproducente y fue que no existió certeza de la inscripción de los títulos entregados en el registro público de la propiedad. Con la información obtenida por el Banco[19] se logró establecer que hasta el primer semestre de 1999 se había expedido un total de 3.345 títulos en diez municipios, y después de la reestructuración del programa 4.235 resoluciones de adjudicación en diecisiete municipios, deteniéndose en 2003 el componente por la entrada en liquidación del INCORA y el poco interés del Incoder de continuar (BID, 2014b: 21).

Acorde con la información conseguida, en la evaluación el BID (2014c: 33) revela que se pudieron expedir menos del 10% de las resoluciones de adjudicación o títulos de propiedad en áreas rurales, porcentaje muy inferior a lo planeado en la propuesta original del crédito. Entre las causas evidenciadas están: a) ausencia de voluntad política; b) falta de coordinación interinstitucional, y c) fallas en la estrategia de implementación del trabajo de campo. Eso, sumado a la imposibilidad de verificación del registro de los títulos expedidos, con lo cual queda en vilo la seguridad jurídica.

Cifras del informe Tierras y Conflictos Rurales de la CNMH de 2016 (citadas en la CNMH de 2018b: 18-19), revelan que la política de tierras de mayor duración en la historia de Colombia ocurrió en el siglo XX con 23 millones de hectáreas de tierras baldías ocupadas y adjudicadas, en comparación con los 1,9 millones de hectáreas adjudicadas, y los 3,2 millones de hectáreas en títulos de concesión del siglo XIX. Leyes como la 61 de 1874 y 48 de 1882 permitieron a los grandes hacendados apropiarse de baldíos y legalizar títulos a través de la adjudicación. En esos siglos el control de la propiedad se ejercía para "tener una oferta de mano de obra desposeída de la tierra" o bajo el control de las haciendas, las cuales llegaron a tener una titulación tan extensiva hasta el punto de monopolizar la tierra[20].

---

19 En el Banco no hay suficiente información relativa a la ejecución del componente, y la falta de un inventario de los baldíos y de información de las actividades ejecutadas por el INCORA y el INCODER hace parte de las dificultades encontradas en el proceso de evaluación.

20 Si un hombre tiene dominio sobre la tierra en que otros han de trabajar, puede apropiarse el producto de su trabajo como precio del permiso para efectuarlo. De este modo se

En relación con los problemas actuales de la tierra, su regulación y la reforma agraria, la CNMH (2018c: 25) señala que

> [...] la alta concentración de tierras privadas en los tamaños superiores, la informalidad de la pequeña propiedad, el despojo de tierras, la falta de acceso a tierras de los trabajadores rurales y las altas tasas de pobreza que predominan donde está más concentrada la tenencia, dicen mucho sobre la inoperancia fundamental de los instrumentos legales, incluida la reforma agraria, para regular una distribución más equitativa y más favorable al desarrollo productivo y los mercados.

Destaca la CNMH (2018d: 26) que algunas de las deficiencias estructurales de los instrumentos son la distancia entre la posesión material y la propiedad legal, la falta de un censo de baldíos que facilite su administración, la ausencia o falta de actualización del catastro y su subordinación al registro, la ausencia de una jurisdicción agraria, la supremacía del derecho civil respecto del agrario, el bajo nivel de tributación frente a la tierra y la debilidad institucional para garantizar la aplicación de la ley e intervenir de acuerdo con sus competencias en las situaciones que lo ameritan. Esas deficiencias son "ventajas para la acumulación rentística de la tierra, que favorecen desproporcionadamente a las élites de cada región, que controlan la administración, y perjudican al campesinado que ocupa nuevos territorios con la esperanza de tener derecho a la propiedad".

De acuerdo con Arango (2014), citado por Suárez (2015c: 193), la concentración de la propiedad en Colombia entre 1827 y 1869 revela un índice Gini de 0,839, que en 1964 se ubicó en 0,889 y en el comienzo del XXI ascendió a 0,964. Esto confirma esa estructura bimodal que desde un comienzo,

---

infringe la ley fundamental de la naturaleza, de que su disfrute sea consecuencia del esfuerzo. Uno gana sin producir, los otros producen sin ganar. Al uno le enriquecen injustamente, al otro le despojan. Hemos visto que esta injusticia fundamental es la causa de la arbitraria distribución de la riqueza que divide la moderna sociedad en los muy ricos y los muy pobres. El continuo crecimiento de la renta, el precio que el trabajo está obligado a pagar por el uso de la tierra, es lo que usurpa a los más la riqueza justamente ganada, y la acumula en manos de los pocos que no hacen nada para ganarla (GEORGE, 1879, citado por la CNMH, 2018f: 20).

empezando con la conquista española, marcó una tendencia que se ha vuelto un desafío permanente para los gobiernos en cada periodo de ejercicio.

En lo urbano la iniciativa más conocida ha sido el Programa Nacional de Titulación, con origen en los objetivos del reglamento operativo del crédito adquirido en 2008 por el Banco de la República con el BID, inicialmente a cargo del Ministerio de Ambiente, Vivienda y Desarrollo Territorial, para pasar luego al MVCT[21]. El objeto del programa era transferir los predios fiscales ubicados en el área urbana a las familias más vulnerables que los habían ocupado de manera ilegal con vivienda de interés social. No obstante, dada la disminución de la generación de títulos y actividades de saneamiento, en el gobierno del presidente Duque el ministerio decidió revisar la política desde lo normativo y lo técnico (MVCT, 2019c).

A manera de referencia indicativa, el consolidado de los informes de gestión del MVCT en 2017 muestra que los títulos de propiedad entregados a los beneficiarios entre junio de 2012 y mayo de 2017 equivalen a 54.198 propiedades en el país; sin embargo, llama la atención que en 2017, con la sanción de la Ley 1848, el entonces presidente Santos asegurara que sin las facilidades de la nueva ley se habían formalizado cerca de 80.000 mil viviendas en asentamientos consolidados.

C. PERÚ

En el ámbito rural la formalización de la propiedad comenzó en 1969 con la reforma agraria, que conllevó la redistribución de las haciendas para los trabajadores peones y campesinos. Empero, como lo manifiesta Laguna (2010: 4), la formalización de la propiedad rural no trajo consigo cambios sustanciales en las vidas de los agricultores ni en las de sus familias. Los pobladores de Caqui, en Huaral, siguen viviendo en las mismas "Rancherías" en las que lo hacían cuando eran peones de la hacienda, las cuales siguen inalterables como hace 40 años, a pesar de tener tituladas y formalizadas sus parcelas agrícolas; esto, debido a factores económicos de producción agrícola de pequeñas parcelas en manos de campesinos sin mayores conocimientos de

---

21 Que, además, en 2014 asumió las responsabilidades del INURBE y del Instituto de Crédito Territorial (ICT).

gestión, que derivan en el fracaso económico y abandono de las actividades agrícolas, con lo cual se da paso al reasentamiento social.

Respecto de la propiedad de las tierras rurales de las comunidades nativas, Soria (2016: 2) explica algunas estadísticas para un estudio latinoamericano, indicando que

> En el Perú, las pequeñas propiedades de tierra se han concedido sobre unas 1.250 comunidades nativas, por un total de más de 12 millones de hectáreas de bosques, solo los matsés (etnia nativa) y algunos otros pueblos han sido capaces de asegurar territorios más grandes, mientras que la mayoría se han titulado y rodeado de colonos que son sobre todo de la sierra andina y algunos pocos de la costa. Mientras que IBC reporta 2.009 comunidades nativas, 2.400 comunidades de ribereños y 22 millones de hectáreas.

Asimismo, el autor hace hincapié en que la consolidación de los derechos sobre la tierra está en el título de propiedad y comenta la importancia de la tenencia de la tierra para los pueblos indígenas, vinculada a su modo de vida. Se tiene conocimiento de los esfuerzos del Instituto del Bien Común (IBC), organismo no gubernamental que brinda apoyo a las comunidades nativas (de selva) identificando, georreferenciando y elaborando los planos de demarcación de los territorios, muchos de los cuales no tienen la seguridad jurídica de estar titulados y registrados, lo cual hace que sean muy vulnerables ante el avance de los colonos en su territorio.

Frente a la problemática de la informalidad urbana Torres y Ruiz-Tagle (2019: 6) señalan:

> La informalidad urbana en Lima, y en el Perú, es un fenómeno que tiene larga data, y que influenció el desarrollo del debate académico y político sobre la informalidad urbana desde 1961. En ese año el Estado promulgó la Ley de barrios marginales, reconociendo la existencia de asentamientos informales y la importancia de su legalización. Fue una normativa pionera en Latinoamérica. Siempre con énfasis en Lima, comenzó un proceso de saneamiento físico y legal. A partir de 1968 se modificó la mencionada ley y se privilegió la seguridad de la tenencia jurídica por sobre la provisión de servicios básicos e infraestructura, debido a los altos costos que esta última representaba para el Estado. Tal situación se mantuvo en la década de 1980, cuando el país sufrió

una profunda crisis económica por la hiperinflación y una crisis social debido a los conflictos armados internos generados por Sendero Luminoso.

En 1990 Alberto Fujimori asumió el gobierno y realizó reformas radicales, principalmente económicas, lo que se tradujo en el incremento de la pobreza e indigencia y la profundización de la inequidad social y económica, amplificando así el fenómeno de la informalidad urbana en el país, y en especial en Lima. Además, se eliminaron todas las políticas de planificación urbana y de vivienda (Calderón, 2016). Fujimori, con el asesoramiento intelectual de Hernando de Soto y el financiamiento del Banco Mundial, creó en 1996 la Comisión Nacional de Formalización de la Propiedad Informal (COFOPRI), presentándola como el organismo que cambiaría el paradigma de la informalidad urbana en el Perú y contribuiría a erradicar la pobreza. Sin embargo, sus funciones continuaron acotadas a la entrega de títulos de dominio, y se omitió el acceso a la vivienda y la habilitación urbana. Desde entonces el fenómeno de la informalidad urbana se ha agudizado y convertido en el principal modo de crecimiento de la ciudad, configurando un espacio urbano de distintos niveles de consolidación e integración a la estructura urbana de la ciudad formal. Actualmente el 54% del Área Metropolitana de Lima (AML) está ocupado por asentamientos informales (Torres, 2016), conocidos en Perú como asentamientos humanos. Según el último censo oficial (2007), en estas zonas vive el 49% de la población de Lima.

Investigadores nacionales y extranjeros han publicado numerosos estudios que demuestran el fracaso de la COFOPRI en términos de incorporar la población al mercado económico formal a través de créditos hipotecarios, tal como planteaba inicialmente Hernando de Soto. Asimismo, se señala que ha contribuido al incremento del tráfico de tierras, por la simplificación de trámites en la obtención de títulos de dominio. Pero poco se ha estudiado la relación entre la producción social del suelo urbano informal y los actores que se disputan el poder dentro de él. En esa línea temática, mediante un estudio de casos, este artículo investiga qué efectos ha tenido la Política Nacional de Formalización (ejecutada por la COFOPRI) sobre la organización social. Catastrados individualmente, miles de residentes se han convertido en propietarios individuales de la tierra, pero la obtención de la titularidad no ha avanzado simultáneamente con el logro de habitabilidad urbana.

Por su parte, Calderón (2019) señala:

> En forma paralela a la titulación, continuó la tradición del derecho urbano peruano de aplicar sucesivas amnistías a los invasores de tierras. Con el gobierno de Alberto Fujimori se tuvo la Ley 26264 de 1993 y el decreto legislativo 803 de 1996. Posteriormente, con el gobierno de Alejandro Toledo, el decreto supremo 021 del Ministerio de Justicia de junio del 2002 y la Ley 28391 de noviembre de 2004. Finalmente, con el gobierno de Ollanta Humala el decreto legislativo 1202 de septiembre de 2015. Estos dispositivos continuaron alimentando en los pobres la expectativa que la informalidad urbana consistía, realmente, el medio de atender al problema de la vivienda.

Como indican los autores, si bien miles de pobladores se han beneficiado con la titulación masiva de la propiedad individual, esta no ha impactado en la misma proporción la habilitación urbana, es decir, se han generado espacios territoriales sin procesos adecuados de equipamiento, disposición de espacio público y parques, entre otros. Adicionalmente, existe una importante ocupación del suelo en zonas de pendientes y con riesgo de desastres ante eventos climáticos y condicionados por las características geográficas, las cuales han experimentado modificaciones debido al cambio climático.

De otra parte, no se cuenta con un catastro lo suficientemente maduro y su respectiva base de datos con enfoque multipropósito que provea información para facilitar los análisis y las decisiones en materia de uso del suelo, planificación y mitigación de riesgo de desastres naturales.

IV. PROGRAMAS Y PROYECTOS DE FORMALIZACIÓN Y REGULARIZACIÓN DE LA PROPIEDAD RURAL Y URBANA

A. BRASIL

En el ámbito federal y con relación a la tierra rural, en 2005 se creó el Programa de Registro y Regularización de Tierras coordinado por la Secretaría de Agricultura Familiar y Desarrollo Agrario para atender a la población que residía en las áreas vacantes del dominio estatal. Consistía en una acción social de regularización de tierras que garantizaba la seguridad jurídica de los agricultores y la permanencia en el terreno a través de la seguridad jurídica de la propiedad del inmueble. Para desarrollar el programa la secretaría se asoció con los gobiernos de los estados brasileños, y mediante acuerdos se asignaron recursos para apoyar la ejecución de actividades de registro, georreferenciación y fortalecimiento institucional.

El programa constaba de tres etapas: a) registro; b) georreferenciación, y c) titulación. El registro de las propiedades rurales se realizaba compendiando información relacionada con las propiedades, tal como datos personales del productor y su familia, las condiciones de la propiedad en términos de uso, la situación económica y la explotación. La georreferenciación es la medición precisa y actualizada de las propiedades utilizando dispositivos tecnológicos, con lo cual es posible reducir las disparidades existentes entre el área indicada en la escritura y la situación inmobiliaria. Las propiedades sujetas a regularización pueden recibir en esta etapa la escritura de título. Entre 2004 y 2014 se titularon 52.736 propiedades (Roseno, 2017b).

En 2009 se inició el proceso Terra Legal, que se consolidó en acciones de conservación e implementación de modelos de producción sostenibles en la Amazonia. Era un programa de regularización de tierras que preveía la entrega de títulos de propiedad a unos 150 mil ocupantes ilegales de tierras públicas federales no destinadas, siempre y cuando no fueran reservas indígenas, bosques públicos o áreas protegidas. El programa sigue vigente, y desde 2019 viene siendo coordinado por el INCRA.

La recién publicada Medida Provisoria 919 de 2019 norma la regularización de la tierra de ocupaciones incidentes en tierras bajo dominio del INCRA y la Unión, siempre y cuando prueben la ocupación y explotación directa, suave y pacífica ejercida antes del 5 de mayo de 2014. El INCRA ha iniciado algunas acciones y promovido ciertos acuerdos de cooperación técnica con los gobiernos locales para garantizar la transferencia de las áreas de la Unión con el fin de que los municipios realicen la regularización de las ocupaciones.

En el contexto urbano, desde 2003, y hasta 2018, el Gobierno Federal instituyó a través del extinto Ministerio de las Ciudades el primer Programa Nacional de Regularización de Tierras Urbanas, coordinado por la Secretaría Nacional de Programas Urbanos (SNPU). El propósito era contribuir al esfuerzo nacional para la regularización de la tierra, haciendo cumplir los preceptos de la Constitución. A lo largo de los años, mediante asociaciones con gobiernos de los estados y municipios brasileños, y la participación de varios segmentos sociales, se ha estructurado la política nacional para la regularización de la tierra en áreas urbanas, implementada con programas de apoyo a los estados y municipios para la regularización de la tierra de interés social en las dimensiones legal, urbana y ambiental.

Actualmente existen varias iniciativas puntuales de los gobiernos estatales y de los municipios que se llevan a cabo de manera descentralizada. Por ejemplo, la municipalidad de Campinas, ciudad con más de un millón de habitantes, por conducto de la Empresa de Vivienda Municipal (COHAB), que tiene la función de promover la regularización de la tierra, entre los años 1986 y 2016 entregó 3.000 escrituras a la población residente de áreas irregulares.

Desde la promulgación de la Ley Nacional 13.464 de 2017, que busca simplificar los procedimientos, COHAB regula los procedimientos para REURB-S y REURB-E e identifica algunas regiones para ser consideradas en la primera fase del programa. Las familias que se encuentran en situación de vivienda irregular y van a ser favorecidas con la medida, residen en tres de las 262 áreas ilegales de la ciudad, un total de 20.000 habitantes. Sin embargo, son varias las dificultades relatadas y comunes a los municipios en general, como no contar con personal para satisfacer la demanda en el corto plazo y entender que se requiere un nuevo enfoque de trabajo.

Lo expuesto hasta acá deja ver una compleja situación en Brasil. Puede observarse alta concentración de tierras y numerosos conflictos en áreas rurales y en lo urbano. Existen innumerables propiedades irregulares, inseguridad jurídica de la tenencia de la tierra y vasta deforestación en la Amazonía. Lamentablemente, las políticas públicas, y el marco legal e institucional han desarrollado a lo largo de la historia un conjunto de programas, reglas y procesos relacionados con la tenencia y propiedad de la tierra que no ha permitido hasta el momento su adecuada formalización y regularización. A esto se suma la falta de un catastro rural y urbano coordinado con el registro.

B. COLOMBIA

El artículo 103 de la Ley 1753 de 2015 (PND, 2014-2018), conservado por el artículo 336 de la Ley 1955 de 2019 (PND, 2018-2022), establece la gestión y financiación de la formalización progresiva de tierras de naturaleza privada para otorgar títulos de propiedad debidamente registrados a trabajadores agrarios y pobladores rurales de escasos recursos.

El Acuerdo de Paz entre el Gobierno Nacional y las FARC-EP (2016: 18 y 19)[22] dispone la formalización masiva y progresiva de la pequeña y mediana propiedad rural en siete millones de los 114 millones de hectáreas con que cuenta el país. Del mismo modo, determina la creación de un sistema catastral que sirva para regularizar con transparencia la propiedad de la tierra, que en un plazo máximo de siete años concrete la formación y actualización del catastro rural, vincule al registro de inmuebles rurales, se ejecute en el marco de la autonomía municipal y dé seguridad jurídica y social con énfasis en la pequeña y mediana propiedad rural.

El Pacto por la Equidad Rural y el Bienestar de la Población Campesina del gobierno Duque plantea el impulso de las acciones de formalización de la tierra y clarificación de los derechos de propiedad con una formalización de cuatro millones de hectáreas a 2022, priorizando los municipios focalizados del barrido predial, zonas PDET[23] y de reserva forestal.

En el contexto del programa Desarrollo Rural con Legalidad, Emprendimiento y Equidad, el MADR (2019a: 36-41) se refiere a la formalización de la propiedad rural como un programa dirigido a promover el acceso a la propiedad de los predios rurales, instituyendo el impulso y coordinación de acciones para apoyar la regularización del derecho de dominio de predios privados y acompañar a los interesados en la ejecución de los trámites administrativos, notariales y registrales no cumplidos oportunamente.

El MADR (2019b: 40-42) alude a la articulación interinstitucional e intersectorial y al barrido predial masivo para avanzar en el proceso de formalización de la propiedad rural bajo el rol de gestor catastral de la ANT. Hace referencia a la estrategia de impulso de la modificación del marco legal para una política integral de tierras, fundada en los siguientes desafíos: a) modificar la Ley 160 de 1994 y el Decreto Ley 902 de 2017[24], brindar se-

22 Punto uno: "Hacia un Nuevo Campo Colombiano: Reforma Rural Integral".

23 Zonas de Desarrollo con Enfoque Territorial.

24 Las estrategias del Decreto 902 de 2017 incluyen la integración de la operación del catastro multipropósito con la implementación de los Planes de Ordenamiento Social de la Propiedad. Sin embargo, también contempla que cuando no sea posible la ANT actuará de acuerdo con sus competencias.

guridad jurídica en la tenencia de la tierra y habilitar a la ANT como gestor catastral[25]; b) modificar la Resolución 740 de 2017 para facilitar y agilizar el proceso de formalización de la propiedad rural; c) materializar el decreto y la resolución de las Zonas de Interés de Desarrollo Rural, Económico y Social (ZIDRES); d) modificar la Resolución 128 de 2017 MADR que define las bases y lineamientos para la planificación territorial del sector, y e) modificar las Resoluciones 129 y 130 de 2017 MADR, que determinan, entre otras cosas, los lineamientos del barrido predial masivo.

En términos de resultados, el MADR (2019c: 42) reporta[26] la formalización de 1.629 títulos, de los cuales 628 corresponden a formalización de predios privados y 1.001 a títulos de baldíos y predios del Fondo de Tierras. Se hace referencia a 70.879 hectáreas formalizadas que han beneficiado a 4.194 familias de campesinos con títulos de falsa tradición o informales.

En su informe 2018-2019, la ANT (2019a) indica que durante el primer trimestre de 2019 hizo entrega de 220 títulos de propiedad a igual número de familias campesinas, y que tiene por entregar 1.654 títulos privados. Igualmente, reporta 40.674 predios formalizados o regularizados, correspondientes a 41.241 familias y un total de 1.087.995,6 hectáreas, entre septiembre de 2016 y marzo de 2019.

Como parte del programa Formalizar para Sustituir, que busca llegar por oferta a zonas de alta vulnerabilidad, al cierre de la vigencia 2018 el MADR (2019d: 52-54) ha generado 1.974 títulos de formalización a familias campesinas, equivalentes a 6.000 hectáreas. Durante el primer trimestre de 2019 los títulos entregados corresponden a 220 y 1.654 están por otorgarse.

El ministerio también menciona el catastro multipropósito y la aprobación de un crédito por USD 150 millones con el que se espera intervenir 72 municipios, 13 de ellos con la implementación de la ruta de ordenamiento social de la propiedad, y en ese sentido la meta son 65.000 títulos de propiedad[27], 24.000 de ellos en cabeza de mujeres campesinas (MADR, 2019e:

---

25 Lo cual se logra con el artículo 80 de la Ley 1955 de 2019 (PND, 2018-2022).

26 Con corte a la fecha de elaboración y presentación de las memorias al Congreso de la República, es decir, primera parte de 2019.

27 Meta igualmente relacionada en la Matriz de resultados (A) del Conpes 3951 (DNP, 2018b: 55) "Concepto Favorable a la Nación para contratar Operaciones de Crédito Externo con la Banca Multilateral hasta por USD 150 millones, [...] destinados a financiar

43)[28]. Por su lado, el Conpes 3958 de 2019 fija una meta de actualización catastral equivalente al 60% del área superficiaria del país en 2022 (650 municipios)[29] y el restante 40% en 2025.

Finalmente, como resultado de los diagnósticos de política pública realizados, se reportan avances en la simplificación de trámites, la unificación de procesos y las revisiones normativas. Se dice que las variables que levanta el catastro pasan de 150 a 19, sin comprometer los requerimientos de catastro, registro y formalización de la propiedad. Asimismo, los tiempos de formulación de los planes de ordenamiento social de la propiedad pasan de ocho a tres meses[30], y once formularios utilizados para las rutas de regularización de la propiedad, con 400 variables, alcanzan en promedio un 70% de simplificación (MADR, 2019f: 43 y 44).

Pasando a lo urbano, a través del MVCT (2019d) el gobierno Duque tiene proyectado lograr en el cuatrienio 2018-2022 una meta de 112,6 mejoramientos de vivienda, 55,8 mejoramientos de entorno y 56,6 titulaciones con el Programa de Vivienda "Casa Digna, Vida Digna", cuyo propósito es mejorar la calidad de vida de los hogares colombianos más vulnerables a través de la consolidación de viviendas apropiadas en términos de habitabilidad, entorno y seguridad jurídica. Al 31 de mayo de 2019 el MVCT reportó 9.315 familias beneficiadas con titulación de predios[31].

---

parcialmente el Programa para la Adopción e Implementación de un Catastro Multipropósito Rural-Urbano".

28 Cifras que figuran también en el Conpes 3951 de 2018, Matriz de resultados.

29 Que incluyen 170 municipios del Programa de Desarrollo con Enfoque Territorial (PEDET), 185 con presencia de grupos étnicos y 108 con algún ecosistema ambiental estratégico (DNP).

30 El MADR (2019g: 45-46) y la ANT (2019b) dicen que con corte al primer trimestre de 2019 se han aprobado once planes de ordenamiento social de la propiedad, otro está en implementación y diez más han sido formulados, y están en proceso de revisión y validación.

31 Es importante señalar que este tipo de programas se debe ejecutar de manera concurrente con los distritos y municipios que son los responsables de gestionar la urbanización y legalización de los asentamientos humanos. Se trata de mejorar el hábitat y las condiciones de vida de las comunidades pobres ubicadas en vecindarios informales, incorporándolas a la estructura territorial y funcional.

Como parte del ejercicio de actualización de la Política Nacional de Titulación, el MVCT define los siguientes ejes de trabajo: a) inclusión del proyecto al programa "Casa Digna, Vida Digna", reconociendo la tenencia segura de la tierra y los derechos de propiedad como fundamentales en términos de vivienda y calidad de vida digna; b) desarrollo de mecanismos para promover el control urbano y evitar futuras invasiones, y c) articulación del programa de titulación con el programa Terra (aumento de productividad del sector constructor) para mejorar los sistemas de información relevantes para la titulación.

Entre el 1.º de junio de 2018 y el 31 de mayo de 2019, el MVCT tituló y saneó 8.122 predios urbanos, beneficiando hogares de 27 departamentos. De igual forma, ejecutó 26 convenios suscritos con entidades públicas del orden nacional y territorial para promover la cesión gratuita de bienes fiscales urbanos.

También se cita la revisión del marco normativo que ha servido para ejecutar el Programa Nacional de Titulación (Ley 1001 de 2005[32] y Dcto. 554 de 2010), con el propósito de desarrollar propuestas de ajuste que agilicen los procesos de cesión gratuita a ocupantes y gestión de bienes fiscales entre entidades públicas. En esa perspectiva, se incluyen en el PND 2018-2022 los artículos 276 y 277, relativos a la transferencia de bienes fiscales entre entidades públicas, y la promoción de la cesión a título gratuito a ocupantes de predios habitacionales con más de diez años en ellos que cumplan los requisitos para acceder al subsidio de vivienda de interés social.

Al revisar los antedichos proyectos e iniciativas en los ámbitos rural y urbano no se observa en materia de política pública la necesidad de tratar de manera integral y sistémica el fenómeno de la informalidad o irregularidad de la tierra y propiedad. Lo anterior, para combatir radicalmente las causas, dada su estrecha correlación. No se puede obviar que parte de la informalidad e irregularidad en las ciudades se explica por la masiva

---

32 De conformidad con el artículo 2.º de la Ley 1001 de 2005 y su decreto reglamentario, las entidades públicas del orden nacional y territorial deben asignar libremente las tierras de su propiedad que son activos fiscales y que fueron ocupadas ilegalmente para viviendas de interés social. La asignación no se realizará con respecto a bienes públicos o activos fiscales para la salud y la educación o aquellos ubicados en áreas poco saludables o en riesgo para la población.

migración desde el campo, donde históricamente han tenido lugar hechos lamentables que han motivado el éxodo recurrente.

En ese orden de ideas, la articulación intersectorial y multinivel efectiva termina siendo un imponderable. Un buen ejemplo de lo que se debe hacer es lo que plantea el PND 2018-2022 en materia de mejoramiento de la vivienda rural, que pone a dialogar y trabajar de la mano a los MVCT y MADR.

Un lugar común, más allá de la continuidad legal o normativa, es el perenne cambio de enfoque de las políticas públicas en temas que, por su alcance temporal de mediano y largo plazo, están llamados a tener cierta estabilidad en el tratamiento, entre ellos la formalización o regularización de la tierra y la propiedad rural y urbana, que no debe quedar al albur de la voluntad política; es el Estado el llamado a garantizar ese bien público denominado seguridad jurídica de la tenencia y la propiedad. Una visión con propósito determinado y compartida, de mediano y largo plazo, es la que da sentido a las metas de los gobiernos de turno dentro de la lógica de distribución y ejecución razonable de competencias y recursos públicos.

Si lo anterior no se atiende de ese modo, a 2022 puede ser poco 65.000 títulos de propiedad en lo rural y 60% del territorio con catastro multipropósito frente a la dimensión del problema, con niveles de informalidad e irregularidad que aparentemente rondan el 50% de los predios rurales en el país. En lo urbano, aunque en apariencia la situación no sería tan crítica, no por ello deja de ser importante con más de 60.000 títulos previstos a 2022 frente a un fenómeno que supuestamente afecta el 10% de los predios.

De otra parte, faltando poco más de dos años y medio de gobierno preocupa el cumplimiento de las citadas metas, tomando como referencia las cifras reportadas con corte a la primera parte del año 2019 (MADR y ANT). Para su cumplimiento tendrían que redoblarse los esfuerzos y poner en marcha operativamente proyectos estructurales como el catastro multipropósito –dejando atrás la conceptualización y extensa preparación– y el ordenamiento social de la propiedad de manera masiva por barrido predial[33].

---

33 Con la concurrente identificación física y jurídica de cada predio para aclarar la relación jurídica que ostentan sus tenedores y poder consolidar los derechos de manera expedita, según corresponda. Dentro del barrido predial la clarificación de la propiedad es clave como aporte a la seguridad jurídica de la propiedad privada y pública, tema

De esos proyectos depende, entre otros fines, poder contar después de siglos de historia con un inventario de baldíos, y conocer el verdadero alcance de la informalidad e irregularidad para contrarrestarla.

No se puede olvidar que la ausencia del censo de baldíos ha favorecido por siglos su apropiación, muchas veces ilegal, así como la informalidad e irregularidad. Como el Estado desconoce la realidad de los baldíos no ha podido administrarlos efectivamente, facilitando la acción de apropiación informal e ilegal. En lo urbano, aunque se tiene un mayor conocimiento de los bienes fiscales, lo cierto es que tampoco se posee ese necesario registro para ejecutar la política de titulación con mayor certidumbre, esto, sin considerar la informalidad respecto de predios privados que no tienen una política clara.

En el marco legal se promueven normas como el Decreto Ley 902 de 2017 y las resoluciones 740 de 2017 ANT, 129 y 130 de 2017 MADR que, sin maduración alguna en su aplicación, se quieren modificar so pretexto de simplificar procesos y procedimientos. Simplificación que también se busca en lo urbano mediante la revisión de las normas para la titulación. Esto denota falta de planeación de mediado y largo plazo, así como de visión prospectiva, además de discontinuidad en las políticas públicas, repercutiendo en el desarrollo y la situación de pobreza rural y urbana. De ese modo, se debe legislar y regular con sentido de permanencia, con normas flexibles, más de principios que de procedimiento.

Otra norma que en las últimas décadas se ha buscado sustituir en su conjunto sin mayores resultados es la Ley 160 de 1994. De otro lado, pese a que se reconoce que el derecho agrario debe tener autonomía respecto de otras ramas para poder resolver los problemas del campo, se sigue supeditado al derecho civil, con un código y una jurisdicción que en muchos casos riñe con la realidad y las respuestas que desde el marco normativo y la administración de justicia se deben dar para resolver los problemas del campo con prontitud y efectividad.

---

que sigue en vilo y sin mayores resultados pese a órdenes como las impartidas por la Corte Constitucional mediante la Sentencia T-488 de 2014. Frente a la administración de tierras de la Nación, al 31 de diciembre de 2018 la ANT (2009) reporta 287 predios como baldíos, con 305.208 hectáreas.

En lo institucional, de poco sirve la promoción de la articulación de directrices, lineamientos y acuerdos en esa perspectiva, si la coordinación no está precedida de resultados concretos y transformadores. En buena parte los precarios resultados en materia de administración de la tierra se cimentan en las debilidades y disfuncionalidad del modelo institucional y en la falta de articulación o su relacionamiento ineficaz.

Por último, si bien es cierto la simplificación es importante para disminuir los tiempos y reducir los costos, se debe tener cuidado en no perder el propósito del proyecto o iniciativa so pretexto de la reducción procedimental e instrumental. Se habla en lo rural de la disminución de 150 a 19 variables que levanta el catastro, aparentemente sin comprometer esa temática, el registro y la formalización de la tierra. Sobre esto emergen algunas dudas, que en el futuro próximo conviene dilucidar: ¿qué pasa con las variables de la construcción en catastro?, y qué con las variables que requiere la ANT, que como el FISO[34] estaban contempladas inicialmente, ¿se dejan de levantar o la ANT lo hará por su cuenta?

Para cerrar, no se puede olvidar que las estrategias contra la informalidad e irregularidad de la tierra y la propiedad rural y urbana deben estar acompañadas de otras de dotación, provisión o garantía de bienes y servicios. Se debe empezar a cambiar la concentración histórica de la propiedad y responder por el acceso a la tierra de los trabajadores agrarios y los vulnerables del campo colombiano. Si eso se hace realidad, independiente de que sea gradual y progresivamente, habrá incentivos para quedarse en el campo y no saturar las ciudades con migraciones permanentes e innecesarias.

C. PERÚ

En lo rural se encuentra en marcha la formalización de la propiedad a través del proyecto Catastro, Titulación y Registro de Tierras Rurales Perú-PTRT3[35], financiado por el BID y con un horizonte o línea de tiempo comprendida entre 2015 y 2021. El objeto del proyecto es contribuir a la

34 Formulario de inscripción de sujetos de OSP.

35 A este proyecto le precedieron los proyectos PTRT1 y PTRT2 desde mediados de los años 2000 hasta la fecha, con el nuevo proyecto.

formalización y regularización de la tierra y propiedad rural de las comunidades nativas y campesinas, y los predios rurales individuales en diez departamentos[36].

Se espera que con el proyecto se obtenga el catastro y titulación para 403 comunidades nativas, 190 comunidades campesinas y 283.400 predios individuales. Lo anterior, junto con la ampliación de la Red Geodésica Peruana de Monitoreo Continuo, y el desarrollo de una nueva plataforma del sistema catastral rural. Lo anterior, bajo tres componentes: a) levantamiento catastral, titulación y registro de tierras rurales; b) desarrollo de la plataforma tecnológica para agilizar los servicios de catastro, titulación y registro, y c) fortalecimiento de la capacidad institucional para la titulación de la tierra rural y marco de políticas[37].

Respecto del ámbito urbano, COFOPRI se encuentra en campaña de empadronamiento o inventario en nueve regiones del país para los procesos de titulación y formalización de lotes (Áncash, Arequipa, Huancavelica, Ica, San Martín, Ucayali, Loreto, Tumbes y Cusco).

Más allá de ese tipo de proyectos e iniciativas, se destaca la necesidad de consolidar el proceso catastral rural y urbano del país. Hasta el momento las políticas públicas en la materia han mostrado ser ineficaces, lo cual ha afectado los procesos de titulación, y especialmente de registro de los predios. Institucionalmente las responsabilidades en la temática catastral siguen siendo difusas sin una entidad pública nacional que lidere en todo el territorio un esfuerzo articulado con lo local.

En cuanto a las tierras aptas para la agricultura (valles de costa y sierra), la realidad sigue mostrando una tenencia con localización y extensión privilegiada para nuevos propietarios individuales, donde se ubican cultivos para la exportación. Tierras que se han venido adquiriendo paulatinamente de aquellas parceladas y entregadas a los trabajadores durante la reforma agraria, que por motivos económicos han decidido venderlas.

---

36 Amazonas, Apurimac, Cajamarca, Cusco, Huánuco, Junín, Loreto, Puno, San Martín y Ucayali.

37 Fortalecimiento del Ministerio de Agricultura en su rol de rectoría y de los gobiernos regionales en materia de titulación de predios rurales y comunidades.

De otro lado, en posesión de las comunidades campesinas están las tierras de pastos, y parte de las eriazas y protegidas (ubicadas especialmente en los altos andinos). Por su lado, las tierras con aptitud forestal de zona de selva están parcialmente ocupadas por comunidades nativas.

Sin perjuicio de los esfuerzos de la reforma agraria de parcelación de las haciendas durante la década de los años 70 y los proyectos de titulación de los 80 (que siguen vigentes), lo cierto es que aún queda bastante espacio para la acción del Estado central y regional en favor de las comunidades nativas, campesinas y los pequeños poseedores u ocupantes de parcelas rurales, además de las tierras públicas.

A nivel urbano no se pueden desconocer los avances en materia de titulación y registro, especialmente a cargo de COFOPRI[38], pero tampoco se puede obviar el fomento involuntario y la aparición de nuevas invasiones persiguiendo acciones de regularización, conduciendo a la ampliación de los plazos normativos y un fin político proselitista a partir de la problemática.

CONCLUSIONES

Los tres países coinciden en que la informalidad e irregularidad en las relaciones de tenencia o propiedad de la tierra y, por ende, la inseguridad jurídica o ilegalidad, tienen su origen fundamentalmente en la Conquista. Fueron la Conquista y el dominio español, en el caso de Colombia y Perú, y portugués en el de Brasil, los que determinaron formas y estructuras de la propiedad que estimularon el despojo y favorecieron la concentración de tierras en manos de los conquistadores, y luego, de los grandes hacendados o terratenientes que, como grupos de interés y poder, han venido incidiendo en los instrumentos y en la acción misma de los estados.

Posterior a la Independencia, las políticas, los marcos normativos, los modelos institucionales y los programas de los gobiernos de turno de cada país no han podido revertir como es debido los altos índices de concentración

---

38 Según CALDERÓN (2013b: 12-13), el mayor acierto es la distribución masiva de títulos de tierras de propiedad pública, con 2,2 millones de títulos otorgados en tierras urbanas hasta enero de 2011. Los tiempos de formalización igualmente se redujeron dramáticamente, pasando de seis años a 45 días.

de las mejores y más extensas tierras, el despojo, la informalidad e irregularidad; por el contrario, en muchos casos ese ha sido el fundamento para profundizar los graves problemas señalados.

Aún persiste una importante masa crítica de campesinos, trabajadores agrarios y comunidades campesinas y nativas o étnicas que ha sido relegada a las tierras menos productivas, o condenada a mantenerse como dependiente perpetua de hacendados, latifundistas y grupos de interés dominantes, entre otros. Esa situación guarda estrecha relación con las masivas y continuas migraciones del campo hacia las ciudades, sembrando cinturones de pobreza y miseria, con asentamientos informales e irregulares que amplifican el problema rural, llevándolo a lo urbano.

Las políticas públicas de los tres países se han caracterizado por atender los mencionados problemas de manera contingente y no con una visión estructural de mediano y largo plazo. Si bien sus principios y fundamentos en términos del discurso han tenido un manejo holístico deseable, los resultados muestran precariedad y poca efectividad, en algunos casos lo opuesto al propósito[39]. Adicionalmente, sin aprender de los errores, se siguen repitiendo los diagnósticos y las estrategias de acción, manteniendo círculos viciosos, pues buena parte se ha diseñado de manera desarticulada y sin atender la demanda concurrente o la combinación indispensable entre títulos registrados y acceso a bienes y servicios públicos complementarios que en verdad potencien el desarrollo y el mejoramiento de las condiciones de vida (servicios públicos básicos, salud, educación, infraestructura, transporte, ocio, etc.).

Por la misma razón de una atención coyuntural y contingente, los marcos normativos se han planteado para resolver de manera parcial las problemáticas de concentración, despojo, informalidad e irregularidad de la tierra y la propiedad rural y urbana. En general esos marcos, igual que las políticas públicas, poco o nada han buscado asegurar en el diagnóstico como en las

---

39 En lugar de empoderar a los burócratas y crear condiciones para negocios poco transparentes, los nuevos modelos de reforma agraria brindan a los beneficiarios derechos completos de propiedad sobre la tierra con la posibilidad de decidir cómo utilizarla. Apuntan a los pobres para que el acceso a la tierra les permita salir de la pobreza, buscan tierra subutilizada y reconocen que no se puede reducir de manera sostenida la pobreza sino que se incrementa la productividad del uso de la tierra (Deininger, 2005c: 60).

propuestas de solución el necesario rompimiento de la dicotomía rural y urbana. Han desconocido la estrecha relación y las bondades de un abordaje integral. Asimismo, los posibles conflictos entre normas y su pertinencia. Un principio que debe guiar la regulación es que esté acorde con la cambiante realidad y sea flexible en beneficio de los resultados esperados.

Los modelos institucionales de los países han seguido la misma lógica de las apuestas de política pública y la normativa del momento. Más allá de las diferencias entre los tipos de estado, especialmente entre Colombia y Perú respecto de Brasil, se ha privilegiado un manejo centralizado de la formalización y regularización de la tenencia y propiedad de la tierra rural, esencialmente. Es cierto que el Estado central debe tener un papel preponderante, puntualmente en materia de política pública, regulación, cofinanciación, impulso y coordinación, pero no se puede desconocer el papel protagónico de lo local (regional y municipal) por el conocimiento y nivel de intervención del territorio, así como la sostenibilidad de los proyectos e iniciativas luego de las intervenciones.

La carencia de información y de sistemas como el catastral, incluida su relación con el registro público, son otros de los inconvenientes que los tres países evidencian como detonantes de la informalidad, irregularidad e inseguridad jurídica de la tenencia o propiedad rural y urbana. A lo anterior se suma la dificultad y el encarecimiento de los proyectos e iniciativas de formalización o regularización por cuenta de esa carencia. En ninguno de los países existe un catastro completo ni actualizado y tampoco se conoce a ciencia cierta el tamaño del fenómeno de la informalidad e irregularidad o de los bienes públicos afines con los propósitos de la reforma agraria o titulación.

Finalmente, la gobernanza, entendida como la interacción e interdependencia positiva entre todos los grupos de interés públicos y privados, debe guiar a los países en el diseño, formulación, ejecución y evaluación de las políticas públicas, la construcción de marcos normativos flexibles y la estructuración y desarrollo de programas, proyectos e iniciativas dirigidas a la formalización y regularización de la tenencia y propiedad de la tierra rural y urbana. Si ese modelo de gobierno no se logra, será muy difícil revertir el *statu quo* de concentración, acceso, informalidad e irregularidad que por siglos se viene manteniendo como una constante.

BIBLIOGRAFÍA

AGENCIA NACIONAL DE TIERRAS. Informe "Memorias al Congreso 2018-2019", 2019, disponible en: [http://www.agenciadetierras.gov.co/wp-content/uploads/2019/05/Informe-Memorias-al-Congreso-.pdf].

ALTO COMISIONADO DE LAS NACIONES UNIDAS PARA LOS REFUGIADOS. "Tendencias globales. Desplazamiento forzado en 2018, 2019, disponible en: [https://www.acnur.org/5d09c37c4.pdf].

BANCO MUNDIAL. "Tierra. Comprender la pobreza", The World Bank, 2019, disponible en [https://www.worldbank.org/en/topic/land#1].

BANCO INTERAMERICANO DE DESARROLLO. "Evaluación comparativa: proyectos de regularización y administración de Tierras", Colombia, Estudio de Caso #2, Anexo técnico 4. Oficina de Evaluación y Supervisión, 2014, disponible en: [https://publications.iadb.org/publications/spanish/document/Proyectos-de-regularizaci%C3%B3n-y-administraci%C3%B3n-de-tierras-Estudio-de-caso-Colombia-Evaluaci%C3%B3n-comparativa-Anexo-t%C3%A9cnico-4.pdf].

BANCO INTERAMERICANO DE DESARROLLO. "Informe de Sostenibilidad 2018", 2018, disponible en [https://publications.iadb.org/publications/spanish/document/Banco_Interamericano_de_Desarrollo_Informe_de_Sostenibilidad_2018_es_es.pdf].

CALDERÓN, J. "Titulación masiva de tierras en el Perú 2007-2011. Contextos y resultados", Lincoln Institute of Land Policy, 2013, disponible en: [https://www.lincolninst.edu/sites/default/files/pubfiles/calderon-wp14jc3sp-full_0.pdf].

CALDERÓN, J. "El Estado y la informalidad urbana. Perú en el siglo XXI", Lima, Edit. URP, disponible en [https://doi.org/10.31381/pluriversidad.v3i3.2234]; [file:///C:/Users/valcat/Downloads/2234-Texto%20del%20art%C3%ADculo-5382-1-10-20190909.pdf].

CENTRO NACIONAL DE MEMORIA HISTÓRICA. "Tierras. Balance de la contribución del CNMH al esclarecimiento histórico, CNMH, Bogotá, 2018, disponible en: [http://www.centrodememoriahistorica.gov.co/micrositios/balances-jep/descargas/balance-tierras.pdf].

Consejo Nacional de Política Económica y Social. "Directrices para optimizar la política de desarrollo urbano", Documento Conpes 3305, 2004, disponible en: [http://www.minambiente.gov.co/images/normativa/conpes/2004/Conpes_3305_2004.pdf].

Consejo Nacional de Política Económica y Social. "Directrices para la consolidación de la política de mejora integral de barrios-MB, Documento Conpes 3604, 2009, disponible en: [http://www.minvivienda.gov.co/Mejoramiento%20Integral%20de%20Barrios/Lineamientos%20para%20la%20Consolidación%C3%B3n%20de%20la%20Pol%C3%ADtica%20de%20MIB.pdf].

Consejo Nacional de Política Económica y Social. "Concepto favorable a la Nación para contratar operaciones de crédito externo con la banca multilateral hasta por USD 150 millones, o su equivalente en otras monedas, destinados a financiar parcialmente el programa para la adopción e implementación de un catastro multipropósito rural-urbano", Documento Conpes 3951, 2018, disponible en: [https://colaboracion.dnp.gov.co/CDT/Conpes/Econ%C3%B3micos/3951.pdf].

Consejo Nacional de Política Económica y Social. "Estrategia para la implementación de la política pública de catastro multipropósito", Documento Conpes 3958, 2019, disponible en: [https://colaboracion.dnp.gov.co/CDT/Conpes/Econ%C3%B3micos/3958.pdf].

Deininger, K. "Acceso a la tierra, desarrollo y reducción de la pobreza", Serie Desarrollo para Todos 7, Banco Mundial y Alfaomega, 2005, disponible en: [http://documents.worldbank.org/curated/en/883351468141582239/pdf/348610958682581laotierra1701PUBLIC1.pdf].

Departamento Administrativo Nacional de Estadística. "Censo Nacional de Población y Vivienda 2018", 2019, disponible en: [https://www.dane.gov.co/files/censo2018/infografias/info-CNPC-2018total-nal-colombia.pdf].

Departamento Nacional DE Planeación. "El campo colombiano: un camino hacia el bienestar y la paz. Misión para la transformación del campo", 2015, disponible en: [https://colaboracion.dnp.gov.co/CDT/Agriculturapecuarioforestal%20y%20pesca/El%20CAMPO%20COLOMBIANO%20UN%20CAMINIO%20HACIA%20EL%20BIENESTAR%20Y%20LA%20PAZ%20MTC.pdf].

Departamento Nacional de Planeación. "Pacto por la Equidad Rural y el Bienestar de la Población Campesina", 2018, disponible en: [https://colaboracion.dnp.gov.co/CDT/Prensa/CNP/Pactoporlaequidadruralyel%20bienestardelapoblacioncampesina.pdf].

FAO/SEAD. "Gobernanza de tierras: de la teoría a la realidad brasileña", Brasilia, 2017.

Fernández, E. "Regularización de asentamientos informales en América Latina", Lincoln Institute of Land Policy, 2012.

Gáfaro, M., A. M. Ibáñez y D. Zarruk. *Equidad rural y eficiencia en Colombia: una discusión de políticas para el acceso a la tierra*, Bogotá, Universidad de los Andes, 2012.

Gobierno N. y Fuerzas Armadas Revolucionarias de Colombia (FARC-EP). "Acuerdo final para la terminación del conflicto y la construcción de una paz estable y duradera", Bogotá, 2016, disponible en [http://www.altocomisionadoparalapaz.gov.co/procesos-y-conversaciones/Documents%20compartments/24-11-2016NuevoAcuerdoFinal.pdf].

Gómez, G., I. D.; G. C. Keys, M. F. Londoño, S. I. E. Matíz, R. J. H. Granados, J. E. Montes, V Stanley y V. Endo. "Mejora de la gobernanza de la tierra en Colombia. Implementación del marco para evaluar el gobierno de la tierra", Banco Mundial, 2013, disponible en: [http://siteresources.worldbank.org/INTLGA/Resources/Colombia_Final_Report.pdf].

Instituto Brasileño de Geografía y Estadística. "Censo demográfico 2010, "Características de la población y del hogar: resultados del universo", Rio de Janeiro, IBGE, 2010, disponible en [https://www.ibge.gov.br/estatisticas/sociais/populacao/2098-np-censo-demografico/9662-censo-demografico-2010.html?=&t=resultados].

Jones, A. da S. *Política fundiária do regime militar: legitimação privilegiada e grilagem especializada (do instituto de sesmaria ao estatuto da terra)*, Universidade de São Paulo, São Paulo, Tese, 1997.

Laguna, H. *Políticas de formalización en la pequeña propiedad rural y su incidencia en el nivel de vida de un sector agrícola del valle de Huaral*, Tesis de Maestría, Lima, Universidad Nacional Mayor de San Marcos, 2010.

Machado C., A. "La reforma rural, una deuda social y política", 2009, disponible en [http://www.cid.unal.edu.co/cidnews/archivos/ReformaRural.pdf].

Matiz, I. E. y C. A. Baquero. "El Acuerdo Final de Paz en Colombia y Catastro: avances durante el gobierno Santos y perspectivas en el gobierno Duque", Revista *Mapping*, vol. 28, 196, 34-44 julio-agosto de 2019, disponible en [http://ojs.revistamapping.com/index.php?journal=MAPPING&page=issue&op=view&path%5B%5D=206&path%5B%5D=MAPPING _196].

Matos, J. *Desborde popular y crisis del Estado*, Lima, Instituto de Estudios Peruanos, 1984.

Matos, J. *Las migraciones campesinas y el proceso de urbanización en el Perú*, Lima, UNESCO, 1990.

Ministerio de Agricultura y Desarrollo Rural. "Memorias del Congreso de la República 2018-2019", 2019, disponible en [https://www.minagricultura.gov.co/planeacion-control-gestion/Gestin/MEMORIAS%20AL%20CONGRESO%20DE%20LA%20REPUBLICA/Memorias_al_Congreso_MADR _2018-2019.pdf].

Ministerio de Vivienda, Ciudad y Territorio. "Informe al Congreso de la República 2018-2019", 2019, disponible en [http://www.minvivienda.gov.co/InformesAlCongreso/Junio%202018%20-%20Mayo%202019.pdf].

Naciones Unidas. "La Agenda 2030 y los Objetivos de Desarrollo Sostenible: una oportunidad para América Latina y el Caribe", Santiago, 2018, disponible en: [https://repositorio.cepal.org/bitstream/handle/11362/40155/24/S1801141_es.pdf].

Restrepo, J. C. y A. Bernal Morales. *La cuestión agraria. Tierra y posconflicto en Colombia*, Bogotá, Penguin Random House, 2014.

Reydon, B. P.; V. B. Fernandes y G. P. Siqueira. "Los saneamientos urbanos y la irregularidad de las moradas en Campinas, SP", *Seminario de Interacción Universidad e Sociedad: Contribuciones al Plan de Ordenamiento de Campinas*, Campinas, São Paulo, 12 e 13 de mayo de 2017.

Rojas, E. (ed.), "Construir ciudades: mejoramiento de barrios y calidad de vida urbana", Washington, Banco Interamericano de Desarrollo, 2009, disponible en: [https://publications.iadb.org/publications/spanish/document/Construir-ciudades-Mejoramiento-de-barrios-y-calidad-de-vida-urbana.pdf].

Rojas et al. *La modernización del Catastro en el Perú*, Tesis de Maestría, Lima, Universidad del Pacífico, 2018.

Roseno, J. "La relevancia de la regularización fundaría", Folha de São Paulo, 2017, disponible en [http://m.folha.uol.com.br/opiniao/2017/02/1855046-a-relevancia-da-regularizacao-fundiaria.shtml?mobile].

Smolka, M. y A. de Araujo. "Ganar terreno", en E. Rojas (ed.). *Construir ciudades: mejoramiento de barrios y calidad de vida urbana*, Banco Interamericano de Desarrollo y Fondo de Cultura Económica, Washington, 2009.

Soria, C. "Para entender la tenencia de la tierra y la dimensión del territorio: tierra, territorio, propiedad privada, propiedad pública y propiedad comunal", *Derecho & Sociedad*, n.º 47, octubre de 2016.

Suárez M., A. "Reseña de la tierra en la historia de Colombia", *Memoria y Sociedad*, 19, n.º 39: 192-195, 2015, disponible en [https://revistas.javeriana.edu.co/index.php/memoysociedad/issue/view/884].

Torres, D. y T. J. Ruiz. "¿Derecho a la vivienda o la propiedad privada? De la política pública a la informalidad urbana en el Área Metropolitana de Lima (1996-2015)", *Revista Latinoamericana de Estudios Urbano Regionales (EURE)*, vol. 45, n.º 136, 2019.

Universidad de los Andes. "Colombia en movimiento 2010-2013-2016. Cambios en la vida de los hogares a través de la Encuesta Longitudinal Colombiana (ELCA), Centro de Estudios sobre Desarrollo Económico (CEDE), Bogotá, 2017, disponible en [https://encuestalongitudinal.uniandes.edu.co/es/publicaciones/colombia-en-movimiento/2017].

Zapata, A. "El origen de las haciendas", *La República*, Lima, 7 de agosto de 2013.

JORGE EDUARDO CAMARGO CARVAJAL*

El acceso a la tierra como un derecho humano: los programas de acceso a tierras y el rol de la Defensoría del Pueblo en defensa de la población campesina

SUMARIO

RESUMEN

El derecho de propiedad sobre los bienes inmuebles es un tema de primer orden en las discusiones de las políticas de reforma agraria. En ese sentido, se analiza el carácter del acceso a las tierras como un derecho humano y el rol que la Defensoría del Pueblo desempeña en la defensa de la población campesina.

PALABRAS CLAVE

Reforma agraria, políticas públicas, seguridad jurídica, derechos de propiedad, acceso a tierras, derechos humanos, Defensoría del Pueblo.

---

* Abogado, especialista en Derecho Administrativo, Derecho del Medio Ambiente y Servicios Públicos Domiciliarios; actualmente se desempeña como Delegado para Asuntos Agrarios y Tierras de la Defensoría del Pueblo, y anteriormente ejerció como Procurador Judicial para Asuntos Agrarios y Ambientales y en Asuntos de Restitución de Tierras. Correo electrónico: jorgecamargo@defensoria.gov.co.

ABSTRACT

Land ownership rights are a major issue in agrarian reform policy discussions. In that order, the character of access to land as a human right and the role that the Ombudsman plays in the defense of the peasant population is analyzed.

KEYWORDS

Land reform, public policies, legal security, property rights, access to land, human rights, the *ombudsman*.

INTRODUCCIÓN

La concepción individualista del derecho de propiedad, incluida dentro de nuestros modernos códigos civiles, es criticada por P. Grossi (1986) a través de la referencia de un abogado francés J.-B. V. Proudhon quien resalta las bondades que representa ser propietario. Según este, la propiedad dota a su dueño de una seguridad sobre su porvenir, incentivando el trabajo y el goce de lo que puede obtener de él, pues el propietario está dotado moralmente de ciertas facultades que lo hacen un mejor ciudadano, otorgándole una superioridad sobre los no propietarios. Ciertamente la intención de Grossi no es construir una argumentación sólida que permita justificar el derecho de propiedad, sino que a través de la cita quiere mostrar lo que para él son las motivaciones con las que se ha construido una concepción individualista del derecho de propiedad que prima sobre la colectiva.

En nuestro país, con altos índices de informalidad de los derechos de propiedad, y una diagnosticada inequidad en su distribución, las razones que se ofrecen para justificar los programas estatales dirigidos a mejorar el acceso a la propiedad, la formalización de la propiedad y el adelantamiento de actuaciones administrativas para ordenar socialmente la propiedad convergen en argumentos similares.

En el presente escrito se aborda la cuestión de los derechos de propiedad con el objetivo de mostrar inicialmente los acercamientos que se han realizado para caracterizarlos como un derecho humano, y seguidamente para señalar algunas cuestiones particulares de lo que se ha denominado programas de acceso a tierras, especialmente con las modificaciones recientemente implementadas. Este punto se plantea en dos partes: de un lado, en paralelo a las consideraciones que se han tenido en cuenta para caracterizar el acceso a las tierras como un derecho humano, indagar cuáles han sido incorporadas en el actual régimen de tierras, y de otro, examinar detalladamente las modificaciones incorporadas en los programas de acceso con ocasión de la implementación de la denominada Reforma Rural Integral (RRI).

Finalmente, y debido a la importancia del derecho a la tierra en el universo de los derechos humanos, se resalta el rol de la Defensoría del Pueblo (*ombudsman*) en busca de garantizar los derechos agrarios de los campesinos colombianos, reconociéndolos como sujetos de derechos, y demostrar seguidamente algunas de las acciones adelantadas por la dicha institución a través de su Defensoría Delegada para Asuntos Agrarios y de Tierras.

I. LA PROPIEDAD DE LA TIERRA COMO UN DERECHO HUMANO

El derecho a la tierra no tiene un vínculo directamente proporcional con los derechos humanos; no obstante, diferentes movimientos, corrientes políticas, fenómenos sociopolíticos y culturales auguran una relación directa entre estos elementos durante el siglo XXI.

La importancia de relacionar el derecho a la tierra como un derecho humano, inclusive desde un eje subjetivo, está ligada a los derechos que se vulneran cuando se niega el derecho a la tierra, principalmente en siete modalidades; en primer lugar vinculado a la seguridad alimentaria, entendiendo que la mayoría de las veces la tierra constituye un requisito material para la producción de alimentos y que, en general, la producción agropecuaria campesina apunta a que mediante el aprovechamiento de la tierra se pueda garantizar la subsistencia de los productores. Cuando falla el acceso a la tierra, definido "por cuánto tiempo y bajo qué condiciones" el ciudadano está en capacidad de usarla en un ámbito regulado, la afectación puede acarrear inclusive el desabastecimiento alimenticio, por lo que la FAO (2018) señala que "Ayudar a las personas a garantizar sus derechos a la tierra y a los recursos significa ayudar a garantizar que sean capaces de hacerlo por sí mismos".

Esta característica es fácilmente identificable en los diferentes esfuerzos de reforma agraria que se han querido implementar en Colombia: la introducción de la Unidad Agrícola Familiar (UAF) se caracterizó como una figura jurídico económica de mensura de los predios que eran distribuidos en el proceso de reforma, y que debía garantizar que la extensión de la parcela le permitiera a su adjudicatario obtener una remuneración para su trabajo, incluido un excedente capitalizable, pero sin que en ningún caso fuera tan extensa que para su explotación requiriera la mano de obra de terceros[1]. Es decir, la extensión de los predios que se entregan en los procesos de reforma se debe limitar a superficies que requieran la mano de obra de sus beneficiarios, con lo que se pretende que sean aprovechados sólo mediante su trabajo.

De la misma manera, la FAO contempla la importancia de garantizar el derecho de acceso a la tierra con perspectiva de género, toda vez que para ello se necesita que en igualdad de condiciones las mujeres accedan a cultivar y trabajar la tierra, que la tenencia no se limite exclusivamente al hombre sino que también la mujer participe. Al respecto es necesario señalar que la implementación de las políticas de reforma agraria orbitó inicialmente alrededor de la figura masculina, dejando de lado el papel de las mujeres. Esos sesgos han sido gradualmente superados, y ahora puede destacarse la doble jefatura del hogar que acabó con el monopolio que ejercían los hombres para administrarlo junto con sus derechos patrimoniales, es decir, la titulación conjunta que permitió a las mujeres ser titulares de las adjudicaciones, y el reconocimiento de la economía del cuidado como hechos constitutivos de aprovechamiento de los predios para efectos de su titulación y formalización (León y Deere, 2000).

En virtud de los derechos de tercera generación, la organización resalta como derechos el acceso a la tierra y al agua, y la protección del medio

---

1 La UAF fue introducida por la Ley 135 de 1961 como una figura aplicable de manera exclusiva a la adjudicación de los predios de FNA, es decir, aquellos que eran adquiridos por el Incora para los procesos de redistribución de la propiedad. Con la Ley 160 de 1994 se mantuvo la UAF, pero se extendieron sus efectos, en tanto, se condicionó que también aplicaba a la adjudicación de los terrenos baldíos. Con la expedición del Decreto Ley 902 de 2017 se mantuvo de igual manera la figura, pero se restringió al cálculo predial, dejando sin fundamento la calculada por zonas relativamente homogéneas.

ambiente, es decir que el agua, como fuente de vida, esté en manos de los pobladores; además, la buena fe, y el cumplimiento de las políticas públicas adoptadas por los países no permiten que se afecte el derecho a la vida y al medio ambiente al proteger los recursos renovables del ecosistema. Los programas prevén que el ejercicio de los derechos de propiedad por efecto de las adjudicaciones queda sometido a un régimen especial de limitaciones que regla de manera especial lo que les está permitido a los propietarios, por ejemplo, el aprovechamiento racional de los recursos naturales y el cumplimiento de las disposiciones de carácter ambiental, y también lo que les está prohibido (ANT, 2018).

Asimismo, gracias a los derechos económicos, sociales y culturales, en países como Colombia la tenencia de la tierra protege el patrimonio cultural de los pueblos indígenas, además de otros derechos que los conflictos armados internos les han arrebatado causando desplazamientos y abandonos forzados, tanto de las comunidades indígenas y étnicas como, en mayor porcentaje, de los campesinos, haciendo inoperante el derecho que tienen a permanecer en su territorio, explotarlo, cosecharlo, y realizar su desarrollo cultural, por lo que las medidas adoptadas para garantizar la tenencia para estas comunidades responde efectivamente al goce y disfrute de sus derechos. Aunque de manera tardía, el país ha avanzado en el reconocimiento de los derechos ancestrales de la comunidades indígenas y negras.

En términos generales, se prevén programas especiales de acceso a la tierra en los que se reconocen las ocupaciones ancestrales, y su aprovechamiento según las costumbres de cada comunidad. Los procesos terminan con la expedición de un título colectivo, o con la constitución de un resguardo que goza de prerrogativas especiales en el régimen jurídico.

De igual manera, la seguridad jurídica que contemplan las políticas públicas de desarrollo para garantizar los derechos de tenencia de la tierra es una condición especial que permite blindar a los poseedores u ocupantes, quienes, a través de derechos consuetudinarios, han trabajado sus territorios, y aunque sus derechos no han sido reconocidos de forma legal, las leyes y políticas se encaminan a realizar el derecho de transferencia para que sean titulares de dominio de sus lugares de explotación.

Como es sabido, en el régimen jurídico colombiano la transferencia de los derechos de propiedad sobre bienes inmuebles es solemne, en tanto no es suficiente con el mero acuerdo de voluntades entre quienes transan un determinado derecho, sino que se exige una doble ritualidad: de un lado, que el acuerdo de voluntades se realice mediante escritura pública y, de otro, que esta sea inscrita en la respectiva oficina de registro de instrumentos públicos. Esto contrasta con la manera en que tradicionalmente se realiza la trasferencia de bienes inmuebles, en donde, por varias razones, sus actores prefieren transar de manera informal. En ese orden de ideas, son considerables los esfuerzos realizados para desarrollar programas de formalización que permitan reconocer como propietarios a quienes por años han ocupado y explotado los bienes rurales.

Finalmente, la organización señala cómo el derecho a la tenencia puede ayudar a prevenir los conflictos generados por la pobreza y el hambre, y su resultado: las migraciones, los desplazamientos y los despojos forzados, y también la ambición por entregarlas a grandes multinacionales. Es por eso que el derecho a la tenencia, garantizado con el reconocimiento legal, dota de seguridad y previene los conflictos; sin embargo, este análisis no solo está dirigido a prevenir, sino que también, como señala Gilbert (2013) es importante que en escenarios de posconflicto se vincule y se adecue correctamente el ejercicio de la restitución de la tierra como un reto del derecho humano, pues su omisión genera un alto riesgo de desencadenar nuevos hechos de violencia.

Sobre este último aspecto cabe destacar que las visiones tradicionales de la reforma agraria colombiana limitan su campo de acción a aquellas políticas con las que se adelantan procesos de adquisición y distribución de predios; sin embargo, la reforma comprende igualmente otros procedimientos que dirimen conflictos entre personas que aducen tener mejores prerrogativas para ejercer derechos de propiedad sobre un bien inmueble (Parra Cristancho, 2017).

En conclusión, la organización contempla estas modalidades para que en un ámbito subjetivo se demuestre la estrecha relación entre los derechos humanos y el derecho sobre la tierra, lo cual representa una posición muy sugerente: que el acceso a la tierra debe ser un derecho humano interconectado con otros derechos como los que ya se expusieron.

Este último aspecto demuestra que la implementación de una política de reforma agraria que incluya el acceso a la tierra como un derecho con carácter autónomo debe prever mecanismos que permitan resolver conflictos entre los sujetos que pretenden consolidar sus derechos sobre ella.

A lo largo de la historia de la humanidad las disputas territoriales han causado diferentes conflictos (Gilbert, 2013); es por ello que en diferentes manuscritos, como el Código de Hammurabi sobre la propiedad de la tierra, las leyes de Solón, o las leyes romanas con carácter agrario promulgadas antes de Jesucristo, se ha hecho referencia al carácter histórico del derecho agrario (FAO, 1975), lo cual evidencia la incidencia de esta rama del derecho en las sociedades a través del tiempo. Del mismo modo, la Iglesia reconoce la relevancia de los asuntos agrarios en la historia; de hecho, existen 52 versículos en la Biblia que se refieren al derecho a la propiedad de la tierra, y algunos de ellos a la actitud que el hombre debe adoptar frente a la Tierra y los seres vivos que la habitan, además de dejar sentada una oposición a la concentración de la tierra[2].

Asimismo, durante la historia la tierra ha sido considerada fuente de riqueza, ejerciendo una función económica y también política representada en la relación entre propiedad y poder político (FAO, 1975). El derecho internacional se ha referido al derecho a la tierra tanto en la legislación como en la jurisprudencia, y sin embargo no ha sido reconocido explícitamente como un derecho humano.

Los análisis que se realizan con enfoque de derechos humanos en el marco del derecho internacional deben atender a los principios de integralidad e interdependencia propios de los derechos humanos, teniendo en cuenta que la vulneración de algunos derechos conlleva la afectación del goce efectivo de otros.

En consideración a la importancia de la seguridad jurídica en la tenencia de la tierra y los derechos que ello acarrea, el acceso a la tierra ha sido usado como instrumento de opresión y colonización, provocando la estratificación social, y dejando en desventaja a las personas en situación de pobreza, quienes no tienen garantizado su derecho de acceso a ella, lo que ha generado movimientos sociales liderados por campesinos en la región (Gilbert,

---

2 En particular, la doctrina social de la Iglesia considera que la concentración de la tierra está en contra de la voluntad de Dios al restringir a una parte de la población de sus beneficios de la tierra, generando, a su vez, desigualdades que ocasionan conflictos sociales y afectan el medio ambiente; cfr. R. Etchegaray. "La Biblia y la propiedad de la tierra", Catholic.net, 2020, disponible en [https://es.catholic.net/op/articulos/42934/cat/921/la-biblia-y-la-propiedad-de-la-tierra.html#modal].

2013). De ese modo, el ejercicio del derecho a la vivienda y a la alimentación implica la urgencia de proteger y garantizar el derecho a la tierra, lo cual demuestra la importancia de los derechos territoriales para el logro de una justicia social y el aseguramiento del goce de los derechos humanos.

Para un comprensivo entendimiento del asunto se recuerda la siguiente definición:

> ... el derecho a la tierra se refiere a los derechos a utilizar, controlar y transferir una parcela de tierra. Entre tales derechos se incluyen el derecho a: ocupar, disfrutar y utilizar la tierra y sus recursos; restringir o excluir a otros de la tierra; transferir, vender, comprar, donar o prestar; heredar y legar; acondicionar o mejorar; arrendar o subarrendar; y beneficiarse de los valores de la mejora del suelo o de ingresos por alquiler (Food and Agricultural Organisation of the United Nations, 2002), citado en Gilbert (2013: 123).

En reciente declaración sobre los derechos de los campesinos y de otras personas que trabajan en las zonas rurales, la Asamblea General de las Naciones Unidas reconoció "la especial relación e interacción de los campesinos y otras personas que trabajan en las zonas rurales con la tierra, el agua y la naturaleza a las que están vinculados y de las que dependen para su subsistencia" (ONU, 2018). En la misma declaración la Asamblea resaltó que "el acceso a la tierra, al agua, a las semillas y a otros recursos naturales es cada vez más difícil para los habitantes de las zonas rurales..." (ONU, 2018). Por ello, el artículo 17 del mismo documento declara que los campesinos tienen derecho a acceder a la tierra. También en su artículo 64 la Constitución Política de Colombia se refiere al derecho a la tierra como un derecho fundamental para los campesinos; sin embargo, esta población enfrenta diferentes situaciones que impiden el acceso a la tierra debido a su desigual distribución en el territorio nacional.

II. LAS MODIFICACIONES A LOS PROGRAMAS DE ACCESO A TIERRAS

Recientemente, y con ocasión de la implementación de los acuerdos de paz, se expidió un conjunto de disposiciones que pretendía organizar el marco jurídico para modificar las condiciones que pudieron haber constituido el origen del conflicto; entre ellas cobran especial relevancia las dirigidas a la constitución de lo que se denominó la RRI, incorporadas por el decreto Ley 902 de 2017, el cual se pasa a analizar en sus aspectos determinantes relacionados con los procesos de acceso a las tierras.

Es necesario iniciar el análisis señalando que la nueva institucionalidad agraria, y en especial la ANT[3], tiene la función de ejecutar la política de ordenamiento social de la propiedad rural para gestionar el acceso a la tierra como factor productivo, lograr su seguridad jurídica, promover su uso en cumplimiento de la función social de la propiedad, y administrar y disponer de los predios rurales de propiedad de la Nación.

Esta nueva institucionalidad plantea un cambio respecto de la manera como se venía implementando la política de tierras por demanda, pues ahora promete operar por oferta desarrollando una metodología de barrido predial que le permita ir predio a predio ordenando socialmente el territorio. La operación por demanda no permite organizar de forma coherente y estratégica la política pública de acceso y formalización de las tierras, de ahí la importancia de intervenir el territorio utilizando otras metodologías, con participación de las comunidades y de manera articulada con todas las entidades competentes en la materia.

Ahora bien, en el marco de las competencias y las acciones que debe adelantar la ANT en la puesta en marcha de la Reforma Rural Integral (RRI) del Acuerdo de Paz en el posconflicto, son precisamente esas competencias y los ajustes normativos del Decreto Ley 902 de 2017, los que les permitirá a los sujetos de ordenamiento el acceso a las tierras y la seguridad jurídica de los derechos sobre ellas, como elementos básicos para la transformación estructural del campo y el mejoramiento de las condiciones de vida y el bienestar de la población rural, entre la que también cuentan las víctimas.

El Decreto Ley 902 tiene varios elementos que es preciso analizar.

---

3 El Plan Nacional de Desarrollo expedido por la Ley 1753de 2015 otorgó facultades especiales al Gobierno nacional para modificar la estructura administrativa del sector agropecuario. En ejercicio de tales competencias se creó la Agencia Nacional de Tierras que asumió los asuntos en materia administrativa que antes habían sido encargados al INCODER. Esta puede identificarse como una medida previa a la implementación de la política de ordenamiento social de la propiedad y la reforma rural integral.

A. LOS PLANES DE ORDENAMIENTO SOCIAL DE LA PROPIEDAD

La implementación de la política de ordenamiento social de la propiedad rural implica una progresividad que supone un ejercicio de focalización de las diferentes zonas. En ese sentido, el Decreto 2363 de 2015 dispuso en cabeza del Ministerio de Agricultura y Desarrollo Rural la determinación de elaborar una metodología para desarrollar dicha focalización, lo cual está recogido en la Resolución 130 de 2017 expedida por esa cartera.

En lo que atañe a la política de víctimas, y por supuesto a lo establecido en el Acuerdo de Paz sobre el acceso a la tierra y la formalización, la mencionada resolución define como variables para priorizar zonas focalizadas los municipios de posconflicto o aquellos donde se adelanta el desminado humanitario. Se trata de contar con elementos objetivos que permitan escoger un determinado municipio para adelantar barrido predial y estos dos criterios recogen gran parte de las zonas donde se asienta la población víctima que se atenderá primordialmente según las líneas estratégicas.

Además, se trata de variables que también recoge el Decreto Ley 902 de 2017 para avanzar en el barrido predial con el fin de ejecutar acciones de acceso a la tierra y la formalización de la población priorizada por la RRI que incluye las víctimas del conflicto y los campesinos sin tierra o con tierra insuficiente, al igual que las mujeres rurales y las personas que deben reasentarse o reubicarse en virtud de programas de sustitución de cultivos de uso ilícito, o por motivos medioambientales. Se trata de una variable de priorización de zonas que permitiría atender a ese conjunto de potenciales sujetos de acceso a tierras o formalización.

Aunque ya se venían aplicando priorizaciones para la población, con la expedición del Decreto Ley 902 de 2017 quedó mucho más claro este aspecto y se definieron unos criterios para que, de acuerdo con el puntaje obtenido, pueda dárseles prioridad en el Registro de Sujetos de Ordenamiento (RESO) para el acceso a la tierra y la formalización.

En ese sentido, el artículo 12 del mencionado decreto ley establece los criterios de asignación de puntajes, y la Resolución 740 de 2017 de la ANT define el peso de esos criterios, otorgando a las víctimas del conflicto armado el máximo puntaje (150 puntos) para definir su posición en RESO (art. 45).

B. LOS SUJETOS DE ACCESO A TIERRAS Y FORMALIZACIÓN

Como una novedad el Decreto Ley 902 de 2017 cambia la expresión que desde 1961 se impuso en el Estado respecto de los sujetos de derechos del campo, conocida como "sujeto de reforma agraria", y hoy se habla de sujetos de ordenamiento de la propiedad, los cuales se clasifican en tres tipos: 1. A título gratuito; 2. A título parcialmente gratuito, y 3. A título oneroso. Esta forma de clasificación se origina en el patrimonio de dichos sujetos con el propósito de que el proceso de entrega de las tierras públicas sea o no costeado por el beneficiario, o también, aunque no se tenga la propiedad, se permita la explotación de tierras del Estado mediante una contraprestación.

El sujeto parcialmente gratuito señalado en el Decreto Ley 902 no es una figura nueva en el ordenamiento jurídico agrario colombiano, pues a partir de la Ley 135 de 1961 y posteriormente con la Ley 160 de 1994, los beneficiarios debían pagar el 30% de la tierra que se les adjudicaba, lo cual quiere decir que el Estado subvencionaba o subsidiaba el 70%. Hoy la norma no señala un porcentaje específico, pero establece que dicho cálculo se debe hacer mediante fórmulas diseñadas por la Unidad de Planificación Rural Agropecuaria, atendiendo a la vulneración de los sujetos; en otras palabras, a menor patrimonio menor contraprestación, y a mayor patrimonio mayor contraprestación, bajo un cálculo variable y no fijo.

Estos tres sujetos no solo están normados para el acceso a la propiedad rural, sino que son los mismos para la formalización de la propiedad privada, punto que se expone más adelante.

Los sujetos de ordenamiento tienen requisitos comunes y requisitos propios para cada categoría.

C. REQUISITOS COMUNES

Estos requisitos se refieren a la relación entre el beneficiario y la tierra, es decir, cuál es su calidad, si son propietarios, poseedores, ocupantes o tenedores, y también hacen referencia a si fueron objeto de programas de acceso a tierras en el pasado, y si tienen pena privativa de la libertad, circunstancia que es importante en razón de que el objetivo del Estado de entregar tierras a los trabajadores rurales es la explotación directa en conjunto con sus familias, para con ello mejorar sus condiciones de vida. De este modo, una persona que esté privada de la libertad no puede cumplir con este requisito y no es admisible para una adjudicación.

Por último, existe un requisito cuya función es preventiva o sancionatoria dependiendo del resultado, y consiste en que las personas que invaden ilegalmente las tierras del Estado pueden entregarlas voluntariamente, o por el contrario se recupera declarando ocupante indebido, lo cual le implica que posteriormente no podrá acceder a los programas de tierras del Estado.

El artículo 4.º del Decreto Ley 902 expresa estos requisitos de la siguiente forma:

> [...] 2. No ser propietario de predios rurales y/o urbanos, excepto que se trate de predios destinados exclusivamente para vivienda rural o urbana, o que la propiedad que ostente no tenga condiciones físicas o jurídicas para la implementación de un proyecto productivo.
>
> 3. No haber sido beneficiario de algún programa de tierras, salvo que se demuestre que las extensiones de tierra a las que accedió son inferiores a una UAF.
>
> 4. No ser requerido por las autoridades para el cumplimiento o estar cumpliendo una pena privativa intramural de la libertad impuesta mediante sentencia condenatoria en firme, sin perjuicio de los tratamientos penales diferenciados que extingan la acción penal o la ejecución de la pena.
>
> 5. No haber sido declarado como ocupante indebido de tierras baldías o fiscales patrimoniales o no estar incurso en un procedimiento de esta naturaleza. En este último caso se suspenderá el ingreso al RESO hasta que finalice el procedimiento no declarando la indebida ocupación.

D. REQUISITOS PROPIOS

Entendemos que estos requisitos son únicos para cada uno de los tres tipos de sujetos de ordenamiento de la propiedad y están relacionados con el patrimonio de cada beneficiario.

> *A título gratuito.* Artículo 4.1. No poseer un patrimonio neto que supere los doscientos cincuenta (250) salarios mínimos mensuales legales vigentes al momento de participar en el programa de acceso a tierras.

> *A título parcialmente gratuito*. Artículo 5.1. Poseer un patrimonio neto que supere los doscientos cincuenta (250) salarios mínimos mensuales legales vigentes y que no exceda de setecientos (700) salarios mínimos mensuales legales vigentes al momento de participar en el programa de acceso a tierras.
>
> *A título oneroso*. Artículo 6.1. Poseer un patrimonio neto que supere los setecientos (700) salarios mínimos mensuales legales vigentes.

Es importarte entender que, de acuerdo con el Decreto Ley 902, los sujetos a título oneroso no serán objeto de adjudicación, es decir, no tendrán la propiedad de las tierras del Estado y solo podrán ser tenedores de las tierras públicas y por su uso deberán pagar un dinero, el cual, como ya vimos, se denomina contraprestación.

E. REGISTRO DE SUJETOS DE ORDENAMIENTO SOCIAL DE LA PROPIEDAD (RESO)

La derogatoria de la ocupación previa como modo para acceder a los terrenos baldíos, y la unificación de las condiciones de selección para la adjudicación de predios o subsidios implica concebir un proceso de selección objetiva que permita identificar a los potenciales beneficiarios de los programas de acceso.

Para tales efectos se dispuso la creación del registro denominado RESO, dirigido principalmente al cumplimiento de dos objetivos: de una parte, a relacionar y ordenar a todos los sujetos que son beneficiarios de las políticas de ordenamiento social de la propiedad, y de otra, a servir como un insumo para el direccionamiento de la política de ordenamiento social.

El primero de tales objetivos resulta especialmente útil para resolver los distintos programas de acceso a tierras: las personas interesadas en participar se inscriben a través de un formulario diseñado para tales propósitos denominado FISO. Su diligenciamiento equivale a la petición formal de ingreso, y la ANT valora si dicha persona cumple con los requisitos de elegibilidad. A su vez, en el ingreso se ejecuta una valoración de las condiciones de vulnerabilidad económica, capacidad para la ejecución del proyecto productivo y otras situaciones de vulnerabilidad. Tales aspectos son ponderados a través de la asignación de puntos.

En términos generales la selección objetiva señala que los programas de acceso operan por demanda y que los recursos asignados no son suficientes para atender la totalidad de aspirantes, por cuanto se fijan reglas objetivas que señalan el orden en que debe priorizarse la asignación de recursos, para lo cual se valoran las condiciones de vulnerabilidad económica, otorgando puntuaciones más altas a quienes tienen menores patrimonios, y acciones afirmativas para corregir situaciones de discriminación injusta, como dar puntos a personas víctimas o a las mujeres rurales. También se asignan puntos a quienes llevan periodos más prolongados dentro de los registros, otorgando un punto por cada mes de permanencia.

Asimismo, el RESO establece varias medidas dirigidas a establecer situaciones en las que las mujeres pueden obtener mayores puntuaciones, y por ende una mejor posición para ser beneficiarias de los programas de dotación de tierras.

En la valoración de la experiencia se establece que las actividades de la economía de cuidado se deben contar como generadoras de puntos por los lapsos en que se hayan adelantado, en las mismas condiciones en que se puntúan las otras actividades. Esta medida resulta acorde con el reconocimiento que efectuó el citado artículo 9.º del Decreto Ley 902 de 2017.

En relación con los incentivos para que los beneficiarios se asocien, se estableció que las mujeres que acrediten pertenecer a una asociación campesina deben recibir el doble de puntos, y el triple si ocupan cargos directivos dentro de la respectiva organización. Dicho tratamiento fue previsto también para todas aquellas que pertenezcan a organizaciones de mujeres cuyo objetivo sea sensibilizar y empoderar las pretensiones femeninas de acceso a la propiedad.

Finalmente, en la valoración de las actividades de formación académica y técnica se postula que dichas puntuaciones se deben duplicar cuando se trate de mujeres.

F. LA IMPORTANCIA DE LA MUJER RURAL COMO SUJETO DE DERECHOS Y RECONOCIMIENTO DE LA ECONOMÍA DEL CUIDADO

Es preciso hacer una referencia especial de la figura de la economía del cuidado adoptada por el Decreto Ley 902 de 2017, como un hecho relevante para la configuración de los derechos de propiedad.

Esto se explica por cuanto desde las reformas de la década de los años 30 del siglo pasado se dio una especial preferencia a la explotación de los predios como un hecho para adquirir la propiedad. La tierra para quien la trabaja fue el lema con el que se implementaron modificaciones al régimen de tierras, que dieron paso a la extinción del dominio por incumplimiento de la función social de la propiedad, los procesos agrarios de clarificación de la propiedad y recuperación de las tierras baldías indebidamente ocupadas.

Sin embargo, estos avances estuvieron signados por el otorgamiento de privilegios a los hombres en perjuicio de las mujeres: las actividades de aprovechamiento se centraron en aquellas que tradicionalmente estos desempeñan, y las titulaciones en los procesos fueron restringidas a los varones casados, pero sin que sus cónyuges pudieran hacer parte de los referidos títulos de propiedad.

En ese orden de ideas, el giro dado por el Decreto Ley 902 resulta notable, en tanto, sin condicionar el rol femenino, indicó que se tendrían como actos de aprovechamiento de un predio las actividades desempeñadas por mujeres bajo el concepto de economía del cuidado.

G. LA ATENCIÓN A LAS VÍCTIMAS DEL CONFLICTO

En materia de atención a las víctimas, específicamente en relación con la reparación, es necesario identificar que se propone una manera de trabajar que las haga compatibles con el nuevo enfoque por oferta. Es por lo que se ven dos líneas de acción.

En cuanto a la restitución, la ANT debe realizar un trabajo articulado con la Unidad de Restitución de Tierras (URT) durante la etapa administrativa, de intervención en la etapa judicial y de cumplimiento de las órdenes de los jueces de restitución de tierras.

En este caso la regla general es la atención por demanda, es decir, el cumplimento de órdenes judiciales. Sin embargo, vale la pena aclarar que en el marco del barrido predial no se realiza la gestión sobre los predios objeto de procesos de restitución de tierras, hasta tanto el respectivo juez o magistrado haya proferido una orden.

Por otra parte, de acuerdo con las cifras de la Unidad para la Atención y Reparación Integral a Víctimas (UARIV) en el acompañamiento para el acceso a las tierras y la formalización existen aproximadamente 174.000

hogares retornados o reubicados con acompañamiento, y cerca de 2.800.000 personas sin acompañamiento en todo el territorio nacional.

Para identificar el número real de beneficiarios de los programas de acceso y formalización de tierras a cargo de la ANT dentro de ese gran universo de víctimas es necesario apoyarse en el barrido predial. Las cifras mencionadas deben ser utilizadas como una línea base para la planeación de la intervención por barrido y la atención a víctimas en el marco de la misma. Muy seguramente el número real de beneficiarios será variado por zonas o regiones, dependiendo de la intensidad del conflicto, lo cual solo puede ser verificado en el territorio, pues se requiere una depuración y caracterización tal que supere la información en poder de la Red Nacional de Información y los sistemas de las entidades.

Además, acorde con el enfoque de reparación transformadora de la Ley 1448 de 2011, y de los decretos ley para grupos étnicos, el mejoramiento de la calidad de vida se logra con la articulación interinstitucional, de tal forma que al territorio llegue una oferta estatal integral que responda a las particularidades de lo local. Por eso, la atención a la población víctima a través del barrido favorece este enfoque y permite coordinar las acciones en el marco de políticas que deben ser complementarias.

En sus sistemas de información, en sus procesos de planeación y en sus informes de gestión la entidad dará cuenta de cómo atiende este sector de población, y establecerá indicadores que permitan identificar los resultados de la gestión para las víctimas del conflicto.

III. ANTECEDENTES HISTÓRICOS DEL *OMBUDSMAN* Y SU INCORPORACIÓN EN EL ESTADO COLOMBIANO

A. GÉNESIS DE LA INSTITUCIÓN DEL *OMBUDSMAN* EN EL MUNDO

En el mundo ha surgido la necesidad de crear Instituciones Nacionales de Derechos Humanos (INDH) para promover y proteger los derechos humanos, además de vigilar las actuaciones y procedimientos de las instituciones de los gobiernos[4]. Los derechos humanos han adquirido mayor fuerza dada la protección promovida por las instituciones independientes, que fortalecen, a su vez, el ejercicio de las funciones públicas. En ese escenario, ante el reconocimiento tanto nacional como internacional el derecho agrario ha tenido un auge en cuanto a la sostenibilidad de las comunidades y la garantía de los principios de un Estado social de derecho.

A raíz de los abusos cometidos por los servidores de las entidades de derecho público contra los derechos humanos, al interior de los Estados se fue decantando la necesidad de contar con instituciones que actuaran como contrapeso en el marco de un ejercicio sano de derechos y que procuraran la aplicación de un marco internacional en la materia. De manera que dicha práctica reiterada consolidó hasta cierto punto un modelo de protección de derechos y de detección de su violación.

Dicho modelo les permite a las instituciones nacionales de derechos humanos mantener un permanente

> … recordatorio a las autoridades acerca de los derechos y deberes que están comprometidas a hacer respetar y cumplir. Asimismo, son agentes interesados en vigilar, promover y realizar acciones para que los ordenamientos jurídicos sean compatibles con los preceptos de derechos humanos estipulados en diversos instrumentos nacionales e internacionales[5].

Estas entidades favorecen el ejercicio de los derechos humanos mediante su promoción; facilitan el ejercicio de control que debe realizar un Estado de derecho por intermedio del refuerzo a sus instituciones civiles; exigen el cumplimiento de sus obligaciones; median en los conflictos; defienden eficazmente casos concretos, y promueven la aplicación de estándares internacionales en torno a la actuación de las autoridades.

---

4 Vela Orbegozo et al. "El *ombudsman*. Una reflexión sobre lo público y el papel del Defensor del Pueblo en la protección de la democracia y del interés general en un entorno complejo y dinámico", FIO, 2014.

5 Ídem.

B. El rol de *ombudsman*

De acuerdo con Vela Orbegozo (2014), el *ombudsman* tiene como misión:

> … promover y proteger los derechos humanos, con facultades para brindar asesorías de manera general a través de dictámenes o en forma de recomendaciones, además de examinar, clasificar y denunciar las violaciones a los derechos humanos de la comunidad o del individuo.

Las anteriores acciones deben ser independientes, autónomas y estar basadas en las normas nacionales e internacionales. Parte de esas finalidades se colman a través del ejercicio de las acciones de constitucionalidad y el procedimiento de comparecencia en el Senado, así como con el ejercicio de las acciones de tutela.

En definitiva, el *ombudsman* ejerce una misión tangencial en el ejercicio del sistema de pesos y contrapesos del sistema político de un Estado, el cual se hace efectivo mediante el ejercicio de dos importantes funciones, a saber: el ejercicio de la magistratura moral y la supervisión del Estado. Las anteriores no han sido funciones propias e inamovibles en el tiempo, sino que se han adaptado a las necesidades y exigencias de los desafíos de un mundo globalizado, siempre en perspectiva de derechos humanos y de su aplicación.

C. La Defensoría del Pueblo y su papel dentro de la democracia colombiana

Una de las principales funciones de la Defensoría, cuyo origen obedeció a la entrada en vigencia de la Constitución Política de Colombia de 1991, es la promoción y protección de los derechos humanos. Esta entidad propicia la creación de políticas públicas para el avance del desarrollo rural a favor de los campesinos.

Además, es la institución responsable de impulsar la efectividad de los derechos humanos de los colombianos mediante acciones integradas para su promoción y divulgación, así como su prevención, protección y defensa, a la luz de los preceptos constitucionales y el derecho internacional humanitario.

Del mismo modo, la entidad se encarga de orientar y asesorar en el ejercicio de los derechos humanos, y a proveer el acceso a la administración de justicia, de conformidad con lo establecido en la ley.

Para lograr dichos objetivos la entidad se ha especializado por materias que le permiten el estudio y defensa de todos los derechos, con base en lo cual surgieron las defensorías delegadas, de acuerdo con lo establecido en el parágrafo del artículo 13 del Decreto 025 del 10 de enero de 2014.

En ese contexto, mediante la Resolución n.º 064 de 2014 se creó la Defensoría Delegada para Asuntos Agrarios y Tierras con el objetivo de promover, divulgar y defender los derechos humanos de la población rural, especialmente de los campesinos y trabajadores agrarios, cuya vulneración de derechos afecta el normal desarrollo del sector agropecuario y rural en el país; para lograrlo se ejercen acciones de atención directa, promoción y divulgación de los derechos, análisis, seguimiento y valoración de la política pública, y la recolección de información para las advertencias y recomendaciones a las entidades, haciendo uso de la magistratura moral.

En ese sentido, la Defensoría Delegada para Asuntos agrarios y Tierras propende por el goce efectivo de los derechos consagrados en los artículos 64, 65 y 66 de la Constitución Política, en torno a la promoción del acceso progresivo a la propiedad de la tierra por parte de los campesinos, y la especial protección del Estado en el desarrollo integral del campo colombiano.

En el marco de sus funciones, la Defensoría del Pueblo propuso crear un grupo de trabajo temático sobre derechos de los campesinos en la Asamblea Ordinaria XXIV, realizada en Río de Janeiro, Brasil. Por ello, la Asamblea General de la Federación Iberoamericana del Ombudsman (FIO) aprobó en plenaria en noviembre de 2019 la creación del grupo de trabajo denominado "Personas campesinas, indígenas y afrodescendientes que habitan en la ruralidad". El grupo naciente tendrá como objeto buscar el entendimiento de los retos y vulneraciones que amenazan a los campesinos en el área rural, y apoyar la promoción y protección de los derechos de los campesinos y de las personas que trabajan en el área rural, de conformidad con la Declaración sobre los derechos de los campesinos y de otras personas que trabajan en las zonas rurales, aprobada por la Asamblea General de las Naciones Unidas, en 2018.

D. LA IMPORTANCIA DE LA MAGISTRATURA MORAL PARA EL RECONOCIMIENTO DE LOS CAMPESINOS COMO SUJETOS DE DERECHOS

El rol del Defensor del Pueblo se concentra en un objetivo integral para mantener el Estado social de derecho con un funcionamiento legal y conveniente, estableciendo un control sobre las políticas públicas a favor de la comunidad, y de conformidad con los fines del Estado. La magistratura moral del *ombudsman* está enfocada en el interés general, y encuentra su fortaleza en el reconocimiento social, la legitimidad democrática y la independencia en su actuar[6].

En sentido estricto, la magistratura moral se refiere a:

> … la capacidad del Defensor del Pueblo para movilizar la opinión en defensa de lo público, esto es, a una consideración práctica de la acción comunicativa entendida como la proposición de un discurso que suscita la construcción de consensos sociales y de valores compartidos necesarios para la convivencia entre humanos (Defensoría del Pueblo, 2014).

La Defensoría del Pueblo, en ejercicio de la magistratura moral, ha impulsado, promocionado y protegido los derechos de los campesinos en Colombia, de conformidad con los principios institucionales, constitucionales y del Derecho Internacional de los Derechos Humanos.

E. ACCIONES DE LA DEFENSORÍA PARA GARANTIZAR EL DERECHO FUNDAMENTAL A LA TIERRA

La Defensoría del Pueblo ha asumido un rol trascendental en la garantía, promoción y protección del derecho a la tierra de la población campesina en el territorio nacional desde diferentes ámbitos. Frente a la defensa de sus derechos, la Defensoría ha tenido actuaciones jurídicas trascendentales en el sistema judicial colombiano. Entre otras, se resaltan las intervenciones realizadas en el marco de los siguientes procesos:

---

6 Ibíd., p. 26.

– La Defensoría presentó concepto técnico dentro del proceso adelantado por la Asociación Nacional de Usuarios Campesinos (ANUC) contra la Ley 1448 de 2011. En el documento la Defensoría del Pueblo solicitó a la Corte Constitucional declarar condicionalmente exequible la expresión "exenta de culpa" contenida en las normas demandadas bajo el entendido de que no resultaba aplicable respecto de segundos ocupantes en condiciones de vulnerabilidad dentro de los predios objeto de restitución[7]. Asimismo, solicitó hacer un llamado al legislador para adoptar medidas tendientes a proteger a las personas que, en calidad de segundos ocupantes de los predios, se encuentren en condiciones de vulnerabilidad, lo que les impide demostrar la buena fe exenta de culpa al interior de los procesos de restitución de tierras.

– En adición, la Defensoría del Pueblo ha solicitado la selección de diferentes tutelas ante la Corte Constitucional, relativas a derechos de los campesinos víctimas del conflicto armado, como el caso de la señora Claudia Anzola Anzola, en el que el accionado era el Juzgado Civil del Circuito Especializado en Restitución de Tierras de Cundinamarca. En el caso en mención la accionante reclamaba un predio de propiedad de sus padres, quienes fallecieron con posterioridad a los hechos de despojo o abandono, por lo cual la solicitud de restitución fue interpuesta por sus herederos[8]. De esta forma, aunque los padres de los solicitantes fueron las víctimas directas de abandono y despojo del predio, la descendencia reclamaba el derecho a la restitución, así no hubieran realizado el proceso de sucesión[9]. En consecuencia, en el marco del proceso de restitución de tierras se le solicitó al juez, además, establecer los presupuestos jurídicos de la víctima de despojo o abandono forzado en el marco del conflicto armado y determinar la relación jurídica de los solicitantes con el predio derivada del derecho sucesoral[10].

– Con relación a la hacienda Las Pavas, ubicada en el municipio El Peñón, corregimiento Buenos Aires en el departamento de Bolívar, desde

---

7 Concepto de la Defensoría del Pueblo.

8 Defensoría del Pueblo. "Solicitud de selección de tutela a la Corte Constitucional", Caso Claudia Anzola Anzola. Juzgado Civil del Circuito Especializado en Restitución de Tierras de Cundinamarca, 2017.

9 Ídem.

10 Ídem.

su creación la Delegada para Asuntos Agrarios y Tierras ha adelantado las siguientes actuaciones: impulsó ante el Consejo de Estado la medida cautelar conservativa del *statu quo* sobre los predios "El Recreo, la Bonanza, Estrella de Belén, Mejoras las Mercedes, Bella Vista, La Esperanza, El Roblar, El Tesoro, El Terreno".

– La Defensoría Delegada para Asuntos Agrarios y Tierras, en el marco de sus funciones, ha estado haciendo seguimiento e intervención para la resolución del conflicto entre familias campesinas que han ocupado los predios "Altamira" y "San Felipe", ubicados en el corregimiento El Guayabo en Puerto Wilches, Santander, en el marco de un proceso reivindicatorio solicitado por el señor Rodrigo López Henao. Por lo anterior, se presentó solicitud de selección de tutela ante la Corte Constitucional y se intervino dentro del trámite de revisión del expediente del caso en mención. La intervención se hizo con la finalidad de aportar elementos de juicio a la discusión para determinar la presunta vulneración de derechos fundamentales alegada por la accionante (ANT).

En adición, por invitación del Congreso Nacional la Defensoría Delegada para Asuntos Agrarios ha asistido a audiencias de debates de constitucionalidad normativa y/o de creación normativa en asuntos agrarios y de tierras.

CONCLUSIONES

Como corolario de lo expuesto se confirma la trascendencia histórica del derecho agrario respecto de otras ramas del derecho, y la importancia de la Defensoría del Pueblo como la figura de *ombudsman* encargada de promover y proteger los derechos humanos y sus contribuciones legales en el marco de la justicia agraria a favor de la población campesina. Asimismo, dada su importancia, se reconoce la necesidad de avanzar en el asunto de la propiedad de la tierra y el desarrollo rural para garantizar la democracia y la paz.

A su vez, se celebra la expedición de la Declaración sobre los Derechos de los Campesinos y Otras Personas que Trabajan en las Zonas Rurales, la cual se convierte en una importante herramienta en el marco del derecho internacional para impulsar el fortalecimiento de las políticas a nivel nacional y a favor del campesinado. Sin embargo, se insta al gobierno colombiano para que adopte la declaración y garantice los derechos dentro del ordenamiento jurídico nacional.

Del mismo modo, se resalta la creación del grupo de trabajo de la FIO, denominado "Personas Campesinas, Indígenas y Afrodescendientes que habitan en la ruralidad", el cual tiene como objeto buscar el entendimiento de los retos y vulneraciones que amenazan a los campesinos en el área rural, para apoyar la promoción y protección de sus derechos y los de las personas que trabajan en el área rural. Sin embargo, se insiste en la necesidad de avanzar en su funcionamiento.

En este marco se destaca la importancia que reviste la discusión de considerar el derecho de acceso a las tierras como un derecho humano, el cual ya denota avances en la actual configuración de los programas de acceso, y en ese orden es necesario ahondar en la manera en que se configuran, de modo que se pueda superar la posible vulneración de derechos por su omisión o incorrecta ejecución.

Finalmente, se insiste en la importancia de continuar trabajando conjuntamente para lograr nuevos instrumentos del derecho internacional que sirvan para concretar los fines establecidos en la declaración a favor de la población campesina.

BIBLIOGRAFÍA

AGENCIA NACIONAL DE TIERRAS. Circular 3. Lineamiento n.º 01 2018, "Limitaciones al ejercicio de la propiedad derivados de los programas de acceso a tierras", Bogotá, 2018.

DEFENSORÍA DEL PUEBLO. *Vigésimo primer informe del Defensor del Pueblo al Congreso de la República*, 2014.

ETCHEGARAY, R. "La Biblia y la propiedad de la tierra", Catholic.net, 2020, disponible en [https://es.catholic.net/op/articulos/42934/cat/921/la-biblia-y-la-propiedad-de-la-tierra.html#modal].

FAO. *Derecho Agrario y Justicia Agraria*, 1975.

FAO. FAO.ORG, 26 de junio de 2018 Obtenido de [http://www.fao.org/fao-stories/article/en/c/1142861/].

Gilbert, J. "Derecho a la tierra como derecho humano: argumentos a favor de un derecho específico a la tierra", *Sur Revista Internacional de Derechos Humanos*, 2013.

Grossi, P. *Historia del derecho de propiedad. La irrupción del colectivismo en la conciencia europea*, Barcelona, Ariel, 1986.

León, M. y C. Deere. *Género, propiedad y empoderamiento*, Bogotá, Tercer Mundo Editores y Universidad Nacional de Colombia, Programa de Estudios de Género, noviembre de 2000.

onu. *Declaración de las Naciones Unidas sobre los Derechos de los Campesinos y de Otras Personas que Trabajan en las Zonas Rurales*, 2018.

Parra Cristancho, A. "La reforma agraria: el ocaso de una política de inclusión en Colombia", *Lecturas sobre derecho de tierras*, Bogotá, Universidad Externado de Colombia.

Ramírez, D. C. *El derecho al acceso progresivo a la propiedad de la tierra*, 2019.

Vela Orbegozo, C. F. *El ombudsman*, 2014.

JULIANA DE OLIVEIRA SALES*
WILLIAM IVÁN GALLO APONTE**

El derecho a la tierra y a la propiedad, y las estrategias de lucha por la reforma agraria en Brasil

SUMARIO

RESUMEN

La ocupación histórica de las tierras en Brasil se caracteriza por la elevada concentración de fundos. Aunado a ello, el otro aspecto relevante de ese escenario es el conflicto de los sujetos que se disputan el territorio en el campo. En ese contexto, cuando los campesinos se movilizan socialmente asumen estrategias para la efectivación del derecho a la tierra y a la reforma agraria, las cuales son comúnmente comprendidas por el discurso jurídico como prácticas de violencia y de despojo al derecho ajeno. Frente a ello, partiendo de las categorías de Walter Benjamin y de Herbert Marcuse, el objetivo de este trabajo es examinar las estrategias de lucha por una efectiva reforma agraria –especialmente el acto de ocupación de tierras–, comparando el derecho de propiedad e identificando los posibles procesos de violencia. Para alcanzar el objetivo propuesto se realiza un levantamiento bibliográfico y documental. Después del análisis histórico de la ocupación territorial se examina la categoría de la violencia en el problema propuesto, lo que incluye

---

* Doctoranda en Derecho Sociambiental y Sostenibilidad en la Pontificia Universidad Católica del Paraná (PUCPR), Brasil; maestra en Medio Ambiente y Desarrollo por la Universidad Federal del Paraná (UFPR), Brasil; asociada al Centro de Investigación y Extensión en Derecho Socioambiental (CEPEDIS). Correo electrónico: juliana.sales@pucpr.edu.br.

** Mestrando en Direito Econômico e Desenvolvimento, Direitos Sociais, Desenvolvimento e Globalização- por la Pontifícia Universidade Católica do Paraná, Brasil; becario de la PUCPR-CAPES y de la Universidad Externado de Colombia para adelantar estudios de maestría; vicepresidente de la Red Iberoamericana Juvenil de Derecho administrativo. Correos electrónicos: william.gallo@uexternado.edu.co; william.aponte@pucpr.edu.br.

la necesaria discusión entre el derecho de propiedad moderno y el derecho a la reforma agraria, es decir, el derecho de ocupar, producir y vivir en la tierra. Como conclusión, es posible verificar que la estructura jurídica refuerza y reproduce la violencia sobre cierta calidad de ciudadanos, dando margen a la actuación de una violencia relativa ("divina" o "subjetiva") vista como revoltosa o desobediente.

PALABRAS CLAVE

Violencia, cuestión agraria, reforma agraria, ocupación, derecho de propiedad.

ABSTRACT

The land occupation in Brazil has the historical characteristic of the high concentration of estates. In addition to this, other relevant aspect of this stage, is the conflict of the subjects who dispute the territory in the field. In this context, when farmers are socially mobilized, they assume strategies for the realization of the right to land and agrarian reform, which are understood by a legal discourse as practices of violence and dispossession of the rights of others. Against this, the objective of this work is to examine the strategies of struggle for the realization of the agrarian reform –especially the act of land occupation–, comparing the property law, identifying in this correspondence the possible existing processes of violence, starting from the academic categories of Walter Benjamin and Herbert Marcuse. It seeks to achieve the proposed objective through bibliographic and documentary survey. After the analysis of the history of territorial occupation, the category of violence on the problem posed is examined, which involves the necessary discussion between the right to modern property and the right to agrarian reform, a right to occupy, produce and live on the land. In conclusion, it is possible to verify that the legal structure reinforces and reproduces violence on a certain quality of citizens, giving room for the performance of a relative ("divine" or "subjective") violence, seen as unruly or disobedient.

KEYWORDS

Violence, agrarian issue, agrarian reform, occupation, property law.

INTRODUCCIÓN

Este trabajo analiza un tema que suscita conflictos. No es posible disertar sobre la cuestión agraria, especialmente en América Latina y específicamente en Brasil, sin considerar las contradicciones, los ataques y los enfrentamientos históricos que se desencadenan alrededor del territorio, y cuyo componente básico es la violencia.

En este espacio se analizan y tejen algunas consideraciones sobre otras posibles interpretaciones respecto de la violencia involucrada en la actuación del campesinado[1] en cuanto sujeto social movilizado en el campo en busca de una reforma agraria. De otro lado, a partir de una perspectiva crítica, el derecho –en especial el derecho de propiedad– debe ser observado desde la óptica teórica de W. Benjamín (2013) y H. Marcuse (1998), también en lo que se refiere a la violencia, y cómo el aparato institucional construido y vigente la puede representar.

El artículo comprende una breve incursión histórica sobre la ocupación de la tierra en Brasil, delineando su estructura agraria actual. En consecuencia, se examinan las situaciones de conflicto y violencia en el campo, y previo a las consideraciones finales, se discute la construcción jurídica de la propiedad privada y también las ocupaciones de tierra por los movimientos sociales del campo que son comprendidas como actos de violación.

Dicho eso, es de notar que aunque tierra y propiedad son figuras diferentes, se confunden en el discurso jurídico, siendo la mayoría de las veces tratadas como sinónimas. Por otro lado, la relación entre tierra y trabajo tiende a no ser considerada en el derecho, demostrando con ello el trazo de un proceso constante de la modernidad que aliena y aleja al ser humano de la

1 De modo simplificado y centrándose en la característica productiva adoptada, en este trabajo se entiende por campesinado "... el conjunto de familias campesinas existentes en un territorio [...] Campesinos son aquellas familias que, teniendo acceso a la tierra y a los recursos naturales que ella soporta, resuelven sus problemas reproductivos –sus necesidades inmediatas de consumo y el encaminamiento de proyectos que permitan cumplir adecuadamente un ciclo de vida de la familia– mediante la producción rural, desarrollada de tal manera que no sea diferente al universo de los que deciden sobre la locación del trabajo de los que se apropian del resultado de esa locación" (COSTA y CARVALHO, 2012: 115).

naturaleza, y que pretende desocupar la tierra de toda su gente y de toda su biodiversidad (fauna y flora), para que pase a ser propiedad productiva (Souza Filho, 2003: 72).

No existe una noción única e insuficiente de la violencia presente en las disputas por la ocupación y uso de la tierra y del territorio, sino que ella se revela en diversas facetas –físicas o simbólicas, directas o indirectas, etc.– y puede ser comprendida por diferentes marcos teóricos.

De todos modos, conviene observar la violencia en sus dos vías, que pueden ser resumidas en la interpretación de S. Zizek (2014: 11) sobre la obra de W. Benjamin: de un lado, la violencia fundamental que sustenta el funcionamiento normal del Estado ("violencia mítica"), y de otro la violencia que sustenta todas las tentativas de minar el funcionamiento del Estado ("violencia divina").

En otros términos, H. Marcuse (1998: 137-151) señala que la violencia revolucionaria –empleada para alcanzar aquello que puede ser, y utilizada en frente de aquello que es– se podría justificar éticamente por criterios racionales de base histórica, guiados con la finalidad de aumentar la libertad y felicidad humanas, contraponiéndose a la represión y a los sacrificios de la situación actual impuesta.

¿Las ocupaciones de tierras y otras estrategias de lucha por la tierra (uso/producción) pueden ser consideradas una especie de "violencia divina" o de "violencia justificada" éticamente por sus fines? Y con relación al derecho y al derecho de propiedad, ¿en qué medida pueden ser interpretadas de acuerdo con los sacrificios que determinan socialmente como una "violencia mítica"? ¿No sería posible hablar de una violencia relativa, dotada de voluntad política y de legitimidad, empleada frente a la violencia sistemática infringida por la estructura impuesta? Formuladas estas cuestiones, cabe trazar los caminos para sus posibles respuestas.

I. BREVE INCURSIÓN HISTÓRICA DE LA OCUPACIÓN DEL TERRITORIO BRASILERO

La estructura agraria de un país refleja su estructura social; es decir: la forma de distribución de la tierra es una expresión física del escenario de la división social de un país (Linhares y Silva, 1999: 47). Esto se verifica cuantitativamente, pues Brasil, un país reconocido por su desigualdad social, presenta un elevado grado de concentración de tierras, cuyo índice de Gini hasta hace poco marcaba 0,854 (Fernandes, Welch y Gonçalves, 2014: 17), escala en la cual el total 1,0 indica que todas las riquezas de una nación están concentradas en las manos de apenas una persona.

La estructura agraria brasilera –así como la latinoamericana– está marcada por su origen colonial y por el carácter tanto de sus colonizadores como de su colonización, la cual se distinguió por la voraz exploración que se llevó a cabo en el "nuevo mundo". No obstante, las marcas de esta estructura también fueron delineadas, más allá del sistema de monopolización de la tierra y del trabajo forzado, por los numerosos objetivos de resistencia popular contra la explotación de los pueblos, de las tierras y de la naturaleza (Linhares y Silva, 1999: 40)[2]. A manera de ejemplo se pueden tomar las revueltas de Tupac-Amaru en el Perú, y el levantamiento de esclavos en Santo Domingo y Haití, liderado por Toussaint Louverture.

Por tanto, se trata de una historia de exploración y de resistencia. Si de un lado los colonizadores promovieron masacres de pueblos enteros, y los forzaron al trabajo y a la servidumbre, de otro están las diversas tentativas populares, comunitarias, sangrientas o no, de liberación de la metrópoli colonial.

A. Passos (1989: 8) señala que la llegada de los portugueses a las tierras de lo que hoy es Brasil fue inicialmente pacífica, marcada por el truque como forma inicial de dominación de los nativos, situación que se fue alterando paulatinamente con el uso de métodos de fuerza, especialmente después de la instalación del Gobierno General en 1549. La violencia contra los pueblos americanos por causa de la tierra constituyó, la mayoría de veces, la instalación de la moda de la brutalidad.

Así, el primer sistema jurídico de distribución del territorio a partir del establecimiento de Brasil como una colonia fue la llamada concesión de sesmarias[3], que constituyó la transposición del sistema portugués al

---

2 En ese contexto, al tratar de las "tierras" se debe tener en cuenta la distinción hecha por Souza Filho (2003: 51) y atenerse al hecho de que no se está hablando de aquello que es llamado "tierra mercaduría", esto es, la tierra orientada al capital y por eso vacía de naturaleza y de personas. Por el contrario, se habla de tierra considerando todo lo que existe sobre ella.

3 La sesmaria corresponde a la concesión de tierras de los portugueses en Brasil.

de la Colonia (Osório, 1996: 26). Si en Portugal el sistema de sesmarias, orientado a ocupar y producir alimentos en el Brasil colonial, fue empleado en el siglo XIV para solucionar una crisis de abastecimiento en el Reino, la ocupación del suelo fue realizada más por cuestiones políticas que por el aprovechamiento potencial exploratorio y agrícola de las tierras; en últimas, se dio con la finalidad de conquistar el territorio y evitar así la entrada de otros estados colonizadores europeos (Osório, 1996: 28 y 41).

Siguiendo a Sérgio Buarque de Holanda, la colonización portuguesa se dio por medio de un proceso que no fue metódico y tampoco racional, pero sí realizado con cierto abandono (Holanda, 2014: 49-50). De todos modos, después del periodo inicial en que prevaleció la exploración, la ocupación territorial pasó a ser agrícola, especialmente para la producción azucarera con uso de mano de obra esclava (Osório, 1996: 30-31). Es necesario destacar que la basta disponibilidad de tierras para la producción agrícola se correspondía con la gran disparidad de fuerzas entre los pueblos originarios americanos y los agentes colonizadores, los cuales usaron la fuerza para expulsar, asesinar y someter a los indígenas (Osório, 1996: 33).

La concesión de capitanías hereditarias fue la primera iniciativa importante en el periodo de la ordenación colonial: se concedían a los súbditos/donatarios porciones de tierra pertenecientes a la Corona, con el encargo de ocupar y poblar el territorio evitando con ello la entrada de otros colonizadores (Osório, 1996: 34). La concesión de las sesmarias tuvo diversas transformaciones, asumiendo las características de condicionalidad en la donación y de limitación espacial de las donaciones. Con todo y la expansión poblacional, territorial y económica de la Colonia, este sistema perdió su vigencia (Osório, 1996, 63 y ss.).

Concomitante con el sistema de concesión de donaciones se presentó la apropiación del espacio por medio de una posesión pura y simple. De ahí que, durante los primeros siglos la sesmaria estuviera relacionada con los latifundios pertenecientes a propietarios cuyas tierras les eran confiadas por el rey.

De otra parte, la posesión era el medio de ocupación del pequeño trabajador sin condiciones de acceso a una sesmaria (Osório, 1996, 67), lo que Passos (1989: 115-116) define como una forma precursora de la propiedad campesina que atacaba el poder latifundista y entraba eficazmente en la batalla contra el sistema del monopolio de la tierra. La posesión era, pues, el único modo de generar una pequeña gleba en los primeros tres siglos de ocupación, ya que existían mecanismos oficiales de constitución del latifundio.

Asimismo, unidas a este pequeño conjunto de posesiones se establecieron las que se convirtieron en latifundios, ya que sin el control del poder central era común que el área de la posesión fuese determinado por el propio poseedor, marcando sus límites "a ojo". En ese punto la intención era apropiarse de las áreas pero sin la necesidad de cultivarlas (Osório, 1996, 68).

La coexistencia de posesiones y de sesmarias generó numerosos conflictos, pues inicialmente en el estatuto colonial solo las primeras eran reconocidas, hasta que el sistema de posesión se tornó un "verdadero ropaje jurídico", pasando a ser tolerado y admitido (Cirne, 1996, 75). Con el fin de las sesmarias durante la independencia, y de la interrupción de los vínculos coloniales, se inició un período en el que predominó la posesión, llegando a ser la única forma de adquisición de tierras (Osório, 1996, 87).

Aunque estos sistemas relacionados con el período colonial tengan reflejo directo en la realidad agraria –especialmente por indicar el trazo inicial del latifundio y de la apropiación violenta de las tierras–, es el marco legal de la Ley n.º 650 de 1850, la llamada Ley de tierras, el que más se acentúa y se refleja en la sociedad brasilera mediante.

El contexto de elaboración de la Ley de tierras se remonta a la abolición del régimen esclavista ante las presiones internacionales –especialmente inglesas– para interrumpir el tráfico de esclavos, lo que se corresponde con el periodo de expansión de la cultura cafetera que dependía de ese tipo de mano de obra. De esa manera, la titulación normativa surgió como una estrategia de la élite de Saquarema, representada por el grupo conservador de la época, para asegurar sus intereses, siendo notoria la manutención de trabajadores en las haciendas que demandaba la transición del régimen de mano de obra cautiva (Osório, 1996, 75).

De ese modo, la titulación tuvo dos ejes centrales: el problema de las tierras y la inmigración, principalmente, en relación con lo que Osório (1996: 139) llama la "estrategia saquarema", que consistía en la intención de compatibilizar el trabajo esclavo y la colonización del territorio por inmigrantes, a ejemplo de lo que acontecía en Estados Unidos. La idea era lograr una transición gradual de la mano de obra, de cautiva a libre, durante la cual el país debería recibir inmigrantes para trabajar en las propiedades rurales, sin que, con todo, se aboliera inmediatamente la esclavitud.

La solución para posibilitar la venta de esclavos y el establecimiento de inmigrantes consistió en formular una ley que hiciera más atractivo el país a los flujos migratorios de la época, lo que se haría disponiendo tierras para que los extranjeros se asentaran. De esa manera, la titulación legal debía establecer un orden fundiario confiable, delimitando las tierras devueltas y que podrían ser destinadas a las áreas de colonización por inmigrantes (Osório, 1996, 136-137).

Así, la Ley de tierras buscó dar legitimidad a los títulos, validando las sesmarias y las posesiones hasta ese momento demarcadas por determinadas condiciones. Y, más que eso, estableció que la única forma de adquisición de tierras devueltas sería la compra/venta (Osório, 1996, 153).

No obstante, es esencial resaltar que la Ley de tierras se inspiró en la Teoría de Wakefield, de acuerdo con la cual, las tierras vírgenes no deberían ser entregadas a la población pobre, y tampoco tener precios asequibles, pues si eso ocurría, hombres y mujeres capaces dejarían de proveer mano de obra a los latifundios para convertirse en productores independientes (Passos, 1989: 110-11).

Desde esa perspectiva el sociólogo J. Martins (1990: 23) señala que mientras la tierra brasilera era libre el trabajador era esclavo (cautivo), y que cuando pasó a ser libre fue la tierra la que se tornó cautiva. De todas formas, aunque fuera esclavo o libre, el trabajador siempre fue dependiente de la tierra.

De las dinámicas descritas es posible extraer el devenir del régimen de tierras brasilero, desde la pertenencia a la Corona hasta cuando asumieron un carácter privado; además, observar los trazos del régimen colonial y del sistema impuesto por la Ley de tierras permite comprender los orígenes y las tensiones relacionadas con la existencia de latifundios que utilizaron históricamente el trabajo esclavo y el trabajo asalariado, en comparación con las propiedades menores, cuya producción era familiar y de subsistencia.

Al respecto, Passos (1989: 216) define y diferencia de forma sucinta tres formas de propiedad: campesina, capitalista y latifundista. La primera encuentra sustento en el trabajo familiar orientado a la producción de subsistencia y al abastecimiento de un pequeño excedente para la venta, con la finalidad de atender otras necesidades; la propiedad capitalista utiliza trabajo asalariado, esto es, la explotación de la mano de obra y la apropiación de la plusvalía, y finalmente, la latifundista se caracteriza por la manutención de grandes áreas inexploradas o incultas.

De todos modos, según Passos (1989: 157-165), en el inicio del siglo XX era posible prever una "crisis del modelo latifundista" que se había extendido por un periodo significativo, desde el segundo cuarto del siglo XIX hasta el momento posterior a la gran crisis de 1929. En este punto una sucesión de factores históricos permiten comprender que finalmente el latifundio sería reconocido como un "grave obstáculo al progreso de nuestra sociedad", especialmente, por consistir en un "régimen arcaico, anacrónico, lesivo para los intereses de la sociedad brasilera"[4].

De hecho, la valoración recurrente es que a mediados del siglo XX el latifundio en Brasil era producto (y responsable) del atraso industrial por la baja productividad o por las arcaicas relaciones de trabajo, más allá de un modo de dominación que privaba a los campesinos de sus derechos y libertades. De esa forma, para la época la reforma agraria era vista como una forma de alcanzar objetivos económicos y también políticos (Pereira y Alentejano, 2014: 65-66).

Así, en el transcurrir de la primera mitad del siglo XX el creciente interés social en la cuestión agraria, y las fuertes presiones populares por reformas estructurales del Estado y el régimen de tierras –con la formación de la liga campesina por todo el país (Stedile, 2012: 14)– fueron algunos de los factores que estimularon la toma del poder por los militares en 1964 (Prado, 1979)[5].

Con el fin de apaciguar la convulsión de los movimientos sociales consolidados en las décadas que antecedieron al golpe militar de 1964, y como respuesta a una posible tentativa de "reforma agraria a la fuerza" y, al mismo tiempo, para atender las demandas de "modernización" invocadas por las

---

4 Según el autor, el surgimiento de la posesión como medio válido de adquisición de la propiedad, la superproducción cafetera y las crisis económicas sucesivas –especialmente la de 1929– demostraron que el latifundio estaría enfrentando un momento de crisis, pues constituía una célula orientada a los intereses de potencias industriales extranjeras, y en ese camino estaría pasando a perder importancia en el conjunto del comercio de la exportación (Guimarães, 1989: 157-165).

5 En ese sentido, en referencia ya citada, Prado teje sus consideraciones previas a la obra "A questão agrária no Brasil", destacando la complacencia de los gobiernos conservadores a los anhelos sociales de esa época, con la adopción de medidas a animaban el pueblo.

entidades patronales, se promulgó el Estatuto de la Tierra (Ley n.º 4504 de 1964) promovido por H. de Alencar, el cual fue criticado por su carácter antipopular y autoritario, pues no incorporó a los trabajadores rurales en el proceso de reforma agraria, siendo su objetivo meramente reformista (Mendonça y Stedile, 2012: 36).

Así, el Estatuto de la Tierra fue presentado con dos estrategias distintas: la primera "distributiva", orientada a democratizar el acceso a la tierra, y la segunda "productiva", concentrada y orientada a la "modernización" conservadora del campo que fue la que prevaleció, puesto que la llamada "revolución verde" sucedió más adelante, hacia los años 70 (Mendonça y Stedile, 2012: 39). Por eso se dice que se trató más de una ley de desarrollo rural que de una verdadera reforma agraria (Pereira y Alentejano, 2014: 68).

De todos modos, aunque la reforma agraria en Brasil jamás fue efectiva, es posible destacar las contradicciones históricas en el área rural compuestas de una multiplicidad de formas, de ahí que resulte viable identificar dos paradigmas: el de la cuestión agraria y el del capitalismo agrario (Fernandes, Welch y Gonçalves, 2017: 48).

El paradigma de la cuestión agraria comprende las disputas territoriales y los conflictos a partir de la lucha de clases, defendiendo modelos de desarrollo que viabilizan la autonomía campesina (Fernandes, Welch y Gonçalves, 2017: 48). De otro lado, el paradigma del capitalismo agrario infiere que las desigualdades generadas por las relaciones capitalistas son un problema de coyuntura y se podrían solucionar mediante la integración del campesinado y del agricultor de base familiar al mercado capitalista (Fernandes, Welch y Gonçalves, 2017: 48).

Aunque sea necesario subrayar las sombras y las márgenes no tan bien delimitadas, es posible identificar dos patrones de agricultura: de un lado, un modo de producción alineado al capital, con explotación de mano de obra asalariada, que normalmente se da en porciones de tierra extensa, de forma industrializada y con prácticas extensivas, y se relaciona con el agronegocio; de otro lado, diversas formas de producción cuyo componente básico es el trabajo familiar en propiedades de menor extensión, como es el caso de las parcelas familiares y campesinas, y de las nuevas poblaciones y los pueblos tradicionales.

El escenario actual muestra una serie de tensiones que se sobreponen a esas polaridades en cuanto al modo de producción, y cuya desigualdad de acceso a la tierra y a los recursos esenciales de producción sigue siendo enorme[6], situación que confirman los datos de la destinación del crédito rural: la agricultura familiar corresponde al 84,4% del total de establecimientos rurales que ocupan apenas el 24,0% del territorio y obtienen el 15,4% del crédito rural; los establecimientos no familiares totalizan el 15,6%, ocupan el 76% del área agrícola y obtienen el 84,6% del crédito rural (Ferreira, Valadares et al., 2016: 406).

Además, los datos del censo agropecuario revelan que a pesar de que la agricultura campesina ocupa solo un 24% del espacio agrícola, mantiene el 74% de las personas que habitan el campo, mientras que el agronegocio emplea apenas el 26% del total de los trabajadores rurales. Mas allá de eso, la seguridad alimentaria brasilera está en manos de la agricultura familiar y campesina, pues a pesar del reducido espacio que ocupa produce el 70% del frijol, el 87% de la yuca, el 28% del café, el 46% del maíz y el 34% del arroz consumido en Brasil (Fernandes, Welch, y Gonçalves, 2017: 18).

En ese escenario de alta concentración de tierras, con modelos de desarrollo rural y modos de producción muy diferenciados, se extienden las tensiones, los conflictos y los procesos de violencia, cuyo lema, la mayoría de las veces, es que la tierra es un bien esencial para la producción de riquezas, ingresos o para la reproducción de la vida.

II. DE LOS PROCESOS DE VIOLENCIA, DE LOS CONFLICTOS AGRARIOS Y DE LAS OCUPACIONES DE TIERRAS

Este capítulo tiene por objeto describir, en la medida de lo posible, los principales procesos de violencia que surgen de los conflictos relacionados con la tierra, sus orígenes y consecuencias.

---

6 Aunque no se pueda inferir que la agricultura familiar esté formada exclusivamente por familias que producen en modo no capitalista, es cierto que la categoría acuñada por la Ley n.º 11326 de 2006 engloba los campesinos, y los demás pueblos y comunidades tradicionales, desde que observen los criterios previstos en el artículo 3.º de la titulación (relativos al área del inmueble, la forma de la mano de obra, la renta originaria en el establecimiento y la dirección familiar de la unidad).

Inicialmente vale la pena señalar que la violencia no corresponde al conflicto propiamente dicho, pues no son fenómenos iguales. La violencia se puede entender como la intervención física y voluntaria de un individuo o un grupo de individuos contra otro individuo o grupo con la finalidad de destruir, ofender o coaccionar a la víctima en contra de su voluntad, y puede ser directa o indirecta (Stoppino, 2009: 1291-1298).

De otro lado, el conflicto se presenta cuando hay diferencias entre diversos grupos en relación con valores, reivindicaciones, estatus, poder o recursos, en las cuales cada uno busca sobreponerse al otro y neutralizarlo. Con todo, en el campo sociológico el conflicto, sea intra o intergrupos, es perenne y considerado componente esencial de las relaciones entre sociedades, de modo que no se puede considerar siempre como un factor negativo (Gambetta, 1996: 121-122).

Así, la comprensión dada a los conflictos en el campo asume un carácter de mayor concreción, pues la disputa no se da solamente por el poder, los valores o el estatus, sino que se extiende también a los recursos vitales y al territorio, correspondiendo a la verdadera lucha de sujetos sociales[7]. En Brasil los conflictos en el campo pueden ser definidos a partir de las categorías de análisis delimitadas por la Comisión Pastoral de la Tierra (CPT), que desde 1985 organiza y publica los datos relativos a la violencia contra los trabajadores de la tierra, y define los conflictos relacionándolos con el agua, el trabajo y diversas manifestaciones, y delimitando subcategorías como despojos y expulsiones, entre otras (Welch, 2012: 143). De todos modos, los conflictos con la tierra normalmente están asociados a diversos procesos de violencia.

Dicho lo anterior, para desarrollar el análisis de esta sección –referente a los orígenes, consecuencias e implicaciones de la violencia en el campo– cabe rescatar la diferencia trazada en el capítulo anterior respecto de los dos paradigmas del uso de la tierra (la cuestión agraria y el capitalismo

7 El Centro de Documentação Dom Tomás Balduíno define conflicto como "... las acciones de resistencia y enfrentamiento que acontecieron en diferentes contextos sociales en el ámbito rural, envolviendo la lucha por la tierra, el agua, los derechos y por lo menos del trabajo o producción. Estos conflictos acontecen entre clases sociales, entre los trabajadores o por causa de la ausencia o mala gestión de las políticas públicas" (Canudo y Santos, 2019: 19).

agrario), que corresponden a las dos formas de relación del hombre con el espacio rural y, por tanto, a las dos formas generales del uso del territorio.

Es preciso hacer énfasis en la posición que ocupa la tierra en el régimen de apropiación capitalista y las características que asume. Para Marx el proceso capitalista se desarrolla mediante la transformación del dinero en capital, con lo cual se produce la plusvalía que a su vez produce más capital, en un círculo vicioso. La dinámica inicial, el punto de partida de esta acumulación capitalista, se da por la llamada acumulación primitiva proveniente de la explotación de la mano de obra originada en el proceso histórico de separación de los trabajadores –productores directos– de las condiciones de realización del trabajo (Marx, 2013: 785).

Históricamente, el capitalismo se originó a partir de los fragmentos restantes del sistema feudal, la servidumbre y la coacción corporal, obligando a los trabajadores sin acceso a los medios de producción a vender su fuerza de trabajo. En el siglo XVI el sistema capitalista dio sus primeros pasos, y aunque fue un proceso heterogéneo que se desarrolló de diferentes maneras dependiendo del contexto histórico y social, en general se apropió del contingente trabajador y de los medios de producción expulsando a los campesinos de las propiedades rurales, convirtiéndolos en hombres libres en un doble sentido: libres de los medios de producción y libres vendedores de su fuerza de trabajo (Marx, 2013: 785).

Las condiciones históricas y sociales de la expropiación inicial de los medios de producción en Inglaterra se describen ampliamente en *El Capital*, y aunque no es posible delinear todos sus factores en este espacio, es posible relacionar la expropiación primitiva de los medios de producción con una violencia original, esto es, en el origen de la constitución de la propiedad capitalista. Por esa razón Marx (2013: 787) señala que "... la historia de esa expropiación está grabada en los anales de la humanidad con trazos de sangre y fuego".

En Brasil la organización del sistema colonial "se estableció como un complemento al proceso de acumulación primitiva que ocurría en Europa, y que consistía básicamente en la separación entre productor directo y medios de producción", pues el descubrimiento de nuevas regiones contribuyó al desarrollo del capital mercantil europeo y reforzó el surgimiento de la burguesía mercantil (Osório, 1996, 26-27).

En relación con ello, Souza Filho (2003: 58 y ss.) identifica y diferencia el sentido de la tierra como fuente de vida, proveedora de las necesidades humanas, y como mercado en el ámbito del sistema de propiedad privada capitalista. Así, en el sistema capitalista la tierra deja de ser un bien en sí mismo y se convierte en mercancía, pasando a orientar la finalidad de la producción de la renta para que de esa forma pueda tener valor, y para eso debe despojarse de todo lo que le estorba, como los pueblos y la naturaleza en el caso de las tierras rurales, y del patrimonio cultural en las tierras urbanas, los cuales son vistos como obstáculos a la reproducción del capital. La expulsión de las personas que ocupan determinado territorio no es otra cosa que violencia y expropiación.

En ese contexto, la historia brasilera está permeada por conflictos, guerras, alzamientos y revueltas, cuyos objetivos han sido la necesidad de manutención en el territorio o, también, la lucha por un espacio para vivir frente al avance de la expropiación y de la asimilación por el sistema hegemónico del capital, como es el caso de la Guerra de los Palmares (1695), la Guerra de Canudos (1893), la Guerra del Contestado (1912), o la Revolución de Trombas y Formoso (1950-1957), entre tantas otras.

Para Souza Filho (2003: 104) dichas revueltas e insurrecciones fueron representaciones de la reacción popular contra la ofensiva de la República que nacía y pretendía desocupar las tierras e integrarlas al sistema jurídico propietario relacionado con la élite política y económica de la época. Así, las luchas campesinas han sido la respuesta a las injusticias y a la violencia institucionalizada en el sentido de acabar el poblamiento de las tierras.

Al realizar un mapeo de la geografía de las luchas del campo Umbelino de Oliveira (1994: 15-18) señala que desde sus orígenes el desarrollo histórico brasilero estuvo marcado por la violencia, destacando, entre otras, la lucha de los indígenas contra el avance del proceso de acumulación primitiva, las revueltas de de los negros esclavizados contra los señores rentistas, que dieron origen a los quilombos como espacio de resistencia, y la lucha de los poseedores contra los asesinos latifundistas que actualmente se mantiene y extiende.

Más allá de su aspecto histórico, el fenómeno de la violencia relacionada con la tierra es monitoreado de manera efectiva por la Comisión Pastoral de la Tierra (CPT), mediante la publicación anual de los informes referidos a los conflictos en el campo, cuyos números son representativos: en 2018 fueron registradas 1.124 ocurrencias de "violencia contra la ocupación y la posesión" (Canudo y Santos, 2019: 90), involucrando a 118.080 familias en todo Brasil.

A manera de ejemplo, el Estado del Paraná, al sur de Brasil presenta los siguientes números, con especial atención a la cifra de asesinatos:

UF	n.º de asesinatos	Familias	Área	Familias expulsadas	Familias despojadas	Amenazas de despojo	Tentativa o amenaza de expulsión	Casas destruidas	Fuerzas destruidas	Bienes destruidos	Asesinatos
Sul do Brasil											
PR	17	2.487	3.7271		200	727	20	2		2	1.509
RS	11	170	1.156	45	50	91	4				
SC	24	2.339	14.027								
Subtotal	52	4.996	52.454	45	250	818	24	2	0	2	1.509

Fuente: datos del CEDOC. Dom Tomás Balduíno de la Comisión Pastoral de la Tierra (Canudo y Santos, 2019: 90).

En este contexto cabe mencionar que la CPT monitorea y clasifica las formas de violencia que inciden en la ocupación y la posesión, pero también trata la violencia ejercida contra la persona, relatando los implicados en los casos de asesinato, las tentativas de asesinato, los muertos con ocasión de los conflictos, los amenazados de muerte, así como los torturados, presos y agredidos (Canudo y Santos, 2019: 22). Así, en 2018 se presentaron 28 asesinatos (entre ellos 16 líderes sociales), 28 tentativas de asesinato, 7 muertos con ocasión del conflicto, 165 amenazas de muertes, 27 personas torturadas, 197 personas presas, 181 agredidos (Canudo y Santos, 2019: 112-162).

Las víctimas de estas violaciones son aquellas que la CPT denomina trabajadores y trabajadoras de la tierra, con la pretensión de abarcar la diversidad de categorías, pueblos y comunidades del campo: campesinos, indígenas, asalariados, comunidades tradicionales y pescadores tradicionales (Canudo y Santos, 2019: 15).

Interesa en este trabajo delimitar el análisis de la violencia al campesino, específicamente al que se moviliza socialmente en el campo, cuyo representante de mayor expresión es el Movimiento de los Trabajadores Rurales Sin Tierra (MST), conocido por la articulación nacional y por la adopción de diversas estrategias de lucha por la tierra, de las cuales la ocupación es el símbolo de mayor referencia y repercusión en los medios y en la sociedad en general.

La creación del MST se remonta al periodo de la dictadura militar, cuando se constituyó como una forma de enfrentar la política de desarrollo agropecuario defendida por el régimen, y desde el origen ha sido un proceso de "lucha contra la expropiación y contra la explotación del desarrollo del capitalismo" (Fernandes, 1996: 65-66).

La década de 1970 representó un periodo de "revolución verde", momento de industrialización y avance del capital sobre el campo. En ese contexto, la mecanización de los cultivos fue causa de expulsión de los campesinos, pues hasta entonces prevalecía la producción con uso intensivo de mano de obra, razón por la cual fueron afectadas por la transformación productiva las familias arrendatarias de la época, las familias en régimen de sociedad, y también las personas que exploraban pequeños lotes donados de la propiedad agrícola por los ascendentes (Stédile y Fernandes, 2005: 15). Ese contingente de mano de obra restó, por tanto, liberado del campo y en sentido específico: liberados de los medios directos de producción, de la tierra.

De ese modo, después de las tentativas de migración hacia las áreas urbanas, y de la colonización de las fronteras agrícolas (en movimientos migratorios de la región sur para el centro-oeste y norte), que fueron alternativas poco exitosas para la reproducción del modo de producción campesino, las opciones de estos trabajadores quedaron restringidas a la resistencia en el campo y a la búsqueda de alternativas de lucha por la tierra en las regiones de origen, siendo la base social que generó el MST en el sur del país (Stédile y Fernandes, 2005: 17). Más allá de eso, la formación del MST se vinculó a los movimientos por la democratización y a los movimientos sindicales de la época, ganando movilización y aceptación popular (Fernandes, 1996: 62).

En ese contexto, uno de los marcos iniciales del MST se remonta a 1979, cuando 110 familias de trabajadores rurales sin tierra ocuparon la Hacienda Macali en el municipio de Ronda Alta, en el estado de Rio Grade do Sul, tierra que perteneció originariamente a la Hacienda Sarandi, un área pública tomada ilegítimamente por la empresa Madeireira Carazinho Ltda., la cual posteriormente hizo entrega de las tierras ocupadas por el gobierno estatal a los agricultores (Stédile y Fernandes, 2005: 24). Esta fue la primera famosa ocupación de tierras que consiguió resultados positivos, siendo cubierta por los diferentes medios y obteniendo gran repercusión.

Así, al poco tiempo el MST pasó a constituirse en un movimiento organizado (Stédile y Fernandes, 2005: 44)[8], regido por una base popular, con carácter reivindicatorio sindical/corporativo y con un gran elemento político, insertado en el contexto de la lucha de clases y en la defensa de los intereses de los campesinos (Stédile y Fernandes, 2005: 24).

Las ocupaciones de tierras representan la forma de lucha más contundente y un acto de vida y esencia del MST. Dentro del movimiento esta estrategia es vista como un mecanismo para demostrar que la "ley debe valer", razón por la cual en la mayoría de los casos las desapropiaciones para fines de reforma agraria estarían precedidas por la ocupación de tierras por familias trabajadoras rurales. Desde la perspectiva del MST, la ocupación constituye un acto de presión social para que se efectúen la reforma agraria o las desapropiaciones de tierras improductivas (Stédile y Fernandes, 2005: 113 y ss.).

Por otro lado, las ocupaciones son vistas por grandes grupos sociales como invasiones de propiedades privadas con violación del derecho de los propietarios. El caso de las ocupaciones pasa a ser tratado como forma de violencia, como una posesión con reflejos criminales[9] y civiles para quienes la practican, originando los despojos, donde el uso de la fuerza es el elemento común.

En ese sentido, se han hecho varios debates jurídicos sobre la validez de tal estrategia de lucha por la tierra. A partir de decisiones importantes en la instancia más alta del poder judicial, y una vez que fueron juzgadas dos acciones directas de inconstitucionalidad sobre las ocupaciones de tierra (n.os 2213 y 2411), teniendo como objeto el texto de la Medida Provisória n.º 2.183-56 de 2001, que alteró tanto el Estatuto de la Tierra como la Ley

---

8 Aunque se trate de un proceso de constitución lento y continuo, la fecha oficial de formación del movimiento se ubica en enero de 1984, cuando se formalizó la existencia de un movimiento nacional, a partir del I Encuentro Nacional de Trabajadores Rurales sin Tierra, en la ciudad de Cascavel, Paraná.

9 Con la previsión en el Código Penal brasilero, en su artículo 161, §1º, inciso II: "... reputando pena de detenção de um a seis meses a quem invadir, com violência ou grave ameaça à pessoa, ou mediante concurso de mais de duas pessoas, terreno ou edifício alheio, para o fim de esbulho possessório", disponible en [http://www.planalto.gov.br/ccivil_03/decreto-lei/del2848compilado.htm].

n.º 8.629 de 1993 que lo reglamenta[10], las acciones reunidas tuvieron el pedido cautelar indeferido por el pleno del Tribunal en 2002, y aún no hay una decisión en firme.

Específicamente, la referida norma provisoria sobre la alteración de la Ley n.º 8.629 de 1993 buscó, en su artículo 2.º, inviabilizar la desapropiación de las tierras que habían sido ocupadas por familias sin tierra (según el texto legal: tierras invadidas) con el fin de dejar la estrategia de la ocupación como medio efectivo de acceso a la tierra. El análisis de constitucionalidad de las disposiciones realizado por el Supremo Tribunal terminó por legitimar las ocupaciones como acto político, o validar la actuación represiva del Estado en detrimento de familias expropiadas (y, consecuentemente, mostrándose a favor de propietarios de inmuebles que dejaron de cumplir la función social constitucionalmente determinada).

El derecho y sus estructuras son capaces de rotular y determinar en cierta medida los hechos concretos, indicando lo que es violencia, apuntando a lo que debe ser punido o tolerado, de manera que un velo de símbolos recae sobre una base fáctica, real y concreta. Los hechos sociales son comprendidos jurídicamente, y a partir de ahí pasan a integrar la realidad del derecho, en la forma designada por él.

Compete, por tanto, adentrarse en las posibilidades interpretativas de la violencia desde una perspectiva jurídica y filosófica, comprendiéndolas como un fenómeno complejo y relacionándolas con el derecho en general, el derecho de propiedad en particular, en contraposición con un posible derecho de ocupar tierras que no cumplan su función social.

III. ALGUNAS POSIBILIDADES INTERPRETATIVAS DE LA VIOLENCIA: EL DERECHO, LA PROPIEDAD Y SUS OCUPACIONES

Este capítulo se orienta a tejer consideraciones respecto del derecho, el derecho de propiedad y sus eventuales limitaciones, y especialmente la categoría

---

10 GUIMARÃES (2015) hace un análisis minucioso de la violencia interpretada por el Supremo Tribunal Federal a partir de las ocupaciones de tierras, abogando por la posibilidad de un derecho de resistencia de los mvimientos sociales.

de la violencia en el pensamiento filosófico de W. Benjamin y H. Marcuse, apoyados aquí por las obras de H. Arendt y S. Zizek, con la finalidad de relacionar los contenidos de estas categorías con las estrategias de lucha por la tierra, especialmente en lo que se refiere a la ocupación.

En cuanto a la obra de K. Marx ya referida, es posible identificar el proceso de acumulación primitiva y la formación de la propiedad privada a partir de la expropiación y de los trabajadores de los medios directos de producción, lo que se refleja en el saqueo de la tierra de los campesinos, por lo que es necesario también observar cómo el derecho moderno adopta la noción de propiedad privada y la convierte en un elemento consolidado en su base fundante.

Souza Filho (2003: 32) traza la genealogía del derecho de propiedad, y señala que aunque la propiedad mercantil surgió como un derecho de uso productivo, se transformó en derecho independiente, y finalmente se consolidó de forma que su legitimidad quedó vinculada a la validez de un contrato o un negocio jurídico, lo cual ocurrió a partir de las constituciones nacionales que consagraban el derecho de propiedad con carácter absoluto, tal como se dio en la Constitución francesa de 1793, en la Constitución de Cádiz de 1812, y en la Constitución portuguesa de 1822.

Así, el contrato pasó a asegurar un derecho inicialmente absoluto de usar la tierra según la voluntad de su titular. De suerte que el derecho como estructura surgió a partir de dos ideales de propiedad, más allá de la libertad (para contratar) y la igualdad (que permite contratar), y de esa forma creó un sistema de titularidades y de patrimonio, inclusive la dicotomía público/privado, por lo cual la tierra puede hacer parte de uno de los dos ámbitos de titularidad, pero debe entrar en el sistema como un bien apto para ser contratado (Souza Filho, 2003: 114).

No está de más recordar que igualmente en Brasil la propiedad surgió inicialmente como un derecho absoluto, lo que se verifica en la Constitución del Imperio de 1824 y en el texto del Código Civil de 1916 –vigente hasta 2002– que hablaba del derecho pleno de propiedad sin la previsión de encargos sociales o limitaciones.

De otro lado, no cumplir con la llamada función social prevista inicialmente en el Estatuto de la Tierra, dispuesta en la Constitución de 1988 y consagrada en el actual Código Civil siguiendo la interpretación de la

Constitución, puede llevar a la desapropiación de las tierras mediante indemnización, lo que de por sí deconstruye la medida como sanción.

Por eso, Souza Filho (2003: 114) señala que una interpretación constitucional apresurada, seca y condicionada a una ideología dominante latifundista haría de la reforma agraria un objetivo distante, puesto que sólo podría tener lugar en tierras públicas (que en realidad no constituiría una reforma, a menos que hubiera concesión/colonización de tierras) y en latifundios improductivos, dadas las excepciones previstas en el artículo 185 –la imposibilidad de expropiar propiedades pequeñas y medianas, y propiedades productivas–. Por tanto, al prestar atención a este único artículo del todo constitucional el intérprete desnaturalizaría la idea de la reforma agraria y la misma función social.

Cabe resaltar otras consideraciones importantes en la obra de Souza Filho (2003: 115), por ejemplo, la distinción entre tierra y propiedad, pues mientras la tierra es algo natural y concreto, la propiedad es una construcción humana abstracta, fruto de la modernidad. Siendo así, la función social no corresponde al derecho de propiedad (abstracción), pero sí al propio bien de la tierra que sirve a la vida saludable y al medio ambiente.

Tales consideraciones son acordes con el objetivo de desnaturalizar el derecho de propiedad en cuanto constituye una realidad indiscutible, y para demostrar la posibilidad de la existencia de la tierra fuera del sistema jurídico propietario, que la comprende apenas como medio de producción, y al mismo tiempo como mercancía. Es en este contexto que se insertan las más diversas comprensiones de la tierra y del territorio propias de los pueblos indígenas, las comunidades tradicionales y los agricultores que buscan su reproducción por el modo de producción campesina, cuyas tierras estarían fuera del mercado y en desacuerdo con el uso capitalista predominante del inmueble rural.

En ese sentido, en una perspectiva crítica, es posible comprender el derecho como un sistema jerarquerizado, coherente y cerrado, que solamente sería adecuado para sociedades culturalmente homogéneas –en las que las comprehensiones del mundo y del derecho fuesen apenas una razón– por lo cual se debe atender que la imposición de una estructura jurídica homogénea, con la creación y la instrumentalización realizada exclusivamente por el Estado, inevitablemente termina por validarse, en última instancia, con el uso de la violencia pública (Médici, 2012: 119).

Benjamin (2013: 121) analiza la violencia en cuanto medio que justifica la obtención de los fines del derecho. En su obra el autor señala la existencia de una "violencia mítica", representada en forma arquetípica por una mera manifestación de fuerza de los dioses, conservadora y que mantiene el derecho, como el único medio para garantizarlo, y observa que "... el interés del derecho en monopolizar la violencia con relación a los individuos no se explicaría por la intención de garantizar los fines del derecho, pero sí por la intención de garantizar el propio derecho", esto por cuanto, independientemente de su fin, y solamente en razón de su existencia, siempre que la violencia está fuera del alcance del derecho establecido representa una amenaza (Bejamin, 2013: 127).

Esta violencia, vinculada a la existencia de una orden y sustentada en el funcionamiento normal del Estado, se corresponde también con la idea de una violencia sistémica y objetiva, relacionada con la existencia de un conjunto de vínculos coercitivos sutiles que sustentan una estructura de explotación y dominación, esto es, una violencia que subsiste por el funcionamiento regular de los sistemas económicos y políticos del Estado, de sus instituciones y de los agentes privados (Zizek, 2014: 17). Por tanto, se trata de la comprensión de que el orden establecido es, por sí mismo, una violencia empleada con el fin principal de garantizar la propia existencia del derecho.

Frente a esa violencia, y en contraposición, Benjamin (2013: 121) presenta la "violencia divina" como "aniquiladora del derecho", que viene de la nada y busca golpear la "violencia mítica", trazando un nuevo y desconocido estado de cosas.

En palabras de Zizek (2014: 17), esa violencia divina se podría identificar también con una violencia subjetiva, que es visible y subyace a un agente claramente identificado, y que se manifiesta, por ejemplo, en las confrotaciones civiles y en los conflictos internacionales. Para Zizek la violencia subjetiva goza de una comprensión inmediata por tratarse de un crimen o del terror.

Al considerar la existencia de estructuras de violencia –mantenedoras y aniquiladoras del derecho– se reclama nuevamente la imposibilidad de juzgar toda manifestación de violencia como senda del mal, pues ello corresponde a una operación ideológica que se torna invisible a las formas de violencia social anteriores al acto condenado como violento (Zizek, 2014: 161). Es decir que la violencia social subyacente es naturalizada y no despierta más sensibilidad social.

Este análisis es pertinente cuando se expone el derecho de propiedad como una abstracción –creada por la invención humana–, en oposición al acceso al bien tierra con vista a la subsistencia y a la manutención de las necesidades biológicas y de la vida, esto es, que siguiendo el juego de reglas vigente en Brasil, las posibilidades de acceso a la tierra y al territorio se concretan mediante una reforma agraria, cuyas ocupaciones de tierras se corresponden con una expresión de violencia subjetiva, "divina" e insurgente, sujeta a lo que el propio juego de reglas/ordenamiento prevé.

De un lado, H. Arendt (2017: 73) comprende la violencia como instrumental, y de otro, analiza el poder como un fin en sí mismo, llegando a diagnosticar entre estas categorías la existencia de una relación de proporción inversa, pues para ella "poder y violencia son opuestos" y "donde una domina absolutamente, el otro está ausente". No obstante, no es posible perder de vista que el fenómeno comprendido por la violencia, puede en tener sentido político de existencia con una base material de personas actuando en concreto –que es el propio sentido arendtiano del poder.

La lucha por la tierra significa nada menos que un conjunto de agentes actuando concertadamente en busca de la concreción de derechos, cuya expresión –entendida como violencia– se puede dar por medio de ocupaciones de extensas áreas de tierras que no conservan su función social. Ahora bien, si la ocupación se puede entender como una violencia contra el derecho de propiedad, a partir de la perspectiva presentada el derecho de propiedad es de por sí la violencia social que subyace a esta manifestación, resaltando que de ambos lados hay material político, esto es, que hay voluntades políticas convergentes que sustentan los movimientos sociales que ocupan tierras en busca de una reforma agraria, pero que también existen voluntades políticas que amparan el derecho y el derecho de propiedad como inviolable y absoluto.

A la par de lo anterior, en el pensamiento de H. Marcuse (1998: 137) es posible encontrar la relación entre ética y revolución, en la que analiza la violencia revolucionaria y busca establecer los criterios éticos que justifican su empleo –más allá de una justificación meramente política (esto es, de los intereses de los agentes involucrados).

Para Marcuse (1998: 137) la revolución se construye en un proceso en que se derrotan tanto un gobierno como una constitución establecida legalmente por una clase social o por un movimiento, transformando con ello la estructura social y política. En ese sentido la revolución será siempre un proceso dotado de violencia, razón por la cual el autor sustenta la hipótesis de identificar, a partir de un contexto históricamente determinado, patrones y criterios objetivos que indiquen la posibilidad de elevar los niveles de libertad y felicidad humanas mediante el empleo de la violencia, justificando su uso como un medio adecuado.

El empleo de la violencia revolucionaria implica una confrontación entre los intereses establecidos de la colectividad –cuya vida y felicidad están determinadas por las condiciones– y el derecho de aquello que puede ser, y que tal vez deber ser, localizado en un incierto pero posible devenir de que las injusticias sean reducidas. Así, para solucionar el dilema el autor sugiere realizar un "cálculo histórico", considerando las posibilidades reales de éxito de la sociedad por venir, teniendo en cuenta los sacrificios necesarios de la lucha propuesta. De ese modo, se dice que si la ética de la revolución existe, no estaría vinculada a criterios absolutos sino a criterios históricos (Marcuse, 1998: 137).

En el presente análisis, pese a que no se refiere al empleo de la violencia revolucionaria, pero sí a una posible disputa discursiva sobre lo que se comprende por violencia en el ámbito tanto del derecho de propiedad como de la ocupación de tierras, sería posible hablar de una justificación ética de dicha violencia empleada en los actos de ocupación, considerando la propuesta clara de que la reforma represente elevar los niveles de libertad y felicidad de la colectividad, pues se está hablando de justicia agraria.

Resulta pertinente resaltar que, tal como está reglamentada en la Constitución Federal y comprendida como un todo, la reforma agraria se debe dar sobre las tierras que no atiendan a su función social. Más que eso: la concentración fundista y la existencia de extensas porciones de tierras subutilizadas, y que en buena medida son producto de la ocupación –práctica bastante común en la historia de Brasil–, al lado de contingentes significativos de personas dispuestas a ocupar y plantar, denotan lo imprescindible que resulta tomar medidas (re)distributivas en el sentido de dar efectividad a la justicia en el medio rural.

Además, sin que desde 1988 se haya puesto en marcha la previsión constitucional de una reforma agraria de hecho, el establecimiento y la implementación de una agenda orientada a la justicia agraria apenas refuerza el sentido simbólico de la norma, al paso que existe un desplazamiento del sentido manifiesto del texto constitucional (denotativo) hacia un sentido latente (connotativo) que termina prevaleciendo, y constituye así parte del proceso identificado por M. Neves en la obra de Médici (2012: 131), como una "constitucionalización simbólica".

En este caso, ante la falencia y la ineficacia de la norma constitucional –y considerando las desigualdades de los actores en disputa–, es cierto que el poder jurídico/normativo tiende a ser decreciente, en cuanto otros campos de poderes pueden ser reforzados, y si sobresalen en los datos de la realidad, como los poderes político, económico y religioso, ganan cierto espacio de actuación, alimentados por los intereses de grupos dominantes (Médici, 2012: 132).

Todavía en este escenario, desde una perspectiva constitucional crítica, la violencia objetiva/mítica, representada por el orden de derecho establecido, se podría leer a partir de la existencia de clases de sujetos con diferentes niveles de integración al Estado. En este raciocinio sería posible hablar de "sobre ciudadanos" y "sub ciudadanos", siendo los primeros detentores de una eficacia superior del derecho en lo que se refiere a los principios de igualdad dentro del Estado (Médici, 2012: 132).

Así, la "sobre ciudadanía" se caracteriza por pertenecer a los grupos sociales que tienen la capacidad de penetrar o influenciar el aparato estatal, conduciéndolo en la dirección de sus propios intereses (con la justificación de mantener el orden social) y que, muchas veces, podría dejar de observar las normas constitucionales (Médici, 2012: 132). De otro lado, los "sub ciudadanos" serían las clases de sujetos que tienen un acceso e interpretación restrictos de la norma constitucional, detentando, por tanto, un rol diminuto de derechos y estando vulnerables a las experiencias constrictivas del Estado, como su poder de punición o represión (Médici, 2012: 133).

De acuerdo con los datos levantados y divulgados anualmente por la CPT, las ocupaciones de tierras y los campamentos de movimientos sociales demostraron que estos contingentes de campesinos tienden a sufrir. No solo por el uso físico de la violencia de agentes particulares (como en los casos de asesinato, amenazas, ataques, etc.), sino también porque son victimizados por el uso normal de estructuras jurídicas, en su forma constrictiva y de punición, una vez que la defensa de la propiedad privada genera acciones violentas de reintegración de posesiones/despojos e incursión en crimen de invasión posesoria, por ejemplo. En cuanto a eso, la reforma agraria no deja de ser un derecho fundamental previsto constitucionalmente y permanentemente no concretado.

Por lo tanto, se entiende que el sistema legal es un campo de lucha y que constantemente diferentes sujetos se disputan sus categorías. En este escenario la violencia se puede ver desde la perspectiva de la violación sistémica perpetrada por las estructuras establecidas que ocultan la expropiación y el saqueo histórico, y dan como resultado la negación de la democratización de la tierra o, de lo contrario, se puede entender, por ejemplo en el caso de las ocupaciones, como la violencia contra el derecho (contra el derecho a la propiedad en su forma absoluta), constituyendo un medio para concretar sentidos políticos de existencia en reacción a la violación social que subyace.

IV. CONSIDERACIONES FINALES

La violencia es el elemento constitutivo de la formación agraria y de la estructura territorial brasilera. El latifundio y la concentración de tierras son resultado de marcas históricas de expropiación de los pueblos y de la naturaleza en nombre de la conquista, del poder, del progreso y de un precapitalismo. Sobre un escenario conflictivo está en pausa la discusión de legitimidad de las estrategias de lucha por la tierra, especialmente la ocupación por movimientos sociales, comprendidas también como violencia y como una afronta al consolidado derecho de propiedad privada.

Como se analizó en este trabajo, la violencia puede ser interpretada de diversas maneras y por medio de varios marcos teóricos. Así, en cuanto es posible anticipar que una violencia histórica marcó el territorio brasileño con sangre indígena, cabocla, negra y campesina, se pueden revelar otros aspectos de este fenómeno, como la propia violencia de la estructura legal impuesta, culturalmente homogénea y que no es capaz de abarcar y legitimarse con los diversos entendimientos de la vida bajo el mismo "estado-nación", reprimiéndolos y combatiéndolos.

En este caso cabe observar cómo la tierra –en cuanto bien– fue apropiada y reglamentada por el Estado, convirtiéndose en propiedad. Desde la llegada de los portugueses a lo que hoy es Brasil el poderío de las élites se refleja en el mosaico agrario que continuamente se ha construido. De esta forma, el campo se convirtió en el principal escenario de los enfrentamientos históricos, con levantamientos e insurrecciones populares, hasta que la lucha por la tierra y por la reafirmación de los modos de vivir y producir se reconfiguraron y actualmente se dan al amparo de las normas constitucionales e infraconstitucionales que, en teoría las viabilizan.

Cabe a este trabajo desvelar las posibilidades interpretativas de la violencia emanada del Estado, y de la ejercida contra él y contra sus instituciones, buscando dar sentido político a las estrategias de ocupación de la tierra, legitimándolas en un sentido ético y jurídico, en busca de concretar lo dispuesto constitucionalmente, con especial énfasis en la necesidad de observar la función social de la tierra.

De esa manera, la aparente contraposición entre la ocupación de tierras y el derecho de propiedad privada (cuando es comprendido como absoluto) debe ser localizada en sus factores históricos y sociales, y a partir de una comprensión teórica que refuerce el sentido de las luchas contra la violencia social ejercida en monopolio por el Estado y por las ideologías que lo permean. Los actos del pueblo, entendidos como violencia "divina", subjetiva o revolucionaria, pueden y deben ser comprendidos como una reacción a los actos violadores sistemáticamente infringidos y ya naturalizados, que apuntan a irrumpir en el orden puesto y dar origen a un posible nuevo estado de cosas que –de acuerdo con Marcuse– eleven los niveles de igualdad y felicidad sociales.

BIBLIOGRAFÍA

Arendt, H. *Sobre a violência*, A. Macedo Duarte (trad.), 8.ª ed., Rio de Janeiro, Civilização Brasileira, 2017.

Benjamin, W. "Para uma crítica da violência", en W. Benjamin. *Escritos sobre mito e linguagem*, São Paulo, Editora 34, 2013.

Congreso Nacional de Brasil. Código Penal (Ley 2848 del 7 de diciembre de 1940.

Congreso Nacional de Brasil. Constitución de la República Federativa de Brasil, 1988.

Canudo, A. y P. Santos (coord.). *Conflitos no campo, 2018*, Goiânia, cpt Nacional, 2019.

Costa, F de A. y H. Carvalho. "Campesinato", en R. Caldart, I. Pereira, P. Alentejano y G. Frigotto (org.). *Dicionário de Educação no Campo*, São Paulo, Escola Politécnica de Saúde Joaquim Venâncio, Expressão Popular, 2012.

Fernandes, B. M. *MST: formação e territorialização em São Paulo*, São Paulo, Editora HUCITEC, 1996.

Fernandes, B.; C. Welch y E. Gonçalves. *Os usos da terra no Brasil*, São Paulo, Cultura Académica, Unesco, 2014.

Ferreira, B.; A. Valadares, D. Pacífico, F. Alves, F. Geiger, L. Martins y M. Galiza. "Desenvolvimento rural", en Instituto de Pesquisa Econômica Aplicada (IPEA), *Políticas sociais: acompanhamento e análise*, 2016.

Gambetta, D. Outhwaite, W. y T. Bottomore (eds.). *Dicionário do pensamento social do século XX*, Eduardo Francisco Alves y Álvaro Cabral (trads.), Rio de Janeiro, Jorge Zahar Editor, 1996.

Passos, A. *Quatro séculos de latifúndio*, 6.ª ed., Rio de Janeiro, Paz e Terra, 1989.

Guimarães, J. "Coordenadas do possível: o lugar da violência e a legitimidade da ocupação de terras na ADI 2.213-0", dissertação de mestrado (S.P), 2015.

Holanda, S. *Raízes do Brasil*, 27.ª ed., São Paulo, Companhia das Letras, 2014.

Linhares, M. y F. C. T. Silva. *Terra prometida: uma história da questão agrária no Brasil*, Rio de Janeiro, Campus, 1999.

Marcuse, H. *Cultura e sociedade*, Wolfgang Leo Maar, Isabel Loureiro y Robespierre de Oliveira (trads.), São Paulo, Paz e Terra, 1998.

Martins, J. de S. *O Cativeiro da Terra*, São Paulo, Hucitec, 1990.

Marx, K. *O capital: crítica da economia política. Livro I "O processo de produção do capital"*, Rubens Enderle (trad.), São Paulo, Boitempo, 2013.

Médici, A. *La constitución horizontal: teoria constitucional y giro decolonial*, San Luis Potosí, Universidad Autónoma de San Luis Potosí, 2012.

MENDONÇA, S. y J. STEDILE. *A questão agrária no Brasil: a classe dominante agrária: natureza e comportamento 1964-2010*, 2.ª ed., São Paulo, Editora Expressão Popular, 2012.

OLIVEIRA, A. U. *A geografia das lutas no campo*, 6.ª ed., São Paulo, Editora contexto, 1994.

PEREIRA, J. M. y P. ALENTEJANO. "El agro brasileño: de la modernización conservadora a la hegemonía del agronecocio", en G. ALMEYRA, L. C. BÓRQUEZ, J. M. PEREIRA y C. W. PORTO-GONÇALVES (coord.), Buenos Aires, Ediciones Pavón, 2014.

PRADO, C. *A questão agrária no Brasil*, São Paulo, Editora Brasiliense, 1979.

OSÓRIO, L. *Terras devolutas e latifúndio: efeitos da lei de terras de 1850*, Campinas, Editora UNICAMP, 1996.

SOUZA FILHO, C. F. M. *A função social da terra*, Porto Alegre, Sérgio António Fabris, 2003.

SOUZA FILHO, C. F. M. "Terra mercadoria, terra vazia: povos, natureza e património cultural", *Revista InSURgência*, 1, enero-junio de 2015.

STOPPINO, M. "Violência", en N. BOBBIO, N. MATEUCCI y G. PASQUINO. *Dicionário de Política*, 13.ª ed., vol. 2, Brasília, UNB, 2009.

STÉDILE, J. y B. M. FERNANDES. *Brava gente: a trajetória do MST e a luta pela terra no Brasil*, São Paulo, Editora Fundação Perseu Abramo, 2005.

STÉDILE, J. *A questão agrária no Brasil: História e natureza das Ligas Camponesas 1954-1964*, 2.ª ed., São Paulo, Editora Expressão Popular, 2012.

WELCH, C. A. "Conflitos no campo", en R. S. CALDART, I. B. PEREIRA, P. ALENTEJANO y G. FRIGOTTO (org.). *Dicionário de Educação no Campo*, Rio de Janeiro y São Paulo, Escola Politécnica de Saúde Joaquim Venâncio, Expressão Popular, 2012.

ZIZEK, S. *Violência: seis reflexões lateralis*, MIGUEL SERRAS PEREIRA (trad.), São Paulo, Editora Boitempo, 2014.

NINO CAVALLO*

La invasión de tierras: su influencia negativa en la gestión del territorio

SUMARIO

Introducción. I. La gestión territorial. II. El rol de las autoridades y la triste mirada de la invasión de tierras desde sus afectaciones. III. A modo de conclusión. Bibliografía.

RESUMEN

La invasión de tierras es una problemática social que está repercutiendo en el desarrollo de las comunidades, la propiedad privada, el orden público y la convivencia, multifenómenos que desnaturalizan el concepto de Estado social de derecho, es por eso que se requiere focalizar esta problemática bajo un análisis integral de la causa raíz del problema que involucre a todos los actores intervinientes, identificando la formulación de acciones efectivas para su mitigación, prevención y solución. El presente acápite tiene por objeto reconocer los efectos de la invasión de tierras en el territorio colombiano, y los aspectos generales concernientes a la gestión territorial, para lo cual se revisó la literatura, cuyo análisis se enfocó en tres unidades hermenéuticas; la gestión territorial, la invasión de tierras *vs.* el rol de las autoridades, y los efectos de la invasión de tierras en el desarrollo social y el medio ambiente. Revisadas las bases indexadas se concluye que es precaria la información asociada a esta problemática, de ahí la necesidad de su investigación y focalización; no obstante, el desarrollo del presente artículo permite identificar que la invasión de tierras se genera por diferentes fenómenos, reconociendo una problemática que se debe abordar bajo la corresponsabilidad institucional de las autoridades de forma que todos los actores que intervengan asuman, según sus roles y responsabilidades, las acciones preventivas y reactivas que les corresponde con el fin de garantizar el cumplimiento de la normatividad, la ejecución de políticas efectivas en la adecuada administración

* Abogado, especialista en Derecho de Tierras de la Universidad Externado de Colombia y de Docencia Universitaria de la Universidad Militar Nueva Granada de Colombia; abogado de la Vicepresidencia Jurídica Regional Orinoquia de Ecopetrol. Correo electrónico: nino.cavallo@gmail.com.

del territorio, y la participación activa de las comunidades que permitan satisfacer las necesidades de los asociados.

PALABRAS CLAVE

Bienestar, corresponsabilidad, desarrollo sostenible, derechos humanos, gestión territorial, investigación, invasión del territorio, rol autoridad.

ABSTRACT

The invasion of land is a social problem that is affecting the development of communities, private property, public order and coexistence, multi-phenomena that distort the concept of the social state of law, so it is necessary to focus this problem under a Comprehensive analysis of the root cause of the problem that involves all the actors involved identifying the formulation of effective actions for mitigation, prevention and solution. The purpose of this section shall be to recognize the effects of the invasion of lands in the Colombian territory and the general aspects concerning territorial management; for this, the literature review was used, whose analysis focused on three hermeneutical units; territorial management, land invasion vs. the role of the authorities and the effects of land invasion on social development and the environment. Once the indexed bases have been reviewed, it is concluded that the information associated with this problem is precarious, hence the need for its investigation and focus, however, the development of this article will identify that the invasion of lands is generated by different phenomena, recognizing a problem that It should be addressed under the institutional co-responsibility of the authorities so that all the actors involved take on their roles and responsibilities the preventive and reactive actions that correspond to them in order to ensure compliance with regulations, the implementation of effective policies in the proper administration of the territory and the active participation of the communities that meet the needs of the members.

KEYWORDS

Welfare, co-responsibility, sustainable development, human rights, territorial management, research, invasion of the territory, authority role.

INTRODUCCIÓN

La gestión territorial es una acción dirigida a planificar y organizar mejor, desde distintos ámbitos (social, económico, político y cultural), el desarrollo de las áreas que quedan dentro de un espacio con el fin de propender por el desarrollo de las comunidades, el cuidado del ambiente y la protección de los derechos humanos; es por ello que la alteración de las normas de convivencia que regulan la gestión territorial conlleva que las autoridades adopten de manera oportuna las medidas preventivas y coercitivas pertinentes.

En ese contexto, la invasión de tierras es un acto que puede ser cometido por una o más personas motivadas por fines diferentes, ya sea por la necesidad de encontrar un lugar para vivir, en otros casos para sectorizar zonas en las que la policía tenga poco control con el fin de comercializar estupefacientes, o bajo el esquema de organizaciones criminales o grupos delincuenciales que mediante el uso de vías de hecho ocupan de manera irregular predios haciendo loteos sin licencia de construcción, urbanizaciones ilegales, comercialización de inmuebles, valiéndose de la necesidad de la población en estado de vulnerabilidad a la que le cobran sumas de dinero muy inferiores a los valores comerciales, sin entregar documentos idóneos de propiedad del terreno, afectando de manera directa el principio de confianza legítima, la convivencia y la seguridad de los asentamiento urbanos y rurales.

También existe la modalidad de invasión de tierras en las zonas rurales en las que grupos ilegales explotan los recursos naturales sin ningún tipo de licencia o permiso ambiental, afectando los ecosistemas con quemas, disponiendo y aprovechando las especies vegetales, causando con ello un importante daño a la convivencia, y también a los derechos de distinto orden, pues la contaminación pone en peligro el bienestar y la seguridad de las comunidades, además de propiciar la extinción de las especies que las habitan (Corretjer, 2001; Orellano, Furquim, Sylvia y Ester, 2014). Por eso es necesario que esta problemática sea tratada de manera colaborativa, puesto que la supervisión e intervención efectiva de las autoridades es insuficiente por las múltiples funciones que se les endilgan para atender las situaciones que pueden perturbar el orden público y la convivencia a lo largo del país, de ahí la necesidad de realizar una gestión basada en el principio de la corresponsabilidad, para que todos los actores sociales se identifiquen con su prevención, mitigación y solución.

Por otra parte, se reconoce la necesidad de que las entidades gubernamentales y las autoridades judiciales realicen diagnósticos adecuados de los sujetos que solicitan vivienda o los derechos de un predio que han tomado por invasión, debido a que actualmente muchas personas viven del asistencialismo, por lo que se valen de cualquier posible herramienta judicial para apropiarse de los bienes ajenos por vías de hecho debido a su presunta condición de vulnerabilidad.

La formulación de políticas gubernamentales, y un control efectivo de las personas que realmente estén llamadas a ser beneficiarias de los subsidios otorgados por el Estado para optar por una alternativa de acceso a una vivienda digna, lograrían prevenir la invasión de tierras de quienes tienen por objeto conseguir una vivienda para ellos y sus familias, además, disminuiría la tasa de invasión de los terrenos situados en las urbes, reduciendo los niveles de pauperización en Colombia. La medida de prevención de invasión de tierras en materia de gestión del riesgo de desastres ayudaría a supervisar el plan departamental y municipal que se ejecuta en cada una de las zonas del territorio, debido a que las viviendas provisionales generalmente se ubican en áreas de alto riesgo, lo que pone en peligro el bienestar de los sujetos que conforman el grupo familiar.

La intervención del Estado y de las autoridades correspondientes debe estar basada en estudios y diagnósticos completos, puesto que en un trabajo de campo realizado por una empresa del Estado (2019), se concluyó que muchos de quienes invaden los terrenos lo hacen para conseguir vivienda y acumular bienes a nombre del Estado valiéndose de la condición de víctimas o desplazados, lo cual se pudo identificar en un grupo familiar al que se le hizo el respectivo estudio de caso a profundidad descubriendo que tenía varios predios a su nombre y un ingreso fijo, y además, que no estaba siendo amenazado ni corría peligro por causa de grupos ilegales; sin embargo, aunque se confrontó y notificó a los sujetos del grupo, estos decidieron interponer otros recursos legales para llevar a cabo su cometido.

Por eso es necesario profundizar estadísticamente a partir de la investigación académica en la problemática derivada de la invasión de tierras y su impacto en la gestión del territorio, puesto que su objeto de estudio es amplio ya que tiene diversas variables complejas que se deben analizar con detenimiento. Este escrito se centra principalmente en el rol de la corresponsabilidad de las autoridades que deben interactuar en una sinergia multidisciplinaria e interinstitucional que permita la efectiva y oportuna intervención del aparato administrativo y judicial de las diferentes autoridades del orden municipal, departamental y judicial para lograr que desde la literatura y la investigación se aporten acciones y reflexiones útiles para solucionar el problema planteado. Surge así la necesidad de responder el primer interrogante que debe servir de base para analizar la raíz del problema y construir el planteamiento de la solución esperada: ¿cuáles son los efectos de la invasión de tierras en el territorio colombiano, y cuáles los aspectos generales que impactan la gestión territorial? La respuesta se da a través del desarrollo de tres subacápites: la gestión territorial, el rol de las autoridades, y la triste mirada de la invasión de tierras desde sus afectaciones.

I. LA GESTIÓN TERRITORIAL

La gestión territorial es un tipo de acción que surgió a mediados del siglo XX, cuando el Estado intentó planificar y organizar mejor cada una de las áreas dentro del espacio nacional relacionadas con los aspectos económicos, sociales, culturales, políticos, entre otros, con el fin de llevar a cabo un control de las actividades y/o las situaciones que se podían presentar, con el fin de hacer un seguimiento al desarrollo de las comunidades. A partir de la Constitución Política de 1991 la gestión del territorio acogió un enfoque de derecho, debido a que se comenzó a identificar que la desmedida adquisición de terrenos sin orden ni concierto había descentralizado el desarrollo territorial, y por ello se vio la necesidad de crear normativas, políticas y proyectos que tuvieran como fin orientar, coordinar y unificar el tipo de planificación nacional.

De modo que la sociedad estaba requiriendo mayores procesos de control frente a la apropiación y uso de las tierras, puesto que solo así se podría poner en orden lo que se denomina el uso de una extensión geométrica delimitada, directamente ligada a los diferentes tipos de desarrollo y, de acuerdo con González (2011: 4), algunos elementos específicos de tipo social tales como “la identidad, la cultura, la emotividad y lo circunstancial”, por lo que el territorio y/o espacio, y su manejo tiene implicaciones significativas en el desarrollo de las comunidades en su diferentes ámbitos.

Por lo anterior, es necesario comprender que el espacio es un elemento infinito que puede ser utilizado para las diferentes actividades del ser humano, ya que es una dimensión de lo real-físico, por lo que Vargas (2012: 319) lo define como "una entidad geométrica abstracta definida por lugares y objetos, es una red de lugares y objetos que las personas pueden experimentar directamente por medio de movimiento"; además, se considera que el espacio es uno de los elementos que el ser humano siente el deseo de obtener, interfiriendo directamente en la dinámica y desarrollo de la sociedad; sin embargo, el Estado ha intentado delimitar la libertad humana de apropiación, puesto que ella genera diferentes efectos adversos en los contextos ambiental, político, económico, social y cultural.

Por otra parte, el territorio se puede entender como el ámbito físico en el cual el sujeto interactúa y crea redes de apoyo con su grupo de pares, además de las instituciones que contribuyen a satisfacer las necesidades básicas de los sujetos, de forma que el territorio es aquel espacio en el cual se genera una construcción socio-cultural, por lo que es necesario de hacer un seguimiento constante de su construcción y desarrollo. La etimología de territorio fundamenta el desarrollo de un Estado y su definición cambia de acuerdo con las transformaciones sociales que se presenten; se trata de un tema cuya concepción depende de los hallazgos y desarrollos realizados por los seres humanos, lo cual es sustentado por Llanos-Hernández (2010: 214), quien establece que actualmente el territorio se puede concebir como un "espacio conformado por lugares continuos y por lugares en red"; entre tanto, se reconoce que elementos como el espacio y el territorio se articulan entre sí, lo que permite comprender qué es la gestión territorial y entender las dimensiones e implicaciones de la tenencia de las tierras en el desarrollo del país.

Como se mencionó, fue hasta mediados del siglo XX que el Estado colombiano comenzó a realizar un control de la apropiación de las tierras al establecer, mediante sus diferentes entes de control y de justicia, normativas rígidas con las que buscaba mantener el orden en las diferentes zonas, propendiendo siempre por la defensa de los derechos de distinto orden.

Luego la territorialidad se convertiría en el tipo de control que ejerce el Estado sobre un espacio unificado, es decir, las áreas de las que se apropian las comunidades, individuos, grupos sociales, religiosos, grupos culturales, organizaciones y/o compañías, administrando su apropiación bajo el enfoque de derecho; sin embargo, se debe comprender que debido a las dinámicas sociales, las normativas y acciones de control van cambiando, puesto que deben responder a las necesidades sociales del territorio, solo así el Estado podrá hacer un control actualizado de los procesos de desterritorialización del país, considerándolos como aquella situación a través de la cual un país, grupo o comunidad va perdiendo territorio a causa de las dinámicas sociales que se generan en su interior. De esa forma el Estado genera un orden en la distribución del territorio, aunque antes de llevar a cabo una gestión territorial debe tener en cuenta la delimitación del territorio, proceso que es necesario revisar constantemente por cuanto es dinámico y fluctuante, y su diagnóstico debe ser permanente.

La intervención debe estar basada en lineamientos políticos y normativos que permitan analizar sistemáticamente la territorialización, y crear alternativas para que no se generen problemas por su mal manejo, hasta alcanzar el balance entre las características del área y las estrategias de acción, con el fin de llevar un control del uso de las tierras, puesto que, como se mencionó, el territorio es un elemento de consolidación social que necesita del hombre. A su vez, la territorialización requiere de lo que actualmente se denomina gestión territorial, entendida como la administración que hace el Estado de los recursos de un área. En palabras de Sandoval (2016: 2), la gestión territorial es aquella acción que permite "el control y poder sobre el uso de los recursos que existen en un determinado espacio por parte de sus actores", de ahí que tenga estrecha relación con el desarrollo socio-cultural de las comunidades; sin embargo, para alcanzar dicho control se deben manejar adecuadamente los recursos y, como se mencionó, elaborar un diagnóstico constante que permita establecer actividades y estrategias normativas.

Por otra parte, el diagnóstico de los territorios le permite al Estado reconocer de manera transversal las características de las localidades y sus recursos, convirtiendo la gestión territorial en un proceso heterogéneo y dinámico mediante el cual se identifican los diferentes elementos particulares que hacen que las técnicas de intervención no sean las mismas para todos, aunque a veces compartan normativas o lineamientos de políticas públicas similares. La gestión territorial no es una actividad que se deba tomar a la ligera por cuanto está constituida por tres elementos fundamentales para el desarrollo socio cultural (Rosa, Gómez y Kandel, 2003; Herner, 2009; Rojas-Naranjo, 2016): en primer lugar la identidad, considerada como el aspecto que la comunidad construye dando a un territorio unas características particulares, al apropiarse del área y desarrollar una dinámica relacional entre los miembros que la constituyen, por lo que la identidad se refleja principalmente en la connotación y el sentido de pertenencia de los sujetos al interior de la comunidad, además de la identificación de valores de las demás comunidades respecto de dicho territorio.

El segundo elemento es la institucionalidad, referida principalmente al ente de control que deben tener los territorios para desarrollar las normativas que les permitan regular sus prácticas, propendiendo siempre por el desarrollo y la defensa de los derechos de distinto orden. Este papel pertenece al Estado que permanentemente realiza seguimientos mediante los cuales diagnostica las actividades que ejecutan los miembros de los territorios, estableciendo planes de acción para una correcta distribución de los recursos que se producen dentro del territorio; sin embargo, es necesario que en este tipo de institucionalidad y/o control del Estado participe activamente la comunidad, de forma que prime el principio de la corresponsabilidad.

Finalmente, el tercer elemento, también conocido como instrumentos y estrategias de participación, permite que los miembros de la comunidad participen activamente en la administración y control del territorio, puesto que de manera colaborativa y bajo el principio de la corresponsabilidad pueden elaborar y ejecutar acciones que propendan por la defensa de los derechos y el desarrollo del territorio en los diferentes ámbitos; ejemplos de lo anterior son las veedurías, los cabildos, el ecoturismo y el ordenamiento territorial, entre otros, cuyas acciones como se mencionó, tienen por objeto aumentar y diversificar los recursos del área, por lo que representan actividades que pueden generar acciones sustentables dentro de la administración del territorio.

La institucionalidad y los instrumentos de desarrollo deben generar autonomía y sustentabilidad en los diferentes territorios mediante una administración crítica y dinámica, puesto que se debe ajustar constantemente a los cambios que se presentan. También importante reconocer que dentro de la gestión territorial participan diferentes entidades del Estado y en algunos casos organizaciones internacionales que propenden por el desarrollo de los diferentes lugares.

II. EL ROL DE LAS AUTORIDADES Y LA TRISTE MIRADA DE LA INVASIÓN DE TIERRAS DESDE SUS AFECTACIONES

La invasión o perturbación de las tierras es una problemática que se ha manifestado a lo largo del tiempo en diferentes partes del mundo; es por ello que en el acápite anterior se mencionó la necesidad de que, dentro de la constitución de la territorialidad, exista un elemento institucional que se encargue del control y manejo de las tierras, creando normativas y lineamientos legales para quien intente irrumpir en la tranquilidad y el goce de los derechos de distinto orden: un ejemplo de ello es aquel acto que de manera indiscriminada realizan una o varias personas sobre un área, mediante la ocupación o las vías de hecho sin tener permiso o ser el dueño. De otra parte, cuando no haya un correcto cerramiento de lotes o áreas urbanas y rurales, según los perímetros que establezcan las escrituras de posesión del terreno, puede ocurrir que una persona que no es dueña del terreno prohíba al propietario la entrada y uso de su inmueble; otra situación que se puede presentar es cuando migrantes ocupan tierras aparentemente abandonadas en las zonas limítrofes de las ciudades.

La invasión de tierras es una problemática que afecta el desarrollo de los territorios, pues los asentamientos ilegales dificultan la protección tanto de los recursos naturales como del plan de desarrollo de las zonas que, en la mayoría de los casos, cuando los sujetos se sitúan en zonas abandonadas o que no tiene propietario tienen alto riesgo de sufrir desastres; sin embargo, es necesario aclarar que estos asentamientos ilegales o invasión de terrenos se hace por diferentes grupos sociales entre los cuales se cuentan migrantes, empresarios, personas adineradas y bandas criminales, entre otros; no obstante, en el documento sobre análisis de instrumentos de ordenamiento y planeación territorial en las tres ventanas de estudio, realizado por el Instituto de Investigación de Recursos biológicos Alexander von Humboldt y la Pontificia Universidad Javeriana (2016), se recalca la necesidad de crear políticas y líneas de acción enfocadas en articular la planificación de los municipios y ciudades, con lo cual mejoraría la acción de las autoridades que controlan y dirigen la gestión territorial.

Un ejemplo es la zona limítrofe de la localidad Rafael Uribe Uribe en Bogotá, donde las personas realizan asentamientos sin tener los correspondientes documentos de propiedad; algunas lo hacen por necesidad, pues no tienen un lugar donde vivir; otras para comercializar lotes de manera ilegal, pues en ningún caso elaboran promesas de compraventa o los trámites correspondientes ante un notario; algunas otras para acumular bienes, aunque tengan una situación económica estable. Por tanto, es necesario reconocer que varios casos de invasión de tierras tienen por objeto llevar a cabo actividades fraudulentas que atentan directamente contra el orden público y la convivencia.

Por otra parte, quienes invaden las tierras han estado sometidos a procesos migratorios y/o de desplazamiento, o son extranjeros que buscan mejores condiciones económicas, o personas que buscan seguridad pues en sus lugares de origen corren el riesgo de que se les vulneren sus derechos y su bienestar por amenazas, entre otros, de grupos al margen de la ley, o son mujeres y hombres que huyen de sus parejas por la violencia intrafamiliar.

Sin embargo, hay personas que deciden hacerse pasar por víctimas y vivir del asistencialismo, valiéndose para ello de toda herramienta jurídica o programa social con el fin de adquirir predios a su nombre, aun cuando no lo necesiten, y cuyos fraudes pueden ser exitosos puesto que las diferentes entidades gubernamentales y los agentes de policía no cuentan con el tiempo suficiente para hacer estudios de caso específicos por cada requerimiento o situación que se presenta (Celis y Aierdi, 2015; Suárez, Aranda y Herrera-Tapia, 2018). Pero no se debe perder de vista que hay quienes realmente se encuentran en situación de desplazamiento y son revictimizados, por lo que tienen que tomar la decisión de vivir en la calle, bajo un puente, o en un parque, o invadir predios en las zonas limítrofes de los lugares a los que han llegado para hacer viviendas (los llamados "cambuches") a fin de resguardarse y ofrecer una mínima calidad de vida a quienes integran su grupo familiar, afectando con ello el desarrollo de su propio grupo y de la sociedad en la que ahora habita, además de repercutir en el proyecto de desarrollo sostenible planificado por cada región, localidad y/o ciudad.

La invasión de tierras es un tema que compete al Estado y a sus autoridades en conjunto, puesto que son las encargadas de la regulación administrativa y legislativa de la comunidad, luego, entonces, es importante reconocer su papel para reducir la problemática de la invasión de tierras, ya que esa actividad vulnera directamente el derecho a la propiedad privada cuando uno o varios sujetos intentan gozar de un bien que no les pertenece. En ese sentido, es importante que dichas autoridades tengan presente lo que establece el artículo 58 de la Constitución Política de 1991: "Se garantiza la propiedad privada y los demás derechos adquiridos con arreglo a las leyes civiles, los cuales no pueden ser desconocidos, ni vulnerados por leyes posteriores", y promover mecanismos de seguimiento que protejan los beneficios de interés colectivo alcanzados por la sociedad. Por el momento los recursos técnicos para hacer cumplir las leyes son insuficientes, y muchas veces se consuma la invasión sin una posible solución debido a que los agentes de policía muchas veces tienen recarga laboral y no pueden atender todas las necesidades, o no cuentan con suficiente tiempo para realizar un adecuado diagnóstico integral de la problemática. Por eso es necesario invocar el principio de corresponsabilidad, entendiendo que es deber de todos los actores del proceso participar en la prevención y solución del fenómeno de la invasión de tierras, pues es una obligación que deben compartir equitativamente las partes involucradas y no dejarlo solo en manos de las autoridades de policía, que finalmente son las que deben ejecutar las órdenes de desalojo de las zonas.

Por otra parte, la reglamentación jurídica propende por establecer los mecanismos para garantizar tanto los derechos de los propietarios como el interés público mediante acciones proporcionales al tipo de situación; así, las autoridades deben tener en cuenta si los sujetos que invaden áreas urbanas o rurales lo hacen por necesidad o fraudulentamente, por lo cual es importante encontrar la manera de desarrollar un diagnóstico que permita determinar la gravedad de la situación desde un ámbito transversal, y generar acciones que enmienden o, de algún modo, eviten que se incremente la invasión de tierras que ha propiciado el desarrollo de otra serie de subfenómenos que afectan directamente la convivencia, la seguridad pública y el bienestar de la sociedad.

La Sentencia 157 de 1997 define la invasión de tierras como el provecho ilícito de un área que, aunque puede ser considerada de buena fe, no exonera a quienes la practican por el hecho de que tengan necesidades y lo hagan para su bienestar; muchas veces las personas se hacen pasar por víctimas de desplazamiento para adquirir bienes, de forma que el fin último de las autoridades y el Estado es defender el Estado social de derecho, considerado como aquella condición social que permite generar sus propios límites y características de administración, basado en "un poder jurídico de actuar ante una autoridad jurisdiccional" (Villar, 2007: 76). El objetivo en estos casos es proteger los derechos e intereses de la sociedad, por lo que las autoridades consideran la invasión como un delito grave pues la Constitución establece que la utilización y apropiación de la tierra se debe hacer legalmente ante un sistema jurídico.

Las invasiones de tierra generan la masificación de la problemática pues con el tiempo se convierten en urbanizaciones ilegales; cuando un determinado núcleo familiar construye su hogar provisional en un área invadida, otras familias, sea por necesidad o por la oportunidad que perciben de apropiarse de ella, ven viable la posibilidad de asentarse allí; es por eso que las autoridades deben se severas y rigurosas al realizar operativos de desalojo, pues eso evita que la problemática de la invasión de tierras se haga más compleja.

De otra parte, es conveniente reconocer que son muchos los casos en que entidades o personas inescrupulosas venden terrenos de manera fraudulenta y consecutiva, sin tener las correspondientes autorizaciones legales y a muy bajos precios (Sullcan, 2003; Rojas-Naranjo, 2016; Silva, Magalhaes y Wstane, 2019), y por eso la ley y las autoridades deben castigar severamente con una sanción penal estas conductas, pues es mayor el daño que causan, tanto social como ambiental, ya que al no contar con los permisos correspondientes se alteran los ecosistemas, o se ubican viviendas en zonas de alto riesgo, afectando con ello a las familias.

El artículo 253 de la Ley 308 de 1996 sanciona la invasión de tierras: "El que con el propósito de obtener para sí o para un tercero provecho ilícito, invada terreno o edificación ajenos, incurrirá en prisión de dos a cinco años y multa de cincuenta a doscientos salarios mínimos legales mensuales vigentes". Se trata de un correctivo para aquellas personas que intentan cometer este delito que afecta directamente los ámbitos social, ambiental y cultural de un territorio, de ahí la necesidad de que el Estado y las autoridades impulsen acciones que no solo sean punitivas, sino que de algún modo también busquen enmendar los daños generados, anteponiendo al lucro la dignidad humana, los derechos, el bienestar de la comunidad y el cuidado del ambiente. Por eso es necesario implementar acciones contundentes enfocadas en la corresponsabilidad y encaminadas a proteger el desarrollo general de las comunidades, de manera que todos los actores cumplan con sus obligaciones frente a la tarea de solucionar, prevenir y mitigar los actos de invasión de tierras.

Las autoridades locales deben ejecutar inicialmente actividades de prevención que permitan disminuir el desarrollo de problemas que puedan afectar el bien social y la convivencia, el cual es su principal objetivo; entre tanto, es preciso que los sujetos y las comunidades cumplan sus deberes específicos, además de propiciar aquellas actividades que incentiven el ejercicio de la corresponsabilidad favoreciendo así el desarrollo de las comunidades, teniendo como sujetos claves del proceso a los propios habitantes de las regiones o localidades para reconocer los casos de invasión y la formalización de la tenencia de las tierras. Sin embargo, se debe tener en cuenta que al reconocer este tipo de situaciones tanto la comunidad como las autoridades deben utilizar mecanismos comunicativos, pacíficos y de conciliación (Policía Nacional de Colombia. Dirección General, 2008), por lo que en estos casos el personal de la policía propenderá principalmente por la convivencia armónica con cada uno de los elementos del ecosistema, teniendo en cuenta las diferentes disposiciones de tipo jurídico que se categorizan en las normativas correspondientes a la seguridad, la tranquilidad, el ambiente y la salud pública, sin embargo, este es un ejercicio que se debe hacer de manera colaborativa con cada uno de los actores sociales, y no dejarlo solo en manos de la Policía y/o las autoridades.

Se propone también que las medidas que se tomen para mitigar los actos de invasión de tierras protejan la dignidad humana y los derechos humanos, de forma que prevalezca siempre el bienestar, entre otros, de los niños, las niñas y los adolescentes, reconociendo las diferencias para evitar los actos de discriminación y manteniendo el cuidado del ambiente y los recursos ecológicos. En ese sentido, las autoridades deben tener cuidado y precaución al poner en marcha actividades o acciones frente a los grupos o individuos que hacen caso omiso de lo que impone la ley.

En estos casos la autoridad debe respetar y hacer cumplir los derechos que se establecen en la Constitución y en la ley con el fin de prevenir las situaciones o problemas que puedan generar afectaciones a la convivencia, por lo que tendrá que atender de manera oportuna las quejas, peticiones y reclamos de las comunidades, además, sus miembros deben tener conocimientos actualizados en la resolución de conflictos en situaciones particulares, estableciendo como primera instancia el diálogo y los acuerdos, puesto que el uso de la fuerza debe ser el último recurso para solucionar los conflictos o cualquier situación problemática. Por todo lo anterior se puede considerar que la Policía Nacional y las autoridades locales, entre ellas los administradores y los garantes del orden público en los territorios, tienen el deber de materializar las normativas y velar por el cumplimiento de los planes y proyectos en corresponsabilidad con otros actores para evitar la invasión de tierras.

En esos casos la policía utiliza distintos métodos para desalojar a las personas, a las familias o a los grupos que han invadido tierras, o para enfrentar a los grupos armados cuyo propósito es desarrollar actividades delictivas: estudia inicialmente la situación en la medida de las posibilidades y procede a elegir en el Código Nacional de Policía (Ley 1801 de 2016) el procedimiento adecuado, el primero de los cuales es de carácter material y consiste en expedir órdenes de policía de acuerdo con las normas vigentes; el segundo es el método inmaterial que se centra en las solicitudes verbales de traslado del sitio, la suspensión de una actividad y el uso de la fuerza en situaciones extremas. Por su parte la Ley 599 de 2000 establece el castigo de tipo punitivo que se debe aplicar en el momento del desalojo del terreno invadido que incluye amonestaciones o arrestos; además, el agente encargado de afrontar las situaciones correspondientes debe advertir la corresponsabilidad que le asiste a quien se va a restituir el derecho de propiedad de adoptar las medidas correspondientes para asegurar las áreas desalojadas (art. 81 Ley 1801de 2016); además, la autoridad debe evitar que se vuelva a ocupar ilegalmente el terreno.

Complementando lo anterior, el Código Nacional de Policía reconoce que, de acuerdo con sus procedimientos, las autoridades están facultadas para expedir una orden de comparendo en la que se establece el tipo de multa como medida correctiva por el incumplimiento de lo dispuesto en la jurisprudencia para las actividades de convivencia comunitarias; por otra parte, según lo dispuesto en la Ley 1801 de 2016 el agente de policía encargado del proceso debe levantar un acta en la que documenta toda la situación de invasión del terreno, y establece, junto con otras entidades o con el dueño del predio, las medidas necesarias para evitar la invasión del terreno.

La policía tiene toda la potestad de realizar las acciones correspondientes para garantizar la sana convivencia en el país; según el artículo 4.º de la Ley 1437 de 2011, Código de Procedimiento Administrativo y de lo Contencioso Administrativo, no se hará uso de la policía a menos que se deban adelantar acciones inmediatas para conservar la convivencia y el bienestar de las comunidades; sin embargo, se debe tener en cuenta que las acciones de los agentes de policía y de las organizaciones estatales se deben basar en un diagnóstico previo de los casos a fin de desarrollar una acción que les ayude con el proceso de diagnóstico pues, como bien se sabe, no solo se encargan de atender el problema de la invasión de tierras, cuyos casos son numerosos, sino además de otra serie de situaciones de igual gravedad, buscando desarrollar las actividades de manera colaborativa y participativa con cada uno de los actores.

Por su parte, la Ley 1801 de 2016, Código Nacional de Policía y Convivencia, señala que el traslado de los sujetos que han invadido un predio por necesidad se debe efectuar de manera que se propenda por su protección y bienestar, a diferencia de aquellos sujetos, empresas y/o grupos ilegales que se apropian de terrenos para la explotación de los recursos, acumulación de bienes y/o comercialización ilegal de las áreas. El papel de las autoridades es proteger siempre la vida y la integridad de las personas, es decir, sus derechos fundamentales, puesto que sin importar de qué lugar provengan el Estado social de derecho debe garantizarlos, por lo que todos los actores del proceso, en especial las autoridades del Estado, deben cumplir lo que establece la jurisprudencia.

Así las cosas, se determina que frente a la detección temprana de un conato de invasión o perturbación al derecho de propiedad, o al derecho real de dominio, la Policía Nacional debe:

– Analizar la situación, realizando entrevistas particulares a los vecinos del área en donde se reconoció la situación.

– Durante el reconocimiento de la situación los agentes de la policía deben aclarar cuánto tiempo ha pasado desde la ocupación del predio.

– Si está dentro de las 48 horas siguientes al conocimiento de los hechos, el comandante de policía puede dar aplicación a la acción preventiva por perturbación, según lo dispuesto en el artículo 81 del Código Nacional de Policía.

– Si han pasado más de 48 horas se debe levantar un acta en la que se describa detalladamente la situación, e iniciar el trámite previsto en el artículo 223 del Código Nacional de Policía.

Lo anterior se realiza con el fin de tener certeza de la situación de invasión del terreno; el primer acto del agente de policía debe ser investigar si el dueño del terreno ha dado permiso para la tenencia y posesión del predio, o si la invasión que se está llevando a cabo es un medio utilizado por personas inescrupulosas para acumular riquezas, o si corresponde a una condición de desplazamiento forzado, o a cualquiera de los otros casos mencionados, como generar comercializaciones ilegales o explotación de los recursos; si cualquiera de esas situaciones se presenta, el agente de policía debe documentar los hechos para que se brinde de inmediato la protección del domicilio o terreno. Una vez se tiene el estudio del caso y el diagnóstico de la situación, el agente conmina al invasor mediante el diálogo para que abandone el predio, presentando una orden material que respalda su actuación desde el ordenamiento jurídico, por lo que en caso de resistencia utiliza la fuerza técnica y/o táctica para expulsarlo, pudiendo incurrir en las sanciones establecidas en el artículo 263 del Código Penal (Ley 599 de 2000).

Por otra parte, es necesario que las autoridades hagan un recuento de todos los terrenos que existen en Colombia, pues actualmente se observa el surgimiento de económicas ilegales mediante las cuales las bandas criminales se apropian de terrenos para desarrollar cultivos ilícitos, actividades de contrabando, comercialización ilegal de terrenos sin los correspondientes permisos y derechos notariales, además de una explotación ilegal de los recursos de algunas zonas naturales. Estas acciones son obstáculos de primer orden para establecer la seguridad de las comunidades, su bienestar y sus proyectos de desarrollo sostenible, pues quienes las realizan no cuidan los recursos de los terrenos invadidos, ya sean privados o públicos, sino que también están cometiendo actividades fraudulentas que están poniendo en riesgo la seguridad de las comunidades y el equilibrio del ecosistema.

Lo anterior pone en riesgo los derechos económicos, sociales y culturales que, según la Declaración Universal de los Derechos del hombre y del Ciudadano, son de tipo civil y político, haciendo referencia a aquellos derechos de primer orden que se centran en proteger la libertad del individuo y asegurar su participación en las decisiones del ámbito político y administrativo del país; de otro lado están los derechos de segundo orden, los cuales se refieren los aspectos económico, social y cultural, y buscan su desarrollo centrados en mantener una igualdad entre las diferentes clases sociales, enfocándose en el bienestar de las comunidades; finalmente, los derechos de tercer orden velan por las generaciones futuras, es decir, se centran en mantener los recursos para los sujetos venideros, por lo que buscan promover un desarrollo sostenible, cuidando todos los elementos del ecosistema.

De acuerdo con los lineamientos de la Organización de las Naciones Unidas (2018), la razón por la cual la invasión de tierras afecta el desarrollo sostenible es que puede generar otra serie de efectos que también son considerados problemas sociales pues, según lo establece la agenda 2030, aumentan la pobreza en el país al desplazar familias y grupos, obligándolos a vivir con sus necesidades básicas insatisfechas y no contar con los recursos suficientes para suplirlas; igualmente, genera problemas en el cuidado de otros recursos como el agua, la energía y el suelo, y además, sería resultado de la falta de proyectos para hacer del país un lugar inclusivo, bajo un enfoque neoasistencialista el cual se centra principalmente en estudiar los casos de los sujetos y familias que expresan ser víctimas y tener algún tipo de necesidad insatisfecha a los que se les debe ayudar pero a través de proyectos o actividades productivas que les generen autonomía y no dependencia.

Es por eso que estas acciones se ven como daños graves que necesitan la atención de las alcaldías, los centros regionales y las autoridades de policía para generar actividades de seguimiento constantes que restablezcan la convivencia y mantengan el bienestar de los sujetos que integran las diferentes comunidades pues, como se estableció, prevenir estas situaciones es un trabajo de corresponsabilidad.

Asimismo, es necesario reconocer que aún faltan acciones encaminadas a proteger el manejo y explotación de los recursos naturales que los sujetos o grupos propician al invadir las tierras de manera ilegal, generando un sinfín de daños al ecosistema y a las comunidades que habitan en él, comenzando por el desplazamiento forzado de quienes habitan originalmente esos terrenos, haciéndolos perder todos sus bienes y poniendo en peligro el bienestar y satisfacción de sus necesidades, además de segregar los grupos culturales y afectar sus valores y costumbres.

La invasión de las tierras para la explotación de sus recursos ha generado mayor contaminación en las fuentes de agua causando enfermedades y estados de envenenamiento por los químicos contaminantes vertidos en los cursos que surten a las comunidades (Olivero, 1988; González-Vargas, 2005; Rodríguez, 2008; Mogliati, 2009). En otros casos las bandas criminales despejan las áreas para extraer los recursos, deforestando las zonas boscosas ocasionando la pérdida de la biodiversidad, y causando la migración de los animales, afectando con ello la estabilidad del ecosistema y del aire pues los árboles son productores de oxígeno.

Sin embargo, los daños no solo se causan en las áreas donde se realiza la explotación de los recursos o donde se ubican los terrenos invadidos, sino que los efectos se extienden a otros lugares, por lo que la invasión de tierras en este caso termina haciendo un gran daño a la convivencia y bienestar de la sociedad en general, de ahí la necesidad de mantener el control para erradicar la problemática; otra de las razones por las que se invaden tierras es para cultivar drogas ilícitas, lo que también produce daños en los ecosistemas debido a que los químicos utilizados son demasiado tóxicos y contaminan profundamente las aguas y la tierra.

Las bandas criminales desplazan a los grupos de campesinos para apropiarse de sus tierras produciendo pérdidas para la biodiversidad y aumentando los problemas sociales, entre ellos la migración de las familias, causando su pauperización, pues en la mayoría de los casos, después de salir de sus tierras de origen estos grupos familiares continúan migrando sin encontrar una zona segura en donde habitar, por lo que invaden terrenos de los cuales son nuevamente desalojados por las autoridades; además, como ya se señaló, muchas de esas invasiones se hacen en zonas de alto riesgo que, de acuerdo con la Ley 388 de 1997, deben ser localizadas rápidamente para poder cumplir con lo que se establece en el Plan de Ordenamiento Territorial: evitar que se instalen viviendas o infraestructuras en zonas que por sus condiciones geográficas estén en riesgo a causa de fenómenos naturales.

Por otra parte, las actividades que desarrollan las alcaldías y gobernaciones son insuficientes para contener el número de migrantes, actualmente incrementado por la población proveniente de Venezuela, del que no se puede dar a ciencia cierta un promedio; sin embargo, el Estado ha tratado de implementar acciones encaminadas a cubrir las necesidades de vivienda de las personas migrantes que cumplan con unos requisitos mínimos para participar de los diferentes programas, un ejemplo de ello es el Instituto Distrital de Gestión de Riesgos y Cambio Climático (IDIGER) que brinda apoyo a quienes entreguen las solicitudes para ingresar al programa de reasentamiento.

Sin embargo, son procedimientos que requieren el trámite de documentos con los que muchas veces los migrantes no cuentan, aunque es preciso aclarar que esto se hace con el fin de que personas inescrupulosas no se puedan beneficiar de dichos programas; por ejemplo, en un informe de intervención revelado en 2019 se conoció que muchas de las personas que exigían no ser desalojados de las áreas que habían invadido disfrutaban de condiciones económicas adecuadas y no estaban en situación de peligro o amenaza por grupos ilegales, por lo que su fin último era adquirir bienes a través de las ayudas del Estado con el fin de acumular una mayor cantidad de tierras a título individual.

Muchas veces las personas que se encuentran en situación de desplazamiento y que carecen de los medios para satisfacer sus necesidades básicas entran en un proceso de revictimización, debido a que es preciso materializar las disposiciones establecidas en los estamentos judiciales, por lo que necesariamente deben ser desalojados de las áreas que han invadido al tratarse de una acción tipificada como delito. Se entiende por revictimización una situación (un delito) que se repite una y otra vez en la vida de una persona y que le genera algún tipo de daño, por ejemplo, cuando se la obliga a narrar de nuevo la circunstancia que la aflige por el acto de sus victimarios (Gutiérrez de Piñeres, 2009; Guillermo, 2014), vulnerando con ello su bienestar psicológico.

Esa es la razón por la cual la revictimización es una carga que, sumada a su condición de carencia, hace que la persona esté permanentemente sumergida en el mismo escenario que la convirtió en víctima; y es ahí donde surge la necesidad de crear un mecanismo que permita hacer un mejor diagnóstico y un estudio más preciso de los casos de invasión de tierras con el fin de discernir claramente cuáles sujetos invaden por fraude y cuáles verdaderamente necesitan ingresar a un programa social basado en el neo asistencialismo (Soledad, 2007; Celis y Aierdi, 2015; Gómez, 2009), evitando, de todas maneras, generar dependencias, puesto que el fin último es propiciar actividades productivas que contribuyan a que los sujetos de manera autónoma superen su condición de víctimas y sean autosuficientes.

Asimismo, algunos sujetos y grupos criminales se sirven de la situación de revictimización para sacar provecho y apropiarse legalmente de los terrenos que ya han invadido, sirviéndose para ello de diferentes elementos legales con el fin de que el Estado les ceda los derechos de propiedad debido a su condición, y uno de ellos es la acción de tutela que permite proteger a la población desplazada en caso de desalojo. De acuerdo con lo establecido en las acciones de tutela n.ºs 50001-44189-2018 y 50001-40-09-064-2019, las personas desplazadas son sujetos de especial protección constitucional; sin embargo, algunos sujetos que no pasan por ninguna situación de necesidad, ni mucho menos han sido víctimas de desplazamiento, usan artimañas para lograr su cometido, por lo que se resalta la necesidad de que las autoridades cumplan a cabalidad con lo dispuesto en las diferentes leyes y normas, con el fin de disminuir los casos de invasión de tierras, truncando así los planes de quienes solo quieren realizar actividades fraudulentas para su propio beneficio. Según lo dispuesto en la Sentencia T-247 de 2018, en estos casos se debe demostrar la existencia e idoneidad de un fin legítimo, la necesidad del requerimiento, la proporcionalidad del cumplimiento de lo descrito por la Corte, las afectaciones generadas y su grado de validez.

Es importante recalcar que las autoridades y demás órganos Estatales se deben regir por los procedimientos establecidos para cada caso, puesto que una mala actuación puede causar que estos grupos y personas logren violarlos; es por eso que, antes de cada actuación, los agentes de policía deben realizar un efectivo diagnóstico de la situación y determinar cuántas personas ocupan el terreno, así como su edad, con el fin de discernir si se requiere la asistencia de la Policía de menores, o de agentes hombres o mujeres, según lo establece la Acción de tutela de primera instancia n.º 50001-40-004-2019. Es importante recalcar que aunque los sujetos pasen por una situación de desplazamiento y necesidad, ello no los exonera de cumplir la normatividad puesto que, sin importar el fin por el cual invadieron las tierras, se trata de un delito que afecta directamente la convivencia y el orden públicos. Para evitar ese tipo de situaciones el Estado ha creado diversos programas de ayuda para aquellos que han sido víctimas del desplazamiento y que se encuentran en situación de migrantes.

Entre tanto, se debe hacer uso constante del enfoque de la corresponsabilidad, pues es deber de cada uno de los actores propender porque se generen herramientas administrativas para prevenir y evitar la invasión de tierras, y aunque existen algunas normas que hacen referencia a esta necesidad, aún falta afianzar una verdadera articulación interinstitucional que atribuya responsabilidades a cada uno de los actores –bajo una aplicación ponderada de las penas o multas a que haya lugar–, los fines que deben alcanzar, las prohibiciones constitucionales para desarrollarlos y las herramientas adecuadas para que cada vez los distintos actores sociales tengan una participación más activa, entre otros elementos.

Es importante señalar que, por tener varios fines, la invasión de tierras debe ser abordada de diferentes maneras, y para eso las instituciones u organizaciones estatales necesitan llevar a cabo acciones más contundentes de forma que la solución no quede solo en manos de los agentes de policía, sino que, como ya se mencionó, abarque a toda la comunidad, dando así una respuesta integral y efectiva a cada caso, lo que posibilitará que disminuyan los casos.

Por otra parte, se deben imponer medidas punitivas más severas para quienes invadan terrenos con el fin de comercializarlos ilegalmente, desarrollar actividades ilícitas, acumular bienes del Estado y/o explotar los recursos pues, aunque se han puesto en práctica, otros actores aún siguen violando las medidas del Código Penal. Es por eso que deben ir acompañadas de disposiciones restaurativas, ya que solo así se logrará enmendar de algún modo el daño producido a los recursos del ecosistema y la sociedad; además, es necesario subrayar constantemente que es deber de cada uno de los actores denunciar o reportar cuando se presenten situaciones de invasión de tierras con esos fines, para que las autoridades puedan adelantar las acciones correspondientes y evitar que se generen daños mayores. Todo lo anterior serviría como un método útil y eficaz de prevención y mitigación, y como una alternativa de solución a la invasión de tierras.

De igual forma, es necesario que las alcaldías y las demás entidades gubernamentales se encarguen de diseñar proyectos encaminados a enseñar a la comunidad todo lo concerniente a la invasión de tierras, puesto que es un tema muy confuso y de difícil manejo; las entidades correspondientes deben activar los elementos pedagógicos y los recursos a mano para difundir la información a cada uno de los habitantes con el fin de que participen todos los actores; y es que la ausencia de medios claros de comunicación ha hecho que la invasión de tierras y la gestión territorial se perciban como actividades que únicamente competen a las autoridades, dejando de lado el principio de corresponsabilidad y cooperación que tanto se ha mencionado; de este modo se facilitaría la acción de las autoridades para mitigar la situación de invasión de tierras y sus efectos.

III. A MODO DE CONCLUSIÓN

La invasión de tierras causa daño de acuerdo con sus fines (por necesidad o por ambición), lo que perturba el desarrollo social y económico del país; los grupos que comercializan terrenos para el cultivo y tráfico de estupefacientes, o para la explotación de los recursos, generan mayores daños puesto que no solo contaminan y afectan la biodiversidad de las áreas, sino que también ponen en peligro la seguridad de las comunidades.

Es necesario que el problema de la invasión de tierras se maneje bajo el principio de la corresponsabilidad con el fin de que haya una adecuada articulación interinstitucional que permita brindar soluciones efectivas, las cuales deben ser atendidas y denunciadas oportunamente para aminorar los daños en las áreas expuestas, solo así se podrá disminuir el número de casos tanto en las zonas rurales como urbanas; también se debe crear una normativa conjunta que trate de manera compilada la problemática pues aunque actualmente existe una robusta herramienta jurídica, está dispuesta en el ordenamiento por lo que es de fácil consulta para quienes conocen la rama jurídica o las ciencias del derecho, pero no para la comunidad en general, por lo que se dificulta su participación en la prevención, solución y mitigación de la invasión de tierras.

Las autoridades locales deben desarrollar proyectos de acción más contundentes para reducir el tipo de daño que genera la invasión de tierras en la gestión de sus territorios, evitando así que se incrementen los multifenómenos asociados al problema, es decir, la revictimización, la desnaturalización de la propiedad privada, la contaminación de los recursos, la afectación de la economía y del orden público, entre otras; es por eso que se reconoce que no solo se está hablando de un problema, sino de subproblemas tal vez más graves, y que es necesario incentivar la investigación en este tema, pues en la revisión de las bases indexadas no se encontraron artículos focalizados que aborden la problemática de manera sectorizada; como bien se sabe, la investigación permite que se desarrollen proyectos que permitan transformar una situación en particular, en este caso la invasión de tierras, de ahí la necesidad de propiciar en la educación superior, con apoyo de los entes gubernamentales que apalancan la adopción de políticas tendientes a la adecuada administración del territorio, la formulación y construcción de proyectos de investigación que contribuyan a generar actividades cada vez más efectivas para prevenir, solucionar y erradicar la invasión de tierras.

BIBLIOGRAFÍA

CELIS, R. y X. AIERDI. *¿Migración o desplazamiento forzado? Las causas de los movimientos de población a debate*, Bilbao, Universidad de Deusto, 2015.

CORRETJER, A. "Las invasiones de terreno: una violación de ley o una necesidad social", *Revista de Derecho Puertorriqueño*, 40, 2001.

GÓMEZ, L. "Conflictos territoriales y gestión pública territorial en Colombia", *Perspectiva Geográfica*, 14, 2009.

GONZÁLEZ, L. "Gestión del territorio: un método para la intervención territorial", *Revista Electrónica*, 2011.

GONZÁLEZ-VARAS, S. "La gestión territorial", *Revista de Administración pública*, 166, 2005.

GUILLERMO, W. "Internacionalización, desarrollo y gestión pública territorial. Experiencias en Colombia", *Revista Innovar Journal*, 25(55), 2014.

GUTIÉRREZ DE PIÑERES, B. "Revisión teórica del concepto de victimización secundaria", *Revista de Psicología*, 15 (1), 2009.

HERNER, M. "Territorio, desterritorialización y reterritorialización: un abordaje teórico desde la perspectiva de Deleuze y Guattari", *Huellas*, (13), 2009.

INSTITUTO DE INVESTIGACIÓN DE RECURSOS BIOLÓGICOS ALEXANDER VON HUMBOLDT y Pontificia Universidad Javeriana. *Análisis de instrumentos de ordenamiento y planeación territorial en las tres ventanas de estudio; Ciénaga de la Virgen, Ciénaga de Zapatosa y Complejo de humedales Paz de Ariporo –Hato Corozal*, Bogotá, Universidad Javeriana, Instituto de Investigación de Recursos Biológicos Alexander von Humboldt, 2016.

LLANOS-HERNÁNDEZ, L. "El concepto del territorio y la investigación en las ciencias sociales", *Agricultura, Sociedad y Desarrollo*, 7(3), 2010.

MOGLIATI, S. "La comunicación como herramienta de gestión territorial", *Diálogos de la Comunicación*, 78, 2009.

Olivero, N. "El derecho precolombino y el derecho indiano y las invasiones de tierra", *Derecho PUCP*, (42), 1988.

Orellano, F.; P. Furquim, M. Sylvia y V. Ester. "Land invasions, insecure property rights and production decisions", *Journal of Agricultural Economics*, 66(3), 2014.

Organización de las Naciones Unidas. "La agenda 2030 y los objetivos de desarrollo sostenible", 2018, disponible en [https://repositorio.cepal.org/bitstream/handle/11362/40155/24/S1801141_es.pdf].

Policía Nacional de Colombia. Dirección General. *Gestión territorial de la convivencia y la seguridad ciudadana*, Colombia, Policía Nacional, 2008.

Rodríguez, J. "Gestión territorial e inmigración: el caso de Almería", *Nimbus*, 21 (22), 2008.

Rojas-Naranjo, J. "Postacuerdo y gestión territorial en Colombia", *Bitácora*, 26(2), 2016.

Rosa, H.; I. Gómez, S. Kandel. *Gestión territorial rural: enfoque, experiencias y lecciones de Centroamérica*, Prisma, 2003.

Sandoval, C. *Métodos y aplicaciones de la planificación regional y local en América Latina*, Santiago de Chile, CEPAL, 2016.

Silva, R.; A. Magalhaes y C. Wstane. "Planejamento e gestão territorial: refleçoes a partir das modernidades, da ciência e da participação social", *Caderno de Geografia*, 29(58), 2019.

Soledad, J. "Las migraciones forzadas: el desplazamiento interno en Colombia", *Cuadernos Geográficos*, 41, 2007.

Suárez, J.; Y. Aranda y F. Herrera-Tapia. "Las redes de conocimiento para la gestión territorial: el caso de la Red GTD", *Gestión y Política Pública*, 27, 2018.

Sullcan, H. *Invasores de tierras y propietarios: la construcción de la convivencia*, Buenos Aires, Clacso, 2003.

Vargas, G. "Espacio y territorio en el análisis geográfico", *Reflexiones*, 91(1), 2012.

Villar, L. "Estado de derecho y Estado social de derecho", *Revista Derecho del Estado*, (20), 2007.

Congreso de la República. Ley 1437 del 18 de enero de 2011, "Código de Procedimiento Administrativo y de los Contencioso Administrativo", disponible en [http://www.secretariasenado.gov.co/senado/basedoc/ley_1437_2011.html].

Congreso de la República. Ley 599 del 24 de julio de 2000, "Código penal", disponible en [https://www.unodc.org/res/cld/legislation/can/codigo-penal_html/Codigo_Penal.pdf].

Congreso de la República. Ley 1801 del 29 de julio de 2016, "Código Nacional de Policía y convivencia", disponible en [http://www.secretariasenado.gov.co/senado/basedoc/ley_1801_2016.html].

Congreso de la República. Ley 308 del 9 de agosto de 1996, "Por la cual se modifica parcialmente el artículo 367 del Código Penal", disponible en [http://www.minambiente.gov.co/images/normativa/leyes/1996/ley_0308_1996.pdf].

Congreso de la República. Ley 388 del 24 de julio de 1997, "Por la cual se establece la formulación de los Planes de ordenamiento territorial", disponible en [http://recursos.ccb.org.co/ccb/pot/PC/files/ley388.html].

Corte Constitucional. Constitución Política de 1991, Legis, disponible en [https://www.google.com/search?q=constitucion+politica+de+colombia+pdf&oq=constitucion+poli&aqs=chrome.1.0j69i59j69i57j0l5.3776j0j7&sourceid=chrome&ie=UTF-8].

Corte Constitucional. Sentencia C-157 de 1997, M. P.: José Hernández.

Corte Suprema de Justicia. Sentencia T247 del 26 de junio de 2018, M. P.: Antonio José Lizarazo Ocampo.

Empresa del Estado. Informe "Estudios de Caso trabajo de campo 2019".

Juzgado Cuarto Civil del Circuito de Villavicencio. Acción de Tutela 50001-44189-002-2018, 18 de octubre de 2018.

Juzgado Cuarto Penal Municipal. Acción de Tutela de Primera Instancia n.º 50001-40-09-004-2019-00218, 12 de noviembre de 2019.

Juzgado Cuarto Penal Municipal. Acción de Tutela de Primera Instancia n.º 50001-40-09-004-2019, 13 de septiembre de 2019.

SEGUNDA PARTE
ORDENACIÓN DEL TERRITORIO Y ASUNTOS ÉTNICOS DE TIERRAS

CARLOS ALBERTO TELLO MOSQUERA*

El catastro multipropósito en Colombia. Una mirada a su implementación desde un enfoque diferencial étnico

SUMARIO

Introducción. I. El catastro tradicional en Colombia. A. Antecedentes normativos del catastro. II. El ordenamiento del territorio. A. El ordenamiento del territorio colectivo de las comunidades negras. III. El catastro multipropósito. A. Fase piloto del catastro multipropósito. IV. La administración territorial de los consejos comunitarios. V. Los consejos comunitarios como entidad catastral. Un nuevo enfoque. Conclusiones. Bibliografía.

RESUMEN

Al interior de los territorios colectivos los consejos comunitarios de comunidades negras ejercen funciones administrativas similares a las establecidas en la ley para las autoridades catastrales, pues no solo regulan y administran el uso, goce y disfrute de su territorio, sino que además llevan un registro de los inmuebles (individuales y/o colectivos) y de sus poseedores, delimitando predios y certificando las posesiones.

La implementación de un nuevo catastro multipropósito en Colombia requiere que las autoridades catastrales apliquen un enfoque diferencial étnico, en el que se comprenda no solo la necesidad de interactuar con las autoridades propias y de gobierno de las comunidades negras, sino también la posibilidad de incorporar su sistema de registro de bienes individuales y colectivos a un sistema de registro único nacional dirigido por el IGAC.

PALABRAS CLAVE

Catastro multipropósito, consejos comunitarios, ordenamiento territorial.

* Magíster en Democracia y Gobierno, y en Gobernanza y Derechos Humanos de la Universidad Autónoma de Madrid; estudiante de doctorado en Derecho, Gobierno y Políticas Públicas de la Universidad Autónoma de Madrid; investigador del Grupo de Investigación Derecho, Sociedad y Medio Ambiente (GIDSMA). Correo electrónico: carlostello1108@hotmail.com.

ABSTRACT

The community councils of black communities inside the collective territories, develop administrative functions similar to the established by the law, for the cadastral authorities; since they do not only control and administrate the use and enjoyment of their territory, but also, they take a register of the properties (individuals and/or collectives) and of their owners; moreover, they delimit their lands and certificate the possessions.

The implementation of a new multipurpose land registry in Colombia requires the application of an ethnic differential approach by the cadastral authorities, where not only the necessity to be understood to interact with owner authorities and of government of the black communities, but also the possibility to incorporate their registration system of individual and collective goods to a national single registration system leaded by IGAC.

KEYWORDS

Multipurpose land registry, community councils, collective territories.

INTRODUCCIÓN

En el año 2016 en la ciudad de La Habana el gobierno de Colombia y la guerrilla de las FARC-EP firmaron el Acuerdo Final para la Terminación del Conflicto y la Construcción de una Paz Estable y Duradera; en el punto 1.1.9. de dicho Acuerdo, denominado "Formación y actualización del catastro e impuesto predial rural", se concertó la implementación de un catastro multipropósito cuyo objeto principal es contar con una nueva política pública que permita la actualización del sistema catastral colombiano, brindar garantías jurídicas a la propiedad individual, contribuir a la eficiencia del mercado inmobiliario, ordenar el territorio, y servir de sustento de las entidades territoriales para la elaboración y diseño de mejores políticas públicas de planeación social y económica.

Así fue como surgió la necesidad de reformar el actual catastro tradicional colombiano, el cual, de acuerdo con el Conpes 3958 (2019: 3) no logra suplir las necesidades de información para la formulación e implementación de diversas políticas públicas, dado que no cuenta con procesos eficientes de actualización, no permite su integración con otras fuentes de información, y no es completo. Por lo anterior, al gobierno nacional le ha correspondido diseñar estrategias de implementación de un nuevo catastro integral multipropósito, con diversas características respecto del catastro tradicional: completo, actualizado, confiable, consistente con el sistema de registro de la propiedad, digital e interoperable con otros sistemas de información, y con un enfoque diferencial étnico que reconozca la existencia de los territorios colectivos y el ordenamiento territorial propio de las comunidades negras.

En Colombia las comunidades negras han sido reconocidas como sujetos de derechos desde la expedición de la Constitución de 1991. La Carta Magna, junto a la Ley 70 de 1993 y el Decreto 1745 de 1995, concedió, entre otros, el derecho colectivo a la propiedad del territorio, a la autonomía y al autogobierno, y, además, facultó a las comunidades negras para crear y organizar consejos comunitarios como autoridades civiles comunitarias con competencias territoriales, y con facultad de ordenar sus propios territorios, llevando un registro sistemático de los bienes inmuebles individuales y colectivos, y de sus poseedores.

Es por lo anterior que la implementación de un nuevo catastro multipropósito se debe realizar con una perspectiva diferencial étnica, que comprenda la diversidad cultural y cosmopolita del país, y la cosmovisión del territorio ancestral de los grupos étnicos que lo habitan. En esta oportunidad la referencia a la implementación del catastro multipropósito desde un enfoque diferencial étnico se realiza exclusivamente desde la perspectiva de las comunidades negras de Colombia.

Ahora bien, en los territorios colectivos de las comunidades negras quienes ejercen como autoridad catastral son los consejos comunitarios, o al menos ejercen competencias similares a las asignadas a las autoridades catastrales en Colombia, y es en virtud de ello que la gestión catastral multipropósito se debe ver con un nuevo enfoque: el del reconocimiento e inclusión de los consejos comunitarios como autoridades de apoyo a la gestión catastral, incluso articulando sus propias formas de ordenamiento territorial y el registro de sus bienes inmuebles con el sistema nacional catastral.

Así, en el presente artículo se hace un análisis descriptivo del catastro multipropósito, con una mirada a su implementación desde un enfoque diferencial étnico y reflexionando sobre cinco apartes.

En la primera parte se reflexiona acerca del catastro tradicional en Colombia como un sistema de registro de la información de los bienes inmuebles manifiestamente desactualizado e incompleto, y de la necesidad del Estado de implementar nuevas estrategias de registro que permitan no solo recaudar impuestos sino también la ordenación del territorio y el diseño de políticas de planeación social y económica.

En la segunda y tercera partes se describen la incidencia del catastro multipropósito en el ordenamiento del territorio en Colombia, y las formas de ordenamiento de los territorios colectivos de las comunidades negras.

En la cuarta parte se presenta la implementación de un nuevo catastro multipropósito, en procura de corregir las limitaciones del catastro tradicional; además, se examina el catastro multipropósito como una nueva herramienta con la que las entidades territoriales podrán realizar una mejor gestión del territorio, así como tener claridad en los límites de predios, especialmente los titulados a las comunidades negras y los resguardos indígenas. Finalmente, en la quinta parte se analiza la propuesta de interrelacionar los consejos comunitarios y sus formas de registro con el sistema de información catastral nacional del Instituto Geográfico Agustín Codazzi (IGAC), y el resto de las instituciones del Estado con funciones catastrales.

En este caso se utilizó el método descriptivo y analítico conceptual para analizar los documentos, la jurisprudencia, la normatividad y la doctrina. La implementación del catastro multipropósito no se debe realizar de forma homogénea en todo el país, pues es necesario aplicar un enfoque diferencial étnico que comprenda la diversidad étnica y cultural de las comunidades negras y de sus autoridades propias, además de la particularidad de sus territorios colectivos, y las facultades de sus consejos comunitarios de regular y administrar el territorio.

I. EL CATASTRO TRADICIONAL EN COLOMBIA

El catastro es un sistema de información que registra el inventario de bienes inmuebles urbanos y rurales en los municipios, y contiene su información no solo física sino también jurídica y económica. De acuerdo con el documento Conpes 3958 de 2019, la gestión catastral se entiende como el conjunto de operaciones orientadas a la formación[1], actualización[2] y conservación[3] de la información catastral.

En Colombia la gestión catastral es coordinada por el Instituto Geográfico Agustín Codazzi (IGAC), que opera a nivel nacional, excepto en el departamento de Antioquia, y en las ciudades de Medellín, Cali y Bogotá donde funcionan instituciones descentralizadas para la gestión del catastro (en adelante autoridades catastrales).

Erba y Piumetto (2013) señalan que en América Latina, como en la gran mayoría de los países, los catastros territoriales han sido originariamente estructurados como organismos de la administración pública responsables de registrar los datos geométricos, económicos y jurídicos de las parcelas y sus tenedores. Este modelo es aún el más difundido en la región, razón por la cual se lo denomina catastro territorial tradicional.

Para las administraciones municipales el catastro es un sistema de registro que les permite recaudar impuestos prediales, tanto de los inmuebles particulares como de los estatales. De acuerdo con el IGAC, la gestión catastral es una herramienta útil para los municipios, en el sentido de que les ayuda a mejorar la ejecución de programas de desarrollo rural, de gestión ambiental, de protección de territorios colectivos de grupos étnicos, entre otras utilidades; una de las prerrogativas de la gestión catastral es brindar información relevante a la ordenación del territorio.

---

1 La formación catastral es definida por el IGAC como el conjunto de operaciones destinadas a obtener la información de los terrenos y edificaciones, en los aspectos físico, jurídico, fiscal y económico de cada predio. La información obtenida se registra en fichas prediales y en los documentos gráficos, listados y formatos de control estadístico que diseñen las autoridades catastrales (art. 76 Res. 070 de 2011 del IGAC).

2 La actualización de la formación catastral consiste en el conjunto de operaciones destinadas a renovar los datos, revisando los elementos físico y jurídico del catastro, y eliminando en el elemento económico las disparidades originadas por los cambios físicos, las variaciones de uso o de productividad, las obras públicas, o las condiciones locales del mercado inmobiliario (art. 97 Res. 070 de 2011 del IGAC).

3 La conservación catastral consiste en el conjunto de operaciones destinadas a mantener al día los documentos catastrales correspondientes a los predios, de conformidad con los cambios que experimente la propiedad inmueble en sus aspectos físico, jurídico, económico y fiscal (art. 105 Res. 070 de 2011 del IGAC).

De acuerdo con la Resolución 070 de 2011 del IGAC, en Colombia la gestión catastral se realiza a través de la identificación, formación y actualización de los inmuebles, y para ello se tienen en cuenta cuatro aspectos:

a) *Físico.* Consiste en la identificación, descripción y clasificación del terreno y de las edificaciones del predio, sobre documentos gráficos, tales como cartas, planos, mapas, fotografías aéreas, ortofotografías, espaciomapas, imágenes de radar o satélite, u otro producto que cumpla con la misma función.

b) *Jurídico.* Consiste en indicar y anotar en los documentos catastrales la relación entre el sujeto activo del derecho, o sea el propietario o poseedor, y el objeto o bien inmueble, mediante la identificación ciudadana o tributaria del propietario o poseedor, y de la escritura y registro o matrícula inmobiliaria del predio respectivo.

c) *Económico.* Consiste en la determinación del avalúo catastral del predio, obtenido por la adición de los avalúos parciales practicados independientemente para los terrenos y para las edificaciones en él comprendidos.

d) *Fiscal.* Consiste en la preparación y entrega a los tesoreros municipales, o a quien haga sus veces, y a las administraciones de impuestos nacionales respectivas, de los listados de los avalúos sobre los cuales ha de aplicarse la tasa correspondiente al impuesto predial unificado y demás gravámenes que tengan como base el avalúo catastral, de conformidad con las disposiciones legales vigentes.

El documento Conpes 3958 de 2019, citando al IGAC respecto del catastro en Colombia, señala:

> En la actualidad el catastro colombiano conserva un enfoque fiscal tradicional, que no logra suplir las necesidades de información para la formulación e implementación de diversas políticas públicas, dado que no cuenta con procesos eficientes de actualización, no permite su integración con otras fuentes de información y no es completo. Con corte al 1.º de enero de 2019, el 66% del territorio nacional tenía información catastral desactualizada, el 28,32% no contaba con información catastral, y solo el 5,68% tenía información actualizada (Conpes 3958 de 2019).

En consonancia con la Ley 1450 de 2011, son las autoridades catastrales las que "tienen la obligación de formar los catastros o actualizarlos dentro de períodos máximos de cinco años, contados desde la última vigencia de la formación o actualización catastral" (art. 23 Ley 1450 de 2011). Pérez y Restrepo (2018) sostienen que, de acuerdo con el IGAC, algunos municipios de Colombia tienen más de quince años de desactualización catastral y que las zonas rurales presentan un problema más complejo: 26,5 millones de hectáreas no han sido formalizadas.

Estos mismos autores dan cuenta de que los datos actuales del catastro evidencian la necesidad de una mejora en el sistema de registro de la información catastral básica, que permita no solo recaudar impuestos, sino también gestionar mejor el territorio, y así convertirse en una herramienta útil para las administraciones municipales, capaz de brindar solución a las controversias generadas, por un inadecuado ordenamiento territorial, por falta de claridad en la limitación de los territorios pertenecientes a resguardos indígenas o a territorios colectivos de comunidades negras, y/o por insuficientes medidas para la identificación de restricciones y responsabilidades en cuanto a la gestión de áreas ambientales de interés colectivo.

En general son muchas las dificultades que conlleva la aplicación e implementación del catastro tradicional: falta de formación catastral, formación catastral incompleta, catastros desactualizados, no compatibilización del catastro con otras fuentes de registro, entre otros; todo lo anterior conforma el punto de partida para que en en el Acuerdo Final de las negociaciones de La Habana entre el Gobierno nacional y las FARC-EP se dispusiera la implementación de una nueva política pública catastral que diera solución a la problemática del catastro en el país[4].

Mediante la Ley 1753 de 2015 el Gobierno nacional expidió el Plan Nacional de Desarrollo 2014-2018 "Todos por un nuevo país", que en su artículo 104 señaló:

---

4 En el Acuerdo de Paz firmado en la Habana el 24 de noviembre de 2016, el Estado colombiano acordó con la guerrilla de las FARC la creación de un nuevo sistema de formación catastral, informal y multipropósito, con el fin de obtener el mejoramiento sostenible de la información y de los procesos catastrales: "… el catastro multipropósito apuntará a dar seguridad jurídica y social, especialmente a la pequeña y mediana propiedad rural, en beneficio de la producción alimentaria y del equilibrio ambiental" (Gobierno y FARC-EP, 2016).

> Se promoverá la implementación del catastro nacional con enfoque multipropósito, entendido como aquel que dispone información predial para contribuir a la seguridad jurídica del derecho de propiedad inmueble, al fortalecimiento de los fiscos locales, al ordenamiento territorial y la planeación social y económica.

En ese sentido, el catastro dejaría su forma tradicional y se convertiría en multipropósito, cumpliendo funciones más allá de la de servir como un sistema de registro de bienes inmuebles para el recaudo de impuestos.

En los términos del Acuerdo de Paz, en el marco de la Reforma Rural Integral (RRI) la formación e implementación de un nuevo catastro, denominado multipropósito, se realiza con el fin de "... propiciar el uso adecuado, productivo y sostenible de la tierra, crear un sistema de información que sirva para la promoción del desarrollo agrario integral e incrementar el recaudo efectivo de los municipios y la inversión social [...]" (Gobierno y FARC-EP, 2016: 18). De esta manera, el catastro multipropósito se plantea como alternativa de solución a las graves problemáticas del catastro tradicional.

A. ANTECEDENTES NORMATIVOS DEL CATASTRO

En cuanto a los antecedentes normativos, vale decir que el catastro se reguló por primera vez mediante la Ley 30 de 1821, Catastro General del Cantón, cuyo propósito principal era de contenido fiscal, y su intención incluía conocer e identificar los bienes inmuebles y sus propietarios a fin de recaudar impuestos. Luego se expidieron nuevas normas que estructuraron el catastro de tierras baldías (Ley 70 de 1886), y que ya no solo servían de base para el cobro del impuesto predial, sino que también tenían efectos estadísticos (Ley 20 de 1908); con la expedición de la Ley 4.ª de 1913, Código del Régimen Político y Municipal, se permitió a las asambleas departamentales reglamentar el impuesto sobre inmuebles, y tiempo después se expidieron normas que establecieron el impuesto de renta en las entidades territoriales (Ley 56 de 1918 y Dcto. 59 de 1924).

En razón de que los organismos y administraciones territoriales realizaban una inequitativa asignación de la carga impositiva predial a los propietarios de los bienes inmuebles de su jurisdicción, Estado tomó la decisión de expedir la Ley 78 de 1935, mediante la cual centralizó el catastro en un organismo del orden nacional; así, en 1935 se creó el Instituto Geográfico

Militar y Catastral, que posteriormente cambió de denominación al actual IGAC (Dcto. 290 de 1957). Posteriormente se han expedido nuevas normas para maximizar la gestión del catastro.

II. EL ORDENAMIENTO DEL TERRITORIO

La implementación del nuevo catastro multipropósito contribuirá a que las entidades territoriales hagan una mejor asignación de los recursos públicos y a un mejor desarrollo de su ordenamiento territorial. El Conpes 3958 de 2019, sobre la contribución del catastro multipropósito al ordenamiento del territorio, sostiene que es una herramienta particularmente útil en el desarrollo de diversas políticas públicas sectoriales, pues no solo favorece a las entidades territoriales en el ordenamiento del territorio y en el desarrollo de infraestructura, sino también en la provisión de los servicios públicos para los ciudadanos[5].

En palabras de Massiris (2012: 19), el ordenamiento del territorio es un proceso técnico, político administrativo que permite configurar en el largo plazo el uso, la ocupación y la transformación del territorio, acorde con las potencialidades y limitaciones biofísicas, socioeconómicas, políticas e institucionales existentes. Massiris reflexiona sobre un principio general que constituye la base del ordenamiento del territorio y es el hecho de "poner cada cosa en su lugar y cada lugar para múltiples cosas". Es decir, ordenar la manera como se usan, ocupan y transforman los espacios y los territorios, considerando sus cualidades intrínsecas desde los diferentes puntos de vista (social, natural, institucional, político, cultural).

Como describen Hinestroza y Tello (2018) citando a Hernández y Martínez, mediante el artículo 288 de la Constitución de 1991 surgió en Colombia la necesidad de expedir una ley orgánica que ordenara el territorio y distribuyera las competencias entre la nación, los departamentos y los

---

5 El catastro multipropósito podrá ofrecer los servicios para establecer y mantener la información relativa a las características de los predios, la tenencia de la tierra y su valor, basada en la información del catastro-registro. Este nivel básico de información servirá como insumo para fortalecer fiscalmente los municipios, dar seguridad en la tenencia de la tierra y como material (cartografía y base predial) para definir las políticas locales, y formular los Planes de Ordenamiento Territorial (POT) (Conpes 3958 de 2019).

municipios. De acuerdo con Hernández y Martínez (2015: 21), como punto de partida para cumplir con ese cometido tres años después se expidió la Ley 152 de 1994, que significó un esfuerzo por avanzar en la configuración de un modelo de ordenamiento territorial, al tiempo que empezó a plantear soluciones, estableciendo unos principios y competencias básicas para las entidades territoriales, dejando de lado la ambigüedad política y la inestabilidad legislativa imperante desde 1991.

En 1997 se expidió la Ley 388 con el fin de proporcionar mayor efectividad en el ordenamiento del territorio, y solucionar así los problemas técnicos, administrativos y sociales generados y no solucionados con la Ley 152 de 1994.

Para Hernández y Martínez (2015: 25) la Ley 388 no logró conciliar las distintas posiciones relativas al ordenamiento territorial; y si bien dio paso a la construcción elaborada y técnica de los Planes de Ordenamiento Territorial (POT), así como a la creación de instrumentos de gestión urbana, su ambigüedad y la poca eficiencia de la administración del territorio conllevó nuevas propuestas de leyes orgánicas, teniendo en cuenta los peligros de no contar con una unificación del territorio (Hinestroza y Tello, 2018).

Además, Martínez (2005: 78) señala que

> … existe una desarticulación entre la Ley 388 de 1997 y la Ley étnica n.º 70 de 1993, ya que la Ley 388 de 1997 no contempla los territorios de comunidades negras e indígenas, ni mecanismos de participación que puedan ser utilizados por los habitantes de estos territorios, en el ordenamiento de la tierra en Colombia.

No obstante lo anterior, en junio de 2011 se expidió la Ley 1454, mediante la cual se organizaron y ordenaron las competencias de la nación, los departamentos, los distritos especiales, los municipios y las áreas metropolitanas. Respecto del reconocimiento de la diversidad y la multietnicidad en el ordenamiento del territorio Hinestroza y Tello (2018) señalan:

> Se debe destacar de la Ley 1454 de 2011 el reconocimiento de la diversidad y la multietnicidad como un principio rector (art. 3.º) y la conceptualización del ordenamiento territorial como un proceso de construcción colectiva de país, que pretende entre otros aspectos lograr el fortalecimiento de la identidad cultural, con una visión de desarrollo territorial, atendiendo a la diversidad

> cultural y físico-geográfica de Colombia. La Ley 1454 de 2011, también, consagra el derecho de planeación y gestión dentro de las entidades territoriales para los pueblos indígenas, las comunidades afrodescendientes, los raizales y la población Rom (art. 3.º num. 17)[6]. Además, regula como lo describió Castro (2014: 76), competencias para la Nación y otras entidades territoriales sin explicar o definir de manera clara las competencias para otras figuras diferentes a las entidades territoriales; entre las que pueden enunciarse los territorios colectivos de grupos étnicos y específicamente los consejos comunitarios de comunidades negras.

Teniendo en cuenta lo anterior, es bueno precisar que una de las funciones principales del catastro es hacer realidad un ordenamiento territorial eficaz que les permita a los municipios efectuar una buena planeación administrativa al interior de sus territorios. Con la nueva política de implementación del catastro multipropósito las entidades territoriales contarán con una moderna herramienta de desarrollo territorial, podrán realizar una mejor gestión del territorio y, además, tener claros los límites de los predios, especialmente los titulados a las comunidades negras y a los resguardos indígenas.

A. EL ORDENAMIENTO DEL TERRITORIO COLECTIVO DE LAS COMUNIDADES NEGRAS

El ordinario ordenamiento del territorio realizado por las entidades territoriales no es asimilable a los territorios colectivos de comunidades negras regulados y administrados por los consejos comunitarios que, ejerciendo sus derechos particulares a la autonomía y al autogobierno, y apelando a su cultura y cosmovisión, ordenan el territorio que habitan.

Betancur y Coronado (2012: 19) señalan que la Constitución Política de 1991 promovió un escenario de protección de los derechos territoriales de

---

6 En la Sentencia C-489 de 2012 la Corte Constitucional afirmó que el artículo 3.º, que establece los principios rectores, dispuso en el principio 17, referido a la multietnicidad, que se debe tener en cuenta el ordenamiento territorial, "Para que los pueblos indígenas, las comunidades afrodescendientes, los raizales y la población Rom ejerzan su derecho de planeación y gestión dentro de la entidad territorial respectiva en armonía y concordancia con las demás comunidades y entidades territoriales".

las comunidades afrocolombianas pues, además de ser una medida de reparación histórica, su artículo 55 transitorio constituye la base constitucional del derecho fundamental al territorio del cual son titulares las comunidades negras, a la vez que permite su reconocimiento como sujeto colectivo de derechos fundamentales.

Es de esta manera como lo preceptuado en la Constitución Política se transforma en la base fundamental para el reconocimiento de derechos colectivos de las comunidades negras, como el derecho a la propiedad colectiva de los territorios ancestrales. A su vez, el artículo 55 transitorio de la Constitución Nacional dio paso a la expedición de la Ley 70 de 1993[7], y al Decreto 1745 de 1995, en los que se reconoció el derecho a la propiedad colectiva de dichas comunidades (Hoffmann, 2002: 351).

La base para que el ordenamiento del territorio colectivo de las comunidades negras sea distinto al de las entidades territoriales es el derecho reconocido a la propiedad colectiva, lo que hace que la organización de sus territorios sea diferente.

La Ley 70 de 1993 permitió conformar los consejos comunitarios de las comunidades negras con el fin de titular de forma colectiva las tierras que tradicionalmente habitan (Coronado, 2006: 59). De esa manera, de acuerdo con la Sentencia T-955 de 2003 de la Corte Constitucional, el derecho al territorio colectivo "comprende y siempre comprendió la facultad de las comunidades negras de usar, gozar y disponer de los recursos naturales renovables existentes en sus territorios, con criterios de sustentabilidad"; en otras palabras, la facultad de ordenar su territorio. Es por eso que la Ley 70

7 En desarrollo del artículo transitorio mencionado se expidió la Ley 70 de 1993, en cuyo artículo 1.º se dispuso como objeto "… reconocer a las comunidades negras que han venido ocupando tierras baldías en las zonas rurales ribereñas de los ríos de la Cuenca del Pacífico, de acuerdo con sus prácticas tradicionales de producción, el derecho a la propiedad colectiva, de conformidad con lo dispuesto en los artículos siguientes. Así mismo tiene como propósito establecer mecanismos para la protección de la identidad cultural y de los derechos de las comunidades negras de Colombia como grupo étnico, y el fomento de su desarrollo económico y social, con el fin de garantizar que estas comunidades obtengan condiciones reales de igualdad de oportunidades frente al resto de la sociedad colombiana".

de 1993[8] se convirtió en el marco normativo apropiado para el reconocimiento de los derechos ancestrales de las comunidades afrodescendientes (ídem.).

Sin embargo, aunque el objetivo principal de la Ley 70 es otorgar a las comunidades negras a título colectivo los territorios que ancestralmente han venido ocupando, también se encarga de proteger otros bienes, incluso aquellos que resultan intangibles para las comunidades negras, y en su artículo 3.º establece los principios en los que se fundamenta:

> 1. El reconocimiento y la protección de la diversidad étnica y cultural y el derecho a la igualdad de todas las culturas que conforman la nacionalidad colombiana.
>
> 2. El respeto a la integralidad y la dignidad de la vida cultural de las comunidades negras.
>
> 3. La participación de las comunidades negras y sus organizaciones sin detrimento de su autonomía, en las decisiones que las afectan y en las de toda la Nación en pie de igualdad, de conformidad con la ley.
>
> 4. La protección del medio ambiente atendiendo a las relaciones establecidas por las comunidades negras con la naturaleza.

Lo anterior señala que la Ley 70 de 1993 no solo regula la titulación colectiva de los predios sino que también protege los bienes jurídicos tutelables para las comunidades negras, que van más allá del territorio que ocupan y que tienen que ver con su cultura y cosmovisión.

Ahora bien, haciendo énfasis respecto del territorio y la cosmovisión de los pueblos, la Asociación de Consejos Comunitarios y Organizaciones del Bajo Atrato (ASCOBA, 2005: 2), sostiene que:

---

8 Aduce RODRÍGUEZ (2008: 215) que, como parte de la reivindicación de las comunidades negras, desde la expedición de la Constitución de 1991 y la Ley 70 de 1993 Colombia cuenta con una reglamentación en la que se les reconocen derechos especiales que les ayudan a resolver la situación de inequidad, pobreza, discriminación y exclusión en que viven (CUESTA e HINESTROZA, 2017: 161).

> El territorio es y forma parte de nuestra vivencia social y cultural y jamás puede ser considerado como un inmueble de intercambio comercial. Él es para nosotros, los dueños y pobladores ancestrales, un espacio que acoge la vida de las Comunidades de manera integral, con pueblos, culturas y organizaciones sociales propias, y que nos proporciona los recursos naturales para la reproducción de la vida y la cultura [...] Este es todo aquello que se puede ver y palpar con facilidad, es decir, los ríos, las ciénagas, los bosques, los animales, la tierra para cultivar, los minerales, pero también incluye todo aquello que no se puede tocar con las manos y que hace parte de nuestra espiritualidad como pueblos afrodescendientes, esto es, las manifestaciones culturales propias, las tradiciones, las costumbres, las fuerzas sobrenaturales que rigen la naturaleza, los espíritus de nuestros ancestros que protegen el territorio, las formas propias de relacionarnos con la naturaleza y nuestro conocimiento ancestral.

Es así que el territorio es concebido como el lugar donde el grupo colectivo desarrolla su vida social y realiza sus actividades tradicionales y de subsistencia. Por eso, su protección constitucional abarca los lugares religiosos, ambientales o culturalmente significativos, independientemente de si han sido o no titulados y de si, habiéndolo sido, sobrepasan los límites físicos de los territorios adjudicados (Corte Constitucional. Sent. T-117 de 2017).

En cuanto al ordenamiento de su territorio y al registro de sus bienes, nótese que en los territorios colectivos existen bienes inmuebles de diversa índole (iglesias, casas comunales, viviendas, escuelas, puestos de salud, lugares culturales e incluso sagrados, etc.) que son administrados de manera autónoma[9] e incluidos en un sistema de registro propio por los consejos comunitarios; este sistema de registro no se correlaciona ni articula con el sistema de registro catastral del Estado colombiano, y es por ello que el diseño del catastro multipropósito tiene el desafío de implementar un enfoque diferencial étnico, de tal manera que se reconozcan los consejos comunitarios como autoridades administrativas de apoyo en la gestión del

9 En las sentencias C-535 de 1996 y C-072 de 2014 la Corte Constitucional consideró que la autonomía debía entenderse como la capacidad de que gozan las entidades territoriales para gestionar sus propios intereses, dentro de los límites de la Constitución y la ley, lo cual quiere decir que si bien, por un lado, se afirman los intereses locales, por otro, se reconoce la hegemonía de un ordenamiento superior.

catastro, y se incluyan en el sistema de registro catastral del país los bienes inmuebles de las comunidades negras.

Desde un enfoque diferencial étnico, la implementación del catastro multipropósito implicará para las autoridades catastrales incluir la cosmovisión de los grupos étnicos, su desarrollo cultural y lingüístico, la existencia de autoridades locales y gobiernos propios, y la concepción diferente del territorio que, además de colectivo, comprende un valor espiritual para las comunidades negras que lo habitan.

III. EL CATASTRO MULTIPROPÓSITO

Como se sabe, el catastro tiene como propósito principal registrar la información de los bienes inmuebles de las entidades territoriales con el objeto de obtener el recaudo concerniente al impuesto predial. A partir del Acuerdo Final entre el Gobierno nacional y la guerrilla de las FARC-EP, se plantea la transformación de la gestión del catastro, el cual deja de tener solo un objetivo fiscal y pasa a ser multipropósito, de forma que su implementación ayudará a los municipios, entre otras cosas, a ordenar el territorio y a ejecutar mejores políticas de planeación municipal.

El catastro multipropósito, denominado multifinalitario por Erba y Piumetto (2013), tiene como pieza fundamental al catastro territorial tradicional, pero a diferencia de este, es una asociación conformada por diferentes actores comprometidos con la generación de información territorial amplia, precisa, detallada y actualizada. Además, se estructura para compartir recursos humanos y financieros, datos alfanuméricos y mapas. Mientras que un catastro territorial tradicional se implementa mediante un Sistema de Información Geográfica (SIG) y se mantiene actualizado a través de levantamientos esporádicos de datos, un catastro multipropósito se materializa mediante una Infraestructura de Datos Espaciales (IDE) y se alimenta de forma continua a partir de datos obtenidos de manera frecuente (Erba y Piumetto, 2013).

Como lo explican Pérez y Burgos (2017: 35), el enfoque multipropósito del catastro lo convierte en un instrumento único para llevar a cabo eficazmente otras finalidades centrales del Estado como la planeación, el ordenamiento territorial y ambiental, la gestión de tierras, la programación y asignación de inversiones y, en general, la formulación y ejecución de políticas públicas de toda índole en los territorios.

El documento Conpes 3958 de 2019 contiene el diseño de la política para la adopción e implementación de un catastro multipropósito rural-urbano, para lo cual propone implementar una estrategia que permita contar con un catastro integral, completo, actualizado, confiable, digital e interoperable con otros sistemas de información, y además, que trascienda el enfoque fiscal tradicional y contenga un registro sistemático y permanente de la información física, jurídica, económica y territorial de los predios, consistente con el sistema de registro de la propiedad[10]. Dicho documento estructura el catastro multipropósito con tres componentes principales: físico, jurídico y económico.

> El componente físico tiene por objeto determinar el predio por medio de un código universal, que contiene su descripción físico-geométrica de localización, forma, construcciones, linderos y cabida que se consigna en el mapa predial. El componente jurídico del catastro indica y anota en los documentos catastrales la relación entre el sujeto activo del derecho y el objeto predial o bien inmueble. El componente económico es la función pública realizada por las autoridades catastrales tendiente a establecer el valor de los predios, obtenido mediante la investigación y el análisis estadístico del mercado inmobiliario del país, y la base gravable para la definición del impuesto predial unificado.

En 2016, durante el gobierno del presidente Juan Manuel Santos, se diseñó y estructuró el documento Conpes 3859 que introdujo la política de implementación del nuevo catastro multipropósito en Colombia. Dicho Conpes diagnosticó cuatro principales problemáticas del catastro tradicional en sus componentes económico, físico, jurídico e institucional; con la identificación de los principales problemas del catastro tradicional el Estado colombiano

---

10 El mismo documento Conpes señala que con base en esa estrategia se propone la actualización, gradual y progresiva, de la información catastral del país, pasando del actual 5,68% del área del territorio nacional con información catastral actualizada, a un 60% en 2022, y al 100% en 2025. Para el logro de dicha meta se aplicará gradualmente el enfoque multipropósito, levantando la información que contribuya a los procesos de ordenamiento social de la propiedad, y también adelantando la formación catastral en las zonas rezagadas del país (Conpes 3958 de 2019).

procuraba conocer las mejorías que requería el catastro para ser incorporadas en la nueva política catastral del país, los cuales eran:

1. Una amplia brecha entre los avalúos catastrales y comerciales de los predios.
2. Imprecisiones en la representación geográfica de los predios;
3. Una baja interrelación catastro-registro y ausencia de un marco jurídico integral que lo regule;
4. Arreglos inadecuados, baja capacidad e ineficiencia catastral del Estado.

Una vez identificadas las principales problemáticas del catastro tradicional, el mismo documento Conpes propuso unas estrategias y estableció unos objetivos claros, en aras de mejorar el sistema catastral. Las estrategias consistían en:

1. Estimar valores catastrales más precisos, mediante la identificación, adopción e implementación de estándares técnicos.
2. Realizar plena identificación física y jurídica de los predios públicos y privados.
3. Garantizar la interrelación catastro-registro y contar con una norma integradora para ello.
4. Fortalecer la institucionalidad catastral y adecuar mecanismos para mejorar el acceso e interoperabilidad de la información.

Adicionalmente, dicho documento estableció que la implementación de la política del nuevo catastro multipropósito se realizaría en dos fases: la primera se ejecutaría a partir del año 2016 y consistiría en realizar un pilotaje con el objeto de probar esquemas de articulación institucional, esquemas de tercerización, estándares y especificaciones técnicas y tecnológicas, y calibrar costos y tiempos; la segunda, de expansión, partiría de los resultados de los pilotos para ajustar metodologías e instrumentos, y luego, para 2023, escalar la política y el levantamiento del catastro multipropósito en la totalidad del territorio nacional.

A. FASE PILOTO DEL CATASTRO MULTIPROPÓSITO

Tal como lo estableció la nueva política del catastro multipropósito, la implementación de la primera fase de las dos previstas en el Conpes 3859 se desarrollaría inicialmente mediante la escogencia de una muestra de siete municipios, teniendo en cuenta principalmente sus características físicas y geográficas. La fase piloto se comenzó a ejecutar en febrero de 2017 y terminó en agosto de 2018. En la etapa de planeación de los pilotos se pretendía corregir una de las mayores falencias del sistema catastral colombiano (la falta de interrelación de algunas entidades del Estado con competencia en la gestión del catastro), para lo cual se establecieron mecanismos de coordinación del trabajo interinstitucional entre el IGAC, la Superintendencia de Notariado y Registro (SNR), la Agencia Nacional de Tierras (ANT) y el Departamento Nacional de Planeación (DNP), y se formularon, por el IGAC y la SNR, los estándares a ser aplicados en esta fase, la cual tenía como fecha límite de finalización junio de 2019.

El documento Conpes 3859 de 2016 expuso unos resultados preliminares respecto de la implementación de la primera fase del catastro multipropósito, de la cual se tendrían que extraer algunas lecciones:

a) Ejecutar las labores de levantamiento de información catastral en campo por subregiones agrupadas por municipios con condiciones homogéneas (geográficas, económicas y ambientales) lo cual genera eficiencia y optimización de tiempos y recursos.

b) Promover una mayor articulación de las entidades del orden nacional, en particular IGAC, SNR y ANT, en los procesos que se requieran para atender integralmente los requerimientos de las entidades territoriales en materia catastral.

c) Fortalecer los criterios y herramientas para el aseguramiento de la calidad en el levantamiento y validación de información, en especial por el IGAC, en cuyo caso no es requisito contar con una interventoría técnica externa, ya que genera retrocesos y mayores costos para la operación.

d) Estandarizar los insumos para los levantamientos catastrales con el fin de disminuir los tiempos y costos de preparación previos al levantamiento.

e) Implementar el Número Único Predial Registral (NUPRE) que permitirá identificar de manera unívoca los predios, tanto en los sistemas de información catastral como en el sistema de información registral, y que se constituye en un primer paso para la adecuada articulación e integración catastro-registro.

f) Ajustar los procesos contractuales para que garanticen la cobertura de los levantamientos prediales, teniendo en cuenta la incidencia de la dinámica inmobiliaria y de la informalidad en la tenencia de la tierra. Lo anterior, debido a que los supuestos del piloto respecto del número de predios (formales e informales) superaron las expectativas al inicio del ejercicio, afectando el alcance y la cobertura de los predios contratados inicialmente.

g) Promover los procesos participativos adelantados en el marco del componente social del catastro pues permitieron vincular a las partes interesadas en el proceso, facilitando el trabajo de campo y una mayor apropiación de los resultados por las comunidades.

h) Revisar y ajustar las especificaciones técnicas establecidas por el IGAC y la SNR, dada la complejidad para su implementación y sus elevados costos de aplicación.

i) Revisar la pertinencia de tercerizar la supervisión técnica de los procesos cartográficos y catastrales, pues se asegura mejor calidad y mayor eficiencia si la autoridad cartográfica y catastral realiza este proceso de supervisión desde el inicio hasta su validación final, y de paso se fortalecen los equipos técnicos internos de la entidad.

Además de las lecciones que el Estado puede aprender, y de los resultados preliminares, al finalizar la implementación de la fase piloto del catastro multipropósito el Conpes 3859 de 2016 se proponía obtener insumos para avanzar en: i) la identificación de la estructura de costos para los levantamientos catastrales con enfoque multipropósito, incluyendo todas sus etapas, además de los costos de aseguramiento de la calidad de la información; ii) el ajuste del modelo de dominio para la administración del territorio, lo que permitirá contar con un estándar para la estructuración e intercambio de información, con lo que se habilita el uso de la información catastral y registral para fines de otras políticas públicas que toman al predio como base de información, y iii) la redefinición de los estándares, las especificaciones técnicas del producto y las metodologías del IGAC, la SNR y la ANT para el levantamiento y validación de la información recogida en campo.

Como se dijo, una vez finalizada la fase piloto de implementación del catastro multipropósito, el Estado tendría que analizar de forma integral los resultados obtenidos, y partiendo de los pilotos, definir la necesidad de mejorar y/o ajustar los instrumentos y metodologías utilizadas en aras de lograr una eficiente implementación del nuevo sistema catastral en todo el territorio colombiano.

IV. LA ADMINISTRACIÓN TERRITORIAL DE LOS CONSEJOS COMUNITARIOS

En sus estudios Hinestroza (2006: 75) señala que el surgimiento de los consejos comunitarios[11] estuvo estrechamente ligado al concepto de propiedad colectiva, y afirma que fue a partir de allí que se desprendieron nuevas figuras e instrumentos jurídicos distintos a los consagrados en la legislación para los particulares. Con la expedición del Decreto Reglamentario 1745 de 1995 los consejos comunitarios adquirieron la categoría de "máxima autoridad" de administración interna al interior de las tierras de las comunidades negras (art. 3.º), pues la Ley 70 de 1993 solo los consagró como una "forma de administración interna" (art. 5.º)"[12].

Para formar los consejos comunitarios es necesario que a una comunidad negra haya solicitado un determinado territorio del cual de manera ancestral viene ejerciendo posesión colectiva y que el Estado se lo adjudique.

Al compás de lo dispuesto en la Ley 70 de 1993, el artículo 3.º del Decreto 1745 de 1995 señaló que, una vez reconocida y adquirida la calidad de personas jurídicas, los consejos comunitarios ejercen "la máxima autoridad de

---

11 Con respecto a la estructura organizativa de los consejos comunitarios, Cuesta e Hinestroza (2017), citando a Rivas, Hurtado y Efrén (2000), sostienen que están conformados por la asamblea general, y la junta directiva (Dcto. 1745 de 1995, art. 3.º), y que además cuentan con la participación de un representante legal "que es el encargado de representar a la comunidad, en cuanto persona jurídica" (Dcto. 1745 de 1995, art. 12). En tal sentido, la asamblea general es el órgano máximo, y está integrada por los representantes de cada vereda, es decir, por los integrantes de los consejos comunitarios locales, y la junta directiva está conformada por personas elegidas por la asamblea general. Romaña, Geovo, Paz y Banguero (2010: 119) señalan que la Ley 70 es expedida para las comunidades negras como proyección de la experiencia vivida por las poblaciones indígenas en el curso de las décadas de los años setenta y ochenta del siglo pasado, de tal forma que el consejo comunitario se asimila al cabildo indígena, en tanto el territorio colectivo se funda a partir del modelo de resguardo.

12 El inciso segundo del artículo 5.º de la Ley 70 señala que son funciones de los consejos comunitarios "... delimitar y asignar áreas al interior de las tierras adjudicadas; velar por la conservación y protección de los derechos de la propiedad colectiva, la preservación de la identidad cultural, el aprovechamiento y la conservación de los recursos naturales; escoger al representante legal de la respectiva comunidad en cuanto persona jurídica, y hacer de amigables componedores en los conflictos internos factibles de conciliación".

administración interna dentro de las Tierras de las Comunidades Negras, de acuerdo con los mandatos constitucionales y legales que lo rigen y los demás que le asigne el sistema de derecho propio de cada comunidad". Es decir que los consejos comunitarios son los encargados de administrar el territorio adjudicado, incluso pudiendo llevar un registro particular de los bienes inmuebles existentes al interior de su territorio.

Respecto de la solicitud, la adjudicación y la administración del territorio colectivo por el consejo comunitario, en la Sentencia T-414 de 2015 la Corte Constitucional señaló:

> Así pues, una vez que el respectivo Consejo Comunitario solicita la adjudicación y el Incoder expide la resolución que adjudica un territorio como propiedad colectiva de una comunidad negra, se generan distintos efectos jurídicos que, en últimas, hacen realidad la protección especial a favor de estos grupos minoritarios. Uno de estos efectos es la destinación a la que se refiere el artículo 7.º de la Ley 70 de 1993, al decir que el territorio está destinado al uso colectivo de la comunidad y, por tanto, es inalienable, imprescriptible e inembargable. En consecuencia se restringe la libre enajenación, restringida solamente en los eventos en que un territorio haya sido asignado para el uso de un grupo familiar que se haya disuelto, y, en todo caso, esta enajenación sólo puede hacerse a favor de "otros miembros de la comunidad y en su defecto en otro miembro del grupo étnico, con el propósito de preservar la integridad de las tierras de las comunidades negras y la identidad cultural de las mismas".

Es necesario precisar que, de acuerdo con O Loingsigh (2013: 60), los consejos comunitarios "no son entes territoriales, no tienen control, recursos financieros, ni jurisdicción", pero sí se les asignan competencias propias de otras autoridades públicas en temas ambientales o de ordenamiento del territorio que también son asignadas a autoridades ambientales como las corporaciones autónomas regionales y las alcaldías municipales, a saber: velar por la conservación de los recursos naturales, la zonificación, la ordenación de cuencas y la ordenación forestal (Hinestroza y Tello, 2018). Otra de las competencias asignadas a los consejos comunitarios consiste en llevar un registro particular de los bienes inmuebles que han sido asignados a las familias que componen la comunidad negra, lo que le otorga la facultad de mediar, e incluso decidir respecto de conflictos de deslindes, amojonamientos, usos del suelo, elementos y mejoras construidas, y en general aquellos relacionados con la posesión y uso del territorio colectivo; competencias que hacen de los consejos comunitarios una autoridad catastral.

De lo anterior se colige que estamos en presencia de una nueva estructura que rompe la cotidianidad del funcionamiento de la institucionalidad colombiana, donde generalmente una entidad pública, en este caso, las entidades territoriales, con "carácter prevaleciente" (art. 7.º Ley 388 de 1997) deciden, ordenan y organizan un territorio (Hinestroza y Tello, 2018). Además, se corrobora el hecho de que, a la par de las funciones asignadas en la Ley 70 de 1993 y en el Decreto 1745 de 1995, en la práctica los consejos comunitarios realizan otros tipos de competencias tales como ejercer la máxima autoridad catastral en los territorios colectivos que administran.

V. LOS CONSEJOS COMUNITARIOS COMO ENTIDAD CATASTRAL. UN NUEVO ENFOQUE

La Ley 70 de 1993 concedió a los consejos comunitarios la facultad de tomar decisiones y ejercer funciones administrativas al interior de su territorio colectivo en razón de su derecho fundamental a la autonomía y al autogobierno; no obstante, como expone Andrade (2014: 13), es necesario precisar que los consejos comunitarios no son entidades territoriales del Estado, sino que corresponden a órganos comunitarios con funciones administrativas territoriales.

Al analizar el Decreto 3759 de 2009, Cuesta e Hinestroza (2017: 175) explican que los consejos comunitarios cumplen funciones civiles similares a las de algunas entidades del Estado, por ejemplo el Instituto Colombiano de Desarrollo Rural (Incoder), pues entre las competencias que se les otorgan está la de propender por un adecuado uso y aprovechamiento de las aguas y las tierras rurales aptas para la explotación forestal y agropecuaria, piscícola y pesquera, así como de las tierras incultas, ociosas o deficientemente aprovechadas, impulsando esquemas de acceso en donde sea necesario, corrigiendo la estructura de tenencia con miras a garantizar su distribución ordenada y su uso racional, en coordinación con los organismos públicos y las entidades competentes (art. 4.º Dcto. 3759 de 2009).

Asimismo, como señala el Incoder, los consejos comunitarios ejercen funciones administrativas similares a las establecidas en la ley para las autoridades catastrales, pues al interior de los territorios colectivos la autoridad que lleva un registro de los bienes inmuebles (individuales y/o colectivos) y sus poseedores, delimita los predios, certifica las posesiones, establece lineamientos para el uso del suelo, entre otras funciones territoriales, es el consejo comunitario.

En otras palabras, los consejos comunitarios han sido revestidos de funciones civiles tendientes a regular y administrar el uso, goce, disfrute y protección del territorio en el cual se encuentran asentadas las comunidades negras (Cuesta e Hinestroza, 2017: 175). A continuación se señalan las funciones civiles y administrativas que realizan los consejos comunitarios como autoridades similares a las que ejercen competencias en materia catastral.

TABLA 1
FUNCIONES CIVILES DE LOS CONSEJOS COMUNITARIOS

Función	Órgano competente	Consagración legal
Aprobar la delimitación de las tierras de las comunidades negras que serán solicitadas en propiedad colectiva, con base en la propuesta formulada por la junta del consejo comunitario.	Asamblea general	Artículo 6.º Decreto 1745.
Presentar a la asamblea general del consejo comunitario para su aprobación la propuesta de delimitación del territorio que será solicitado en titulación colectiva.	Junta del Consejo Comunitario	Artículo 11 Decreto 1745.
Ejercer el gobierno económico de las tierras de las comunidades negras según sus sistemas de derecho propio y la legislación vigente.	Junta del Consejo Comunitario	Artículo 11 Decreto 1745
Delimitar y asignar en usufructo áreas de uso y aprovechamiento individual, familiar y comunitario en el territorio titulado colectivamente, reconociendo las que han venido ocupando tradicionalmente y con base en el reglamento que expida la asamblea general del consejo comunitario.	Junta del Consejo Comunitario	Artículo 11 Decreto 1745
Crear y conservar el archivo de la comunidad, llevar libros de actas y cuentas, y de registro de las áreas asignadas y los cambios que al respecto se realicen; y hacer entrega de esta información a la siguiente junta del consejo comunitario al finalizar su período.	Junta del Consejo Comunitario	Artículo 11 Decreto 1745

Fuente: Cuesta e Hinestroza (2017: 174).

Es por lo anterior que la gestión del catastro multipropósito en los territorios colectivos de comunidades negras se debe realizar en coordinación con los consejos comunitarios y con la participación de las comunidades étnicas, incluso apelando a la materialización del derecho fundamental a la consulta previa.

De ahí que uno de los grandes desafíos del Estado colombiano con su nueva política de implementación del catastro multipropósito es el reconocimiento de los consejos comunitarios como una autoridad administrativa con funciones en la gestión del catastro, capaz de apoyar a las entidades con funciones catastrales e integrar los sistemas de información sobre el territorio en relación con la tenencia y la posesión de predios, incluyendo su uso, delimitación y desarrollo comunitario. En ese sentido, un sistema único nacional de información catastral multipropósito integraría los consejos comunitarios para que ejerzan de forma articulada, y conforme a las normas y aspectos específicos, la gestión catastral.

Las acciones realizadas por los consejos comunitarios al interior de sus territorios evidencian que la implementación del catastro multipropósito no se puede desarrollar de la misma forma en todos los territorios, pues en los territorios colectivos donde habitan grupos étnicos la implementación requiere la aplicación de un enfoque diferencial étnico por las autoridades catastrales, en el que se comprenda no solo la necesidad de interactuar con las autoridades propias y de gobierno, sino también la diversidad cultural, y la cosmovisión del territorio.

Como se dijo al principio, la gestión catastral de los bienes inmuebles del Estado y los particulares se realiza de acuerdo con la Resolución 070 de 2011 del IGAC, en la que se tienen en cuenta cuatro aspectos específicos (físico, jurídico, económico y fiscal); sin embargo, para el caso de los consejos comunitarios que cumplen competencias catastrales similares a las del IGAC, esta gestión se realiza teniendo en cuenta solo dos de los cuatro aspectos mencionados a saber:

a) *Físico.* Ya que corresponde a los consejos comunitarios, entre otras cosas, identificar y delimitar los predios, clasificarlos y registrarlos por familias, establecer lineamientos para el uso del suelo y certificar la posesión de cada predio asignado.

b) *Jurídico.* Ya que corresponde al consejo comunitario, además de llevar el registro de los inmuebles, otorgar a las familias mediante escritura pública el usufructo del territorio colectivo ocupado, el cual debe ser registrado en las oficinas de registro de instrumentos públicos del Estado. Asimismo le corresponde conocer el objeto del bien inmueble, e identificar a cada poseedor.

En cuanto a los aspectos económico y fiscal, vale decir que los consejos comunitarios no tienen facultad de administrar y/o recaudar impuestos ni de realizar avalúos de predios, pues en los consejos comunitarios no opera el recaudo del Impuesto Predial Unificado (IPU).

CONCLUSIONES

Implementar un nuevo catastro con enfoque multipropósito es ya de por sí una tarea difícil, pues el catastro tradicional había sido diseñado solo con la intención de servir como una herramienta útil de recaudo de impuestos prediales y fortalecimiento fiscal de las entidades territoriales. La implementación del catastro multipropósito supera la visión minimalista del catastro con enfoque fiscal tradicional, y constituye un instrumento de gran utilidad para la gestión pública, la toma de decisiones gubernamentales, y la formulación y evaluación de políticas públicas. El catastro multipropósito expone la realidad del uso del suelo y evidencia el estado del ordenamiento territorial colombiano, facilitando a los gobiernos locales elementos necesarios para su gestión administrativa (Conpes 3859: 18).

Ahora bien, si implementar un nuevo catastro multipropósito es una tarea difícil, hacerlo con un enfoque diferencial étnico lo complica aún más, pues las autoridades catastrales del país deber abarcar no solo la ordenación del territorio colectivo y la normatividad existente de reconocimiento de los derechos colectivos de los grupos étnicos (a la propiedad colectiva, al autogobierno, a la autonomía, a la consulta previa, etc.), sino también la cosmovisión de los grupos étnicos, su desarrollo cultural y lingüístico, la existencia de autoridades locales y gobiernos propios, y la concepción diferente del territorio que, además de colectivo, comprende un valor espiritual para las comunidades que lo habitan.

La Constitución Política y la Ley 70 de 1993 crearon una nueva figura administrativa que solo opera al interior de los territorios colectivos de comunidades negras –consejos comunitarios–, órgano administrativo comunitario que, aunque posee amplias facultades en la regulación y administración de sus territorios, incluso con competencias similares a las de algunas entidades del Estado, no se articula en el sistema institucional del país, y por ende las acciones administrativas que emprenda, como la de llevar un registro de sus bienes inmuebles y de sus poseedores, no se correlaciona con los sistemas de información de las autoridades catastrales.

Indiscutiblemente los territorios colectivos de las comunidades negras tienen particularidades que son develadas por la Ley 70 de 1993 al consagrar el carácter inalienable, imprescriptible e inembargable del derecho a la propiedad colectiva, y al crear formas y estructuras de gobierno propio con algunas funciones que son asignadas a otras autoridades (p. ej., ordenar el territorio) aunque se trate de una persona jurídica de la cual no fue legalmente esclarecida su naturaleza. Además de consagrar una peculiar forma de derecho a la propiedad colectiva (Hinestroza y Tello, 2018).

Por lo anterior, la implementación de un nuevo catastro multipropósito se debe realizar con un enfoque diferencial étnico, de tal manera que se reconozca a los consejos comunitarios como autoridades administrativas de apoyo en la gestión del catastro, con la posibilidad de brindar información permanente y actualizada, principalmente respecto de los bienes inmuebles individuales y colectivos, y de la delimitación interna del territorio y sus modificaciones. Además, una gestión catastral con un nuevo sistema de información debe incluir el sistema de registro propio de los bienes inmuebles de las comunidades negras que contiene el archivo de la comunidad, los libros de actas y de cuentas, y el registro de las áreas asignadas a los miembros de la comunidad.

BIBLIOGRAFÍA

LIBROS

ROMAÑA, N.; C. GEOVO, F. PAZ y E. BANGUERO. *Titulación colectiva para comunidades negras en Colombia*, Bogotá, 2010.

Ó LOINGSIGH, G. *La reconquista del Pacífico: invasión, inversión, impunidad*, Bogotá, Proceso de Comunidades Negras (PCN), Coordinador Nacional Agrario (CNA), 2013.

CAPÍTULOS DE LIBRO

HINESTROZA, L. y C. TELLO. "El ordenamiento del territorio colectivo de las comunidades negras en Colombia: entre utopías límites y desafíos", en M. GARCÍA.

Lectura sobre derecho de Tierras, t. II, Bogotá, Universidad Externado de Colombia, 2018.

Hoffmann, O. "Conflictos territoriales y territorialidad negra: el caso de las comunidades afrocolombianas, en C. Mosquera, O. Hoffmann y M. Pardo (eds). *Afrodescendientes en las Américas. Trayectorias sociales e identitaria: 150 años de la abolición de la esclavitud en Colombia*, Bogotá, Universidad Nacional de Colombia, Instituto Colombiano de Antropología e Historia, IRD, ILSA, 2002.

Massiris, A. "Políticas latinoamericanas de ordenamiento territorial. Realidad y desafíos", en A. Massiris, M. Espinoza, T. Ramírez, P. Rincón y T. Sanabria. *Procesos de ordenamiento en América Latina y Colombia*, Bogotá, Universidad Nacional de Colombia, 2012.

ARTÍCULOS

Cuesta, J. y L. Hinestroza. "Análisis jurídico de las funciones de los consejos comunitarios en territorios colectivos de comunidades negras", *Justicia*, 32, 2017, disponible en [https://doi.org/10.17081/just.22.32.2910].

Delgado, S. y S. A. Coronado Delgado. "El territorio: derecho fundamental de las comunidades afrodescendientes en Colombia", *Revista Controversia*, 187, CR, ENS, IPC, CINEP, 2006.

Hinestroza, C. "Los consejos comunitarios y su papel en la protección y conservación del medio ambiente", *Revista Institucional Universidad Tecnológica del Chocó*, 2006.

Martínez, S. "El ordenamiento territorial y la construcción de territorialidades negras en la región del Medio Atrato", *Perspectiva Geográfica: Revista del Programa de Estudios de Posgrado en Geografía*, (11), 2005.

Pérez, S. y J. Restrepo. "Catastro como instrumento para el desarrollo territorial: propuestas para la implementación de la política catastral del país", *Revista de Ingeniería*, 46, 2018.

Rodríguez, G. A. "Continúa la exclusión y la marginación de las comunidades negras colombianas", *Revista Diálogo del Saber*, 29, 2008.

TESIS

ANDRADE, M. *Modelo Administrativo Territorial para las Organizaciones de Comunidades Negras (MATOCONE), como herramienta de gestión y fortalecimiento desde la perspectiva de las políticas públicas*, tesis, Medellín, Universidad EAFIT.

CASTRO, M. *Análisis jurídico de la organización territorial a la luz de la nueva ley orgánica de ordenamiento territorial*, monografía, Cali, Pontificia Universidad Javeriana, 2014.

HERNÁNDEZ, S y O. MARTÍNEZ. *El ordenamiento territorial en Colombia a partir de la Ley 1454 de 2011. Una aproximación jurídica e histórica al proceso legislativo*, tesis, Bogotá, Universidad Militar Nueva Granada, 2015.

DOCUMENTOS

ASCOBA. "Qué es para nosotros el territorio", en *Selva y Río*, n. 2, Riosucio, Chocó, diciembre de 2005.

BETANCUR, J. y S. CORONADO. "Derechos territoriales de las comunidades negras: una mirada desde la diferencia", Bogotá, Pontificia Universidad Javeriana, Observatorio de territorios étnicos, una apuesta para la defensa de los territorios, 2012, disponible en [http://etnoterritorios.org/CentroDocumentacion.shtml?apc=x-xx-1-&x=713], consultada el 23 de diciembre de 2019.

Conpes 3958 de 2019. "Estrategia para la implementación de la política pública de catastro multipropósito", disponible en [https://colaboracion.dnp.gov.co/CDT/Conpes/Econ%C3%B3micos/3958.pdf], consultada el 14 de enero de 2020.

Conpes 3859 de 2016. "Política para la adopción e implementación de un catastro multipropósito rural-urbano", disponible en [https://colaboracion.dnp.gov.co/CDT/Conpes/Econ%C3%B3micos/3859.pdf], consultada el 14 de enero de 2020.

ERBA, D. A. y M. A. PIUMETTO. "Catastro territorial multifinalitario", Lincoln Institute of Land Policy, 2013.

GOBIERNO DE LA REPÚBLICA DE COLOMBIA Y FARC-EP. "Acuerdo general para la terminación del conflicto y la construcción de una paz estable y duradera. Mesa de Conversaciones", 2016, disponible en [http://www.altocomisionadoparalapaz.

gov.co/procesos-y-conversaciones/Paginas/Texto-completo-del-Acuerdo-Final-para-la-Terminacion-del-conflicto.aspx], consultada el 1.º de enero de 2020.

RIVAS, N.; S. HURTADO y A. EFRÉN. *Impactos de la Ley 70 y dinámicas políticas locales de las poblaciones afrocolombianas: estudios de caso*, Documento de Trabajo n.º 50, Cali, Universidad del Valle, Facultad de Ciencias Sociales y Económicas, 2000.

SABATINI DOWNEY, F; M. P. MORA CAMUS, M. I. POLANCO MOORE e I. BRAIN VALENZUELA. *Conciliando integración social y negocio inmobiliario: seguimiento de Proyectos Integrados (PIS) desarrollados por inmobiliarias e implicancias de política*, Lincoln Institute of Land Policy, 2013.

NORMATIVIDAD

Constitución Política de Colombia de 1991.

Decreto 59 de 1924, "Reglamentario del impuesto sobre la renta", *Diario Oficial* n.º 19450 del 21 de enero de 1924, disponible en [http://www.suin-juriscol.gov.co/viewDocument.asp?id=1012928], consultada el 14 de enero de 2019.

Decreto 290 de 1957, "Por el cual se dictan normas para el fomento agropecuario", *Diario Oficial* n.º 29552 del 4 de diciembre de 1957, disponible en [http://www.suin-juriscol.gov.co/viewDocument.asp?id=1902669], consultada el 14 de enero de 2020.

Ley 70 del 27 de agosto de 1993, "Por la cual se desarrolla el artículo 55 transitorio de la Constitución Política de Colombia de 1991, *Diario Oficial* n.º 41.013 del 31 de agosto de 1993, disponible en [http://www.alcaldiabogota.gov.co/sisjur/normas/Norma1.jsp?i=7388], consultada el 1.º de febrero de 2020.

Decreto Ley 1745 de 1995, "Por el cual se reglamenta el Capítulo III de la Ley 70 de 1993, se adopta el procedimiento para el reconocimiento del derecho a la propiedad colectiva de las 'Tierras de las Comunidades Negras' y se dictan otras disposiciones", *Diario Oficial* n.º 42.049 del 13 de octubre de 1995, disponible en [http://www.alcaldiabogota.gov.co/sisjur/normas/Norma1.jsp?i=69318], consultada el 10 de enero de 2020.

Decreto 3759 de 2009, "Por el cual se aprueba la modificación de la estructura del Instituto Colombiano de Desarrollo Rural (Incoder), y se dictan otras disposiciones",

Diario Oficial n.º 47488 del 30 de septiembre de 2009, disponible en [http://www.suin-juriscol.gov.co/viewDocument.asp?ruta=Decretos/1536234], consultada el 14 de enero de 2020.

Ley 30 de 1821, "Ley de catastro general del cantón", disponible en [http://www.bdigital.unal.edu.co/21/34/leyes_de_1821.pdf].

Ley 70 de 1886, "Por el cual se concede una pensión", *Diario Oficial* n.º 6898 del 21 de diciembre de 1886, disponible en [http://www.suin-juriscol.gov.co/viewDocument.asp?ruta=Leyes/1620452], consultada el 14 de enero de 2020.

Ley 20 de 1908, "Que adiciona y reforma la Ley 149 de 1908, sobre régimen político y municipal", *Diario Oficial* n.º 13381 del 3 de septiembre de 1908, disponible en [http://www.suin-juriscol.gov.co/viewDocument.asp?id=1805840], consultada el 14 de enero de 2020.

Ley 4.ª de 1913, "Sobre régimen político y municipal", *Diario Oficial* n.º 15012 del 6 de octubre de 1913, disponible en [http://www.suin-juriscol.gov.co/viewDocument.asp?ruta=Leyes/1820591], consultada el 14 de enero de 2020.

Ley 56 de 1918, "Por la cual se establece el impuesto sobre la renta", *Diario Oficial* n.º 16555 del 30 de noviembre de 1918, disponible en [http://www.suin-juriscol.gov.co/clp/contenidos.dll/Leyes/30019421?fn=document-frame.htm$f=templates$3.0], consultada el 14 de enero de 2020.

Ley 78 de 1935, "Por la cual se reforman las disposiciones vigentes del impuesto sobre la renta, se aumenta la tarifa, se establecen unos impuestos adicionales y se suprimen otros", *Diario Oficial* n.º 23075 del 3 enero de 1936, disponible en [http://www.suin-juriscol.gov.co/viewDocument.asp?id=1624360], consultada el 14 de enero de 2020.

Ley 152 de 1994, "Por la cual se establece la Ley Orgánica del Plan de Desarrollo", *Diario Oficial* n.º 41450 del 19 de julio de 1994, disponible en [http://www.suin-juriscol.gov.co/viewDocument.asp?ruta=Leyes/1651907], consultada el 14 de enero de 2020.

Ley 388 de 1997, "Por la cual se modifican las Leyes 9.ª de 1989 y 3.ª de 1991 y se dictan otras disposiciones", *Diario Oficial* n.º 43091 del 24 julio de 1997, disponible en [http://www.suin-juriscol.gov.co/viewDocument.asp?id=1659295], consultada el 14 de enero de 2020.

Ley 1450 de 2011, "Por la cual se expide el Plan Nacional de Desarrollo, 2010-2014", *Diario Oficial* n.º 48102 del 16 de junio de 2011, disponible en [http://www.suin-juriscol.gov.co/viewDocument.asp?id=1680917], consultada el 14 de enero de 2020.

Ley 1454 de 2011, "Por la cual se dictan normas orgánicas sobre ordenamiento territorial y se modifican otras disposiciones. *Diario Oficial* n.º 48.115 del 29 de junio de 2011, disponible en [http://www.alcaldiabogota.gov.co/sisjur/normas/Norma1.jsp?i=43210], consultada el 10 de enero de 2020.

Ley 1753 de 2015, "Por la cual se expide el Plan Nacional de Desarrollo 2014-2018 "Todos por un nuevo país", *Diario Oficial* n.º 49538 del 9 de junio de 2015, disponible en [http://www.suin-juriscol.gov.co/viewDocument.asp?id=30019885], consultada el 14 de enero de 2020.

Instituto Geográfico Agustín Codazzi (igac), Resolución 070 de 2011, "Por la cual se reglamenta técnicamente la formación catastral, la actualización de la formación catastral y la conservación catastral", *Diario Oficial* n.º 47.986 del 17 de febrero de 2011, disponible en [http://www2.igac.gov.co/igac_web/normograma_files/RESOLUCION _70_2011.pdf], consultada el 13 de enero 2020.

JURISPRUDENCIA

Corte Constitucional

Sentencia C-535 de 1996, M. P.: Alejandro Martínez Caballero.

Sentencia T-955 de 2003, M. P.: Álvaro Tafur Galvis.

Sentencia C-489 de 2012, M. P.: Adriana María Guillén Arango.

Sentencia C-072 de 2014, M. P.: Alberto Rojas Ríos.

Sentencia T-414 de 2015, M. P.: Luis Guillermo Guerrero.

Sentencia T-117 de 2017, M. P.: Luis Ernesto Vargas Silva.

JAIME AUGUSTO CORREA MEDINA*
MYRIAM CAROLINA MARTÍNEZ CÁRDENAS**

La paradoja de la protección a las comunidades étnicas como deber estatal en torno al acceso a las tierras como recurso escaso en el caso colombiano: algunas reflexiones y propuestas desde la misionalidad de la Agencia Nacional de Tierras

SUMARIO

Introducción. I. Las comunidades étnicas y su especial vinculación con la tierra y el territorio desde el Sistema Interamericano de Protección de Derechos Humanos. II. Las comunidades indígenas y la protección de su territorio en el marco del ordenamiento jurídico colombiano. A. Algunas consideraciones de orden jurisprudencial en torno a los pueblos indígenas en Colombia y su protección como sujetos de derechos. B. Un diagnóstico de la dotación de tierras y las pretensiones territoriales de las comunidades indígenas, así como la identificación de algunas vicisitudes en su aplicación. C. Propuestas desde la misionalidad de la Agencia Nacional de Tierras. Conclusiones. Bibliografía.

RESUMEN

El propósito del artículo es mostrar la dimensión jurídica de los derechos de las comunidades indígenas de acceso a la tierra, las cuales, a partir de diversos instrumentos normativos del Sistema Interamericano de Protección de Derechos Humanos, han procurado la defensa de sus derechos, particularmente a la tierra y el territorio. Además, se presenta un diagnóstico de la dotación de tierras y sus pretensiones territoriales, y se identifican algunas vicisitudes en su aplicación, entre ellas las tensiones por la tierra, por el recurso escaso, con otros sujetos de especial protección constitucional, y se formulan propuestas de solución desde la misionalidad de la Agencia Nacional de Tierras (ANT), que se constituye como la máxima autoridad de

* Magíster en Derecho, con énfasis en Derecho Procesal, candidato a doctor en Derecho, becario y docente de la Universidad Externado de Colombia; asesor jurídico y temático de la Dirección General de la Agencia Nacional de Tierras y para el Gobierno Nacional. Correo electrónico: jaime.correa@uexternado.edu.co

** Magíster en Administración de Negocios (mba) del esic Business and Marketing School de Madrid, España; especialista en Derecho Comercial y Financiero de la Universidad Sergio Arboleda y en Derecho de las Telecomunicaciones de la Universidad de Externado de Colombia; actualmente se desempeña como directora general de la Agencia Nacional de Tierras. Correo electrónico: myriam.martinez@agenciadetierras.gov.co.

las tierras, ejecutora de la política de ordenamiento social de la propiedad rural formulada por el Ministerio de Agricultura y Desarrollo Rural.

PALABRAS CLAVE

Ordenamiento social de la propiedad, comunidades indígenas, resguardos, territorio ancestral.

ABSTRACT

The purpose of the paper is to show the legal dimension of the rights of indigenous communities to access to land who, from various normative instruments of the inter-American human rights protection system, have sought the defense of their rights, particularly with regard to rights to land and territory. It is intended to present a diagnosis about the endowment of land and its territorial claims, as well as the identification of some vicissitudes in its application, including tensions over land, scarce recourse, with other subjects of special constitutional protection, formulating proposals for solution from the mission of the National Land Agency, which is constituted as the highest authority of the lands in Colombia, executor of the social property management policy formulated by the Ministry of Agriculture and Rural Development.

KEYWORDS

Social order of property, indigenous communities, resguardos, ancestral territory.

INTRODUCCIÓN

Como sujetos de especial protección constitucional las comunidades indígenas han venido realizando procesos de ocupación que pueden proyectar cambios en la configuración territorial mediante la solicitud de constitución de nuevos resguardos o de su ampliación, de protección del territorio ancestral, o como consecuencia de fallos judiciales en sede de tutela, o procesos de restitución de tierras y adquisición de bienes privados, entre otros.

Por ello, el escenario del derecho de tierras, y la configuración de las políticas públicas, "puede recibir aportes importantes de la historia, la teoría jurídica, la sociología, la filosofía política y la economía. Tales disciplinas, desde sus perfiles, hacen un aporte importante que nutre la comprensión adecuada del fenómeno" (Suárez, 2014) del beneficio en favor de los distintos sujetos a los cuales les asiste el derecho de acceso a la tierra, pues la convergencia de distintas disciplinas en el abordaje de esta especialidad jurídica enriquece y permite perfilar una dimensión adecuada de su alcance, además de favorecer la integralidad en la toma de decisiones sobre el campo, de modo que la política sectorial responda a los desafíos de la nueva ruralidad: provisión de bienes y servicios, dotación de tierras y desarrollo integral en procura de mejorar las condiciones de sus habitantes.

Por ende, se considera relevante su adecuación al modelo propuesto por el Estado social y democrático de derecho dispuesto por la Constitución de 1991, en la medida en que los derechos fundamentales (sociales, económicos y culturales) reivindican su satisfacción y protección.

El propósito de este documento es, pues, comprender la dimensión jurídica de los derechos de las comunidades indígenas de acceso a la tierra, las cuales, a partir del Sistema Interamericano de Protección de Derechos Humanos, han encontrado diversos instrumentos normativos que procuran la defensa de sus derechos, así como lo propio en el sistema jurídico colombiano y la incidencia de su aplicación, particularmente frente a los derechos a la tierra y el territorio. Asimismo, se trata de elaborar un diagnóstico respecto de la dotación de tierras y de las pretensiones territoriales de las comunidades indígenas, así como identificar algunas vicisitudes en su aplicación.

Finalmente, se presenta una alternativa de solución desde la misionalidad de la ANT, que se constituye como la máxima autoridad de las tierras de la nación, teniendo por objeto ejecutar la política de ordenamiento social de la propiedad rural formulada por el Ministerio de Agricultura y Desarrollo Rural (arts. 3.º y 4.º num. 1 del DL 2363 de 2015), en cuanto le corresponde gestionar el acceso a la tierra como factor productivo, lograr la seguridad jurídica sobre esta, promover su uso en cumplimiento de la función social de la propiedad, y administrar y disponer de los predios rurales de propiedad de la nación; entre sus sujetos focales (mas no exclusivos) se encuentran las comunidades étnicas (art. 4.º nums. 26 y 27 del DL 2363 de 2015) y las comunidades campesinas (art. 4.º, nums. 7, 8, 9, 11, 12, 13, 14, 15, 22, 23, 24 y 25), a las que corresponde el acceso a la tierra en condiciones diferenciales como uno de sus más importantes propósitos misionales.

I. LAS COMUNIDADES ÉTNICAS Y SU ESPECIAL VINCULACIÓN CON LA TIERRA Y EL TERRITORIO DESDE EL SISTEMA INTERAMERICANO DE PROTECCIÓN DE DERECHOS HUMANOS

Las comunidades indígenas y tribales encuentran protección en diversos instrumentos internacionales bajo dos perspectivas inescindibles: la obligación de protección y reconocimiento de los derechos que corresponde a los Estados y la correlativa condición de sujetos de protección.

Por razón del derecho a la igualdad previsto en el artículo 2.º, toda persona tiene los derechos y libertades proclamados en la Declaración Universal de los Derechos Humanos de 1948, sin distinción de raza, color u origen, así como, en los términos del artículo 7.º, "a igual protección contra toda discriminación que infrinja esta Declaración y contra toda provocación a tal discriminación".

Por su parte, el Pacto Internacional de los Derechos Civiles y Políticos del 16 de diciembre de 1966 refiere en su Preámbulo que "la libertad, la justicia y la paz en el mundo tienen por base el reconocimiento de la dignidad inherente a todos los miembros de la familia humana y de sus derechos iguales e inalienables", los cuales "se derivan de la dignidad inherente a la persona humana". En razón de ello le asiste como obligación a los Estados parte procurar la igualdad y, de la misma manera que la Declaración Universal de los Derechos Humanos de 1948, a

> ... respetar y a garantizar a todos los individuos que se encuentren en su territorio y estén sujetos a su jurisdicción los derechos reconocidos en el presente Pacto, sin distinción alguna de raza, color, sexo, idioma, religión, opinión política o de otra índole, origen nacional o social, posición económica, nacimiento o cualquier otra condición social.

En el artículo 26 del Pacto Internacional de Derechos Económicos Sociales y Culturales se prevé que

> ... en los Estados en que existan minorías étnicas, religiosas o lingüísticas, no se negará a las personas que pertenezcan a dichas minorías el derecho que les corresponde, en común con los demás miembros de su grupo, a tener su propia vida cultural, a profesar y practicar su propia religión y a emplear su propio idioma.

Por su parte, el artículo 1.º de la Convención Americana de Derechos Humanos señala el deber de los Estados de

> ... respetar los derechos y libertades reconocidos en ella y a garantizar su libre y pleno ejercicio a toda persona que esté sujeta a su jurisdicción, sin discriminación alguna por motivos de raza, color [...], origen nacional o social, posición económica, nacimiento o cualquier otra condición social.

Así como, a la luz del artículo 24, el trato en condiciones de igualdad "sin discriminación, a igual protección de la ley".

Los pueblos indígenas y tribales sostienen una relación especial con la tierra, razón por la cual la Corte Interamericana de Derechos Humanos ha establecido importantes avances frente a la protección de sus derechos, para propender por su conservación, puesto que "la relación con la tierra no es meramente una cuestión de posesión y producción sino, más bien, un elemento material y espiritual que deberían poder gozar en su totalidad, para preservar, de este modo, su legado cultural y transmitirlo a futuras generaciones" (CIDH. *Caso Comunidad Moiwana vs. Suriname*, Serie C, Párr. Párr. 141) en los siguientes pilares:

1) *Acceso a tierras con dimensión colectiva.* Mediante una interpretación evolutiva de los instrumentos internacionales de protección de derechos humanos, tomando en cuenta las normas de interpretación aplicables, y de conformidad con el artículo 29.b de la Convención, la Corte Interamericana considera que el artículo 21 de la Convención protege el derecho a la propiedad en un sentido que comprende, entre otros, los derechos de los miembros de las comunidades indígenas en el marco de la propiedad colectiva.

Y advierte que

> [...] entre los indígenas existe una tradición comunitaria sobre una forma comunal de la propiedad colectiva de la tierra, en el sentido de que la pertenencia

de ésta no se centra en un individuo sino en el grupo y su comunidad. Los indígenas por el hecho de su propia existencia tienen derecho a vivir libremente en sus propios territorios; la estrecha relación que los indígenas mantienen con la tierra debe de ser reconocida y comprendida como la base fundamental de sus culturas, su vida espiritual, su integridad y su supervivencia económica. Para las comunidades indígenas la relación con la tierra no es meramente una cuestión de posesión y producción sino un elemento material y espiritual del que deben gozar plenamente, inclusive para preservar su legado cultural y transmitirlo a las generaciones futuras (CIDH. *Caso Comunidad Mayagna (Sumo) Awas Tingni vs. Nicaragua*, 2001, Párrs. 148 y 149).

2) *Respeto de sus valores, usos y costumbres.* La Corte considera que es necesario que el Estado garantice el goce efectivo los derechos reconocidos en su Constitución Política y en su legislación, de conformidad con la Convención Americana, debiendo

> … adoptar en su derecho interno, según lo dispuesto en el artículo 2.º de la Convención Americana, las medidas legislativas, administrativas y de cualquier otro carácter que sean necesarias para crear un mecanismo eficaz de reclamación de tierras ancestrales de los pueblos indígenas que haga cierto su derecho de propiedad y que tenga en cuenta su derecho consuetudinario, valores, usos y costumbres (CIDH. *Caso Comunidad Mayagna (Sumo) Awas Tingni vs. Nicaragua*, Párr. 225, 2005).

3) *Titulación en su favor.* Los límites del territorio sobre los cuales existe tal derecho de propiedad de las comunidades indígenas deben ser efectivamente establecidos por el Estado, de tal manera que exista certidumbre para las comunidades étnicas respecto de ellos y hasta donde se extiende geográficamente su derecho de propiedad comunal y, consecuentemente, puedan conocer hasta dónde pueden efectuar su uso ancestral.

4) En ese sentido la Corte Interamericana ha entendido que sobre el Estado pesa una obligación de no hacer, de modo que:

> … hasta tanto no se realice esa delimitación, demarcación y titulación, actos que puedan llevar a que los agentes del propio Estado, o terceros que actúen con su aquiescencia o su tolerancia, afecten la existencia, el valor, el uso o el goce de los bienes ubicados en la zona geográfica donde habitan y realizan

sus actividades los miembros de la Comunidad (CIDH. *Caso de la Comunidad Mayagna (Sumo) Awas Tingni vs. Nicaragua*, Párrs. 125, 127, 149, 2001).

En otro caso la Corte reconoció que tanto la propiedad privada de los particulares como la comunitaria de los miembros de las comunidades indígenas encuentran soporte en el artículo 21 de la Convención Americana, y por tanto tienen protección convencional. Sin embargo, enfatiza que "el reconocimiento meramente abstracto o jurídico de las tierras, territorios o recursos indígenas carece prácticamente de sentido si no se ha establecido y delimitado físicamente la propiedad" (CIDH. *Caso Comunidad indígena Yakye Axa vs. Paraguay*, Párr. 143, 2005).

La prestación establecida en ambos fallos presenta dificultad práctica respecto de las ocupaciones subsiguientes de otras comunidades étnicas sobre las cuales pueden verse traslapados intereses territoriales, o aún respecto de colonos, campesinos y particulares con derechos consolidados sobre áreas pretendidas ancestralmente, situación que en el caso colombiano resulta compleja, con trascendentes efectos jurídicos y económicos, por cuanto algunos de ellos son sujetos de especial protección constitucional, merecen y precisan acceso a tierras, y ameritan un ejercicio de ponderación adecuado.

5) *Reivindicación territorial ancestral.* Respecto de la propiedad colectiva de las comunidades indígenas, la Corte Interamericana de Derechos Humanos ha reconocido que entre ellos

> ... existe una tradición comunitaria sobre una forma comunal de la propiedad colectiva de la tierra, en el sentido de que la pertenencia de ésta no se centra en un individuo sino en el grupo y su comunidad. Los indígenas por el hecho de su propia existencia tienen derecho a vivir libremente en sus propios territorios; la estrecha relación que los indígenas mantienen con la tierra debe de ser reconocida y comprendida como la base fundamental de sus culturas, su vida espiritual, su integridad y su supervivencia económica. Para las comunidades indígenas la relación con la tierra no es meramente una cuestión de posesión y producción sino un elemento material y espiritual del que deben gozar plenamente, inclusive para preservar su legado cultural y transmitirlo a las generaciones futuras (CIDH. *Caso Comunidad indígena Yakye Axa vs. Paraguay*, Párrs. 65, 96, 97, 102, 2005; CIDH. *Caso Comunidad Indígena Xákmok Kásc vs. Paraguay*, Párr. 144, 2010).

6) *Protección frente a actos lesivos del uso y goce de su propiedad colectiva*[1]. Que las comunidades étnicas sean sujetos de derechos y reparación[2] encuentra asidero, además de en las normas generales observadas, en disposiciones especiales. Entre ellas se resaltan la Declaración de las Naciones Unidas sobre los Derechos de los Pueblos Indígenas, que propende por la promoción, el respecto y el cumplimiento de los derechos de los pueblos indígenas a nivel mundial, como instrumento pluricultural que refiere su derecho a vivir con dignidad, a la preservación y fortalecimiento de sus instituciones propias, de sus intereses, factores culturales y tradiciones, procurando su desarrollo y autodeterminación de acuerdo con sus necesidades.

La Declaración recoge en sus artículos 20.2, 32.3 y 40 el derecho a la obtención de una reparación efectiva, integral y diferencial, y la atención a sus características identitarias, mediante procedimientos equitativos y justos para el arreglo de controversias con los Estados u otras partes, y una decisión pronta, así como una reparación efectiva de toda lesión de sus derechos individuales y colectivos, de modo que "las decisiones que las definan deben considerar las costumbres, tradiciones, normas y sistemas jurídicos de los pueblos indígenas así como las normas internacionales de derechos humanos" (ONU, 2007, A/61/L.67 [7 de septiembre de 2007])[3].

---

1 Cfr. CIDH. *Caso del Pueblo Saramaka vs. Surinam*, Párr. 194, b y f, 2007.

2 CIDH. Caso comunidad Garífuna Triunfo de la Cruz y sus miembros *vs.* Honduras, Voto Concurrente, Párr. 27, 2015: "La figura jurídica de la reparación colectiva corresponde con el entendimiento de que: i) las comunidades indígenas son titulares de derechos humanos; ii) estos derechos son diferentes a los derechos de cada miembro de la comunidad y también a la sumatoria de aquellos, y iii) no son derechos asimilables a los derechos colectivos de otros grupos sociales. Asimismo, es necesario recordar que el daño sufrido por una comunidad indígena o tribal es colectivo, pero no por ello es menos concreto. La diferencia con un daño sufrido por un individuo, es que el daño colectivo es causado a una colectividad como tal y no es equiparable a la suma de daños individuales"; CIDH. Caso Comunidades Indígenas Miembros de la Asociación Lhaka Honhat (Nuestra Tierra) *vs.* Argentina. Sentencia del 6 de febrero de 2020, Fondo, Reparaciones y Costas, Serie C n.º 400, Tit. VII.I".

3 Adicionalmente, dispone que "[l]os pueblos indígenas tienen derecho a la reparación, por medios que pueden incluir la restitución o, cuando ello no sea posible, una indemnización justa, imparcial y equitativa, por las tierras, los territorios y los recursos que tradicionalmente hayan poseído u ocupado o utilizado de otra forma y que hayan sido

Así las cosas, la reparación de las comunidades étnicas debe atender a características concretas señaladas en la jurisprudencia interamericana, en tanto

> [...] i) debe ser considerada independientemente de la reparación por las afectaciones que pueden haber sufrido los miembros de la comunidad como individuos; ii) su objetivo es la reparación de afectaciones que, por las características de los pueblos indígenas o tribales mismos (especialmente su relación con sus tierras tradicionales), son colectivas y requieren medidas específicas de reparación; iii) tiene la finalidad de proteger, y ser implementada acorde a los costumbres y la identidad cultural de la comunidad; iv) tiene un objetivo relacionado con el fortalecimiento de la situación social y económico de la comunidad, y v) la comunidad participa de manera efectiva, por medio de sus legítimos representantes, en las decisiones que se toman respecto de la implementación de la reparación colectiva otorgada (CIDH. *Caso comunidad Garífuna Triunfo de la Cruz y sus miembros vs. Honduras*, Voto Concurrente, Párr. 26-30, 2015).

Cobra vigencia como parámetro de reparación

> ... la plena efectividad de los derechos sociales, económicos y culturales de esos pueblos, respetando su identidad social y cultural, sus costumbres y tradiciones, y sus instituciones; y [...] que ayuden a los miembros de los pueblos interesados a eliminar las diferencias socioeconómicas que puedan existir entre los miembros indígenas y los demás miembros de la comunidad nacional, de una manera compatible con sus aspiraciones y formas de vida (OIT. Convenio 169, art. 2.º).

---

confiscados, tomados, ocupados, utilizados o dañados sin su consentimiento libre, previo e informado" (28.1) y "[s]alvo que los pueblos interesados hayan convenido libremente en otra cosa, la indemnización consistirá en tierras, territorios y recursos de igual calidad, extensión y condición jurídica o en una indemnización monetaria u otra reparación adecuada" (28.2), esto es, se prevé en la disposición citada como formas de reparación la restitución *idem corpus*, la restitución por equivalencia o aún la compensación económica. Cfr. ONU, A/61/L.67, 7 de septiembre de 2007.

Este tipo de medidas están dirigidas a mejorar la calidad de vida y el bienestar general de los miembros de los pueblos indígenas y tribales y, por tanto, pueden tener un efecto compensador. No obstante, las mismas no pueden ser confundidas con la reparación colectiva.

Para las comunidades étnicas (indígenas y tribales) la relación con la tierra rebasa la dimensión individual y trasciende a la propiedad colectiva respecto de la tierra y el territorio (CIDH. *Caso de Comunidades del Jiguamiandó y del Curbaradó vs. Colombia*, Res. Párr. 4, 2003)[4], que no son nociones sinonímicas, pero sí asociadas. La distinción es oportuna por cuanto tierra y territorio son conceptos distintos. El primero corresponde al

> … espacio geográfico en el que una persona, grupo de personas, institución, o Estado ejercen control y dominio. En tanto producto social e histórico, el territorio puede ser de carácter urbano, rural, marítimo, insular o aéreo dotado de una determinada base de bienes naturales comunes, ciertas formas de producción, consumo e intercambio, así como bienes y servicios públicos rurales y una red de instituciones y formas de organización que se encargan de darle cohesión a la totalidad de los elementos constitutivos (UPRA, Massiris, 2015).

4 Referimos con ello el *territorio ancestral* entendido como tierras y territorios que histórica y tradicionalmente han sido objeto de ocupación por los pueblos o comunidades étnicas como ámbito espacial para el desenvolvimiento de sus actividades sociales, culturales, espirituales y económicas. La Corte ha identificado que la protección de los derechos humanos determinada por la Convención Americana, de ser eficaz, abarca "no sólo las relaciones entre los individuos y el poder público, sino también sus relaciones con terceros (grupos clandestinos, paramilitares, u otros grupos de particulares). Esto revela las nuevas dimensiones de la protección internacional de los derechos humanos, así como el gran potencial de los mecanismos de protección existentes –como el de la Convención Americana– accionados para proteger colectivamente los miembros de toda una comunidad, aunque la base de acción sea la lesión –o la probabilidad o inminencia de lesión– a derechos individuales". CIDH. *Caso de Comunidades del Jiguamiandó y del Curbaradó vs. Colombia*, Res, medidas provisionales, Voto Concurrente, Párr. 4, 2013; cfr. CIDH. *Caso de la Comunidad de Paz de San José de Apartadó*, 2000; CIDH. *Caso Giraldo Cardona*. Res. Medidas Provisionales, Considerando 5.°, Resolutivo 2.°, 1997; CIDH. *Caso Colotenango vs. Guatemala*, Res. Medidas Provisionales, Resolutivo 2.°, 1994.

Por su parte la tierra es el

> ... espacio social construido a partir de la interacción de fuerzas naturales y sociales a través del tiempo. Incluye tanto tierras continentales como marítimas. Las tierras continentales incluyen el suelo y su cobertura natural, la población, vivienda, bienes y servicios públicos y actividades económicas, así como aspectos identitarios, históricos, culturales y de apropiación social mediante los cuales las personas, instituciones y grupos sociales construyen territorialidades diversas. La tierra marítima incluye el suelo marino correspondiente al mar territorial y la zona económica exclusiva y su cobertura de bienes naturales comunes: hídricos, hidrobiológicos, mineros, energéticos, turísticos, etc. (UPRA, Massiris, 2015).

En el sistema interamericano para la protección de los derechos de las comunidades étnicas existe el Convenio n.º 169 del 27 de junio de 1989, sobre pueblos indígenas y tribales en países independientes, de la Organización Internacional del Trabajo (OIT), como un instrumento internacional que ha reconocido los derechos humanos de los pueblos indígenas, y precisa como deber de los Estados adoptar medidas especiales encaminadas a proteger los derechos de los pueblos y a garantizar el respeto de su integridad (OIT, Convenio 169, art. 2.º)[5], así como medidas especiales orientadas a salvaguardar las personas, las instituciones, los bienes, el trabajo, las culturas y el medio ambiente de las comunidades étnicas (OIT, Convenio 169, art. 4.º)[6]. En atención a que este instrumento internacional reconoce y protege los

---

5 En concordancia con su artículo 1.º, es relevante la identidad tribal como criterio fundamental para determinar los grupos a los que se aplican las disposiciones del Convenio 169, tomando medidas: "a) que aseguren a los miembros de dichos pueblos gozar, en pie de igualdad, de los derechos y oportunidades que la legislación nacional otorga a los demás miembros de la población; b) que promuevan la plena efectividad de los derechos sociales, económicos y culturales de esos pueblos, respetando su identidad social y cultural, sus costumbres y tradiciones, y sus instituciones; c) que ayuden a los miembros de los pueblos interesados a eliminar las diferencias socioeconómicas".

6 La aplicación de las disposiciones del Convenio debe asegurar la participación de las comunidades, así como prever mecanismos adecuados de consulta, respetando el derecho de los pueblos indígenas y tribales a "decidir sus propias prioridades en lo que atañe al proceso de desarrollo, en la medida en que éste afecte a sus vidas, creencias,

valores y prácticas sociales, culturales, religiosas y espirituales propios de los pueblos indígenas y tribales, cuando los Estados apliquen las disposiciones contenidas en su texto, "deberán respetar la importancia especial que para las culturas y valores espirituales de los pueblos interesados reviste su relación con las tierras o territorios, o con ambos, según los casos, que ocupan o utilizan de alguna otra manera, y en particular los aspectos colectivos de esa relación" (OIT, Convenio 169, art. 13.º), circunstancia que ha llevado a la Corte Interamericana a considerar que el artículo 21 de la Convención protege el derecho a la propiedad indígena en el marco de la propiedad comunal (CIDH, 2001, *Caso de la Comunidad Mayagna (Sumo) Awas Tingni vs. Nicaragua*, Párrs. 148, 149)[7], así como frente a otras comunidades[8].

En su artículo 14 el Convenio establece el deber de reconocer el derecho de propiedad y de posesión en favor de las comunidades étnicas de las tierras que tradicionalmente ocupan, así como tomar medidas para salvaguardar su derecho a utilizar tierras que no estén exclusivamente ocupadas por ellos, pero a las que hayan tenido tradicionalmente acceso para sus actividades tradicionales y de subsistencia. Así mismo, configura el deber estatal de

---

instituciones y bienestar espiritual y a las tierras que ocupan o utilizan de alguna manera, y de controlar, en la medida de lo posible, su propio desarrollo económico, social y cultural'.

7 "Existe una tradición comunitaria sobre una forma comunal de la propiedad colectiva de la tierra, en el sentido de que la pertenencia de ésta no se centra en un individuo sino en el grupo y su comunidad. Los indígenas por el hecho de su propia existencia tienen derecho a vivir libremente en sus propios territorios; la estrecha relación que los indígenas mantienen con la tierra debe de ser reconocida y comprendida como la base fundamental de sus culturas, su vida espiritual, su integridad y su supervivencia económica. Para las comunidades indígenas la relación con la tierra no es meramente una cuestión de posesión y producción sino un elemento material y espiritual del que deben gozar plenamente, inclusive para preservar su legado cultural y transmitirlo a las generaciones futuras": CIDH. *Caso de la Comunidad Mayagna (Sumo) Awas Tingni vs. Nicaragua*, Párrs. 148 y 149, 2001.

8 Ejemplo de ello es el caso de las comunidades afrodescendientes víctimas de violaciones de derechos humanos, desplazamiento forzado y violación del derecho a la propiedad colectiva sobre sus territorios poseídos ancestralmente. Cfr. CIDH. *Caso de las comunidades afrodescendientes desplazadas de la cuenca del río Cacarica (Operación Génesis) vs. Colombia*, 2013.

determinar las tierras que los pueblos interesados ocupan tradicionalmente y garantizar la protección efectiva de sus derechos de propiedad y posesión, así como instituir procedimientos adecuados en el marco del sistema jurídico nacional para solucionar las reivindicaciones de tierras formuladas por los pueblos interesados[9].

Los artículos 15 y 16 del Convenio 169 de 1989, sobre pueblos indígenas y tribales en países independientes, establecen una previsión importante frente a su derecho a la tierra y la propiedad, en tanto su acceso a los recursos naturales debe ser protegido, así como su participación, utilización, administración y conservación (15.1), sin que el aprovechamiento de los recursos del subsuelo por el Estado comprometa sus intereses, por lo cual se establece la necesidad de efectuar una consulta previa y el derecho a percibir una indemnización equitativa por cualquier daño que puedan sufrir como resultado de esas actividades (15.2).

La regla general señala que las comunidades no deben ser trasladadas de sus territorios o reubicadas (16.2), y solo por vía de excepción ello será posible en caso de precisarse su movilidad, con su consentimiento, dado libremente y con pleno conocimiento de causa. Se debe propender por el retorno a sus tierras tradicionales (16.3), o su reubicación en tierras cuya calidad y estatuto jurídico sean por lo menos iguales a los de las tierras que ocupaban, de modo que les permitan subvenir a sus necesidades y garantizar su desarrollo futuro o una indemnización con las garantías apropiadas (16.4).

II. LAS COMUNIDADES INDÍGENAS Y LA PROTECCIÓN DE SU TERRITORIO EN EL MARCO DEL ORDENAMIENTO JURÍDICO COLOMBIANO

Por tratarse de un Estado social de derecho, pluriétnico y multicultural, Colombia protege la diversidad étnica y cultural. En tal sentido, tanto las normas constitucionales como los tratados internacionales que integran el bloque de constitucionalidad y la jurisprudencia reconocen los derechos de las minorías étnicas dándoles el rango de sujetos de especial protección, a

---

9 Caso Comunidades Indígenas Miembros de la Asociación Lhaka Honhat (Nuestra Tierra) *vs.* Argentina. Ob. Cit. Párr. 98, 115.

partir del discernimiento de diversos artículos de la Constitución Política de 1991[10].

De igual manera, debido a su condición especial, en materia territorial se destacan dos elementos consagrados en la Constitución Política de 1991 de significativa importancia para el reconocimiento de la relación de las comunidades indígenas con el territorio y su acceso a la tierra. Por un lado, *el reconocimiento del derecho a la propiedad colectiva no enajenable y el derecho a regirse por costumbres y usos propios* (arts. 63 y 329), sustento a partir del cual se derivó en la legislación posterior un conjunto de regulaciones en relación con el ejercicio de este derecho[11].

Por otro lado, al concebir los territorios indígenas como entes territoriales, el *reconocimiento de derechos autonómicos* les otorga autonomía en la gestión de sus intereses (arts. 286 y 329), así como la afirmación de sus propias autoridades con funciones administrativas, de modo que se gobiernan por

---

10 Entre ellos, desde los artículos 1.º y 7.º se define a Colombia como un Estado social de derecho, organizado en forma de república unitaria, pluralista, fundada en el respeto de la dignidad humana, que garantiza y protege la diversidad étnica y cultural de la nación. Por su parte el artículo 8.º señala al Estado y a las personas la obligación de proteger la riqueza cultural de la nación. El artículo 9.º protege las lenguas y dialectos de los grupos étnicos al considerarles oficiales en sus territorios, como también el artículo 70 dispone que la cultura en sus diversas manifestaciones es fundamento de la nacionalidad y que el Estado reconoce la igualdad y dignidad de todas las que conviven en el país. En el artículo 246 se considera el reconocimiento de su jurisdicción especial, de modo que puedan ejercer funciones jurisdiccionales dentro de su ámbito territorial, de conformidad con sus propias normas y procedimientos.

11 Respecto de la propiedad colectiva, la Ley 160 de 1994 y su Decreto reglamentario 2164 garantizan como beneficiarios de adjudicación de baldíos de la nación a las comunidades y pueblos indígenas, a través de la institución del resguardo. El artículo 21 del Decreto 2164 de 1995, hoy compilado por el Decreto 1071 de 2015, por el cual se reglamenta parcialmente el Capítulo XIV de la Ley 160 de 1994 en lo relacionado con la dotación y titulación de tierras a las comunidades indígenas para la constitución, reestructuración, ampliación y saneamiento de los resguardos indígenas en el territorio nacional, se refiere a su naturaleza jurídica con carácter de inalienable, imprescriptible e inembargable. Y respecto de su administración prevé el artículo 22 del decreto en mención que se efectúa “por los respectivos cabildos o autoridades tradicionales, de acuerdo con sus usos y costumbres, la legislación especial referida a la materia y a las normas que sobre este particular se adopten por aquellas”.

consejos conformados y reglamentados según los usos y costumbres de sus comunidades, ejercen las funciones definidas en los artículos 330 y 246[12] de la Constitución, y son destinatarias de recursos del sistema general de participaciones (art. 356)[13].

Dado el significado que en términos culturales y debido a su arraigo ancestral a los territorios han construido históricamente, el acceso y uso de la tierra por los pueblos indígenas es diferencial en comparación con la comprensión de la función social de la propiedad vista desde los propietarios no indígenas (v.gr., campesinos, agroindustriales y comunidades negras afrodescendientes raizales y palenqueras)[14], por cuanto sus costumbres, cosmovisión y bases identitarias están profundamente relacionadas con su pertenencia a un territorio, como condiciones determinantes para la salvaguarda y pervivencia de los pueblos.

---

12 Dentro de ellas, el diseño de planes y proyectos en armonía con el Plan Nacional de Desarrollo, velar por el cuidado de los recursos naturales, y ejercer funciones jurisdiccionales de conformidad con normas y ordenamiento propios, siempre y cuando éstos no sean contrarios a la Constitución y las leyes.

13 No obstante, la materialización de los territorios indígenas como entes territoriales ha estado pospuesta; en tanto que la Ley Orgánica de Ordenamiento Territorial (L. 1554/11) no ha reglamentado este asunto con detalle, es claro que esta disposición se ha convertido en una de las banderas de reclamación de los pueblos indígenas que en el tiempo reciente les ha permitido avanzar en la exigibilidad de sus derechos, como ocurrió con el Decreto 1953 de 2014 cuyo contenido aún está pendiente de mayor regulación pero que sin duda avanza en el camino de la autonomía administrativa y territorial.

14 Respecto del derecho a la propiedad colectiva de los pueblos indígenas sobre su territorio, la Corte ha concebido la necesidad de protegerlo debido a "la relación especial que aquellos tienen con el espacio físico que habitan; allí ejercen sus usos, costumbres, y sus actividades ancestrales y de supervivencia, generando un fuerte vínculo con su entorno. Para estos pueblos, la tierra está íntimamente ligada a su existencia y supervivencia desde el punto de vista religioso, político, social y económico; no constituye un objeto de dominio sino un elemento del ecosistema con el que interactúan. De esa forma, la propiedad indígena colectiva no puede ser entendida como una propiedad privada desde la perspectiva meramente occidental, pues todo análisis sobre la materia merece tener en cuenta el especial carácter sensible y ancestral encarnado en el ejercicio de la propiedad colectiva por parte de los miembros de esas comunidades" (Sent. T-009 de 2013).

A. Algunas consideraciones de orden jurisprudencial en torno a los pueblos indígenas en Colombia y su protección como sujetos de derechos

La Corte Constitucional ha reconocido en su jurisprudencia la protección de las comunidades indígenas como sujeto colectivo indicando que "[l]a comunidad indígena es un sujeto colectivo y no una simple sumatoria de sujetos individuales que comparten los mismos derechos o intereses difusos o colectivos" (Sent. T-080 de 1993).

Posteriormente esta corporación consideró que los derechos de los pueblos indígenas "no son equivalentes a los derechos individuales de cada uno de sus miembros ni a la sumatoria de estos; y [...] los derechos de las comunidades indígenas no son asimilables a los derechos colectivos de otros grupos humanos" (Sent. T-601 de 2011) en cuanto son propiamente fundamentales, como también indicó que, con el objetivo de proteger los principios de diversidad étnica y cultural consagrados en la Constitución, "el Estado reconoce a estas comunidades no solo las prerrogativas que están garantizadas a todos los colombianos sino que también les confiere a estas comunidades derechos como entidades colectivas" (Sent. T-973 de 2014).

Más adelante, iteró que "el Estado ha reconocido a las comunidades indígenas, en sí mismas consideradas, determinados derechos fundamentales como entidad colectiva y, a su vez, reconoce que los miembros de la misma gozan de todos los derechos que se garantizan a los colombianos" (Sent. T-650 de 2017).

La Corte Constitucional ha proferido sentencias de constitucionalidad y tutela dirigidas a reconocer los derechos territoriales de la población indígena:

> [l]os grupos étnicos, calificados hace un siglo como "salvajes", son considerados por la Constitución actual como comunidades culturales diferentes y las personas que las constituyen, en consecuencia, tratadas como portadoras de otros valores, con otras metas y otras ilusiones que las tradicionalmente sacralizadas con el sello de occidente. No son ya candidatos a sufrir el proceso benévolo de reducción a la cultura y a la civilización, sino sujetos culturales plenos, en función de la humanidad que encarnan, con derecho a vivir a tono con sus creencias y a perseguir las metas que juzgan plausibles, dentro del marco ético mínimo que la propia Constitución señala (Sent. T-139 de 1996).

También adujo que es

> … posible confirmar la garantía que la Constitución Nacional le brinda al derecho constitucional fundamental al reconocimiento y debida protección de la diversidad étnica y cultural cimentado sobre el respeto por la dignidad de todos los habitantes del territorio, independientemente de la etnia a que pertenezcan o de la cosmovisión que defiendan (Sent. T-1105 de 2008).

Frente a la necesidad de proteger su territorio, como derecho fundamental, basado en el vínculo espiritual y cultural, en la Sentencia T-606 de 2001 sostuvo que

> [l]a Constitución de 1991 entendió y aceptó la propiedad colectiva de los resguardos y de las tierras comunales indígenas y por eso admitió que son inenajenables y no son objeto de venta o transacción. Según jurisprudencia de esta Corporación, el derecho de propiedad colectiva sobre los territorios indígenas reviste una importancia esencial para las culturas y valores espirituales de los pueblos aborígenes, no sólo por ser su principal medio de subsistencia sino porque constituyen un elemento integrante de la cosmovisión, la cultura y la religiosidad. Es que lo principal en el resguardo es la forma de propiedad colectiva[15].

Declaró la importancia de ampliar el concepto de territorio de las comunidades étnicas a nivel jurídico, para que comprenda no solo las áreas tituladas, habitadas y explotadas por una comunidad –p. ej., bajo la figura del resguardo–, sino también aquellas que constituyen el ámbito tradicional de sus actividades culturales y económicas, "de manera que se facilite el fortalecimiento de la relación espiritual y material de estos pueblos con

15 En las sentencias T-188 de 1993, T-380 de 1993, T-514 de 2009 y C-463 de 2014, entre otras, la Corte refirió que: "el elemento central del resguardo es la forma de propiedad, de conformidad con lo dispuesto por el artículo 329 de la Carta Política […] como un reconocimiento a la especial relación entre los pueblos indígenas y su territorio; a la posesión ancestral de la tierra; y con el fin de proteger los territorios indígenas de las amenazas a su integridad provenientes de actores sociales legales e ilegales […] el resguardo se concibe como un ámbito territorial, entendido como el espacio en el que se ejercen los principales derechos de autonomía del resguardo, especialmente, aquellos relacionados con la regulación social y la autonomía política".

la tierra y se contribuya a la preservación de las costumbres pasadas y su transmisión a las generaciones futuras" (Sent. T-369 de 2014)[16].

También el reconocimiento de los pueblos indígenas como sujetos resilientes y afectados por el conflicto armado interno consolidan en su favor un estatus de sujetos de especial protección constitucional (Sent. T-387 de 2013)[17].

Además, ha reconocido que la situación de abandono y de pobreza en que se encuentran por lo general los pueblos indígenas, fruto del proceso de conquista e imposición, o por la indiferencia estatal, o por la falta de realización en la práctica de sus derechos constitucionales fundamentales,

> … puede llegar a diezmar de manera considerable el derecho que tienen las comunidades indígenas a participar de manera activa y consciente en el

---

16 En ese orden de ideas, aduce la Corte que "el derecho de propiedad colectiva de las comunidades indígenas sobre el territorio que han ocupado ancestralmente exige una protección constitucional preferente, debido a que es un elemento esencial para la preservación de las culturas y valores espirituales de estos pueblos, así como para garantizar su subsistencia física y su reconocimiento como grupo culturalmente diferenciado. En esa medida, el Estado tiene la obligación de garantizar el acceso a estos territorios, su delimitación y titulación, conforme a las normas del debido proceso dentro de un plazo razonable. Una actuación contraria por parte de las autoridades estatales competentes genera una amenaza contra los derechos fundamentales y expone a un estado de vulnerabilidad mayor a la comunidad indígena solicitante por la ausencia de un territorio debidamente reconocido y amparado por un título colectivo en donde ejercer su cultura y cosmovisión".

17 "Los pueblos indígenas son sujetos de especial protección constitucional. Esta Corte ha advertido que esta protección se deriva de 'la existencia de patrones históricos de discriminación aún no superados frente a los pueblos y las personas indígenas; la presencia de una cultura mayoritaria que amenaza con la desaparición de sus costumbres, su percepción sobre el desarrollo y la economía y, en términos amplios, su modo de vida buena (lo que suele denominarse cosmovisión)'" (Sent. T-235/11). De igual manera, advirtió que los indígenas se encuentran expuestos en el desarrollo del conflicto armado a causa de: "(1) las confrontaciones que se desenvuelven en territorios indígenas entre los actores armados, sin involucrar activamente a las comunidades indígenas y sus miembros, pero afectándolos en forma directa y manifiesta; (2) los procesos bélicos que involucran activamente a los pueblos y comunidades indígenas, y a sus miembros individuales, en el conflicto armado; y (3) los procesos territoriales y socioeconómicos conexos al conflicto armado interno que afectan sus territorios tradicionales y sus culturas" (Sent. A-004/08).

> manejo de los asuntos que los afectan y termina por desconocer de facto el derecho constitucional fundamental al reconocimiento y debida protección de la diversidad étnica y cultural de los pueblos indígenas. Puede, incluso, conducir a la extinción misma de los pueblos indígenas (Sent. T-704 de 2006).

Como se puede observar, Colombia cuenta con valiosas disposiciones normativas y jurisprudenciales que apuntan a defender tanto los títulos constituidos como el territorio ancestral, y que se consolidan como una base importante para la defensa de los derechos al territorio, a partir de lo cual es preciso consolidar las reivindicaciones territoriales y avanzar en su posicionamiento.

B. UN DIAGNÓSTICO DE LA DOTACIÓN DE TIERRAS Y LAS PRETENSIONES TERRITORIALES DE LAS COMUNIDADES INDÍGENAS, ASÍ COMO DE LA IDENTIFICACIÓN DE ALGUNAS VICISITUDES EN SU APLICACIÓN

Por "ordenamiento productivo y social de la propiedad rural" se entiende

> ... el resultado de un proceso de planificación participativo y multisectorial de carácter técnico, administrativo y político, el cual busca contribuir en la armonización de la gestión de los usos agropecuarios y la tenencia de la tierra rural, de manera que se mejore o mantenga un adecuado equilibrio entre la producción agropecuaria (agrícola, pecuaria, forestal, acuícola y pesquera), el uso eficiente del suelo, la distribución equitativa y seguridad jurídica de la tenencia de la tierra, y la competitividad y la sostenibilidad social, ambiental y económica de manera articulada con los instrumentos del ordenamiento territorial y desarrollo rural existentes en el territorio (MADR. Resolución 128, art. 5.º num. 1, 2017).

Todo ello, teniendo en cuenta que el uso eficiente se debe caracterizar a partir de su funcionalidad frente a distintos actores que se encuentran en el territorio, entre ellos las comunidades étnicas, y en particular, bajo la perspectiva de este documento, los indígenas.

Dentro del contexto del concepto aludido, la dotación de tierras en condiciones de seguridad jurídica se erige en una de sus líneas de actuación.

Respecto de los indígenas, el territorio es un espacio fundamental para el desarrollo de las relaciones entre los individuos que lo habitan y gestionan, una

> ... fracción del espacio históricamente constituida a través de las interrelaciones de los actores sociales, económicos e institucionales que actúan en este ámbito, apropiada a partir de relaciones de poder, sustentadas en motivaciones políticas, sociales, ambientales, económicas, culturales o religiosas, enmarcadas del Estado, de grupos sociales o corporativos, instituciones, o individuos (Dallabria, 2003).

De allí que la política pública estatal debe definir, regular y aplicar el proceso de apropiación y adaptación de la política de ordenamiento productivo y social de la propiedad rural en cada uno de los territorios con el fin de concatenar de forma económica, político administrativa, sociocultural, institucional y técnico-productiva cada uno de los actores (MADR. Resolución 128 de 2017, art. 13). Colombia es una de las naciones con un mayor número de comunidades indígenas en Latinoamérica pues, según el DANE (2018), la población que se autorreconoce como indígena comprende 1.905.617 personas.

No existe consenso en la información oficial respecto del número de pueblos indígenas en Colombia, pues para instituciones como la Dirección de Etnias del Ministerio del Interior y de Justicia, el Departamento Nacional de Planeación, el Ministerio de Defensa y el Departamento Nacional de Estadísticas, se calculan 87 grupos indígenas[18]. Por su parte la Organización Nacional Indígena de Colombia (ONIC) contempla doce grupos

---

18 Achagua, Amorúa, Andoke, Arhuaco, Arzario, Awá, Bara, Barasana, Barí, Betoye, Bora, Cañamomo, Carapana, Chimila, Chiricoa, Cocama, Coreguaje, Coconuco, Coyaima, Desano, Dujo, Emberá, Chamíes Chamí, Emberá Katío, Eperara Siadipara, Guambiano, Guanaca, Guane, Guayabero, Hitnü, Inga, Kawiyarí, Kamëntsa, Kankuamo, Karijona, Kichwa, Kofán, Kogui, Kubeo, Kuiba, Kurripako, Letuama, Makaguaje, Makuna, Masiguare, Matapí, Miraña, Mokaná, Muisca, Nasa, Nonuya, Nunak, Ocaina, Pasto, Piaroa, Piratapuyo, Pisamira, Puinave, Sáliba, Senú, Sikuani, Siona, Siriano, Taiwano, Tanimuka, Tariano, Tatuyo, Teribe, Totoró, Tsiripu, Tucano, Tule, Tuyuka, Tzase, Uitoto, U'wa, Wanano, Waunan, Wayuu, Yagua, Yanacona, Yaruro, Yauna, Yuko, Yukuna, Yuri y Yurutí), además de aquellas personas que se autoidentifican con pueblos considerados extintos (Calima, Chitarero, Panche y Tairona), de origen extranjero (otavaleño, Maya y otros) o que no se identifican con ningún pueblo en particular.

adicionales reconocidos por las organizaciones indígenas, y tres por vía de autorreconocimiento, para un total de 102 pueblos (ONIC, 2019). A la fecha de inicio de gestión de la ANT bajo la actual administración, se identificó un histórico de 775 resguardos indígenas legalizados, correspondientes a un área aproximada de 33.477.494 ha + 2.788 m², lo que representa el 34% del territorio nacional (la extensión continental de Colombia corresponde aproximadamente a 114.000.000 de ha):

•

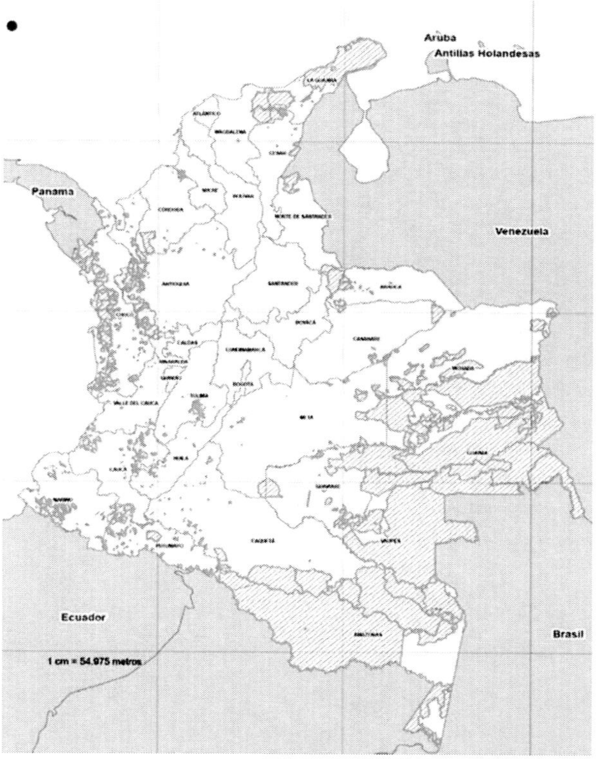

Departamentos	Área
Amazonas	9.749.511 ha + 5.652 m²
Antioquia	345.530 ha + 5.520 m²
Arauca	128.171 ha + 5.780 m²
Boyacá	281.431 ha + 0000 m²
Caldas	5.883 ha + 9.517 m²
Caquetá	1.399.333 ha + 2.068 m²
Casanare	148.477 ha + 2.300 m²
Cauca	201.418 ha + 7.824 m²
Cesar	58.924 ha + 1.070 m²
Chocó	1.336.848 ha + 0801 m²
Córdoba	128.325 ha + 2.409 m²
Cundinamarca	572 ha + 9.435 m²
Guainía	7.065.443 ha + 8.069 m²
Guaviare	1.898.339 ha + 7.288 m²
Huila	7.524 ha + 9.087 m²
La Guajira	1.080.813 ha +4.304 m²
Magdalena	606.430 ha +9.997 m²
Meta	2.032.87 ha + 5.746 m²
Nariño	402.230 ha + 0900 m²
Norte de Santander	66.426 ha +4.093 m²
Putumayo	314.589 ha +3.732 m²
Quindío	156 ha +0190 m²
Risaralda	28.189 ha + 1.728 m²
Tolima	28.249 ha + 6.483 m²
Valle del Cauca	42.735 ha +5.620 m²
Vaupés	4.160.990 ha + 0000 m²
Vichada	3.784.278 ha + 3.175 m²
Chocó	3.381 ha + 0000 m²
Total general	**33.477.494 ha + 2.788 m²**

Hectáreas de Colombia	114.174.800	100%
Hectáreas de resguardos legalizados	33.477.494,28	29%

Constitución	770
Reestructuración	5
Ampliación	125
	900 procesos de legalización

Fuente: ANT (2019).

Respecto de las pretensiones territoriales se contabilizan 945 solicitudes adicionales con propósitos de legalización de resguardos indígenas:

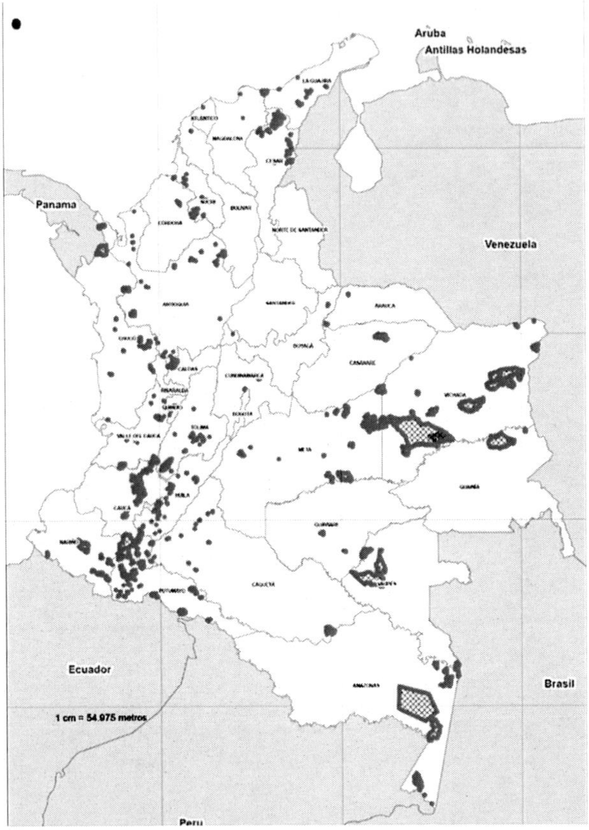

Etiquetas de fila	Solicitudes de procesos administrativos
Amazonas	27
Antioquia	51
Arauca	34
Atlántico	3
Bolívar	2
Boyacá	4
Caldas	10
Caguetá	46
Casanare	7
Cauca	109
Cesar	16
Chocó	51
Córdoba	8
Cundinamarca	1
Guainía	12
Guaviare	18
Huila	33
La Guajira	61
Magdalena	2
Meta	40
Nariño	72
Norte de Santander	2
Putumayo	131
Quindío	8
Risaralda	16
Sucre	5
Tolima	89
Valle del Cauca	45
Vaupés	4
Vichada	38
Total general	945

Fuente: ANT (2019).

A su turno, a la fecha reposan en las bases de datos de la entidad 1.206 solicitudes de legalización: 1.058 de ellas corresponden al rezago entregado por el Incoder y 90 presentadas en vigencia de la ANT. Del total de solicitudes esta entidad ha culminado 58 procedimientos, en beneficio de 41 comunidades indígenas y 17 consejos comunitarios. De las pretensiones territoriales se identifican traslapes con solicitudes efectuadas por campesinos para adjudicaciones en términos de Unidad Agrícola Familiar (UAF), pretensiones territoriales de zonas de reserva campesina y solicitudes de titulación colectiva en favor de comunidades afro.

Por otro lado, en todo el territorio nacional se contabilizan formalmente siete zonas de reserva campesina[19]. Entre 1997 y 2002 se conformaron seis zonas de reserva campesina y una más en 2018, de forma que el total corresponde a 875.000 ha.

Nombre ZRC	Cobertura departamental	Cobertura municipal	N.° de resolución y fecha de constitución	Extensión inicial zona (ha)
Cabrera	Cundinamarca	Cabrera	Res. 046 - noviembre 7 de 2000	44.000
Perla Amazónica	Putumayo	Puerto Asís	Res. 069 - diciembre 18 de 2000	22.000
Morales-Arenal	Bolívar	Arenal	Res. 054 - junio 22 de 1999	29.110
		Morales		
Guaviare	Guaviare	Calamar	Res.054 - diciembre 18 de 1997	463.600
		El Retorno		
		San José del Guaviare		
Cuenca del río Pato y valle de Balsillas	Caquetá	San Vicente del Caguán	Res. 055 - diciembre 18 de 1997	88.401
Valle del río Cimitarra	Antioquia	Yondó	Res. 028 - diciembre 10 de 2002 Levantamiento suspensión Res. 240 - febrero 22 de 2011 184.000	184.000
	Bolívar	Cantagallo-San Pablo		
Montes de María 2	Bolívar	Córdoba El Guamo Zambrano San Juan Nepomuceno (Sector San Agustín)	Acuerdo 057 de 16 de abril de 2018	44.482

Fuente: ANT (2019).

19 Corresponden a áreas geográficas cuyas características agroecológicas y socioeconómicas requieren la regulación, limitación y ordenamiento de la propiedad con el propósito de fomentar y estabilizar la economía campesina y superar las causas de los conflictos que las afectan y, en general, crear las condiciones para el logro de la paz y la justicia social en las áreas respectivas. Se encuentran reguladas por el artículo 80 de la Ley 160 de 1994, el Decreto 1777 de 1996 y el Acuerdo 024 del mismo año.

Adicionalmente a las ya constituidas, se encuentran en proceso seis zonas de reserva:

Proyecto	Cobertura departamental	Cobertura municipal	N.° de resolución de actuación administrativa y fecha de inicio	Extensión inicial estimada (ha)
Montes de María 1	Sucre	Chalán	Resolución n.° 189 / febrero 01 de 2011	380.000
		Colosó		
		Los Palmitos		
		Morroa		
		Ovejas		
		San Onofre		
		Toluviejo		
	Bolívar	El Carmen de Bolívar		
		María La Baja		
		San Jacinto		
		San Juan Nepomuceno		
Güejar-Cafre	Meta	Puerto Rico	Resolución n.° 2059 / agosto 11 de 2011	35.187
Sumapaz	Bogotá D.C.	Bogotá D.C., Localidad 20	Resolución n.° 3180 / noviembre 25 de 2011	25.318,82
Losada Perdido	Meta	Macarena La Uribe	Resolución n.° 0431 / marzo 23 de 2012	164.661,21

Fuente: ANT (2019).

Proyecto	Cobertura municipal	Cobertura Proyecto departamental	N.° de resolución de actuación administrativa y fecha de inicio	Extensión inicial estimada (ha)
Catatumbo	Norte de Santander	Convención	Resolución n.° 2060 / agosto 11 de 2011	101.395,723 (Fase 1) 114,200,974 (Fase 2 a Sustraer) 35637,21 (Fase 3 área Sur)
		El Carmen		
		El Tarra		
		Hacarí		
		San Calixto		
		Teorama		
		Tibú		

Proyecto	Cobertura municipal	Cobertura Proyecto departamental	N.° de resolución de actuación administrativa y fecha de inicio	Extensión inicial estimada (ha)
Perijá	Cesar	Chimichagua Chiriguaná Curumaní Pailitas	Resolución n.° 1952 de septiembre 26 de 2012	74.946,88

Fuente: ANT (2019).

También existen formaciones de hecho que por voluntad de la comunidad campesina se han auto declarado. Mientras para la institucionalidad corresponden a solicitudes en trámite, las siguientes:

Fecha solicitud	Cobertura municipal	Cobertura departamental	Área (ha)
12 de mayo de 2011	Inzá Totoró	Cauca	Total área solicitada: 75.000
12 de mayo de 2011	Páez Itaibe (Riochiquito)	Cauca	Total área solicitada: 26.410
8 de agosto de 2011	Corinto	Cauca	Total área solicitada: no definida en hectáreas, solo indica que cubre 44 veredas distribuidas en cinco corregimientos del municipio.
10 de octubre de 2011	Miranda	Cauca	Total área solicitada: no definida en hectáreas, solo indica que cubre las 20 veredas de la parte alta del municipio.
8 de agosto de 2011	Caloto	Cauca	Total área solicitada: no definida en hectáreas, solo indica que cubre 8 veredas del municipio.
27 de junio de 2012	La Vega	Cauca	Total área solicitada: 35.000
Diciembre de 2013; 4 de febrero de 2014	Patía Argelia Balboa	Cauca	No especifica área solicitada.
23 de julio de 2013	Piendamó	Cauca	Total área solicitada: 18.000
Diciembre 2014	Santa Rosa	Cauca	124.249
19 de enero de 2013; 26 de julio de 2013	Bucaramanga Girón Lebrija Río Negro Sabana de Torres	Santander	Total área solicitada: no definida en hectáreas, solo indica que cubre 70 veredas sobre los municipios de la cuenca.
2 de agosto de 2012	Tuluá	Valle del Cauca	Total área solicitada: no definida en hectáreas, solo indica que cubre 26 veredas y 1 corregimiento del municipio.

Fecha solicitud	Cobertura municipal	Cobertura departamental	Área (ha)
2 de agosto de 2012	Ginebra Guacarí	Valle del Cauca	Total área solicitada: no definida en hectáreas, solo indica que cubre 11 corregimientos del municipio de Ginebra y 5 del municipio de Guacarí.
28 de mayo de 2014	Pradera	Valle del Cauca	Total área solicitada: 7.235,17.
13 de junio de 2012; 12 de septiembre de 2011	Arauca Arauquita Puerto Rondón Tame	Arauca	Total área solicitada: 233.893,1495, representadas en 70 veredas.
12 de septiembre de 2011	Fortul	Arauca	No especifica área solicitada.

Fuente: ANT (2019).

Respecto de territorios colectivos de las comunidades afro se ha constituido un histórico de 208 de titulaciones colectiva y 312 solicitudes pendientes por resolver.

A partir de los datos expresados se pueden presentar traslapes entre pretensiones de territorios de pueblos y comunidades étnicas y de colonización campesina a través de zonas de reserva campesina, como también es posible que se presenten solicitudes de adjudicación de baldíos, bienes fiscales patrimoniales y formalización de propiedad privada[20]. La identificación de dicha situación territorial solo es verificable durante el desarrollo de los procedimientos, esto es, cuando se ha practicado la visita correspondiente o cuando se presentan oposiciones en el transcurso de las actuaciones administrativas. Se identifican algunos tipos de conflictividad socio-territorial cuyas causas se relacionan principalmente con:

i) Falta de claridad respecto de los límites territoriales;

ii) Coincidencia de pretensiones territoriales de carácter intraétnico, interétnico o intercultural, y

iii) Cambios normativos en la política agraria respecto de las sustracciones de reservas indígenas que son reclamadas como territorios ancestrales y que hoy son ocupadas por colonos o han sido adjudicadas a campesinos.

20 Ver anexo único de este documento.

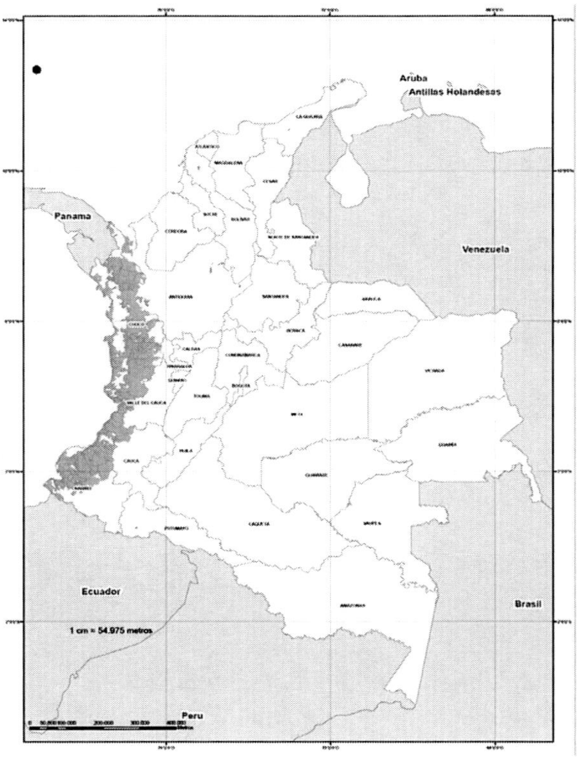

Etiquetas de fila	Suma de área
Antioquia	75.039 ha + 7.252 m²
Bolívar	3.647 ha + 1.414 m²
Cauca	576.325 ha + 3.694 m²
Chocó	3.220.921 ha + 4.814 m²
Córdoba	25 ha + 0000 m²
La Guajira	918 ha + 0965 m²
Magdalena	429 ha + 9.243 m²
Nariño	1.226.638 ha + 6.659 m²
Putumayo	1.158 ha + 4.388 m²
Putumayo	1.504 ha + 4.132 m²
Risaralda	4.818 ha + 0557 m²
Valle del Cauca	651.998 ha + 7.703 m²
Total general	5.763.425 ha + 0821 m²

Fuente: ANT (2019).

Más allá de la dimensión formal, y desde un punto de vista material, conviene realizar algunas reflexiones en torno a la titulación en favor de las comunidades étnicas, y en punto a su reparación.

Frente a las solicitudes de territorio se pueden presentar pretensiones traslapadas entre diversas comunidades étnicas o aun respecto de colonos, campesinos y particulares con derechos consolidados sobre áreas pretendidas ancestralmente, situación que en el caso colombiano resulta compleja, con trascendentes efectos jurídicos y económicos, por cuanto algunos de ellos son sujetos de especial protección constitucional, merecen y precisan acceso a tierras y ameritan una ejercicio de ponderación adecuada.

De cara a la restitución de tierras y derechos, y a la luz de la Ley 1448 de 2011, es posible que exista un interregno entre el desplazamiento o el despojo, según corresponda, y el momento en que sean gestionadas y materializadas las solicitudes de restitución por los pueblos indígenas (aun cuando ciertamente no existe desaparición de su derecho a restituir por el transcurso del tiempo, que imposibilite la restitución de las mismas tierras y territorios solicitados). Ejemplo de ello se presenta cuando las tierras reclamadas han sido traditadas a terceros de buena fe de conformidad con las normas vigentes que reglan la tradición de los derechos de propiedad sobre inmuebles.

En estos eventos, cuando la propiedad comunal étnica y la propiedad privada particular entran en contradicciones reales o aparentes, a la luz de la Convención Americana y de la jurisprudencia de la Corte, se plantean algunas pautas para definir las restricciones admisibles al goce y ejercicio de estos derechos:

a) *Deben estar establecidas por ley.* En tanto el artículo 21.1 somete al principio de legalidad las limitaciones o restricciones al uso y goce de los bienes;

b) *Deben ser necesarias.* La cesión ante el interés social y la satisfacción de un interés público;

c) *Deben ser proporcionales.* "La proporcionalidad radica en que la restricción debe ajustarse estrechamente al logro de un legítimo objetivo, interfiriendo en la menor medida posible en el efectivo ejercicio del derecho restringido" (CIDH. *Caso Comunidad indígena Yakye Axa vs. Paraguay*, Párr. 145, 2005), y

d) *Deben hacerse con el fin de lograr un objetivo legítimo en una sociedad democrática.* "Deben justificarse según objetivos colectivos que, por su importancia, preponderen claramente sobre la necesidad del pleno goce del derecho restringido"[21].

También la reubicación de resguardos indígenas en otras áreas del país en donde no habían realizado históricamente ocupación ancestral puede generar consecuencias en su cultura e impactos insospechados frente a su cosmovisión, además de proyectar tensiones con otras comunidades inveteradamente presentes y otros actores territoriales como los campesinos u otras comunidades étnicas, entre ellas negros, afrodescendientes, raizales y palenqueros.

---

21 Cfr. CIDH. Casos Ricardo Canese, Párr. 96; Caso Herrera Ulloa, Párr. 127, y Caso Ivcher Bronstein, Párr. 155.

Obsérvese como, en el caso colombiano, la jurisprudencia de la Corte Constitucional ha reconocido que el campesinado "sigue siendo la población más pobre del país y la que vive en condiciones de mayor vulnerabilidad", y afirma que "la deuda del Estado colombiano para con esta población, no puede ser ignorada". En ese sentido, ratifica que "el campo", como el espacio natural de la población campesina, es un bien jurídico especialmente protegido por la Constitución y debe recibir una especial defensa del Estado, por los valores que en sí mismo representa[22].

Así mismo, ratifica la especial protección al campesino y al campo, afirmando que:

> [...] la Constitución Política de 1991, otorga al trabajador del campo y en general al sector agropecuario, un tratamiento particularmente diferente al de otros sectores de la sociedad y de la producción que encuentra justificación en la necesidad de establecer una igualdad no sólo jurídica sino económica, social y cultural para los protagonistas del agro, partiendo del supuesto de que el fomento de esta actividad trae consigo la prosperidad de los otros sectores económicos y de que la intervención del Estado en este campo de la economía busca mejorar las condiciones de vida de una comunidad tradicionalmente condenada a la miseria y la marginación social[23].

A partir de lo dicho, y para dar cumplimiento al mandato de optimización contenido en el artículo 64 de la Constitución Política de 1991, a los campesinos también se les debe reconocer el derecho de acceso a la tierra, de modo que conduzca al mejoramiento de sus condiciones de vida, a través de programas de adjudicación de baldíos, de bienes fiscales patrimoniales, subsidio integral de acceso a tierras y reforzado por el punto 1, en especial los puntos 1.1.3 y 1.1.5, del Acuerdo final para la terminación del conflicto y la construcción de una paz estable y duradera, que bajo un contexto de justicia transicional da aplicación a instrumentos como la restitución de tierras prevista por la Ley 1448 de 2011, en especial de su artículo 75.

Se consideran sujetos de especial protección constitucional grupos minoritarios reconocidos expresamente por la Constitución, como las

---

22 Cfr., entre otras, Corte Constitucional. Sentencias C-644 de 2012 y C-073 de 2018.

23 Cfr. Corte Constitucional. Sentencia C-006 de 2002.

comunidades negras, los afrodescendientes, los raizales y los palenqueros, que concretan el contenido pluralista del Estado desde el punto de vista racial y cultural. Además, estas comunidades han sido destinatarias de una especial protección en procura de atender la condición de debilidad manifiesta en la que se encentran debido principalmente a la situación de histórica marginalidad y segregación de la cual han sido víctimas[24], en especial en el marco de la Sentencia T-025 de 2004[25].

Del bloque de constitucionalidad, y por razón del control de convencionalidad, se deriva, además de la jurisprudencia interna, que el campo y el campesino son sujetos de especial protección constitucional y en condiciones de vulnerabilidad manifiesta. En el mismo sentido se ha ratificado el derecho fundamental de la población campesina al territorio –reconocido en el artículo 64 de la Constitución Política de 1991– que obliga al Estado a garantizar el acceso a la tierra, no solo como un espacio físico, sino como el desarrollo de relaciones espirituales, sociales económicas y culturales, y la posibilidad de elegir un plan de vida y el acceso a bienes y servicios básicos, atiendo a su especial condición de vulnerabilidad.

En términos de Correa Medina (2019),

> … aplicadas estas condiciones de solución cuando existen tensiones entre la propiedad privada y los reclamos de propiedad ancestral por parte de las comunidades indígenas es preciso reconocer que en cada caso debe ser evaluada la situación para definir la preeminencia de un derecho sobre el otro, sin dejar de lado que los derechos territoriales de los indígenas dependen de la tierra para su supervivencia, el desarrollo de sus planes de vida y sus condiciones identitarias, siendo una condición *sine qua non* para continuar existiendo como pueblo y no provocar su desconfiguración cultural o incluso su extinción. Pero no por ello podría definirse una cláusula universal de preeminencia absoluta de las comunidades indígenas sobre la propiedad privada

---

24 Cfr. al respecto, Corte Constitucional. Sentencias T-1095 de 2005, T-025 de 2004, C-169 de 2001, T-422 de 1996.

25 En el Auto 05 del 26 de enero de 2009 se le ordenó diseñar un plan de caracterización de los territorios colectivos; y en el Auto 045 del 7 de marzo de 2012 se le ordenó que rindiera informes sobre la situación de crisis de las comunidades afrodescendientes afectadas por el desplazamiento forzado, e implementara planes de atención, en especial respecto de las comunidades de Curbaradó y Jiguamiandó.

> pues persiste la posibilidad de ofrecer indemnización en caso de no poder restituir las tierras y territorios pretendidos por los pueblos indígenas con arreglo al artículo 21.2 de la Convención Americana, pues ninguna persona puede ser privada de sus bienes, excepto mediante el pago de indemnización justa, por razones de utilidad pública o de interés social y en los casos y según las formas establecidas por la ley[26].

Del artículo 16.4 del Convenio 169 de 1989 se desprende que cuando el retorno no sea posible, tal como se determine por acuerdo o, en ausencia de tales acuerdos, por medio de procedimientos adecuados, los pueblos deberán recibir, en todos los casos posibles, tierras cuya calidad y cuyo estatuto jurídico sean por lo menos iguales a los de las tierras que ocupaban anteriormente, de modo que les permitan subvenir a sus necesidades y garantizar su desarrollo futuro. De igual manera cuentan con la opción de preferir una indemnización en dinero o en especie, con las garantías apropiadas, es decir, la posibilidad de su reubicación contando con el consentimiento y consulta previa respectiva para salvaguardar sus valores, cultura, identidad, costumbres y derecho mayor o consuetudinario.

Tanto en la adquisición de predios para efectos de ampliación de los resguardos indígenas, como en la consolidación de medidas de restitución en el marco de la Ley 1448 de 2011, el Estado afronta una difícil situación para lograrlas, toda vez que existen recursos escasos con cargo al presupuesto general de la nación generando, en particular estas últimas, un impacto fiscal significativo que conlleva su consecución dentro de la reserva de lo posible.

C. PROPUESTAS DESDE LA MISIONALIDAD DE LA AGENCIA NACIONAL DE TIERRAS[27]

Más allá de reconocer a partir de las condiciones expuestas la necesidad de efectuar una ponderación adecuada entre los intereses de las comunidades

---

26 J. CORREA MEDINA. "Estado del arte", tesis, 2019, N.P.

27 Tomado de ANT. "Protocolo para el fortalecimiento de organizaciones y comunidades rurales, Equipo línea de fortalecimiento diálogo social y equipo social de la Subdirección de Planeación Operativa", 20019, N.P.

desde una perspectiva constitucional[28], y la necesidad de que la política pública deba ocuparse del debate respecto de la tierra como recurso finito, desde el ejecutivo se puede aportar a la solución de las tensiones que se pueden presentar en los ejercicios de caracterización sobre los cuales aboca conocimiento la autoridad agraria, o resulta de su conocimiento por solicitud de los beneficiarios de acceso a tierras o remisión de organismos de control u otras entidades de gobierno.

El Plan Nacional de Desarrollo 2018-2022, Pacto por la equidad, literal e objetivo 2, establece la política para la gestión pacífica de la conflictividad social a través del diálogo social constructivo y democrático para

> … garantizar la legitimidad del diálogo social y la gestión y trámite pacífico de los conflictos sociales, a través de la generación de protocolos y herramientas que consideren la participación ciudadana como un elemento fundamental para evitar la violencia y que permitan hacer seguimiento a los compromisos suscritos [señalando que la participación es un] mecanismo idóneo para lograr que las acciones del Estado sean efectivas y que, en consecuencia, impacten positivamente el desarrollo del país, redundando en equidad y bienestar para todos.

Es necesario apoyar, diseñar e implementar acciones en pro de la participación y los diálogos social e intercultural, recogiendo el acervo institucional que ha acumulado la ANT en sus diferentes estrategias de relacionamiento con las comunidades rurales, particularmente la de *fortalecimiento organizativo a comunidades y organizaciones rurales*, *mantenimiento de espacios de diálogo*, *gestión de conflictos territoriales*, *concertación e inclusión de las comunidades locales*, *y construcción de los planes de ordenamiento social de la propiedad rural*.

El cumplimiento de las funciones y misionalidad de la ANT plantea la necesidad de relacionamiento con diferentes actores presentes en la ruralidad, entre ellos comunidades étnica y culturalmente diferenciadas

---

28 Un punto crítico subyace a la judicatura que a través de acciones judiciales ordena a las comunidades étnicas y campesinas el acceso a la propiedad en un caso concreto, a veces generando tensiones originadas en sus decisiones sin considerar los impactos que pueden proyectar (efectos ultra partes de las decisiones),

(indígenas, afrodescendientes, raizales y palanqueras, campesinos), así como los procesos organizativos en que estas se agrupan y ven representadas. En muchos territorios la ausencia del Estado, la presencia de actores armados, las gestiones desafortunadas de algunos gobiernos locales, entre otras condiciones complejas de la ruralidad colombiana, generan en las comunidades respuestas complejas y diferentes, frente al accionar de la ANT, que en su quehacer misional debe atender las solicitudes de acceso a tierras para varios actores del entorno rural que pueden ver traslapadas sus pretensiones de tierras o acceso al territorio.

Para responder a estas situaciones, la entidad viene adelantando acciones para el fortalecimiento organizativo que han permitido afianzar y cualificar el relacionamiento de la institución con las comunidades a partir de la generación de confianza, y de la construcción conjunta de conocimientos básicos y compartidos sobre los temas relacionados con las tierras, los territorios y, particularmente, la normatividad aplicable y la forma de operar de la ANT. Se propone la aplicación sostenida de las estrategias de fortalecimiento a las comunidades que puedan conllevar la generación de verdaderos pactos territoriales entre los distintos sujetos interesados en acceder a la tierra y al territorio en el campo, como entorno complejo (en el cual la tierra es un recurso escaso), entre ellas:

1. *Fortalecimiento de las relaciones de confianza entre las comunidades rurales*, los *sectores productivos*, *comerciales y empresariales y el Estado.* Las actuaciones de la ANT que cuentan con la participación efectiva de las comunidades, organizaciones del territorio y la articulación con otros sectores, aportan legitimidad a los procesos misionales y/o al ordenamiento social del territorio en condiciones de transparencia e información sobre las acciones que se adelantan en los territorios.

2. *Reconocimiento de actores en el territorio y facilitación del diálogo social para la gestión de las políticas públicas.* La estrategia permite reconocer y fortalecer las capacidades individuales y colectivas, es decir, valorar las capacidades instaladas en la comunidad, identificar personas clave con habilidades de interlocución y participación activa, con calidad de multiplicadores de conocimientos y con la capacidad para resolver dudas o transmitir preguntas acerca de los procesos institucionales que se adelantan en los territorios.

3. *Cualificación de las discusiones.* Se eleva el nivel de negociación en los diferentes espacios de diálogo social y gestión de conflictos entre líderes(as)

y el Estado, facilitando la construcción de acuerdos y objetivos conjuntos, y reduciendo la brecha de conocimiento de los actores comunitarios frente a la normatividad, los procedimientos y las competencias de la ANT, lo que genera capacidades de réplica eficiente de información en los líderes y lideresas, y facilita el avance informado de los procesos que se adelantan en los territorios a mediano y largo plazo.

4. *Celeridad en los procesos.* El alcance de la participación comunitaria incluye su intervención en la toma de decisiones sobre información local, por ejemplo las mejores formas de recorrer el territorio (rutas, lugares de encuentro, cronogramas de reuniones y de visitas predio a predio, etc.), los medios para socializar y comunicar asertivamente, así como la difusión y contextualización de los mensajes clave. Asimismo, esta materialización de acciones concertadas de la ANT genera confianza local que facilita el ingreso, la seguridad y el trabajo articulado de la ANT en los territorios mediante la optimización de recursos y la reducción de tiempos.

5. *Identificar los elementos del territorio para mejorar la planeación de los procesos.* En el marco de los espacios de fortalecimiento no solo se brinda información a las comunidades y organizaciones, sino que también permiten a la ANT identificar y caracterizar las pretensiones territoriales y los conflictos no manifiestos, o en situación de emergencia, que abren la posibilidad de planificar acciones preventivas y no reactivas frente a situaciones de conflictividad por la propiedad de la tierra. En estos espacios de formación se involucran los actores locales y se incorporan las recomendaciones de líderes y lideresas para el diseño de capacitaciones, socializaciones, gestión de conflictos y conflictividades posibles que involucran activamente a los(as) vecinos(as), para lo cual es necesario mantener una comunicación activa, oportuna y transparente con la comunidad.

6. *Facilitar la concertación con organizaciones sociales y comunidades rurales.* Propiciar un relacionamiento con la institucionalidad desde el diálogo con las comunidades, permitiendo que adquieran conocimiento y capacidades para gestionar y tramitar diferencias útiles con el fin de evitar posibles escalamientos de conflictos. Así mismo, contribuir a la construcción de una cultura de diálogo y de trámite pacífico de conflictos que aportará al mantenimiento y gestión local asertiva del ordenamiento social de la propiedad.

7. *Favorecer la comprensión e incorporación del enfoque diferencial.* En las comunidades se han evidenciado desequilibrios de poder en los escenarios

de participación comunitaria, así como entre los distintos actores de un conflicto. El fortalecimiento organizativo y comunitario garantiza la participación activa, libre, efectiva, significativa e informada de la población de especial protección constitucional en los procesos adelantados por la ANT en los territorios.

8. *Sensibilizar a los servidores públicos y los contratistas frente a las comunidades y las organizaciones.* La participación comunitaria y de las organizaciones sociales crea la necesidad de que los profesionales de la ANT desarrollen competencias pedagógicas, pues muchas veces no cuentan con herramientas de gestión social (jurídicos, ingenieros, administradores, etc.), con el fin de que expongan la estrategia de participación de la entidad y los procesos misionales de todas las direcciones, y que se les ofrezca a los profesionales elementos de intervención social para el trabajo con las comunidades y las organizaciones.

Es posible crear espacios interétnicos sensibilizando a los distintos sujetos de derechos, comprometidos con la necesidad de acceder a la tierra y consolidar el territorio, mediante una acción dialógica en la cual el Estado procure mediar y dirimir sus diferencias a partir de la comprensión de racionalidad.

Así mismo, la condición real de los territorios, así como las pretensiones y la demanda creciente de distintos grupos sociales y comunidades por la tierra, implica una sensibilización judicial respecto de las sentencias de tutela y restitución de tierras que, bajo la misma orientación de convergencia de intereses y concesiones mutuas, permita dar cabida ponderada a todos los actores sociales con incidencia y pretensión territorial, sin proyectar conflictos o escenarios de imposible atención que generen, no solo un impacto fiscal sino también un incremento en la presión sobre el territorio al cual los grupos tienen derecho de acceso en condiciones afirmativas por su condición similar de protección constitucional, porque en el campo cabemos todos.

CONCLUSIONES

1. Tanto en el ordenamiento supranacional como en el nacional existen valiosas disposiciones normativas y jurisprudenciales que defienden tanto los títulos constituidos como el territorio ancestral, y que se consolidan como una base importante que permite defender los derechos al territorio;

por eso es preciso consolidar las reivindicaciones territoriales y avanzar en su posicionamiento.

2. No obstante, en el país pueden converger solicitudes territoriales emanadas de diversos grupos de interés, como las comunidades campesinas, entre ellas la adjudicación de baldíos, de bienes fiscales patrimoniales y de zonas de reserva campesina, lo cual puede originar conflictos socio-territoriales.

3. Tanto los campesinos como los grupos étnicos gozan de salvaguarda constitucional como sujetos de especial protección, teniendo derecho de acceso a la tierra, en un escenario complejo debido a que la tierra es un recurso escaso.

4. Si bien, además del curso ordinario de los trámites administrativos definidos para procesos de legalización en favor de las comunidades étnicas existen órdenes judiciales que demarcan la protección de sus territorios, debe haber lugar a una ponderación adecuada para resolver y definir, en el marco del ordenamiento social de la propiedad, la distribución de la tierra en condiciones de equidad y seguridad jurídica.

5. Es posible generar espacios interétnicos a partir de la sensibilización de los distintos sujetos de derechos comprometidos en la necesidad de acceso a la tierra y la consolidación del territorio y sobre toodo mediante la creación de una acción dialógica en la cual el Estado procure mediar y dirimir sus diferencias desde una compresión de la racionalidad.

6. Es necesario efectuar una ponderación adecuada de los intereses de las comunidades desde una perspectiva constitucional dirigida a la judicatura, la cual, en algunos casos ordena, por medio de acciones judiciales, el acceso a la propiedad a las comunidades étnicas y campesinas, produciendo a veces tensiones, sin considerar los impactos que se pueden presentar (efectos ultra partes de las decisiones). Es inaplazable que la política pública se ocupe del debate respecto de la tierra como recurso finito.

7. Desde la misionalidad de la ANT es posible contribuir a la solución de la conflictividad territorial mediante el diseño y la implementación de acciones en pro de la participación y los diálogos social e intercultural, recogiendo para ello el acervo institucional que ha acumulado en su gestión, particularmente el fortalecimiento organizativo de las comunidades y organizaciones rurales, el mantenimiento de los espacios de diálogo, la gestión de conflictos territoriales, la concertación e inclusión de las comunidades locales, y la construcción de los planes de ordenamiento social de la propiedad rural,

que tributen en favor de la seguridad jurídica y la protección de los actores rurales que buscan el acceso a la tierra.

ANEXO

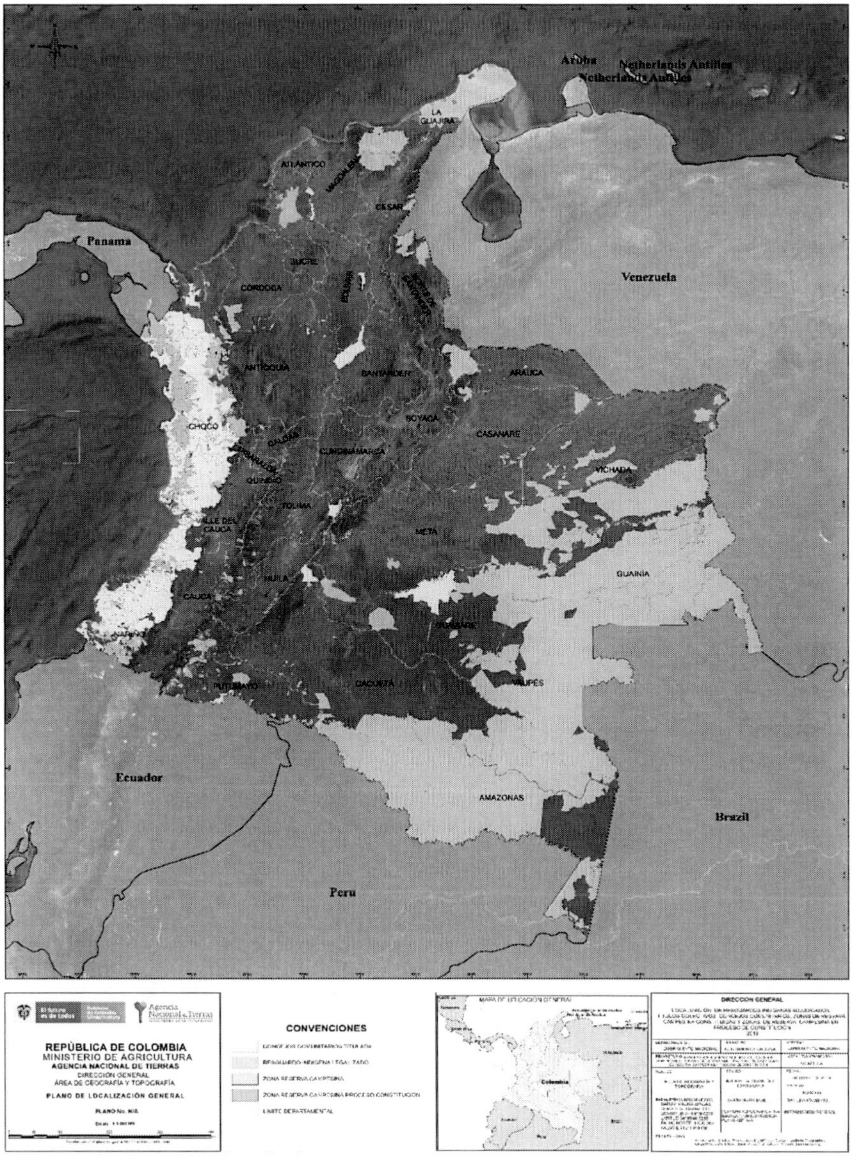

Fuente: ANT (2019).

BIBLIOGRAFÍA

NORMATIVIDAD

Asamblea Nacional Constituyente. Constitución Política, Bogotá, 4 de julio de 1991.

Decreto 2164 del 7 de diciembre de 1995, "Por el cual se reglamenta parcialmente el Capítulo XIV de la Ley 160 de 1994 en lo relacionado con la dotación y titulación de tierras a las comunidades indígenas para la constitución, reestructuración, ampliación y saneamiento de los Resguardos Indígenas en el territorio nacional".

Decreto 1777 del 1.º de octubre de 1996, "Por el cual se reglamenta parcialmente el Capítulo XIII de la Ley 160 de 1994, en lo relativo a las Zonas de Reserva Campesina".

Decreto 1292 del 21 de mayo de 2003, "Por el cual se suprime el Instituto Colombiano de la Reforma Agraria, Incora y se ordena su liquidación".

Decreto 1300 del 21 de mayo de 2003, "Por el cual se crea el Instituto Colombiano de Desarrollo Rural (Incoder) y se determina su estructura".

Decreto 3759 del 30 de septiembre de 2009, "Por el cual se aprueba la modificación de la estructura del Instituto Colombiano de Desarrollo Rural (Incoder), y se dictan otras disposiciones".

Decreto 2623 del 17 de diciembre de 2012, "Por el cual se aprueba la modificación de la estructura del Instituto Colombiano de Desarrollo Rural (Incoder)".

Decreto 1953 de 2014, "Por el cual se crea un régimen especial con el fin de poner en funcionamiento los Territorios Indígenas respecto de la administración de los sistemas propios de los pueblos indígenas hasta que el Congreso expida la ley de que trata el artículo 329 de la Constitución Política".

Decreto Ley 2363 del 7 de diciembre de 2015, "Por el cual se crea la Agencia Nacional de Tierras (ANT), se fija su objeto y estructura".

Decreto Ley 2365 del 7 de diciembre de 2015, "Por el cual se suprime el Instituto Colombiano de Desarrollo Rural-Incoder, se ordena su liquidación y se dictan otras disposiciones".

Instituto Colombiano de la Reforma Agraria. Acuerdo 024 del 25 de noviembre de 1996, "Por el cual se fijan los criterios generales y el procedimiento para seleccionar y delimitar las Zonas de Reserva. Campesina de que tratan el Capítulo XIII de la Ley 160 de 1994 y el Decreto 1777 de 1996 y se dictan otras disposiciones".

Ley 160 del 5 de agosto de 1994, "Por la cual se crea el Sistema Nacional de Reforma Agraria y Desarrollo Rural Campesino, se establece un subsidio para la adquisición de tierras, se reforma el Instituto Colombiano de la Reforma Agraria y se dictan otras disposiciones".

Ley 1454 del 28 de junio de 2011, "Por la cual se dictan normas orgánicas sobre ordenamiento territorial y se modifican otras disposiciones".

Ley 1955 del 9 de junio de 2015, "Por la cual se expide el Plan Nacional de Desarrollo 2018-2022 'Pacto por la Equidad'".

Ministerio de Agricultura y Desarrollo Rural. Decreto 1071 del 26 de mayo de 2015, "Por medio del cual se expide el Decreto Único Reglamentario del Sector Administrativo Agropecuario, Pesquero y de Desarrollo Rural".

Ministerio de Agricultura y Desarrollo Rural. Resolución 128 del 26 de mayo de 2017, "Por medio de la cual se adoptan las Bases para la Gestión del Territorio para usos agropecuarios y los Lineamientos de su estrategia de planificación sectorial agropecuaria".

OEA. Convención Americana de Derechos Humanos, San José, 7 a 22 de noviembre de 1969.

OIT. "Sobre pueblos indígenas y tribales en países independientes", Convenio 169, Ginebra, 27 de junio de 1989.

ONU. Asamblea General. "Declaración Universal de los Derechos Humanos", París, 10 de diciembre de 1948.

ONU. Asamblea General. "Pacto Internacional de los Derechos Civiles y Políticos", New York, 16 de diciembre, 1966.

ONU. Asamblea General. "Pacto Internacional de Derechos Económicos Sociales y Culturales", San José, 16 de diciembre de 1966.

DOCTRINA

Correa Medina, J. A. "Estado del arte", tesis, 2019.

Dallabrida, V. R. *Gobernanza y planificación territorial: para la institucionalización de una práctica de "concertación pública-privada"*, Brasil, Universidad de UUÍ, 2003.

Suárez-Manrique, W. Y. "La constitucionalización del derecho en el ordenamiento jurídico colombiano", *Vniversitas*, 129, 2014, disponible en [http://dx.doi.org/10.11144/Javeriana.VJ129.cdoj].

JURISPRUDENCIA INTERAMERICANA

CIDH. *Caso Colotenango vs. Guatemala*, medidas provisionales, Resolución de la Corte Interamericana de Derechos Humanos, Serie E n.º 1, 22 de junio de 1994, disponible en [http://www.corteidh.or.cr/docs/medidas/colotenango_se_06.pdf].

CIDH. *Caso Giraldo Cardona vs. Colombia*, medidas provisionales, Resolución de la Corte Interamericana de Derechos Humanos. Serie E n.º 2, 5 de febrero de 1997, disponible en [http://www.corteidh.or.cr/docs/medidas/giraldo_se_05.pdf].

CIDH. *Caso de la Comunidad de Paz de San José de Apartadó vs. Colombia*, Medidas Provisionales. Resolución de la Corte Interamericana de Derechos Humanos, Serie E n.º 3, disponible en [http://www.acnur.org/t3/fileadmin/Documentos/BDL/2005/3307.pdf?view=1].

CIDH. *Caso Ivcher Bronstein vs. Perú*, Reparaciones y Costas, Serie C n.º 74, 6 de febrero de 2001, disponible en [http://www.corteidh.or.cr/docs/casos/articulos/seriec_74_esp.pdf].

CIDH. *Caso de la Comunidad Mayagna (Sumo) Awas Tingni vs. Nicaragua*. Fondo, Reparaciones y Costas, Serie C n.º 79, 31 de agosto de 2001, disponible en [http://www.corteidh.or.cr/docs/casos/articulos/Seriec_79_esp.pdf].

CIDH. *Caso de Comunidades del Jiguamiandó y del Curbaradó vs. Colombia*, Resolución de medidas provisionales solicitadas por la Comisión Interamericana de Derechos Humanos respecto de la República Dominicana, Voto Concurrente, Párr. 4, 6 de marzo de 2003, disponible en [http://www.acnur.org/t3/fileadmin/Documentos/BDL/2003/2228.pdf?view=1].

CIDH. *Caso Herrera Ulloa vs. Costa Rica*, Excepciones Preliminares, Fondo, Reparaciones y Costas, Serie C n.º 107, 2 de julio de 2004, disponible en [http://www.corteidh.or.cr/docs/casos/articulos/seriec_107_esp.pdf].

CIDH. *Caso Ricardo Canese vs. Paraguay*, Fondo, Reparaciones y Costas, Serie C 111, 31 de agosto de 2004, disponible en [http://www.corteidh.or.cr/docs/casos/articulos/seriec_111_esp.pdf].

CIDH. *Caso Comunidad indígena Yakye Axa vs. Paraguay*, Fondo, Reparaciones y Costas, Serie C n.º 125, 17 de junio de 2005, disponible en [http://www.corteidh.or.cr/docs/casos/articulos/seriec_125_esp.pdf].

CIDH. *Caso de la Comunidad Moiwana vs. Suriname*, Excepciones Preliminares, Fondo, reparaciones y Costas, Serie C n.º 124, 15 de junio de 2005, disponible en [http://www.corteidh.or.cr/docs/casos/articulos/seriec_124_esp1.pdf].

CIDH. *Caso del Pueblo Saramaka vs. Surinam*, Excepciones Preliminares, Fondo, Reparaciones y Costas, Serie C n.º 172, 28 de noviembre de 2007, disponible en [http://www.corteidh.or.cr/docs/casos/articulos/seriec_172_esp.pdf].

CIDH. *Caso Comunidad Indígena Xákmok Káse vs. Paraguay*, Fondo, Reparaciones y Costas, Serie C n.º 214, 24 de agosto de 2010, disponible en [http://www.corteidh.or.cr/docs/casos/articulos/seriec_214_esp.pdf].

CIDH. *Caso de las comunidades afrodescendientes desplazadas de la cuenca del río Cacarica (Operación Génesis) vs. Colombia*, Excepciones Preliminares, Fondo, Reparaciones y Costas, Serie C n.º 270, 20 de noviembre de 2013, disponible en [http://www.corteidh.or.cr/docs/casos/articulos/seriec_270_esp.pdf].

CIDH. *Caso comunidad Garífuna Triunfo de la Cruz y sus miembros vs. Honduras*, Fondo, Reparaciones y Costas, Voto Concurrente M. Humberto Antonio Sierra Porto, Párr. 27, 8 de octubre de 2015, disponible en [http://www.corteidh.or.cr/docs/casos/articulos/seriec_305_esp.pdf].

CIDH. *Caso Comunidades Indígenas Miembros de la Asociación Lhaka Honhat (Nuestra Tierra) vs. Argentina*. Fondo, Reparaciones y Costas, Serie C n.º 400, 6 de febrero de 2020, disponible en [http://www.corteidh.or.cr/docs/casos/articulos/seriec_400_esp.pdf].

JURISPRUDENCIA CONSTITUCIONAL COLOMBIANA

Corte Constitucional

Auto 004 de 2008, M. P.: Manuel José Cepeda Espinosa.

Auto 05 de 2009, M. P.: Manuel José Cepeda Espinosa.

Auto 045 de 2012, M. P.: Luis Ernesto Vargas Silva.

Sentencia T-188 de 1993, M. P.: Eduardo Cifuentes Muñoz.

Sentencia T-380 de 1993, M. P.: Eduardo Cifuentes Muñoz.

Sentencia C-139 de 1996, M. P.: Carlos Gaviria Díaz.

Sentencia T-422 de 1996, M. P.: Eduardo Cifuentes Muñoz.

Sentencia C-169 de 2001, M. P.: Carlos Gaviria Díaz.

Sentencia T-606 de 2001, M. P.: Marco Gerardo Monroy Cabra.

Sentencia C-006 de 2002, M. P.: Clara Inés Cargas Hernández.

Sentencia T-025 de 2004, M. P.: Manuel José Cepeda Espinosa.

Sentencia T-1095 de 2005, M. P.: Clara Inés cargas Hernández.

Sentencia T-704 de 2006, M. P.: Humberto Antonio Sierra Porto.

Sentencia T-1105 de 2008, M. P.: Humberto Antonio Sierra Porto.

Sentencia T-514 de 2009, M. P.: Luis Ernesto Vargas Silva.

Sentencia T-235 de 2011, M. P.: Luis Ernesto Vargas Silva.

Sentencia T-601 de 2011, M. P.: Jorge Iván Palacio.

Sentencia C-644 de 2012, M. P.: Adriana Arango Guillén.

Sentencia T-009 de 2013, M. P.: Jorge Ignacio Pretelt Chaljub.

Sentencia T-387 de 2013, M. P.: María Victoria Calle Correa.

Sentencia C-463 de 2014, M. P.: María Victoria Calle Correa.

Sentencia T-379 de 2014, M. P.: Jorge Ignacio Pretelt Chaljub.

Sentencia T-650 de 2017, M. P.: Alberto Rojas Ríos.

Sentencia C-073 de 2018, M. P.: Cristina Pardo Schlesinger.

DOCUMENTOS OFICIALES

ANT. "Protocolo para el fortalecimiento de organizaciones y comunidades rurales", Equipo línea de fortalecimiento diálogo social y equipo social de la Subdirección de Planeación Operativa, N.P., 2019.

DANE. "Censo de población y vivienda", 2018, disponible en [https://www.dane.gov.co/index.php/estadisticas-por-tema/demografia-y-poblacion/censo-nacional-de-poblacion-y-vivenda-2018].

MASSIRIS CABEZA, A. "Gestión del territorio para usos agropecuarios. Bases para la formulación de política pública", 2015, disponible en [http://www.upra.gov.co/documents/10184/55237/11.++Definici%C3%B3n+de+Modelo+Territorial+Agropecuario+y+Estrategia.pdf/aa639826-10e2-47de-903a-51c81fa7cc71?version=1.0].

ONU. A/61/L.67. "Declaración de las Naciones Unidas sobre los derechos de los pueblos indígenas", 7 de septiembre de 2007, disponible en [http://www.hchr.org.co/index.php/declaracion-de-las-naciones-unidas-sobre-los-derechos-de-los-pueblos-indigenas].

TERCERA PARTE
ACUERDO DE PAZ Y VÍCTIMAS

HÉCTOR SANTAELLA QUINTERO*
JEFFREY LEÓN BALCERO**

Alegato en defensa del cumplimiento del punto 4.1 del Acuerdo Final como estrategia para solucionar el problema de los cultivos de uso ilícito en Colombia: más allá del debate sobre el garrote y la zanahoria

SUMARIO

Introducción. I. Las dificultades del Plan Nacional Integral de Sustitución de Cultivos Ilícitos (PNIS) para el cumplimiento de sus ambiciosos objetivos. A. Las objeciones políticas, jurídicas y económicas al PNIS. B. El difícil proceso de implementación del PNIS. II. La impostergabilidad e importancia del PNIS como solución definitiva e integral al problema de los cultivos de uso ilícito en Colombia. A. El PNIS como pieza fundamental para la construcción de la paz en Colombia. B. El PNIS como complemento necesario de la RRI en cuanto vehículo para transformar territorios marginados. C. Lo problemática que resulta la política de erradicación forzosa mal gestionada. III. Reflexiones finales. Bibliografía.

RESUMEN

Los cultivos de uso ilícito han sido uno de los principales factores atizadores del conflicto armado colombiano durante los últimos años. Por esa razón, el punto 4.1 del Acuerdo Final se ocupa de ellos, y define una ambiciosa política de Estado dirigida a combatir este flagelo a partir de una óptica integral, participativa y con enfoque territorial, étnico, ambiental y de género, orientada a la transformación estructural de las zonas de plantación. Este capítulo plantea que, pese a ser objeto de múltiples objeciones políticas, económicas y jurídicas, y a que desde sus inicios ha padecido numerosas dificultades para su puesta en marcha, por sus diversos e importantes componentes el Plan Nacional Integral de Sustitución de Cultivos Ilícitos (PNIS) constituye la vía óptima para enfrentar el problema de los cultivos de uso ilícito, saldar la deuda estatal con los territorios de la periferia nacional afectados por este flagelo, y ayudar a las comunidades allí asentadas a salir de la trampa de la

* Doctor en Derecho por la Universidad Autónoma de Madrid; profesor del Departamento de Derecho Administrativo de la Universidad Externado de Colombia. Correo electrónico: hector.santaella@uexternado.edu.co.

** Abogado de la Universidad Externado de Colombia; asistente jurídico del doctor Héctor Santaella Quintero. Correo electrónico: jeffrey.leon@est.uexternado.edu.co.

ilegalidad que las oprime y les niega toda posibilidad de desarrollo ajeno a las organizaciones criminales que controlan esas zonas del país.

PALABRAS CLAVE

Reforma Rural Integral, Plan Nacional Integral de Sustitución de Cultivos Ilícitos, desarrollo alternativo, erradicación forzosa, cumplimiento del Acuerdo Final para la Construcción de una paz estable y duradera, política contra las drogas.

ABSTRACT

The illicit crops have been one of the main stirring factors of the Colombian armed conflict the past few years. For this reason, point 4.1 of the Final Agreement addresses them and defines an ambitious policy straightened to fight that torment through an integral and participative perspective, with a territorial, ethnic, environmental and gender approach, oriented to the structural transformation of plantation zones. Despite many political, economic and juridical censure, and in spite of several difficulties from day one to get the program going, this chapter argues that because of its important parts, the NISP is the proper way to confront the problem of illicit crops, pay the historical state debt with the periphery, so affected by this anguish and help the local communities escape the "illegality trap" that oppress them and prevents them from any development far from the scope of the illegal organizations that control this zones around the country.

KEYWORDS

Integral rural reform, crops national integral substitution plan, alternative development, forced eradication, final agreement to end the armed conflict and build a stable and lasting peace, drug policy.

INTRODUCCIÓN

Pocas cuestiones han influenciado tanto la realidad nacional colombiana como el narcotráfico. Como apunta el expresidente César Gaviria en el prólogo a una conocida obra en materia de política de drogas:

> [n]ingún país del mundo ha pagado un costo más alto en términos de vidas de sus dirigentes políticos, sus jueces, sus policías, sus soldados, sus periodistas y decenas de miles de inocentes, ni ha recibido un daño más grave a sus instituciones democráticas (Gaviria Trujillo, 2011: ix)[1].

Por sus implicaciones sociales, ambientales y culturales también representa una amenaza letal para la diversidad biológica y cultural del país (Oficina de las Naciones Unidas contra la droga y el delito (UNODC), 2019: 26 y ss.)[2]. Asimismo, el fuerte influjo de este fenómeno en los distintos ámbitos de la realidad nacional ha llevado a que sus secuelas se extiendan capilarmente sobre incontables aspectos de la vida diaria. La situación de seguridad, la economía, las relaciones internacionales, la política interna, el funcionamiento del aparato público, las costumbres, la moral social, o incluso la cultura y el sentido de la estética de nuestros conciudadanos se han transformado o han sido influenciados de una u otra manera por el narcotráfico. Su poder ha sido tal que en ciertos episodios de nuestra historia se ha llegado a hablar de Colombia como un "Estado fallido" o una "narcodemocracia" (Camacho, 2011: 331). No en balde, como apuntan Gaviria y Mejía (2011: 4), en "los últimos treinta años, los mayores desafíos a las instituciones colombianas han venido directamente de grupos de narcotraficantes o han sido financiados por el dinero del narcotráfico".

En ese orden de ideas, y dadas sus estrechas conexiones con el conflicto armado que ha asolado al país por tanto tiempo, no extraña que el Acuerdo

---

1 En un sentido similar se pronunció de manera rotunda ante la Asamblea General de las Naciones Unidas el entonces presidente de Colombia Barco Vargas el 29 de septiembre de 1989.

2 Con énfasis en la influencia de los cultivos de uso ilícito en zonas de Parque Nacional Natural, puede consultarse OSPINO (2019: 139 y ss.).

Final para la Construcción de una Paz Estable y Duradera (Acuerdo Final, Acuerdo o AF) se haya ocupado del tema, y haya consagrado todo un capítulo (Punto 4) a idear una "[s]olución al problema de las drogas ilícitas". Así, junto con un primer apartado (Punto 4.1) dedicado al PNIS, el capítulo cuarto del Acuerdo Final contempla programas de prevención del consumo y de salud pública (Punto 4.2), y una estrategia de solución al fenómeno de producción y comercialización de narcóticos, enfocada en la persecución de las organizaciones criminales detrás de este negocio (Punto 4.3).

El presente capítulo se ocupa del Punto 4.1 del Acuerdo, y de las razones por las cuales, pese a los problemas que ha experimentado, debe ser cumplido, en tanto representa la apuesta más completa y ambiciosa del Estado colombiano (esta vez, en conjunto con las FARC-EP) para poner fin al flagelo de los cultivos de uso ilícito en Colombia. En razón de que parte del reconocimiento de la realidad según la cual "el cultivo, la producción y comercialización de las drogas ilícitas también han atravesado, alimentado y financiado el conflicto interno" (Gobierno Nacional de Colombia y FARC EP, 2016: 98) *el PNIS no solo supone una estrategia más del Estado colombiano para superar o combatir la expansión de los cultivos de uso ilícito en el país. Va mucho más allá: es una herramienta fundamental para contribuir a la construcción de una paz estable y duradera.* En cuanto tal, representa el reconocimiento por el Estado del hecho de que en las zonas rurales donde tienen lugar las plantaciones, "[l]a persistencia de los cultivos está ligada en parte a la existencia de condiciones de pobreza, marginalidad, débil presencia institucional, además de la existencia de organizaciones criminales dedicadas al narcotráfico" (Gobierno Nacional de Colombia y FARC EP, 2016: 98), circunstancia que ha conducido a "la profundización de su marginalidad, de la inequidad, de la violencia en razón del género y en su falta de desarrollo". De allí que se afirme en el punto 4 que la solución al problema de los cultivos de uso ilícito, como parte del problema mayor de las drogas ilícitas, pasa por la conexión de este programa con la Reforma Rural Integral (RRI) (Punto 1), como *puente para alcanzar la transformación estructural de las zonas de cultivo.* La proclamación de la integración del PNIS a la RRI como el primero de los principios que deben regir su implementación (Gobierno

Nacional de Colombia y FARC EP, 2016: 103)[3], ratifica la importancia de este vínculo y eleva una exigencia específica al Gobierno Nacional en cuanto a su empeño por generar condiciones de bienestar y buen vivir en las zonas rurales: redoblar sus esfuerzos por la transformación estructural de estas áreas que, habida cuenta de sus especificidades, "requieren de unas medidas adicionales y particulares respecto de las demás comunidades rurales" (Gobierno Nacional de Colombia y FARC EP, 2016: 102).

En ese orden de ideas, y a la vista de los múltiples elementos que lo conforman, el PNIS, en su doble papel de componente de la RRI y de pieza fundamental de la solución al problema de las drogas ideada por el AF, se erige en un instrumento clave para hacer frente a la cuestión de los cultivos de uso ilícito desde una perspectiva integral, ambientalmente sostenible, participativa, presidida además por claros enfoques territorial, étnico y de género, que lejos de una visión exclusivamente prohibicionista o represiva del problema, busca la trasformación estructural de los territorios afectados, como vehículo para abrir escenarios de inclusión y participación de las comunidades, en un marco de respeto al principio del Estado social y democrático de derecho que sanciona la Constitución (art. 1.º).

Consciente de que en buena parte las zonas de cultivos de uso ilícito han representado una estrategia de supervivencia más que una opción empresarial o una alternativa económica a elegir entre muchas, *el AF no solo apunta a la supresión de las plantaciones por vía de la sustitución de cultivos, sino que su meta es más ambiciosa*: busca, además, fortalecer la presencia institucional en esas áreas, mejorar la seguridad y las condiciones de vida de la población allí asentada, saldar la deuda histórica del Estado con estas colectividades en materia de provisión de bienes públicos, formalizar la tenencia de la tierra, reconstruir el tejido social y la capacidad organizativa de las comunidades, y recuperar los ecosistemas alterados por el desarrollo de actividades ligadas a la producción de sustancias ilegales, entre otros muchos[4]. Todo ello, como

3 El Punto 4.1.1 del AF también consagra otros principios como la construcción conjunta, participativa y concertada del PNIS; el enfoque diferencial con arreglo a las particularidades propias de cada territorio; el respeto y aplicación de los principios y las normas del Estado social de derecho y la convivencia ciudadana, y la sustitución voluntaria.

4 Al respecto cfr. BAUTISTA REVELO et al. (2018: 170 y ss.); Defensoría del Pueblo (2017: 25 y ss.) y SALGADO (2017: 81 y ss.).

presupuesto para superar definitivamente la dependencia de la economía ilícita de la droga en los ingresos de esas personas para su supervivencia. Se entiende que este resultado (*i. e.* el abandono de las economías ilegales) solo puede ser producto de la instauración en esos territorios de un orden social, jurídico, económico, ambiental y político conforme a la Constitución[5], que permita a las comunidades allí asentadas salir de la trampa de la ilegalidad que les tiende el narcotráfico.

En ese sentido, la adopción del PNIS como marco general de la política para combatir y erradicar definitivamente el problema de los cultivos de uso ilícito evidencia la preocupación que conlleva acoger determinaciones ajenas a los factores sociales, políticos, económicos y ambientales de cada territorio, así como a las múltiples enseñanzas de las experiencias precedentes en este frente[6]. Refleja igualmente la convicción de que "[l]a erradicación de la pobreza en el campo y el establecimiento de condiciones de igualdad material se constituyen en presupuestos necesarios para erradicar la violencia y evitar la repetición del conflicto" (Defensoría del Pueblo, 2017: 41). Por su complejidad la solución al problema de los cultivos de uso ilícito trasciende la sola alternativa policial o represiva; precisa una aproximación transversal e integral, participativa, que consulte los alarmantes índices de pobreza, violencia, corrupción, exclusión, rezago tecnológico, falta de oportunidades y precariedad de la infraestructura que registran esas zonas (De Rementeria, 1991: 226 y ss.). Además, tanto por exigencias constitucionales, como por cálculo estratégico derivado del historial de violencia y opresión reinante en estas áreas, dominadas en su práctica totalidad por grupos armados ilegales, la solución al problema de los cultivos de uso ilícito no puede más que asumir una mirada de largo plazo y bajo un marco de respeto por los derechos humanos, la participación ciudadana y el medio ambiente.

Con estas credenciales y compromisos, no extraña el entusiasmo y beneplácito que ha suscitado el PNIS. De un lado, las comunidades campesinas

---

5 Un muy interesante análisis de la pluralidad de órdenes no ajustadas a los lineamientos de la Constitución y la ley que rige en estos territorios, en REVELO REBOLLEDO, GARCÍA VILLEGAS et al. (2018: 103 y ss.).

6 Un recuento de las distintas políticas de sustitución emprendidas por el Gobierno en VARGAS MEZA (2010: 7 ss.) y ZORRO (2011: 94 y ss.).

y los grupos étnicos han expresado su identificación y respaldo a lo allí expresado (Salgado, 2017: 84)[7]; de otro, instituciones como el Instituto Kroc, o la Fundación Ideas para la Paz, se han manifestado igualmente a favor de su pronta implementación. Para el primero, el PNIS representa "una política robusta de gobierno (se espera que de Estado) y no un experimento aislado y de corta duración como sucedió en experiencias anteriores de sustitución" (2018: 169). Y ha resaltado que "es la primera vez que un programa de este tipo llega a los núcleos históricos de producción de coca que se encuentran en las zonas de influencia histórica de las FARC" (2018: 169). La segunda, a su vez, destaca que a pesar de los notables problemas que lo aquejan, el PNIS representa "el mayor esfuerzo que ha hecho el Estado en las zonas dependientes de los cultivos de coca" (2019: 29).

Por todo lo anterior el PNIS parecería estar encarrilado en la dirección correcta. Sin embargo, como se ha evidenciado a lo largo de sus tres años de existencia, no son pocas las dificultades que ha enfrentado para la cristalización de sus objetivos. Los modestos resultados y la permanente polémica que lo ha rodeado parecen evidenciarlo. Y aun cuando el gobierno del presidente Duque ha manifestado su compromiso con las familias inscritas en el programa, el panorama que tiene por delante no resulta del todo despejado[8]. Aunque, como lo estableció la Corte Constitucional, "el Acto Legislativo 02 de 2017, convierte el Acuerdo Final firmado el 24 de noviembre de 2016, en una política pública de Estado cuya implementación y desarrollo constituye compromiso y obligación de buena fe para todas las autoridades del Estado, con el fin de garantizar el derecho a la paz, respetando su autonomía" (Corte Constitucional. Sent. C-630 de 2017), los escollos de todo tipo (financieros, jurídicos, políticos, administrativos, ideológicos, prácticos, etc.) con que ha tropezado su implementación han impedido

7 Cfr. *El Espectador* (2018).

8 No se trata solo de que desde su llegada al Gobierno, el Consejero Presidencial para la Estabilización y la Consolidación haya sido reiterativo en sostener que recibió "un desastre, y lo que hemos hecho es reconstruir un rompecabezas donde no existía ni la guía", ni los recursos para financiar los compromisos (Archila, 2019). En recientes declaraciones ante la prensa, el responsable de la Dirección de Sustitución Cultivos Ilícitos daba cuenta de las grandes dificultades económicas por las que atraviesa el programa (Londoño, 2020).

un avance al ritmo que sería deseable para una política de su importancia (Fundación Ideas para la Paz, 2019: 12 y ss.).

En esas condiciones, el presente capítulo explora cuáles han sido las principales dificultades afrontadas por el PNIS, y examina las razones por las cuales representa un valioso activo en cabeza del Gobierno, digno de ser preservado e impulsado por las autoridades. Que su ejecución haya evidenciado múltiples deficiencias en absoluto demerita la lógica que hay detrás del Acuerdo; tan solo pone de manifiesto la necesidad de introducir ajustes a un programa que no solo ha generado incontables adhesiones, sino que, como se evidencia en la práctica, puede posibilitar una salida definitiva y sostenible al problema de los cultivos de uso ilícito en el país[9]. Como se deduce de lo establecido en el AF, en su dimensión sustancial y programática el PNIS representa un prerrequisito y una valiosa oportunidad para consolidar la paz en Colombia por medio del fortalecimiento institucional en la periferia nacional, y la realización del Estado social de derecho en zonas históricamente dominadas por grupos armados ilegales, por lo cual es imperioso persistir en su aplicación. Ello no obsta, naturalmente, que se puedan introducir los ajustes necesarios evidenciados a lo largo de estos tres años de experiencia, que permitan afinar su eficacia. Con todo, si algo parece esencial a esta altura de la implementación del Acuerdo Final, es *trascender la lógica cortoplacista, simplista e ideologizada que ha dominado esta materia*, encumbrando a criterio definitivo la extensión de las zonas de cultivo, y haciendo abstracción de la muy compleja realidad que se vive en esos territorios. Con ser cierto que "[l]a madre de todos los males de Colombia es el narcotráfico" (Martínez Neira, 2019: 269), no lo es menos que en un país con la complejidad social y la diversidad ecológica y cultural de Colombia no cualquier mecanismo puede ser válido para erradicar este mal. El remedio no puede ser peor que la enfermedad.

---

9 Los altos niveles de cumplimiento de las familias que han suscrito acuerdos de sustitución en el marco del PNIS (94%) y los bajos niveles de resiembra observados en estos casos (0,6%), tal como ha sido certificado por la UNODC, evidencian la mayor efectividad de la aproximación no coercitiva al problema de los cultivos de uso ilícito, basada en la promoción de programas de desarrollo alternativo (Fundación Ideas para la Paz, 2019: 6 y 9).

Por lo anterior, en aras de construir este alegato en defensa de la necesidad de dar cumplimiento al Punto 4.1 del Acuerdo Final, en una primera parte se presentan las principales dificultades que ha experimentado el PNIS (I), para pasar luego a explorar las razones por las cuales constituye una iniciativa impostergable y esencial para la consolidación de la paz en Colombia (II). El escrito se cierra con unas reflexiones finales sobre el asunto debatido (III).

I. LAS DIFICULTADES DEL PLAN NACIONAL INTEGRAL DE SUSTITUCIÓN DE CULTIVOS ILÍCITOS (PNIS) PARA EL CUMPLIMIENTO DE SUS AMBICIOSOS OBJETIVOS

La amplitud, integralidad y complejidad de los objetivos perseguidos por el PNIS han supuesto un gran reto para el aparato institucional del Estado. Exigido como nunca en términos de penetración y presencia en territorios históricamente ajenos a la institucionalidad, de promoción de espacios de participación ciudadana y de coordinación interadministrativa, los limitados resultados obtenidos evidencian por sí mismos lo difícil que les ha resultado a las autoridades nacionales asumir estas responsabilidades[10]. Los ingentes recursos que requiere su aplicación, los estímulos económicos para los cultivadores que se vinculen al plan, lo mismo que contemplar un tratamiento penal diferenciado para los pequeños cultivadores, ha sido motivo de debate[11]. Además, el hecho de haber emanado de lo pactado en el Punto 4.1. del Acuerdo Final con las FARC-EP ha generado numerosas críticas de sectores políticos y sociales que ven en las políticas represivas el único camino para combatir este flagelo.

De igual manera, fenómenos como el alarmante crecimiento del área sembrada con cultivos de coca, que ha llegado a topes históricos los últimos años; la constante presión internacional, abanderada por Estados Unidos, para incrementar la represión y volver a la aspersión aérea de las zonas de

---

10 Un completo análisis de los problemas de la implementación del PNIS en Fundación Ideas para la Paz (2019: 11 y ss.).

11 Cfr. MARTÍNEZ NEIRA (2019: 284 y ss.).

cultivo; el mayor control territorial de grupos armados ilegales y su secuela de enfrentamientos, violencia, desplazamiento, temor y asesinato de líderes sociales, así como la sensación en las comunidades de que el Estado les ha incumplido, dadas las manifiestas dificultades que ha debido encarar para atender sus compromisos, han sembrado dudas en torno a si el PNIS es la vía adecuada para solucionar el problema de los cultivos ilícitos, o si es necesario un replanteamiento en la política estatal.

Por esa razón, a continuación se señalan las principales objeciones que se han presentado al PNIS, y las dificultades que desde sus inicios han rodeado su implementación, lo cual resulta fundamental para determinar eventuales correctivos que deben ser adoptados con miras a una aplicación más efectiva del mismo en los campos afectados por los cultivos de uso ilícito.

A. LAS OBJECIONES POLÍTICAS, JURÍDICAS Y ECONÓMICAS AL PNIS

El modelo de desarrollo integral de los territorios periféricos afectados por los cultivos de uso ilícito propuesto por el PNIS ha sido objeto de profundas objeciones de diversos sectores de la opinión pública tanto a nivel nacional como internacional. En su mayoría se invocan argumentos de índole política, jurídica y económica, que vale la pena considerar con detenimiento.

Las objeciones políticas han tenido como principal representante al partido Centro Democrático, movimiento que se presentó como principal fuerza opositora, primero a las negociaciones y luego al Acuerdo Final pactado por el gobierno Santos con las FARC-EP. Para este movimiento político, el Punto 4.1 del Acuerdo contiene una serie de concesiones en favor de esa guerrilla, que tan solo buscan legalizar el mercado de los "narcocultivos". Por esta razón, durante la campaña del Plebiscito del 2 de octubre de 2016 exigía "que las FARC se comprometan de manera explícita a entregar toda la información de sus zonas de cultivo, las rutas empleadas, su cadena logística, los proveedores de precursores químicos y las redes de lavado de activos" (Lewin, 2016). Asimismo pedía no renunciar a la acción penal a favor de los pequeños cultivadores, y no ceder frente a las fumigaciones ni el control de las áreas cultivadas, so pena del incremento exponencial de su extensión (Lewin, 2016). Las palabras del líder de esta fuerza política resumen gráficamente su posición al respecto: "Habíamos bajado de 170 mil hectáreas de cultivos ilícitos a 47 mil, por la indulgencia con el terrorismo se ha llegado nuevamente a 200 mil" (*Semana*, 2016).

Aunado a lo anterior, desde el inicio de la negociación ha existido un fuerte resquemor respecto del enfoque territorial de la RRI y del PNIS, debido a la creencia de que dicha visión no es transparente en sus fines, y que más que la eficacia final de las medidas en materia de aumento de la producción agropecuaria o el desarrollo armónico de todas las regiones del país, persigue entregar el control local militar y político a las FARC-EP (Centro Democrático, marzo de 2015).

También el proceso de planeación participativa ha sido blanco de objeciones de los opositores del Acuerdo Final. Para quienes critican este extremo del PNIS, se trata de una herramienta que tolera una peligrosa injerencia de las comunidades en los procesos de diseño y ejecución de las políticas públicas, lo cual deja a merced de las poblaciones locales aspectos como la determinación del uso de la tierra y el modelo de desarrollo del campo colombiano (Centro Democrático, marzo de 2015).

Desde un ángulo jurídico, los dardos se han centrado, fundamentalmente, en el esquema de Tratamiento Penal Diferenciado para Pequeños Cultivadores (TPDPC) contemplado por el AF. De acuerdo con la Oficina del Alto Comisionado para la Paz (2016: 53-54), en este frente los comentarios de los representantes del "NO" en el plebiscito del 2 de octubre de 2016 pueden agruparse en las siguientes grandes observaciones:

– La necesidad de reducir el tiempo en que opera el derecho para acceder al beneficio contemplado por esta figura.

– La conveniencia de precisar el sentido de la figura del TPDPC. Esto, debido a que al dejar explícito que se renuncia a la persecución penal se deja de lado una herramienta clave en la lucha contra la producción de drogas ilícitas.

– La utilidad de pensar en un periodo sujeto a condicionalidad, esto es, no suprimir por completo la persecución penal, sino supeditarla a que no haya reincidencia del favorecido por el TPDPC, de manera que si reincide pierde todo beneficio.

– La importancia de hacer explícito que el Gobierno puede fijar los plazos para llegar a acuerdos de sustitución con las comunidades.

– La urgencia de precisar que este tratamiento puede ser revocado si se reincide en cualquier conducta asociada al narcotráfico.

Hay también quienes han expresado sus reservas frente al PNIS con base en razones de tipo económico. En efecto, algunos sectores de la opinión pública, pese a reconocer la importancia de lograr la paz, consideran prioritario hacer frente a los problemas de inflación y déficit fiscal que aquejan al Estado colombiano (Acosta, 2016), los cuales han llevado a que calificadoras de riesgos como Fitch y Moodys aconsejen reducir el gasto público (Restrepo, 2016). Recientemente, por sus elevados costos, el responsable de la Dirección de Sustitución de Cultivos Ilícitos calificaba de "insostenible" el modelo del PNIS[12].

Con todo, quizás el punto que concentra el mayor número de críticas a la política del PNIS es el escandaloso aumento de los cultivos de coca, señalando que el anuncio gubernamental de apoyo a los cultivadores "se convirtió en un estímulo perverso" (Martínez Neira, 2019: 284). Y no se ha dudado en afirmar que ello es fruto de un "desmoralizador discurso" de la política contra las drogas que, priorizando la legalización del narcotráfico, ha escatimado esfuerzos en la adopción de medidas represivas eficaces como la aspersión aérea (Centro Democrático, marzo de 2015).

Ahora bien, producto de las propuestas del "NO" al Acuerdo Final, la versión definitiva del texto (firmado el 24 de noviembre de 2016 en el Teatro Colón de la ciudad de Bogotá) introdujo una manifestación en la que se señala: "... se empeñarán todos los esfuerzos para transformar las condiciones de las comunidades en los territorios y asegurar que Colombia sea un país sin cultivos de uso ilícito y sin narcotráfico" (Gobierno Nacional de Colombia y FARC EP, 2016: 100). Incorporó, además, varios ajustes, entre los que se destacan modificaciones relevantes a la figura del TPDPC[13],

12 Cfr. LONDOÑO (2020).

13 En la nueva redacción dada al Punto 4.1.3.4: i) se hizo explícito el carácter instrumental del TPDPC respecto del PNIS; ii) se consagró el carácter transitorio de la renuncia al ejercicio de la acción penal y de la extinción de la sanción penal; iii) se redujo a un año el término para que los pequeños cultivadores manifiesten su decisión de acogerse al programa y expresen su voluntad de renunciar a cultivar o conservar plantaciones de uso ilícito; iv) se estableció que dicho lapso debe ser atendido por el Gobierno Nacional para que el PNIS sea desplegado en las zonas con presencia de cultivos ilícitos, en las que se espera dar aplicación a la figura del TPDPC; v) se impuso a las autoridades el mandato de fijar los criterios que permitan identificar quiénes son los pequeños cultivadores susceptibles

así como una precisión según la cual el gobierno no renunciaba a ningún método de erradicación (Oficina del Alto Comisionado para la Paz, 2016).

Sea como sea, el incremento desmedido de las zonas de cultivo ha monopolizado la atención y puesto los reflectores sobre el espinoso escenario de la aspersión aérea. Tal ha sido la importancia de este asunto que, incluso durante la posesión del actual presidente Iván Duque (militante del Centro Democrático), el presidente del Senado (también miembro de esa colectividad) no dudó en izar nuevamente la bandera de la aspersión como una medida imperiosa:

> Hoy recibe usted un país con el deshonroso récord de ser el primer productor de coca del mundo, con más de 210 mil hectáreas sembradas y una producción de 921 toneladas métricas de cocaína.
>
> Sobre el preocupante incremento de los cultivos ilícitos en Colombia, celebramos sus anuncios, presidente Duque, de combatirlos con decisión y sin contemplaciones. El solo hecho de acabar con la erradicación voluntaria, en donde no se cumpla, y si es necesario volver a la fumigación, es un avance esperanzador (*El Heraldo*, 2019).

Preocupado por esta situación, el Gobierno de Estados Unidos ha ejercido una fuerte presión sobre el Gobierno Nacional con el fin de reanudar los programas de aspersión aérea. Ello se ha visto reflejado en fuertes pronunciamientos que califican de "inaceptable" el aumento de cultivos ilícitos (Agencia *EFE*), el cuestionamiento al compromiso colombiano en la materia (*El Espectador*, 2019), la amenaza de descertificación de Colombia en la lucha contra las drogas (Gómez Maseri, 2017) y la reciente celebración por la publicación del Proyecto de Decreto que busca reanudar la aspersión con glifosato en 2020 (RED +, 2019). No en balde en la primera mitad de 2019, con ocasión de un inminente pronunciamiento de la Corte Constitucional

---

de ser favorecidos con el beneficio del TPDPC; vi) se determinó que la reincidencia en cualquiera de las conductas que forman parte de la cadena de producción de cultivos de uso ilícito da lugar a que se revoquen los beneficios concedidos; y, finalmente, vii) se precisó que en la implementación de los compromisos emanados del Acuerdo Final se dará prioridad a los programas de sustitución de cultivos de uso ilícito.

en seguimiento al cumplimiento de la Sentencia T-236 de 2017, el presidente Duque y su ministro de defensa desplegaron una activa campaña en pro de la modulación de las restricciones impuestas por la jurisprudencia constitucional al uso del glifosato[14]. Ello resultó en el Auto 387 de 2019, un pronunciamiento cuyo texto definitivo aún no se conoce, por medio del cual la Corte Constitucional "reitera y precisa los términos de la Sentencia T-236 de 2017, en relación con las condiciones que debe cumplir el gobierno para poder reanudar el programa de erradicación de cultivos ilícitos mediante la aspersión aérea con glifosato" (Corte Constitucional. Comunicado de prensa n.º 26, 2019). El gobierno ha interpretado esta providencia como un aval para retomar a la aspersión aérea bajo condiciones más estrictas. Y aunque aún no ha reiniciado dicha actividad, la reciente publicación por el Ministerio de Justicia del borrador de decreto para regular su utilización hacen parecer insalvable su regreso. Con ello, sin duda, el PNIS quedaría seriamente maltrecho, el posconflicto entraría en una fase aún más crítica y la base para una nueva etapa de conflictividad socio-ambiental en las zonas de cultivo quedaría servida[15].

B. EL DIFÍCIL PROCESO DE IMPLEMENTACIÓN DEL PNIS

El proceso de transformación de las zonas afectadas por los cultivos de uso ilícito ha padecido las deficiencias del Estado colombiano en términos de planeación, ejecución, participación social, articulación institucional y transparencia en el manejo de recursos. Violencia e inseguridad rampante en las zonas de plantación, incapacidad administrativa para atender los compromisos pactados, falta de claridad en relación con las consecuencias de la sola celebración de acuerdos colectivos con comunidades (sin el paso siguiente, que sería la suscripción de acuerdos individuales), descoordinación administrativa, operación disfuncional de las instancias de participación, arbitrariedad en la toma de decisiones administrativas de suspensión y desvinculación de beneficiarios, falencias en el enfoque de género, son algunos

---

14 Cfr. BOTERO (2019).

15 Sobre las consecuencias nocivas para la salud del uso de este pesticida, cfr. ALFONSO ROA (2019) y CAMACHO y MEJÍA (2017: 147 y ss.).

de los más serios problemas que se han presentado en la ejecución del PNIS. Entre muchas otras, estas circunstancias han servido de fundamento para que se hable del fracaso del proceso de sustitución de cultivos de coca en Colombia[16].

No se trata solo de que, a causa de sus elevados costos, el PNIS haya tenido que hacer frente a un considerable déficit financiero, que dio lugar a que el gobierno Duque frenara la celebración de acuerdos en 2019, ante la incertidumbre respecto de si los recursos existentes serían suficientes para cumplir los compromisos ya adquiridos (Londoño, 2020)[17], sino que su ejecución ha acusado serias fallas en la eficacia de la acción de las autoridades y en la coordinación de la acción administrativa en el campo.

En cuanto a lo primero, sobresale el hecho lamentable de que, debido a las precarias garantías y condiciones de seguridad en las zonas con presencia de cultivos de uso ilícito, no solo hay serias dificultades para implantar el programa, sino también graves amenazas contra la vida y la integridad de quienes habitan esos territorios por cuenta de los grupos armados y de estructuras de crimen organizado que han tomado el control territorial (ELN, Clan del Golfo, Los Caparrapos, Los Pelusos y grupos pos FARC) (Secretaría Técnica del Componente Internacional de Verificación CINEP/PPP-CERAC, 2019: 152)[18]. Como apunta el tercer informe del Instituto Kroc:

> [e]ntre enero y abril de 2019 fueron asesinados 48 líderes sociales, cuya causa el Gobierno Nacional asoció al control territorial de zonas de narcotráfico y la explotación ilegal de minerales por parte de grupos al margen de la ley (W Radio, 2019). La Defensoría del Pueblo registró al menos 438 casos de asesinatos de líderes sociales y defensores de derechos humanos entre 2016 y

---

16 Entre otros, cfr. PUERTA y CHAPARRO (2019).

17 También señala esta situación la Secretaría Técnica del Componente Internacional de Verificación CINEP/PPP-CERAC (2019: 142). En términos globales, según la Fundación Ideas para la Paz (2019: 16), el Gobierno Nacional requiere $2.7 billones para terminar de ejecutar el PNIS con las familias que hoy hacen parte del Programa, cifra a la que deben ser sumados $1.3 billones correspondientes a la vinculación de 33.119 familias que se encuentran en acuerdos colectivos y en el gobierno anterior no fueron incluidas.

18 En sentido similar, cfr. Instituto Kroc de Estudios Internacionales para la Paz (2018: 116) y Fundación Ideas para la Paz (2019: 20).

> 2018 que en su gran mayoría defendían la sustitución de cultivos y procesos de restitución de tierras (La FM, 2019) (2018: 159).

La problemática de seguridad en estas zonas es multicausal y va de la mano con la existencia de economías ilegales y la presencia de actores armados que pretenden hacerse con el control del negocio y del territorio antes dominado por las FARC-EP (Fundación Ideas para la Paz, 2019: 20). En estos casos, la falta de presencia institucional del Estado termina por enfrentar a las comunidades al dilema de cumplir el PNIS, sustituir y exponerse a las represalias de aquellas organizaciones, o atender sus exigencias, incumplir el programa y quedar expuestos a la erradicación forzosa[19].

En cuanto a lo segundo, son recurrentes los conflictos por la falta de coordinación entre las estrategias de erradicación forzada y la sustitución voluntaria (Instituto Kroc de Estudios Internacionales para la Paz, 2018: 39)[20]. Ello no solo ha resultado en enfrentamientos entre la Fuerza Pública y los cultivadores, sino en la deslegitimación del programa y el incremento de la desconfianza entre la ciudadanía y las autoridades (ibíd., 2018: 117)[21].También son frecuentes las fallas en la secuencia de la entrega de las distintas prestaciones que conforman el paquete asistencial que se ofrece a los beneficiarios del PNIS (dinero, proyectos productivos, asistencia técnica, elementos para la garantía de la seguridad alimentaria, etc.) (ibíd., 2018: 125)[22], así como la insuficiente articulación con el programa de formalización de tierras (ibíd., 2018: 127)[23].

Otro aspecto crítico de la implementación del PNIS tiene que ver con la pobre regulación que el Decreto Ley 896 de 2017 hizo del programa. Esta normativa, de solo nueve artículos, puede ser calificada como uno de los mayores obstáculos para su adecuada ejecución, no solo por sus notorias deficiencias y contradicciones con el Punto 4.1. del Acuerdo Final (p. ej., en

---

19 Cfr. Defensoría del Pueblo (2018: 84).

20 En similar sentido, cfr. Defensoría del Pueblo (2017: 165).

21 Cfr. Fundación Ideas para la Paz (2019: 22-23).

22 Cfr. Secretaría Técnica del Componente Internacional de Verificación CINEP/PPP-CERAC (2019: 148 y ss.).

23 También, Fundación Ideas para la Paz (2019: 23).

materia de descentralización territorial, indefinición de responsabilidades de las entidades involucradas en su ejecución o indeterminación de cuestiones cruciales como qué se entiende por "cultivos de uso ilícito" o qué requisitos concretos se deben reunir para que alguien se vincule o se desvincule del programa, entre otras cuestiones primordiales), sino porque el régimen jurídico que define es también problemático por no regular aspectos cruciales de la ejecución de la política.

Así, por ejemplo, carece de reglas que permitan concretar la implicación efectiva de los departamentos y municipios en la implementación del programa. Tampoco define la naturaleza jurídica de los dineros entregados por el Estado a los beneficiarios del PNIS[24], ni contempla ninguna consecuencia (patrimonial o extrapatrimonial) por el eventual incumplimiento de los compromisos adquiridos por los pequeños cultivadores favorecidos con la entrega de estos recursos. Menos aún regula lo relativo a la eventual imposibilidad de que individuos o familias vinculadas al PNIS reciban otros auxilios públicos, o amonestación por el incumplimiento de sus obligaciones. La falta de regulación de los procedimientos que deben aplicar las autoridades administrativas respecto de las decisiones que se adoptan, o de una remisión al CPACA, aun cuando teóricamente innecesaria (dado que el art. 2.º de dicho estatuto contempla su aplicación general a toda clase de actuaciones administrativas no regladas por un procedimiento especial), en la práctica ha resultado ser una comprometedora fuente de arbitrariedades, en particular en el caso de las decisiones de suspensión y desvinculación de beneficiarios (Secretaría Técnica del Componente Internacional de Verificación CINEP/PPP-CERAC, 2019: 139-140). Otro grave vacío es el relativo a las prerrogativas de la Administración. Es el caso, por ejemplo, de la potestad de suspender beneficiarios, actualmente ejercida por el Estado en medio de una total ausencia de regulación legal (Fundación Ideas para la Paz, 2019: 20). Por último, no hace mención al delicado asunto de la erradicación forzosa, aspecto crucial ya que, pese a no estar prohibida en el PNIS, su

24 El Acuerdo Final contempla dos medidas para el incumplimiento de los acuerdos: de un lado, la revocación del tratamiento penal diferenciado, allí donde fue concedido (Punto 4.1.3.4), y de otro, la posibilidad de erradicación manual, previo proceso de socialización e información con las comunidades (Punto n.º 4.1.3.2).

empleo indiscriminado y desarticulado conduce a la deslegitimación estatal y pérdida de confianza de las comunidades en el programa (Instituto Kroc de Estudios Internacionales para la Paz, 2018: 117)[25].

De otra parte, resulta altamente inconveniente que el artículo 3° del Decreto ley haya dispuesto que los gastos que se destinen al cumplimiento del PNIS no pueden implicar un incremento en los costos actuales de la planta de personal de las entidades responsables de su ejecución. Con ello se introduce una restricción presupuestal que afecta muy seriamente la eficacia y la eficiencia en la ejecución del programa.

Un último aspecto problemático tiene que ver con la ausencia de una metodología e indicadores adecuados para hacer un seguimiento integral a la situación que se vive en los territorios de cultivos ilícitos. Ello se traduce en que el éxito o fracaso del PNIS sea medido únicamente por la extensión del área cultivada, situación a todas luces inconveniente y antitécnica. De un lado, las estrategias de desarrollo alternativo no pueden medirse en el corto plazo (Felbab-Brown, 2017: 326 y ss.), y de otro, se trata de un asunto tan complejo que difícilmente se puede sintetizar en esa nuda cifra, pues es preciso tomar en consideración otras variables relacionadas con el cumplimiento efectivo de las metas del programa (*v. gr.* reducción de la pobreza multidimensional, mejoramiento de las condiciones de seguridad, kilómetros de vías terciarias construidos, bienes públicos entregados, estándares de calidad en servicios públicos de salud y educación, éxito de las cadenas de producción establecidas, participación efectiva de la mujer y de organizaciones sociales en instancias de participación, etc.)[26]. La ausencia de una metodología integral y técnica tan solo propicia seguir dando bandazos en este frente[27].

---

25 En el mismo sentido, cfr. Fundación Ideas para la Paz (2019: 22-23).

26 Resaltaba este aspecto Pedro Arenas (2019).

27 Así, por ejemplo, las 171.000 hectáreas de coca del año 2017 y las 169.000 de año 2018 dieron al gobierno Duque argumentos para introducir un giro drástico en la política contra las drogas emanada del Acuerdo Final. Es así como en la denominada "Ruta futuro" y en el Plan Nacional de Desarrollo para el cuatrienio 2018-2022, se ha optado por dar preponderancia a la erradicación forzada por sobre los programas de sustitución voluntaria, contemplando incluso el inconveniente recurso de la aspersión aérea.

II. LA IMPOSTERGABILIDAD E IMPORTANCIA DEL PNIS COMO SOLUCIÓN DEFINITIVA E INTEGRAL AL PROBLEMA DE LOS CULTIVOS DE USO ILÍCITO EN COLOMBIA

El camino para la construcción y consolidación de la paz en Colombia pasa por reconocer cuáles han sido los factores que han dado origen al conflicto. Si bien fue crucial la incapacidad estatal para imponer el orden, en ello también ha incidido la fallida reforma agraria (que supuso el exilio del campesinado que a la postre constituiría la base humana de las guerrillas) (Vela Orbegozo, 2015: 317), el excesivo centralismo y la subsecuente desatención de las periferias, la histórica confrontación partidista, y el talante excluyente del sistema político y económico nacional, o la influencia del contexto internacional, entre otras múltiples causas posibles (Moncayo Cruz, 2015: 108 y ss.). En la oleada más reciente de violencia, que comenzó en los años 60 y aún persiste, el narcotráfico ha jugado un papel muy destacado (Gutiérrez Sanín, 2015: 521 y ss.)[28], pues no solo ha permitido financiar la ampliación y el refuerzo de las unidades de grupos guerrilleros como las FARC (Márquez, 1991: 134-235), además de dar lugar a complejas disputas territoriales entre organizaciones criminales[29] y propiciar un alarmante incremento de la violencia en las zonas de producción (Osorio Alvis, 2019: 29 y ss.), sino que ha resultado en la formación de espacios en los que el ejercicio de la autoridad está a cargo de la organización al mando, en abierto desafío a la soberanía del Estado (Márquez, 1991: 134 y ss.)[30]. Como ha destacado la Defensoría del Pueblo (2018: 30), el lazo que ata a los actores armados ilegales con las economías ilegales es tan estrecho que "no se pueden concebir las economías ilegales (narcotráfico, minería de oro, contrabando) sin actores armados que las regulen, lo que a su vez se traduce en que éstos parten de ese control para extraer rentas y fortalecerse". La ausencia o débil presencia institucional en estos territorios se encuentra en la base de esta dura realidad.

Para el caso de los cultivos de uso ilícito, ello obedece a las particularidades de las zonas en las cuales se ha asentado este negocio ilegal: áreas

---

28 Cfr. ÁVILA (2019: 411 y ss.).

29 Cfr. SALAS SALAZAR (2016: 47 y ss.).

30 Cfr. también RIVERA FLÓREZ (2005: 55 y ss.) y OSORIO ALVIS (2019: 29).

apartadas, situadas de manera estratégica (habitualmente en zonas de frontera o que ofrecen facilidad para la salida o tránsito del producto), con elevados niveles de pobreza y de necesidades básicas insatisfechas, alejadas de las ciudades y de la presencia del Estado[31]. Ciertamente, como señala Gutiérrez Sanín (2015: 536):

> Con el auge de la economía de la coca, la periferia se fue poblando y ganó en relevancia económica. Pero en cambio siguió sin tener acceso al Estado, ni a mercados con un mínimo de regulación e institucionalización, ni incluso a formas básicas de capital social [...] [L]os territorios en los que se instaló inicialmente la economía cocalera estaban lo suficientemente poblados como para tener demandas significativas, pero a la vez lo suficientemente despoblados como para que el sistema político no tuviera ningún incentivo para dotarlos de bienes públicos.

Como es suficientemente conocido, el *boom* de los cultivos ilícitos en buena parte de las zonas de plantación del país tuvo como base una causa puramente económica y coyuntural: representa un mercado atractivo, con precios favorables y estables, que opera con un producto de fácil transporte, que incluso se vende en la puerta de la finca, y que no requiere de grandes inversiones. Todo ello hace que, por ejemplo, el cultivo de la coca ofrezca múltiples ventajas comparativas frente a otros productos agrícolas (Vargas Meza, 1999: 31).

En esas condiciones las vías represivas no solo carecen de la aptitud para hacer plausible y sostenible en el tiempo el logro del objetivo fundamental de la paz, sino que, en el corto plazo, tal como lo evidencia la resiembra recurrente en las zonas de erradicación forzosa, sus resultados son más que dudosos[32]. Ello obedece básicamente a que no atacan la raíz del proble-

---

31 Un análisis de cómo estas circunstancias aumentan la vulnerabilidad de una comunidad rural frente al narcotráfico en Oficina de las Naciones Unidas contra la Droga y el Delito (UNODC) (2018: 103 y ss).

32 Como se expresa en el sexto informe rendido por la Secretaría Técnica del Componente Internacional de Verificación (CINEP/PPP-CERAC, 2019: 359), los altos índices de cumplimiento en los compromisos de erradicación voluntaria de cultivos de uso ilícito contrastan con las tasas de resiembra en los casos de erradicación forzosa. Según resalta

ma[33]. Además, están asociadas a una alta conflictividad social, que en zonas con influencia de grupos insurgentes resulta crítica, dado que constituye una oportunidad dorada que el Estado ofrece a estas organizaciones criminales para legitimarse ante comunidades "perseguidas" por las autoridades. Así, en coyunturas como la que registra actualmente Colombia, aunque legales, las acciones coercitivas de las autoridades pulverizan su legitimidad ante la comunidad local y terminan por despertar apoyo social hacia dichas organizaciones[34].

Por esos motivos, solo políticas dirigidas a remover las causas efectivas del problema de los cultivos de uso ilícito tendrán la eficacia e idoneidad para resolver de fondo el problema y posibilitar, por esa vía, superar una de las mayores barreras para alcanzar la paz en Colombia. En definitiva, como ha señalado la Defensoría del Pueblo (2017: 41), "[l]a erradicación de la pobreza en el campo y el establecimiento de condiciones de igualdad material se constituyen en presupuestos necesarios para erradicar la violencia y evitar la repetición del conflicto".

En ese sentido, el Acuerdo con las FARC constituye la oportunidad ideal para recuperar la legitimidad perdida por el Estado en las zonas periféricas de la geografía nacional. Para este cometido el PNIS está llamado a cumplir un importante rol en la transformación de dichos territorios: cada uno de sus componentes apunta a posibilitar la materialización del Estado social y democrático de derecho en los territorios más apartados del país,

---

el documento, "[d]e las 60.016 hectáreas que erradicó la fuerza pública forzosamente en 2018, aproximadamente el 30% (18.000 hectáreas) fueron resembradas (*El Tiempo*, 2018), mientras que en las hectáreas que han sido erradicadas de manera voluntaria, la resiembra estimada es del 0,6% (UNODC, 2019). La ST identifica esta diferencia como uno de factores clave para promover la sustitución voluntaria sobre la erradicación forzosa".

33 De otra forma costaría entender la elevada ineficacia del millonario gasto público aplicado a tareas de erradicación forzosa. De acuerdo con ALFONSO ROA (2019: 3), según cifras oficiales, entre 1994 y 2015 los gobiernos colombianos han gastado US$104,3 millones en glifosato y US$458,3 en otros operativos antinarcóticos.

34 Expone el caso de Afganistán, donde los Talibanes se han visto favorecidos y fortalecidos en su base social a causa del rechazo generado por las campañas de erradicación y castigo realizadas por el gobierno afgano bajo la presión internacional (FELBAB-BROWN, 2017).

proverbialmente olvidados y ajenos al orden constitucional, mediante la aplicación de una batería de medidas encaminadas al desarrollo humano, económico, político, social, cultural y ambiental de las regiones del país azotadas por el flagelo de los cultivos de uso ilícito. El PNIS es, entonces, no solo una pieza fundamental para la construcción de la paz en Colombia (A), es también un elemento fundamental de la transformación estructural de las zonas rurales que busca la RRI (B), y un instrumento más eficiente y menos conflictivo en la práctica para conseguir la eliminación de los cultivos de uso ilícito (C). El Estado colombiano no puede ignorar tales circunstancias al momento de definir este aspecto de su política de lucha contra las drogas.

A. EL PNIS COMO PIEZA FUNDAMENTAL PARA LA CONSTRUCCIÓN DE LA PAZ EN COLOMBIA

La solución integral al problema de los cultivos de uso ilícito no es un mero capricho; obedece, en realidad, a la apremiante necesidad de acabar con una de las mayores fuentes de financiación del conflicto[35]. La precariedad institucional que domina estos territorios ha permitido que los actores ilegales no solo hagan presencia allí, sino que tomen control de la economía territorial para sus fines. Así, se termina por establecer un andamiaje delincuencial que, empeñado en la explotación de rentas ilícitas (como las que resultan de la minería ilegal y la siembra de cultivos ilícitos), acaba tomando como rehén a la comunidad y a su sistema económico, político y social. Se tiende así *una trampa de ilegalidad* que si bien parece ofrecer un sustento a las familias allí asentadas, solo conduce a profundizar los problemas del territorio. Producto de la capacidad de las rentas ilegales para financiar campañas políticas, actos de corrupción, organizaciones subversivas, grupos terroristas o bandas criminales, deforestación, explotación ilegal de recursos naturales, puestos de trabajo, transacciones para activar la economía local, y para comprar lealtades y simpatías de la comunidad, se genera una seria desestabilización del orden político, económico, social y ambiental de la zona, y se incuban graves problemas de seguridad y orden público.

---

35 Cfr. UNODC (2017: 25-26).

Así, las personas asentadas en zonas controladas por los grupos ilegales que dominan la economía de los cultivos de uso ilícito no solo sufren las consecuencias del abandono estatal, y la falta de bienes y servicios públicos prestados por la institucionalidad oficial en el marco del Estado social de derecho, sino que el vacío institucional llenado por organizaciones criminales trae consigo el desarrollo de actividades ilegales y el incremento de los niveles de violencia, aleja la inversión privada lícita, y apareja informalidad y explotación laboral, propicia la cultura de ilegalidad y de la corrupción, la depredación de los recursos naturales, causa contaminación, alienación cultural y, en suma, la vulneración de buena parte de los derechos fundamentales de la población. A ello se suma el alto riesgo económico inherente al desarrollo de una actividad criminalizada (Mejía y Rico, 2011: 23), y la discriminación institucional en forma de acciones represivas del Estado, o la estigmatización social al tratar a los habitantes como delincuentes (Bautista Revelo et al., 2018: 83).

La situación económica de los municipios con presencia de cultivos de uso ilícito es crítica pues, en últimas, como señala la Oficina de Naciones Unidas contra la Droga y el Delito (UNODC, 2017: 116), registran un índice de pobreza multidimensional rural superior al de las demás cabeceras municipales del país; por la falta de infraestructura y apoyo técnico presentan dificultades en cuanto a la competitividad de los cultivos lícitos que se desarrollan en ellas, y acusan suelos con problemas de fertilidad, agricultores faltos de conocimientos técnicos, sin cadenas de comercialización definidas ni recursos económicos para un mejoramiento de la producción (UNDOC, 2017: 118 y ss.).

En esas condiciones parece claro que la primera aproximación de la institucionalidad a territorios con esas características no puede ser la represión. Con ser cierto que el Acuerdo Final no proscribe la erradicación forzosa, también lo es que fija unas condiciones para su procedencia (a saber: el incumplimiento de los compromisos o la falta de voluntad de las comunidades de suscribir los acuerdos del PNIS), y que, en circunstancias como las actuales, el uso de la fuerza como recurso legítimo del Estado debe ser ponderado y estratégico, de forma que no termine por atizar el conflicto y reforzar la legitimidad social de las organizaciones criminales que controlan las zonas de plantación. La sola preocupación por reducir el número de hectáreas sembradas resulta miope y contraproducente. Si bien la guerra frontal contra los cultivos ilícitos puede proyectar hacia el exterior la imagen de un Estado implacable con la ilegalidad, alejado del tópico de la "narcodemocracia" (Rivera Flórez, 2005: 62), en realidad representa una vía en extremo costosa e ineficiente para el país. La complejidad del problema de los cultivos ilícitos hace necesario adoptar e implementar una política que propenda por materializar los postulados del Estado social y democrático de derecho en esas zonas, permita mejorar las condiciones de vida de las comunidades históricamente marginadas y, en paralelo, haga posible llevar la institucionalidad por tanto tiempo ausente a estos territorios. Esto último, lógicamente, bajo formas no solamente militares o policiales.

Los múltiples componentes prestacionales (planes de atención inmediata familiar y colectivos, proyectos productivos, obras de infraestructura social de ejecución rápida, componente de sostenibilidad y de recuperación ambiental, planes de formalización de la propiedad, o planes para zonas apartadas y con baja concentración de población, entre otros) y políticos (asambleas comunitarias, planes integrales municipales y comunitarios de sustitución y desarrollo alternativo, coordinación con los planes de desarrollo con enfoque territorial, entre otras) previstos por el Punto 4.1 del Acuerdo Final para contribuir a la transformación de los territorios afectados por los cultivos de uso ilícito apuntan en esa dirección.

Así, pues, uno de los principales méritos del PNIS radica en entender que la siembra de los cultivos ilícitos es consecuencia de la vulnerabilidad de ciertos territorios, producto de un conjunto de circunstancias sociales, económicas y políticas adversas, que se han traducido en marginalidad, exclusión, desigualdad y falta de oportunidades de las comunidades asentadas en ellos.

Por todas estas razones el programa resulta clave para la promoción de condiciones propicias para la paz, lo cual presupone, sin duda, la erradicación de territorios ubicados por fuera del alcance de la ley, ajenos a la institucionalidad y a las autoridades nacionales, sujetos a órdenes sociales, políticos y económicos enteramente paralegales, de ordinario reñidos con las bases que garantizan la Constitución y la ley. El PNIS es, por ende, un instrumento crucial en la responsabilidad estatal por alcanzar cohesión y desarrollo territorial equilibrado en todo el país. Esto último, entendido no en términos de la vetusta visión que se limita solo a promover el aumento de la riqueza considerada en términos globales, sino en una concepción más moderna y amplia, que se fija como meta establecer condiciones de igualdad material, eficacia de derechos e inclusión social y política[36]. En últimas, como explica Sen (2000: 19), "[e]l desarrollo exige la eliminación de las principales fuentes de privación de libertad: la pobreza y la tiranía, la escasez de oportunidades económicas y las privaciones sociales sistemáticas, el abandono en que pueden encontrarse los servicios públicos y la intolerancia".

En ese orden de ideas, la implementación del PNIS no solo permite hacer frente a la ya referida trampa de la ilegalidad, sino que también constituye una política de desarrollo social que repercute positivamente en la capacidad de agencia de cada persona. La perspectiva integral del programa permite abordar circunstancias históricamente asociadas a la inequidad y al desentendimiento estatal de su responsabilidad frente al conjunto de la población asentada en esas zonas (educación, salud, seguridad, participación en la toma de decisiones locales, infraestructura, condiciones de vida, de producción y comercialización de los productos, etc.), todo lo cual supone la adopción de medidas que impacten positivamente el proyecto de vida de los individuos que conforman las comunidades asentadas en zonas periféricas (Chaparro Hernández y Cruz Olivera, 2017: 29)[37]. En definitiva, si, como afirmara Mahatma Gandhi (citado por Vela, 2015: 317), "la paz es hija de la justicia", no cabe duda que el PNIS constituye un instrumento fundamental para su materialización.

B. EL PNIS COMO COMPLEMENTO NECESARIO DE LA RRI EN CUANTO VEHÍCULO PARA TRANSFORMAR TERRITORIOS MARGINADOS

La RRI prevista por el Punto 1 del Acuerdo Final con la guerrilla de las FARC-EP ha sido la ruta trazada para lograr la añosa aspiración de mejorar el desarrollo, el bienestar y la calidad de vida en las zonas rurales del país. En línea con lo manifestado por Sergio Jaramillo (2014: 1), el espíritu del Acuerdo es la territorialización de la paz, esto es, integrar el enfoque de

---

36 VELA ORBEGOZO (2015: 362-363) expone y defiende esta concepción del desarrollo.

37 En similar sentido, cfr. FERREIRA y MELÉNDEZ (2014: 69 y ss.).

derechos humanos con el enfoque territorial en pro de lograr la transformación del campo y poner fin al ciclo de violencia. La conciencia sobre los múltiples problemas que aquejan a la ruralidad en Colombia y su claro nexo con el conflicto explican dicha preocupación.

Existen diversos factores que justifican la adopción de programas en favor de las zonas rurales. Situaciones como la alta concentración de la propiedad de la tierra, la pobreza rural, el machismo y la violencia de género, los bajos índices de productividad, la ausencia de bienes y servicios públicos, la depredación de los recursos naturales, los conflictos sobre la vocación y los usos del suelo, o la informalidad laboral, entre otros, demandan una intervención decidida del Estado en el campo colombiano[38]. No en balde todos ellos son aspectos sobre los que pretende incidir el Punto 1 del Acuerdo. En últimas, como se expresa en sus líneas preliminares:

> [l]a RRI debe lograr la gran transformación de la realidad rural colombiana, que integre las regiones, erradique la pobreza, promueva la igualdad, asegure el pleno disfrute de los derechos de la ciudadanía y como consecuencia garantice la no repetición del conflicto y la erradicación de la violencia (Gobierno Nacional de Colombia y FARC EP, 2016: 10).

Por ende, como apunta a renglón seguido:

> ... una verdadera transformación estructural del campo requiere adoptar medidas para promover el uso adecuado de la tierra de acuerdo con su vocación y estimular la formalización, restitución y distribución equitativa de la misma, garantizando el acceso progresivo a la propiedad rural de quienes habitan el campo y en particular a las mujeres rurales y la población más vulnerable, regularizando y democratizando la propiedad y promoviendo la desconcentración de la tierra, en cumplimiento de su función social (Gobierno Nacional de Colombia y FARC EP, 2016: 10).

En este contexto, los cultivos de uso ilícito son una patología más que viene a sumarse a los muchos males que aquejan al campo colombiano. Y no de

---

38 Así lo reflejan las cifras del Censo Nacional Agropecuario llevado a cabo por el DANE en 2014. Cfr. también Centro Nacional de Memoria Histórica (2013: 55).

cualquier manera. Su calidad de fuente principal de financiación de los grupos armados ilegales, sumada a la ausencia de institucionalidad oficial efectiva, y a las múltiples carencias de la población asentada en las zonas donde tienen lugar estas plantaciones, han conducido a que estos territorios sean controlados por grupos que administran la ilegalidad y siniestramente suplantan la autoridad (Rivera Flórez, 2005: 56). El resultado: la ya aludida trampa de ilegalidad que, a cambio de un ingreso para subsistir, apresa a los habitantes de estos lugares y acaba por marginarlos del desarrollo, la legalidad y el disfrute de sus derechos fundamentales más básicos.

Por tener lugar en zonas rurales marginadas, y por la magnitud de los efectos negativos ocasionados por los cultivos de uso ilícito, resulta imperiosa la conexión del PNIS a la RRI. Ello, claro, resaltando, como se hace en el Punto 4.1.1 del Acuerdo Final, que se trata de un programa que "[a]tiende unas poblaciones y territorios con características específicas, que por eso requiere de unas medidas adicionales y particulares respecto de las demás" (Gobierno Nacional de Colombia y FARC EP, 2016: 102).

Sin una solución adecuada a los problemas que aquejan a las zonas de plantaciones ilícitas la RRI no sería más que un proyecto parcial e inacabado. De la misma forma, sin una lógica y una motivación transformadora como la que inspira a la RRI, el PNIS no sería más que un programa más de sustitución de cultivos de uso ilícito. De ahí que entre ellos exista *hic ut nunc*, una relación de implicación recíproca: se necesitan mutuamente. Máxime cuando, como ha señalado la UNODC (2019: 16), la persistencia de los cultivos de coca en Colombia tiene que ver con varios factores, entre ellos:

> [...] 1) el rendimiento del cultivo, asociado a la fertilidad de los suelos y al uso de tecnologías de producción; 2) la dinámica de los precios de los diferentes subproductos de la planta de coca y el balance económico favorable de la actividad productiva; 3) la problemática de la producción lícita relacionada con los riesgos técnicos y económicos, y 4) la presión de los agentes de la cadena del narcotráfico para impulsar el establecimiento de los cultivos en las regiones productoras.

Si tres de las cuatro razones identificadas por la UNODC para la continuidad y expansión de los cultivos de uso ilícito en el país tienen que ver con cuestiones íntimamente ligadas con las metas de la RRI (solo la causa n.º 4 parece ajena a ella), no cabe duda de la importancia de concebir y ejecutar armónica y mancomunadamente las agendas de los Puntos 1 y 4.1 del Acuerdo Final.

En últimas, los Planes Integrales Comunitarios y Municipales de Sustitución y Desarrollo Alternativo (PISDA), componentes del PNIS que se conjugan en mayor grado con varios de los problemas tradicionales que aquejan al campo colombiano en las zonas de plantación, buscan incidir sobre ellos y contribuir a su superación. Para hacer frente a la pobreza rural y a la trampa de la ilegalidad se instituyen los Planes de Atención Inmediata (PAI), así como el desarrollo de proyectos productivos de largo plazo, que permiten garantizar la subsistencia de las comunidades comprometidas con la sustitución, y apuntan a mejorar sus ingresos y condiciones de vida en el mediano y largo plazo. La capacitación y el apoyo técnico que se aspira brindar a los cultivadores no solo les dará los conocimientos necesarios para la generación de valor agregado, sino que también permitirá poner fin a los problemas de uso inadecuado de la tierra. Asimismo, está prevista la generación de encadenamientos productivos con miras a las ventas hacia el mercado nacional e internacional. La formalización de la propiedad (otro de los componentes de los PISDA) deviene igualmente crucial, pues permite combatir la informalidad en la tenencia de la tierra y facilita el acceso de los beneficiarios de esta política a los recursos del sector financiero y a los programas del Estado, al tiempo que contribuye a estabilizar a las familias campesinas. Todo ello resulta fundamental a efectos del cierre de la frontera agrícola, la prevención del desplazamiento forzoso y la lucha contra la concentración y el acaparamiento de la tierra (Sánchez León, 2017: 11).

Finalmente, el componente de sostenibilidad y recuperación ambiental previsto por el Punto 4.1.3 del Acuerdo Final empalma y viabiliza los principios de desarrollo sostenible y uso adecuado de la tierra de la RRI. No otra conclusión se puede derivar de su propuesta de contribuir al cierre de la frontera agrícola y a la recuperación ambiental por medio de acciones de restauración y adecuación de suelos para el establecimiento de cultivos lícitos, la mitigación de los daños ambientales en zonas de especial interés ambiental (ecosistemas frágiles e hidrografía vulnerable), la recuperación de los bosques, y para desarrollar proyectos de protección ambiental y productivos, ambientalmente sostenibles, en zonas de especial interés ambiental (Gobierno Nacional de Colombia y FARC EP, 2016: 114). En últimas, ni el principio de desarrollo sostenible, ni el de uso adecuado de la tierra, ni tampoco la aspiración de la RRI de poner fin al desplazamiento irracional de la frontera agrícola, podrán materializarse si no se repara en los nefastos efectos de la economía ilícita del narcotráfico sobre el suelo y los ecosistemas, y se toman las medidas adecuadas para corregir sus secuelas. A estos efectos, los enfoques territorial, étnico y de género previstos por el PNIS son una garantía de efectividad y acierto respecto de las medidas que se adopten en cada uno de los territorios golpeados por los cultivos de uso ilícito.

Por todo lo anterior, es indudable que el PNIS constituye un instrumento esencial para la materialización de los objetivos de la RRI. Si, como parece aceptarse con cierta unanimidad, la cuestión agraria ha sido uno de los detonantes del conflicto en Colombia y su resolución resulta imperiosa, no se puede pensar ni llevar a cabo de manera completa sin asumir enteramente los lineamientos del PNIS.

C. LO PROBLEMÁTICA QUE RESULTA LA POLÍTICA DE ERRADICACIÓN FORZOSA MAL GESTIONADA

Con la llegada del nuevo gobierno, uno de los asuntos que mayor debate ha generado es la reanudación del Programa de Erradicación de Cultivos Ilícitos mediante aspersión aérea con el herbicida Glifosato (PECIG) como mecanismo para hacer frente al alto número de hectáreas sembradas con cultivos de coca. El histórico aumento que se registró en 2017 (alcanzando las 171.000 has.), y el aún alto número de hectáreas registradas en 2018 (169.000 has.) (UNODC, 2019: 13), han servido de ocasión para que distintos sectores de la opinión pública (nacional e internacional) exijan la adopción de medidas efectivas para poner freno a esta situación.

En el contexto descrito, el Gobierno Nacional ha visto en la aspersión aérea con glifosato un instrumento capaz de producir resultados inmediatos, reducir los costos económicos y el número de ataques sufridos por los miembros de la Fuerza Pública con armas de fuego, minas y artefactos explosivos (Botero, 2019). En su Programa "Ruta futuro", presentado a finales de 2018 como la política contra las drogas, se incorporó un fuerte componente represivo para disminuir la oferta (Ministerio de Justicia, 2018: 2-4), y en las Bases del Plan Nacional de Desarrollo 2018-2022 se fijaron importantes metas para la erradicación forzada (280.000 has.), que contrastan con las más modestas fijadas para la sustitución voluntaria (50.000

has.). También, como se comentó líneas atrás, a inicios de 2019 el presidente Duque y su ministro de defensa desplegaron una activa campaña en pro de la flexibilización de las condiciones de uso del glifosato.

El pronunciamiento efectuado al respecto en 2019 por la Corte Constitucional (auto 387 de 2019) ha sido la ocasión para que el Gobierno parezca retomar este instrumento. Con todo, deberá ajustar el PECIG a lo definido por la jurisprudencia constitucional. Primero, en la Sentencia T-236 de 2017 la Corte señaló que el Consejo Nacional de Estupefacientes podría adoptar la decisión de reanudar el referido programa siempre y cuando se profiera una reglamentación acorde a los siguientes parámetros:

> 1. La regulación debe ser diseñada y reglamentada por un órgano distinto a las entidades encargadas de ejecutar los programas de erradicación de cultivos ilícitos, e independiente de esas mismas entidades.
>
> 2. La regulación debe derivarse de una evaluación del riesgo a la salud y otros riesgos, como el riesgo al medio ambiente, en el marco de un proceso participativo y técnicamente fundado. Este proceso de evaluación debe realizarse de manera continuada.
>
> 3. El proceso decisorio deberá incluir una revisión automática de las decisiones cuando se alerte sobre nuevos riesgos. La legislación o reglamentación pertinente deberá indicar las entidades con la capacidad de expedir dichas alertas, pero como mínimo deberá incluirse a las entidades nacionales y del orden territorial del sector salud, las autoridades ambientales y las entidades que conforman el Ministerio Público.
>
> 4. La investigación científica sobre el riesgo planteado por la actividad de erradicación, que se tenga en cuenta para tomar decisiones, deberá contar con condiciones de rigor, calidad e imparcialidad, de acuerdo con los parámetros fijados en el apartado 5.4.3.4 de esta providencia.
>
> 5. Los procedimientos de queja deberán ser comprehensivos, independientes, imparciales y vinculados con la evaluación del riesgo.
>
> 6. En todo caso, la decisión que se tome deberá fundarse en evidencia objetiva y concluyente que demuestre ausencia de daño para la salud y el medio ambiente (Corte Constitucional. Sent. T-236 de 2017).

Posteriormente, en el Auto 387 de 2019, la Corte Constitucional hizo algunas precisiones en torno a los requisitos previamente establecidos en el fallo de 2017. Así, indicó que la expresión "evidencia objetiva y concluyente que demuestre ausencia de daño para la salud y el medio ambiente", más que referirse a lograr un umbral de certeza absoluta, implica una labor de ponderación entre los riesgos para la salud y el medio ambiente en comparación con la solución al problema de las drogas ilícitas, tomando en consideración todas las evidencias técnicas y científicas disponibles. De igual forma, y como aspecto crucial, el máximo juez constitucional estableció que la decisión de reanudar el programa debe estar en armonía con lo previsto en el punto 4 del Acuerdo Final, el Acto Legislativo n.º 02 de 2017 y el Decreto Legislativo 896 de 2017 (Corte Constitucional. Comunicado de prensa n.º 26, 2019).

El 30 de diciembre de 2019 el Gobierno Nacional publicó un proyecto de Decreto encaminado a desarrollar el control de los riesgos para la salud y el medio ambiente generados por la erradicación de cultivos de uso ilícito a través del método de aspersión aérea. Si bien este proyecto incorpora, entre otras, un mecanismo independiente de seguimiento por parte del Instituto Nacional de Salud (INS) y la Autoridad Nacional de Licencias Ambientales (ANLA) (las cuales también se encargan de la evaluación permanente del riesgo), una ruta de revisión automática de decisiones respecto de la continuidad de la actividad en caso de nuevos riesgos, un procedimiento independiente de quejas sobre afectaciones a la salud, al medioambiente, a bienes agropecuarios y a viviendas, *se echa en falta una regulación de la forma como se articulará el PECIG con el punto 4.1 del Acuerdo Final.* Se trata de una omisión mayor, por cuanto desatiende lo manifestado por la Corte Constitucional respecto de que la reanudación del programa de aspersión es una decisión que debe estar enmarcada en lo previsto en el Punto 4.1 del Acuerdo Final. Ello resulta crítico, ya que desconoce que a la luz de lo previsto en este, el programa de aspersión aérea, como cualquier otro programa de erradicación forzosa, debe ser la *ultima ratio* y debe sujetarse a las precisas condiciones establecidas en el Acuerdo, a saber: que solo procede allí donde las comunidades no manifiesten su decisión de sustituir los cultivos de uso ilícito o incumplan los compromisos adquiridos, quedando en todo caso la erradicación forzosa supeditada a que de manera previa se surta un proceso de socialización e información de las comunidades (Gobierno

Nacional de Colombia y FARC EP, 2016: 108). Tampoco se evidencia cómo se piensan hacer valer las exigencias procedimentales y de participación de la comunidad que elevan los enfoques territorial, étnico y de género que presiden el Punto 4.1 del Acuerdo Final.

Ahora bien, además de lo delicado que puede resultar, desde un punto de vista jurídico, que el Gobierno Nacional parezca aprestarse a reanudar el PECIG en tales condiciones, exponiéndose a un nuevo e incierto enfrentamiento en los tribunales con las comunidades cultivadoras, el partido de las FARC y el bloque cívico-político que defiende el cumplimiento del Acuerdo, *preocupa también que se ignoren las evidencias de la ineficacia de esta clase de procedimientos y de los altos costos que debe pagar la sociedad colombiana por causa de su uso*. En últimas, como apuntan Gaviria y Mejía (2011: 8),

> [l]a formulación de las políticas antidrogas debería estar basada en la información disponible sobre qué funciona, qué no y a qué costo. En otras palabras, la evidencia científica, no la ideología, deberían guiar el diseño de las políticas antidrogas.

En cuanto a la ineficacia de esta clase de herramienta de control debe señalarse, retomando lo expresado de manera precedente, que en comparación con los programas integrales de desarrollo alternativo, como el PNIS, la tasa de resiembra es mayor cuando se acude a las fórmulas de erradicación forzosa. Así, las mediciones realizadas permiten señalar que mientras que se registra un 30% de resiembra en las zonas de erradicación forzosa, ella apenas alcanza el 0,6% en las áreas donde se han implementado procesos de sustitución voluntaria (Secretaría Técnica del Componente Internacional de Verificación CINEP/PPP-CERAC, 2019: 359)[39].

Asimismo, causa perplejidad advertir que, pese al millonario esfuerzo financiero realizado por el Estado colombiano y la cooperación internacional, el problema de los cultivos de uso ilícito sigue ahí y parece agravarse. De acuerdo con Alfonso Roa (2019: 3), según cifras oficiales, entre 1994 y 2015 los gobiernos colombianos han gastado US$104,3 millones en glifosato y US$458,3 en otros operativos antinarcóticos. ¿Cómo entender que pese a

39 En sentido similar, cfr. Fundación Ideas para la Paz (2019: 6 y 9).

estas astronómicas cifras el problema no desaparezca? Para quienes defienden esta clase de mecanismo, "los periodos de mayor auge de los narcocultivos son resultado de políticas públicas erróneas" (Martínez Neira, 2019: 281). El problema, en su criterio, es detener las fumigaciones (Martínez Neira, 2019: 282). Ellas vendrían a ser una suerte de condena perpetua que el país debe pagar eternamente para purgar sus pecados; una cruz con la que se debe cargar para siempre. Una salida semejante parece todo menos una verdadera solución al problema. Menos aún si se repara en las letales consecuencias de sus "daños colaterales".

Al exponer lo extremas de tales consecuencias, y lo inasumible de las posiciones que buscan minimizar los efectos del glifosato sobre la vida de las personas, el medio ambiente y las comunidades afectadas, Yesid Reyes (2019) lo resumió ejemplarmente:

> La Organización Mundial de la Salud dice que el glifosato es probablemente cancerígeno, la Unión Europea prorrogó su licencia solo hasta el 2022 y Francia lo prohibirá a partir del 2021; en Estados Unidos son ya varias las condenas a Monsanto, el mismo fabricante del tenebroso agente naranja usado en Vietnam, no solo porque el glifosato causó cáncer a personas que utilizaron productos que lo contenían, sino porque el fabricante hizo todo lo posible por ocultar sus efectos nocivos; cerca de 13.000 procesos más esperan su turno ante la justicia norteamericana por hechos similares [...].
>
> Pese a todo ello, hay quienes pretenden minimizar los probables efectos nocivos del glifosato, diciendo que es tan letal como una longaniza o 500 vasos de agua. El mensaje que se quiere transmitir es simple: es verdad que el glifosato puede afectar el medio ambiente, los animales, los cultivos lícitos y las personas, y es cierto que priva a los pequeños campesinos de alternativas de subsistencia, pero esos no son más que daños colaterales que deben ser admitidos con tal de disminuir rápidamente el número de hectáreas de coca [...].

No en vano el informe de los 17 científicos de IARC-WHO en el año 2015 reportó que existe una asociación entre la carcinogenicidad del glifosato y el linfoma no-Hodgkin (Alfonso Roa, 2019: 10), en concordancia con lo manifestado por la Agencia Internacional para el Estudio del Cáncer (IRAC), de la Organización Mundial de la Salud (OMS), ente que reclasificó el glifosato como una sustancia tipo 2a, lo que traduce que puede causar cáncer en humanos, vinculándolo particularmente con el cáncer del sistema linfático (Corzo, 2015).

Si a todo lo anterior se suma que los grupos armados ilegales han adoptado medidas para contrarrestar la aspersión, acudiendo a la trashumancia o al desplazamiento de cultivos ilícitos y al camuflaje en plantaciones de mayor dimensión (Alfonso Roa, 2019: 7), y que la aspersión con glifosato contribuye a agudizar la marginalización de los pequeños cultivadores, agravando su situación de vulnerabilidad ante la trampa de la ilegalidad[40], y a lacerar aún más la maltrecha legitimidad del Estado en las zonas de cultivo, *parece manifiesto lo incomprensible de su reanudación.*

Ahora bien, *lo anterior no quiere decir que el Estado colombiano deba renunciar al ejercicio de la potestad legal y legítima que le asiste de perseguir y combatir, mediante la erradicación forzosa, las plantaciones de cultivos ilícitos.* Ni el Acuerdo, ni la Constitución, ni los tratados internacionales lo exigen.

Con todo, tiene la obligación jurídica de respetar las condiciones fijadas por el Acuerdo Final para su utilización. Además, existen otras condiciones jurídicas fijadas por la jurisprudencia constitucional, como el respeto al derecho a la consulta previa y la imperiosa aplicación de los principios de prevención y de precaución (Corte Constitucional. T-236 de 2017). Y, dado que, como ha quedado en evidencia, puede ser un arma de doble filo, tiene el deber de ponderar su utilización. Su uso no debería proceder, sin más, ante cualquier plantación, en cualquier territorio, con independencia de quiénes sean los afectados por la determinación. De por medio puede haber consideraciones como el derecho a la consulta previa (para el caso de los grupos étnicos), la inmunidad resultado de la suscripción de un acuerdo individual o la confianza legítima en la no erradicación que engendra la firma de un acuerdo colectivo. Debe ponderar las implicaciones concretas de la erradicación forzosa en un territorio específico. Datos tales como si se trata de un área protegida, el tipo de plantación (comercial o de subsistencia), las repercusiones para las familias afectadas (en especial en situación de vulnerabilidad y marginación) y para la confianza de las comunidades en el Estado y en el PNIS, no son cuestiones marginales. Además, debe ponderar el método de supresión forzosa a emplear. No cualquier medio vale en

---

40 Al respecto, cfr. WINDLE (2016: 9 y ss.).

cualquier territorio. Mecanismos como la aspersión aérea resultarán siempre dudosos. Máxime cuando, como se preguntaba recientemente el diario *El Espectador* (Editorial, 2020) luego de que se dieran a conocer las cifras de erradicación manual de 2019: "[s]i el Gobierno Nacional se encuentra orgulloso de los resultados obtenidos en la erradicación de hectáreas de hoja de coca, ¿por qué insistir en volver a utilizar el glifosato, con todos los costos sociales, ambientales y económicos que eso implica?". *Las graves secuelas de la aspersión aérea con glifosato no pueden ser negadas ni minimizadas en un debate ideológico fuera de lugar.*

Así, pues, focalizar las campañas de erradicación forzosa en zonas de cultivos a gran escala, o allí donde los cultivadores se han rehusado a vincularse al PNIS, o donde, pese a haber recibido ya el apoyo del programa, han incumplido, parecería válido. *El uso estratégico, responsable, reglado, articulado y previsible de la potestad de erradicación forzosa operaría como un acicate para el PNIS.* Enviaría una señal de un Estado preocupado, primero, por la transformación estructural de los territorios secuestrados por los cultivos de uso ilícito y la generación de condiciones de bienestar y buen vivir en ellos; pero también dejaría en claro que existe una autoridad que juega limpio y está firmemente comprometida con el respeto de la legalidad.

III. REFLEXIONES FINALES

Frente a un asunto tan delicado para el futuro de la paz y de todos los colombianos, con tanto para ganar y perder a la vez, parece que la cuestión de qué tratamiento dar a los cultivos de uso ilícito no debería zanjarse en el simplista debate de "garrote y zanahoria". De la misma manera que la discusión sobre la reanudación del PECIG no puede darse desde el plano ideológico ni al margen de todas sus implicaciones (ambientales, sociales, políticas y culturales) ni de la información disponible, pues el porvenir de las zonas de cultivos de uso ilícito no se puede jugar en función de intereses cortoplacistas, ni puede depender de la cifra de hectáreas cultivadas. Con ser un dato relevante, este último no puede envolver la medida de todas las cosas. En cuanto a las estrategias a aplicar, es claro que más que una cuestión de todo o nada, parece preciso reconocer que, jurídicamente, el Estado dispone de todas las facultades para asegurar el cumplimiento de la Constitución y la ley en todo el territorio nacional. Con todo, es necesario asumir con pragmatismo las limitaciones materiales de nuestro Estado social y democrático de Derecho y la realidad de su inexistencia o débil presencia en múltiples territorios tristemente en manos de grupos criminales, así como las manifiestas circunstancias de vulnerabilidad y marginación social y económica en que habitan muchas poblaciones que han caído en la trampa de la ilegalidad de las plantaciones de uso ilícito.

El impulso de programas de desarrollo alternativo como el PNIS parece ser la vía más eficaz de que dispone el Estado para tender puentes con comunidades de las que ha estado ausente. Ello no supone descartar por completo las vías coercitivas. Impone, sí, racionalizar su uso, regularlo, emplearlo de manera responsable, articulada y de buena fe, y no de cualquier modo, en cualquier tiempo ni territorio, ni sobre cualquier población. La utilización de la fuerza frente a la población vulnerable puede resultar contraproducente para la legitimidad del Estado y el proceso de construcción de paz y de confianza en las zonas de cultivos. Mecanismos como la aspersión aérea con glifosato pueden suponer unos costos ambientales, sociales y políticos tan extraordinarios que no deberían ser asumidos.

Por estar pactado el Acuerdo Final entre el Gobierno de Colombia y las FARC-EP, y envolver "una política pública de Estado cuya implementación y desarrollo constituye compromiso y obligación de *buena fe* para todas las autoridades del Estado, con el fin de garantizar el derecho a la paz, respetando su autonomía" (Corte Constitucional. Sentencia C-630, 2017), así como por los procedimientos participativos que contempla, los fines (sociales, ecológicos, económicos, culturales y políticos) que persigue, los principios que declara y los medios que prevé, plegarse al cumplimiento del Punto 4.1 (ejecución del PNIS) como solución integral y definitiva a dicho problema parece la mejor salida posible a uno de los mayores y más graves dilemas de este país.

Asumirlo significa entender que no es una solución rápida ni sencilla: cuesta dinero, toma tiempo, exige confianza y trabajo mancomunado y continuo de las autoridades y las comunidades. Requiere, además, ajustes urgentes en todos los puntos en los que ha registrado deficiencias (seguridad, coordinación administrativa, descentralización territorial, participación ciudadana, enfoque de género, financiación, vacíos legales, control de la arbitrariedad administrativa, indicadores adecuados de seguimiento del cumplimiento de metas, etc.). Sin embargo, como ha quedado patente en estas líneas, es la única vía que al menos procura ocuparse de los muchos problemas de fondo que subyacen al complejo dilema de los cultivos de uso ilícito en Colombia.

BIBLIOGRAFÍA

ACOSTA, J. "Los retos de la economía tras el fin del conflicto", *Portafolio*, 24 de agosto de 2016.

AGENCIA NACIONAL DE TIERRAS. Circular 3. Lineamiento n.º 01 2018, Limitaciones al ejercicio de la Propiedad Derivados de los Programas de Acceso a Tierras, Bogotá, 2018.

AGENCIA EFE. (s.f.). "EE.UU. califica de 'inaceptable' el aumento de cultivos de coca en Colombia, *El País.com.co*, 2018.

ALFONSO ROA, O. "Glifosato. Ineficacia estructural y probabilidad de daño a la salud debido a su uso en la aspersión aérea de los cultivos del arbusto de coca. Colombia 1998-2017", *Policopias*, 2019.

ARCHILA, E. "Se necesitan fallos más contundentes de la JEP", *El Tiempo*, 27 de abril de 2019.

ÁVILA, A. *Detrás de la guerra en Colombia*, Bogotá, Planeta, 2019.

BARCO VARGAS, V. Intervención ante la Asamblea General de las Naciones Unidas, Nueva York, 29 de septiembre de 1989, disponible en [https://www.virgiliobarco.com/es/discursos.html].

BAUTISTA REVELO, A. J.; B. CAPACHO NIÑO, L. F. CRUZ OLIVERA, M. MARTÍNEZ OSORIO, I. PEREIRA ARANA y L. RAMÍREZ BOLÍVAR. *Voces desde el cocal. Mujeres que construyen territorio*, Bogotá, Dejusticia, 2018.

BREWER CARIAS, A. "El régimen de las tierras baldías y la adquisición del derecho de propiedad privada sobre las tierras rurales en Venezuela", *Anuario de Derecho*, 2005.

BOTERO, G. "Es el narcotráfico, no la aspersión aérea", *El Tiempo*, 21 de marzo de 2019.

BURGOS CANTOR, R. Concepto n.º 14636 de 2004 Asunto: Falsa Tradición, 2004.

CAMACHO, A. y D. MEJÍA. "The health consequences of aerial spraying illicit crops: The case of Colombia", *Journal of Health Economics*, n.º 54, 2017.

CAMACHO, Á. "Narcotráfico: mutaciones y política", en C. A. Mejía. *Política antidroga en Colombia: éxitos, fracasos y extravíos*, Bogotá, Universidad de los Andes, 2011.

CENTRO DEMOCRÁTICO. "Propuesta diálogos de paz sin afectar la institucionalidad democrática", marzo de 2015, dispon ible en [https://www.eltiempo.com/contenido/politica/proceso-de-paz/ARCHIVO/ARCHIVO-15490235-0.pdf].

CENTRO NACIONAL DE MEMORIA HISTÓRICA. *La política de reforma agraria y tierras en Colombia. Esbozo de una memoria institucional*, Bogotá, Imprenta Nacional, 2013.

CHAPARRO HERNÁNDEZ, S. y L. F. CRUZ OLIVERA. *Coca, instituciones y desarrollo. Los retos de los municipios productores en el posacuerdo*, Bogotá, Dejusticia, 2017.

CHAUX, F. J. *Exposición de motivos del proyecto de ley "sobre dominio y posesión de tierras"*,1933.

COPI, I. M. y C. COHEN. *Introducción a la Lógica*, 2.ª ed., Limusa, 2013.

CORZO, Á. "Glifosato puede causar cáncer, OMS". *El Espectador*, 14 de abril de 2015.

DEFENSORÍA DEL PUEBLO. *Vigésimo primer informe del Defensor del Pueblo al Congreso de la República*, 2014.

DEFENSORÍA DEL PUEBLO. *Informe especial: economías ilegales, actores armados y nuevos escenarios de riesgo en el posacuerdo*, Bogotá, 2018.

DEFENSORÍA DEL PUEBLO. *Análisis de la fase inicial de diseño e implementación del Programa Nacional de Sustitución de Cultivos de Uso Ilícito (PNIS)*, Bogotá, 2017.

DE REMENTERIA, I. "Politique de substitution et développement alternatif", en *Géopolitique de la drogue*, Paris, Édition La Découverte, 1991.

DEPARTAMENTO ADMINISTRATIVO NACIONAL DE ESTADÍSTICA (DANE). "Tercer Censo Nacional Agropecuario, 2014", 2014.

El Espectador. "Magistrados a-visados: ¿Presión de Estados Unidos o cuestión de soberanía?", 11 de mayo de 2019.

El Espectador. "Organizaciones sociales piden a Duque mantener sustitución voluntaria de cultivos ilícitos", 16 de agosto de 2018.

El Espectador. "Volver al glifosato es un error", Editorial, 15 de enero de 2020.

El Heraldo. "Discurso de Ernesto Macías durante la posesión presidencial", 7 de agosto de 2019.

FAO. *Derecho agrario y justicia agraria*, 1975.

FAO. *FAO.ORG*, 26 de junio de 2018, disponible en [http://www.fao.org/fao-stories/article/en/c/1142861/].

FELBAB-BROWN, V. "Afghanistan's Opium Production is through the Roof, Why Washington shouldn't Overreact", *Brookings*, 21 de noviembre de 2017, disponible en [https://www.brookings.edu/blog/order-from-chaos/2017/11/21/afghanistans-opium-production].

FELBAB-BROWN, V. "Lo que Colombia puede aprender de Tailandia sobre política de drogas", *Economía Institucional*, vol. 19, n.º 37, 2017.

FERREIRA, F. y M. MELÉNDEZ. "Desigualdad de resultados y oportunidades en Colombia: 1997-2010", en A. MONTENEGRO. *Equidad y movilidad social. Diagnósticos y propuestas para la transformación de la sociedad colombiana*, Bogotá, Universidad de los Andes, 2014.

FUNDACIÓN IDEAS PARA LA PAZ. "¿En qué va la sustitución de cultivos ilícitos? Desafíos, dilemas actuales y la urgencia de un consenso", Informe n.º 06, Bogotá, Fundación Ideas para la Paz, 2019.

GAVIRIA TRUJILLO, C. "Prólogo", en A. GAVIRIA y D. LONDOÑO (comps.). *Política antidroga en Colombia: éxitos, fracasos y extravíos*, Bogotá, Universidad de los Andes, 2011.

GAVIRIA, A. y D. MEJIA. "Introducción", en A. GAVIRIA y D. LONDOÑO (comps.). *Política antidroga en Colombia: éxitos, fracasos y extravíos*, Bogotá, Universidad de los Andes, 2011.

Gilbert, J. "Derecho a la tierra como derecho humano: argumentos a favor de un derecho específico a la tierra", *Sur. Revista Internacional de Derechos Humanos*, 2013.

Gobierno Nacional de Colombia y farc ep. *Acuerdo Final para la Construcción de una Paz estable y duradera*, 2016.

Gómez Maseri, S. "ee.uu. podría descertificar al país si no controla cultivos ilícitos", *El Tiempo*, 13 de septiembre de 2017.

Grossi, P. *Historia del Derecho de Propiedad. La Irrupción del colectivismo en la conciencia europea*, Barcelona, Ariel, 1986.

Gutiérrez Sanín, F. "¿Una historia simple?", en *Contribución al entendimiento del conflicto armado en Colombia*, Bogotá, Ediciones Desde Abajo, 2015.

Instituto Kroc de Estudios Internacionales para la Paz. "Segundo informe sobre el estado efectivo de implementación del acuerdo de paz en Colombia diciembre 2016-mayo 2018", Notre Dame, Universidad de Notre Dame, 2018.

Jaramillo, S. "La paz territorial", *Oficina del Alto Comisionado para la paz, Conferencia dictada en la Universidad de Harvard*, 13 de marzo de 2014, disponible en [https://interaktive-demokratie.org/files/downloads/La-Paz-Territorial.pdf].

León, M. y C. Deere. *Género, propiedad y empoderamiento*, Tercer Mundo Editores y Programa de Estudios de Género, Bogotá, Universidad Nacional, noviembre de 2000.

Lewin, J. E. "Las propuestas del No, comparadas y desmenuzadas", *La Silla Vacía*, 15 de octubre de 2016, disponible en [http://lasillavacia.com/hagame-el-cruce/las-propuestas-del-no-comparadas-y-desmenuzadas-58381].

Londoño, H. "Líderes de sustitución de cultivos no han sido asesinados", *El Espectador*, 27 de enero de 2020.

Márquez, E. "Politique: la Colombie sous la influence", en *Géopolitique de la drogue*, Paris, Édition La Découverte, 1991.

Martínez Neira, N. H. *Las dos caras de la paz*, Bogotá, Planeta, 2019.

Martínez E., M. *Régimen de Tierras en Colombia. Antecedentes de la Ley 200 de 1936 "Sobre régimen de tierras" y decretos reglamentarios*, Bogotá, Talleres Gráficos Mundo al Día, 1939.

Mejía, D. y D. M. Rico "La microeconomía de la producción y el tráfico de cocaína en Colombia", en A. Gaviria y M. D. (comps.). *Política antidroga en Colombia: éxitos, fracasos y extravíos*, Bogotá, Universidad de los Andes, 2011.

Ministerio de Justicia. "abc. Ruta futuro: política integral para enfrentar el problema de las drogas", 2018, disponible en [http://www.odc.gov.co/Portals/1/Docs/ABC _Poli%CC%81tica_AntiDrogas.pdf].

Moncayo Cruz, V. M. "Hacia la verdad del conflicto: insurgencia guerrillera y orden social vigente", en *Contribución al entendimiento del conflicto armado en Colombia*, Bogotá, Ediciones Desde Abajo, 2015.

Oficina del Alto Comisionado para la Paz. "Estas fueron las propuestas del NO y así quedaron en el Acuerdo de paz", 2016, disponible ne [http://www.altocomisionadoparalapaz.gov.co/Prensa/Paginas/2016/noviembre/Estas-fueron-las-propuestas-del-NO-convertida].

Oficina de las Naciones Unidas contra la Droga y el Delito (unodc). *Colombia. Monitoreo de territorios afectados por cultivos ilícitos 2018*, Bogotá, UNODC, 2019.

Oficina de las Naciones Unidas contra la Droga y el Delito (unodc). *Informe mundial sobre las drogas 2017. Resumen, conclusiones y consecuencias en materia de políticas*, Viena, UNODC, 2017.

onu. *Declaración de las Naciones Unidas sobre los derechos de los campesinos y de otras personas que trabajan en las zonas rurales*, 2018.

onu. *Declaración sobre los derechos de los campesinos*, 2018.

Osorio Alvis, M. A. *Política de drogas con enfoque de derechos humanos: población rural cultivadora de plantaciones de uso ilícito*, Bogotá, Universidad Externado de Colombia, 2019.

Ospino, H. "Situaciones que condicionan el cumplimiento de las principales funciones de parques nacionales naturales de Colombia en la región amazónica", en *Áreas Protegidas amazónicas y sus funcionarios como víctimas del conflicto armado*, Bogotá, Fundación para la Conservación y el Desarrollo Sostenible, 2019.

Parra Cristancho, A. "La reforma agraria: el ocaso de una política de inclusión en Colombia", *Lecturas sobre derecho de tierras*, Bogotá, Universidad Externado de Colombia, mayo de 2017.

Pimiento Echeverri, J. A. *Teoría de los bienes de uso público*, Bogotá, Universidad Externado de Colombia, (s.f.).

Pimiento Echeverri, J. A. *Derecho administrativo de bienes. Los bienes públicos: historia, clasificación, régimen jurídico*, Bogotá, Universidad Externado de Colombia, 2015.

Puerta, F. y M. P. Chaparro. "Radiografía del fracaso de la sustitución de cultivos de coca en Colombia", *InSight Crime*, , 29 de marzo de 2019, disponible en [https://es.insightcrime.org/noticias/analisis/sustitucion-voluntaria-coca-colombia].

Red +. "ee.uu. celebra decreto que busca reanudar aspersión aérea con glifosato en Colombia", 31 de diciembre de 2019, disponible en [http://www.redmas.com.co/internacional/ee-uu-celebra-decreto-busca-reanudar-aspersion-aerea-glifosato-colombia/].

Restrepo, J. M. "No paz y déficit fiscal como riesgos país", *El Espectador*, 27 de febrero de 2016.

Revelo Rebolledo, J.; M. García Villegas et al. *El Estado en la periferia. Historias locales de debilidad institucional*, Bogotá, Dejusticia, 2018.

Revista Semana. "Los 10 duros dardos de Uribe a la firma de la paz", 26 de septiembre de 2016.

Reyes, Y. "Glifosato y daños colaterales", *El Espectador*, 29 de julio de 2019.

Rivera Flórez, G. *Cultivos de coca, conflicto y deslegitimación del Estado en el Putumayo*, Bogotá, Universidad Externado de Colombia, 2005.

ROCHA, A. *De la prueba en derecho*, Bogotá, 1983.

SALAS SALAZAR, L. G. "Conflicto armado y configuración territorial: elementos para la consolidación de la paz en Colombia", *Bitácora Urbano Territorial*, vol. 26, n.º 2, 2016.

SALGADO, H. "Hacia una nueva política pública sobre sustitución de cultivos de uso ilícito y desarrollo alternativo", en *El acuerdo agrario*, Bogotá, Ediciones Aurora, 2017.

SÁNCHEZ LEÓN, N. *Estrategias para una reforma rural transicional*, Bogotá, Dejusticia, 2017.

SECRETARÍA TÉCNICA DEL COMPONENTE INTERNACIONAL DE VERIFICACIÓN CINEP/PPP-CERAC. *Sexto informe de verificación de la implementación del Acuerdo Final de Paz en Colombia para los Verificadores Internacionales Felipe González y José Mujica (A.F. 6.3.2)*, Bogotá, 2019.

SEN, A. *Desarrollo y libertad*, ESTHER RABASCO y LUIS TOHARIA (trads.), Bogotá, Planeta, 2000.

VARGAS MEZA, R. *Fumigación y conflicto. Política antidrogas y deslegitimación del Estado en Colombia*, Bogotá, TM Editores, 1999.

VARGAS MEZA, R. *Desarrollo alternativo en Colombia y participación social: propuestas hacia un cambio de estrategia*, Bogotá, Corcas Editores, 2010.

VELA ORBEGOZO, C. F. *El ombudsman*, 2014.

VELA ORBEGOZO, B. *Colombia no es una isla. Una contribución al debate sobre la formación del Estado colombiano en el entorno global*, Bogotá, Universidad Externado de Colombia, 2015.

ZORRO, C. "Políticas de desarrollo alternativo en Colombia (1982-2009)", en A. GAVIRIA y D. MEJÍA. *Política antidroga en Colombia: éxitos, fracasos y extravíos*, Bogotá, Universidad de los Andes, 2011.

WINDLE, J. *Suppressing Illicit Opium Production. Successful Intervention in Asia and the Middle East*, Londres, I. B. Taurus, 2016.

Constitución Política de Colombia. *Gaceta Constitucional*, n.º 116 del 20 de julio de 1991 (Congreso de la República 20 de julio de 1991).

Corte Constitucional. Comunicado de prensa n.º 26 del 18 de julio de 2019.

Corte Constitucional. Sentencia T-236 del 21 de abril de 2017.

Corte Constitucional. Sentencia C-630 del 11 de octubre de 2017.

Corte Constitucional. Sentencia T-488 del 9 de julio de 2014, Expediente T-4.267.451.

Decreto 238 del 1.º de febrero de 2012, *Diario Oficial*, año CXLVII, n.º 48330.

Decreto 2723 del 29 de diciembre de 2014, *Diario Oficial*, año CL, n.º 49379.

Decreto 578 del 27 de marzo de 2018, *Diario Oficial* n.º 50.548.

Instituto Colombiano de la Reforma Agraria. Resolución nº. 041 del 31 de octubre de 1996, Determinación de extensiones para las UAF, *Diario Oficial*, n.º 42910.

Superintendencia de Notariado y Registro. Artículo 3.º Resolución 4209 del 24 de abril de 2018).

Superintendencia de Notariado y Registro. Resolución 4721 del 10 de mayo de 2018.

SERGIO ROLDÁN ZULUAGA*

Justicia administrativa para la restitución de tierras y la reforma rural integral en Colombia. Una hipótesis de trabajo

SUMARIO

Introducción. Antecedentes. I. Un balance normativo e institucional después del análisis de las evaluaciones del proceso de restitución de tierras en Colombia. A. La descoordinación administrativa causa la ineficacia del proceso de restitución de tierras. 1. Falencias de información, carencia de inventarios, insuficientes recursos asignados para la dimensión del problema rural, ausencia del Estado para la gobernanza territorial. II. Un debate vigente: ausencia de voluntad política. A. Inactividad del Estado en el cumplimiento de la Ley 160 de 1994. B. Políticas públicas que obstruyen la voluntad política de restitución de tierras. III. Justicia administrativa para la restitución de tierras y la reforma rural integral en Colombia: una hipótesis de trabajo. A. Jurisdicción civil, conflicto armado y reparación integral. B. Jurisdicción civil *vs.* jurisdicción administrativa. Conclusiones. Bibliografía.

RESUMEN

El proceso de restitución de tierras rige hasta junio de 2021. El análisis de las evaluaciones consultadas identifica las siguientes problemáticas: indefensión de partes interesadas, descoordinación interinstitucional, aplicación de medidas aisladas que no logran reparación integral, traslapes con otras políticas del Estado que paralizan la restitución, imposibilidad de lograr restituciones colectivas, capacidad limitada de los jueces civiles de restitución en la resolución de problemas propios del derecho público (medio ambiente, minería, reforma agraria, etc.), y recursos presupuestales insuficientes.

La función redistributiva propia del Estado por mandato constitucional ha sufrido la falta de voluntad política; la inactividad se ha traducido en la ausencia de un fondo de tierras que permita a los jueces brindar soluciones oportunas a las necesidades de las víctimas y de los segundos ocupantes, y al país buscar una ordenación territorial.

* Especialista en Derecho Administrativo; abogado y consultor independiente; profesor de Derecho de Restitución de Tierras del Departamento de Derecho Administrativo de la Universidad Externado de Colombia. Correo electrónico: seroldan@gmail.com.

La reforma agraria, la recuperación de baldíos, la clarificación, la formalización, el levantamiento predial y catastral, la validez de una licencia ambiental, de un permiso de aprovechamiento de aguas, la sustracción de una zona de protección, atañen al derecho público, y junto con el deber de brindar reparación integral en el marco de la justicia transicional, imponen exigencias que cuestionan el objeto de la jurisdicción civil especializada en restitución de tierras y su eficacia para resolver los conflictos rurales que requieren soluciones integrales.

Con la evaluación de la restitución de tierras y el horizonte puesto en la Reforma Rural Integral (RRI), que ordena la creación de una jurisdicción agraria, se plantea la conveniencia de asignar su conocimiento a la Jurisdicción Contencioso Administrativa.

PALABRAS CLAVE

Restitución de tierras, reforma rural integral, jurisdicción civil, jurisdicción administrativa, jurisdicción agraria, acuerdo de paz.

ABSTRACT

The land restitution process is in effect until June 2021. The analysis of the evaluations consulted identifies the following problems: defenselessness of interested parties; inter-institutional incoordination; application of isolated measures that do not achieve comprehensive reparations; overlaps with other State policies that hinder restitution; impossibility in obtaining collective refunds; restricted capacity of civil restitution judges to solve problems of public law (environment, mining, land reform, etc.); insufficient budgetary resources; and even absence of political will.

The redistributive function –which the State has by constitutional mandate– has suffered from the lack of political will; the inaction has resulted in a lack of a Land Fund that would allow judges to provide timely solutions to the needs of the victims and the second occupants, and the country to seek territorial ordinance.

The Land reform, wasteland recovery, clarification and formalization of land titles, property and cadastral surveying, the validity of an environmental license and a water resource use permit, and the deduction of a protection zone, concern with public law. These factors together with the duty to provide comprehensive reparation within the framework of transitional justice; impose demands that question the objective of the civil jurisdiction specialised in land restitution, and its effectiveness in resolving rural conflicts that require comprehensive solutions.

The evaluation of land restitution with the focus on the Comprehensive Land Reform, which mandates the creation of an Agrarian Jurisdiction, sets out the desirability of assigning its findings to the Administrative Contentious Jurisdiction.

KEYWORDS

Land restitution, comprehensive land reform, civil jurisdiction, administrative jurisdiction, agrarian jurisdiction, peace agreement.

INTRODUCCIÓN

El proceso transicional de restitución de tierras en Colombia rige hasta junio de 2021. A ocho años de su implementación se han conocido diversas evaluaciones de las principales organizaciones no gubernamentales que llevan casos. Desde el punto de vista de la cobertura el proceso ha atendido cerca de la mitad de las solicitudes, un resultado que genera la necesidad de pensar en la prórroga de la Ley 1448 de 2011 de manera que los solicitantes cuenten con una tutela judicial efectiva.

El análisis de las evaluaciones consultadas identifica las siguientes problemáticas: indefensión de partes interesadas, descoordinación interinstitucional, aplicación de medidas aisladas que no logran reparación integral, traslapes con otras políticas del Estado que paralizan la restitución, imposibilidad de lograr restituciones colectivas, capacidad limitada de los jueces civiles de restitución en la resolución de problemas propios del derecho público (medio ambiente, minería, reforma agraria, etc.), recursos presupuestales insuficientes, e, incluso, ausencia de voluntad política.

Desde el punto de vista del procedimiento, la jurisdicción civil especializada en restitución de tierras ha tenido que abordar problemas jurídicos que van más allá de la definición del derecho de propiedad de las partes (solicitante y opositor). Por ejemplo, la aparición creciente de segundos ocupantes ha destacado las falencias de otras políticas públicas para apoyar la restitución de tierras; es el caso de la inactividad administrativa en el ejercicio de la función redistributiva que por mandato constitucional tiene el Estado sobre la tierra en Colombia. Esta inactividad se traduce en la ausencia de un fondo de tierras que les permita a los jueces brindar soluciones oportunas a las necesidades de la población vulnerable.

Los procesos de reforma agraria, la recuperación de los baldíos de la nación, la clarificación, la formalización, el levantamiento predial y catastral, la validez de una licencia ambiental, de un permiso de aprovechamiento de aguas o la sustracción de una zona de protección son problemas que usualmente atiende el derecho público, pues escapan a la comprensión del derecho civil y cuestionan la visión limitada del derecho civil respecto del problema de derechos humanos y derecho internacional humanitario que subyace a los procesos de restitución de tierras.

La intención del presente artículo es dejar planteada una hipótesis de trabajo en torno a la necesidad de lograr una coordinación entre la restitución de tierras y la política redistributiva de tierras bajo la competencia de la jurisdicción contencioso administrativa. La preocupación proviene del mandato constitucional al Estado de crear una jurisdicción agraria en cumplimiento de la RRI.

Con el horizonte puesto en la RRI, se plantea una hipótesis de trabajo sobre la necesidad de trasladar el proceso de restitución de tierras de la jurisdicción civil a la jurisdicción contencioso administrativa.

En desarrollo de este planteamiento se recoge, en primer lugar, el balance normativo e institucional del proceso de restitución realizado por varias organizaciones no gubernamentales especializadas; luego se participa en el debate acerca de una presunta ausencia de voluntad política del Estado y, finalmente, se presentan los argumentos que sustentan la necesidad de ampliar el espectro de conocimiento de la restitución de tierras, a fenómenos de la ruralidad que involucran la actividad del Estado que es el objeto de la jurisdicción administrativa.

Se espera aportar a la discusión académica en un tema como el de la tierra, cuya disputa constituye una de las principales causas del conflicto armado que Colombia quiere superar.

ANTECEDENTES

La Ley de víctimas y restitución de tierras fue sancionada el 10 de junio de 2011 por el gobierno de Juan Manuel Santos en cumplimiento de dos agendas principales: un mandato constitucional centrado en el deber de buscar la paz, y la profundización del reconocimiento de las víctimas por la sociedad y el Estado. Dichas agendas se expandieron gracias a la voluntad política de honrar el compromiso adquirido con la comunidad internacional que ha apoyado por más de tres lustros el desarrollo de la justicia transicional en Colombia.

Las discusiones que precedieron la aprobación de esta norma comenzaron por analizar la eficacia de la Ley de justicia y paz (Ley 975 de 2005) que definió el marco jurídico mediante el cual los grupos paramilitares se acogieron a un régimen penal más benigno por los crímenes cometidos, adquiriendo el compromiso de la reparación integral de las víctimas.

Sin embargo, el modelo judicial del incidente de reparación no tuvo una cobertura suficiente para responder al universo de víctimas de desplazamiento, desaparición forzada, homicidio y despojo de tierras, entre otras tipologías de victimización identificadas en el conflicto armado interno. El recurso judicial volvió dicho trámite imposible de cumplir para las víctimas, porque el modelo exigía un riguroso debate probatorio que restringía el acceso a la justicia, y sacrificaba la celeridad que deben tener los procesos de justicia transicional previstos para atender fenómenos de violaciones masivas y sistemáticas a los derechos humanos. El universo de las víctimas, la onerosidad y la complejidad probatoria, junto con los tiempos prolongados para resolver las causas, configuraron riesgos de revictimización y una posible acción con daño, un efecto indeseable que la justicia transicional debe evitar.

No obstante, el aporte a la verdad (que es un elemento de la reparación integral), brindado por los tribunales de justicia y paz desde que comenzaron a operar en 2005, logró establecer el paradero de muchos desaparecidos y evidenció las dinámicas del conflicto armado; por ejemplo, reconoció el vínculo orgánico de los grupos paramilitares con narcotraficantes, miembros de la fuerza pública, políticos y empresarios, elementos que han aportado –aunque en forma limitada– su granito de arena a la reparación, especialmente a la reparación colectiva. En efecto, la revelación de los hechos satisface también el derecho que tiene la sociedad a saber *qué paso*, *por qué paso, quiénes fueron los responsables y cómo evitar que se repita* (CNRR, Pizarro, 2006); así, las verdades producidas en los procesos de justicia y paz nutren los que adelanta hoy el Sistema Integral de Verdad, Justicia, Reparación y No Repetición del Acuerdo de Paz, el cual se incorporó en la Carta Política desde 2017.

Desde 2006 comenzó en la Comisión Nacional de Reparación y Reconciliación (CNRR) un debate respecto de las vías más expeditas para lograr una mayor cobertura en la reparación a las víctimas, y para ello fueron consultadas diversas experiencias internacionales en países que habían superado conflictos armados o dictaduras militares como Chile, Argentina, Perú, Guatemala y El Salvador, en nuestro hemisferio, y Suráfrica, Bosnia-Herzegovina, Sierra Leona y Kosovo en otras latitudes. Algunos países optaron por buscar la reparación integral de las víctimas por la vía judicial, por ejemplo, mediante la creación del Tribunal Especial para la Antigua Yugoslavia; otros apelaron a modelos de justicia restaurativa como las audiencias restaurativas realizadas en Suráfrica; otros decidieron implementar programas administrativos centrados en estándares de reparación según tipologías de victimización, como Perú, Chile y El Salvador, que procuraron una mayor cobertura en la reparación a las víctimas.

Para Carranza Franco, Gómez Peñuela, López Ortiz y Ospina Garrido (2019a):

> Por ejemplo, en Suráfrica, el programa de restitución de tierras se promovió como un mecanismo de reparación a víctimas del apartheid, pero debido a sus limitaciones en atender tan sólo a ciertas víctimas, el gobierno decidió crear un programa de reforma agraria que aumentara la proporción de propiedad de tierras por parte de personas negras en relación con las blancas. Este programa tuvo resultados limitados debido a que las diferentes formas de trabajo rural aún dependían del trabajo de los negros en fincas de blancos o en tierras tribales, lo que llevo a la creación de otro programa de formalización de tierras (Williams, 2007: 43).

Los balances de dichas experiencias son disímiles: más justicia y menos reparación en algunos casos, más reparación y más impunidad en otros, y poca cobertura en la mayoría; en fin, todos los intentos que se hicieron por atender las grandes alteraciones humanitarias producidas por la guerra, donde las víctimas y sus sobrevivientes tradicionalmente eran ignoradas, fueron afrontados mediante mecanismos de justicia transicional diseñados para atender fenómenos masivos de victimización que la justicia ordinaria estaba en imposibilidad de satisfacer en forma oportuna y efectiva.

El caso colombiano es paradigmático por su dimensión. En efecto, más de cinco décadas de conflicto armado han dejado cientos de miles de víctimas sin registrar, y desde 1985 ha afectado a cerca de nueve millones de personas, una cifra que triplica las victimizaciones producidas por otros conflictos armados contemporáneos.

En el seno de la CNRR se discutía si se debía promover la reparación de las víctimas por la vía judicial o por la vía administrativa, y las definiciones estratégicas surgidas de dichas discusiones avanzaron en la configuración de una justicia transicional a la colombiana: ¿cómo reparar las diferentes victimizaciones?, ¿es mayor el daño sufrido por la desaparición de un familiar que su homicidio?, ¿cuáles son los daños que conforman el desplazamiento forzado?, ¿cómo atender la rehabilitación de las víctimas y las comunidades?, ¿es necesario construir un registro de víctimas?, ¿se privilegia la reparación colectiva y simbólica sobre la reparación individual?, ¿qué hacer con las tierras que habían sido abandonadas o despojadas por las víctimas?

Para los investigadores del Observatorio de Restitución y Regulación de Derechos de Propiedad de la Universidad del Rosario (Carranza Franco et al., 2019b: 54):

> En el análisis de los debates en el Congreso sobre la restitución encontramos cuatro puntos principales sobre los cuales hubo mayor controversia y que definieron el diseño de la ley. Primero, los principios que darían sustento a la política: en el proyecto presentado en el 2007 se discutió sobre si se trataba del principio de solidaridad para con las víctimas o de responsabilidad del Estado en la acción u omisión de los hechos de violación de los derechos humanos, mientras que en el 2010 la controversia giró sobre si se iban a adoptar los principios de justicia restaurativa o la justicia distributiva. Segundo, la definición del universo de víctimas y si la reparación se haría por vía judicial o administrativa. Tercero, la creación de instituciones y procedimientos, que en últimas definía la viabilidad de la implementación y cómo se tramitarían los reclamos por parte de los beneficiarios. Finalmente, los problemas presupuestales y de financiación de la política.

La discusión legislativa de la Ley de víctimas y restitución de tierras recogió algunas recomendaciones de la CNRR con lo cual se fueron decantando varias soluciones: para los crímenes de homicidio, desaparición forzada, lesiones personales, secuestro, tortura, violencia sexual y reclutamiento forzado se creó el Programa de Reparación Administrativa, soportado en un Registro Único de Víctimas (RUV), que ha logrado anotar casi nueve millones de víctimas que serían beneficiarias de las reparaciones individuales.

Con el fin de alcanzar esa cobertura de atención se creó la Unidad para la Atención y Reparación Integral a las Víctimas (UARIV), que ha pagado menos de un millón de indemnizaciones. Un resultado insuficiente para un universo tan grande que deja al descubierto la poca cobertura del programa.

Para investigar el crimen de despojo de tierras se creó el Registro de Predios y Territorios Abandonados y/o Despojados (RUPTA), que estimó en más de seis millones de hectáreas la cantidad de predios que se debían recuperar, y un universo de más de cien mil solicitudes de la población desplazada, en su mayoría de origen campesino, que se debían atender. A la fecha se han restituido menos de cuatrocientas mil hectáreas.

Para resolver el despojo y/o abandono de cientos de miles de personas y regresarlas a sus lugares de origen se creó un mecanismo mixto (administrativo-judicial) a través de la Unidad de Restitución de Tierras (URT) (administrativo) y de las salas civiles especializadas en restitución de tierras (judicial), conformadas por cinco tribunales ordinarios que atienden todo el territorio nacional. El balance en la restitución de tierras todavía es muy limitado.

Es importante señalar que el 10 de junio de 2021 caduca la Ley de víctimas y restitución de tierras, y que las metas que se propuso el legislador para reparar en forma integral a todas las víctimas del conflicto armado no se han cumplido. Faltando poco más de un año para concluir su vigencia, es indispensable conocer los balances del proceso de restitución de tierras y su relación con la reparación integral a las víctimas, de manera que los poderes públicos tomen los correctivos que permitan avanzar en la consolidación de la paz.

I. UN BALANCE NORMATIVO E INSTITUCIONAL DESPUÉS DEL ANÁLISIS DE LAS EVALUACIONES DEL PROCESO DE RESTITUCIÓN DE TIERRAS EN COLOMBIA

El capítulo de restitución de tierras de la Ley 1448 de 2011 venía precedido de una discusión técnica promovida por la CNRR, la cual convocó un Comité Técnico Especializado (CTE), integrado por más de 17 instituciones, que trabajó desde 2008 –con el apoyo de la cooperación internacional–, en la formulación del Programa de Restitución de Bienes (PRB) (CNRR, 2010), que definió los elementos centrales que debería tener la restitución de tierras en Colombia[1].

Muchos de los aspectos previstos en el PRB fueron incorporados a la ley, por ejemplo,

– La definición de víctimas sujetos del derecho a la restitución;
– Las tipologías de las formas o modalidades del despojo;
– Los mecanismos de acceso a la restitución principal y preferente;
– Los mecanismos de acceso a la compensación como forma subsidiaria;
– La restitución de territorios colectivos;
– Los requerimientos para los retornos y reubicaciones;
– El restablecimiento socioeconómico de las víctimas;
– Los alivios de pasivos y el saneamiento de bienes de las víctimas;
– La participación, asesoría y acompañamiento de las víctimas;
– Los mecanismos de información, comunicación y divulgación, y
– El análisis de la oferta institucional y de coordinación interinstitucional.

Otros aspectos previstos en el PRB que cabe destacar no fueron incorporados a la ley, por ejemplo, la atención de los segundos ocupantes de las tierras a restituir, que se convertiría en un fenómeno que desbordaría el

---

1 Comisión Nacional de Reparación y Reconciliación (CNRR); Programa de Restitución de Bienes (PRB) (inmuebles, tierras, territorios), documento final entregado por el Comité Técnico Especializado (CTE) a la Comisión Nacional de Reparación y Reconciliación en su 48.ª Sesión Plenaria, apoyado por el Fondo Global para la Paz y la Seguridad de Canadá, la Organización Internacional para las Migraciones (OIM), la GIZ de la Cooperación Alemana, la Agencia de la ONU para los Refugiados (ACNUR) y el Programa MIDAS de USAID, Bogotá, 2010.

tamaño del programa de restitución de tierras diseñado para la implementación de la Ley 1448 de 2011.

En efecto, dada la naturaleza prolongada del conflicto armado (más de medio siglo) era de esperar que las tierras reclamadas hubieran tenido sucesivas ocupaciones. El PRB había previsto que los segundos ocupantes aparecerían en los procesos en forma masiva, sin embargo, por razones presupuestales, se decidió excluirlos de la ley, una decisión que impactó en la eficacia y cobertura de la restitución de tierras. El vacío se debió llenar mediante la jurisprudencia constitucional[2] que dictó órdenes para la creación de un programa de atención a los segundos ocupantes que les brindara tierra, vivienda, proyectos productivos y acompañamiento para su estabilización. Otra vez la limitada asignación de recursos presupuestales hizo del diseño de la justicia transicional un instrumento insuficiente para atender el tamaño del universo de las víctimas, aspecto que se analiza más adelante.

El otro aspecto fundamental previsto por el PRB (2010: 36) era el esclarecimiento de la verdad, que al respecto establecía: "Los mecanismos del programa deberán articularse y potenciarse de manera tal que a través de ellos se permita el esclarecimiento de la verdad de la magnitud, las modalidades y efectos de los abandonos y despojos de tierras"[3]. Un tema que quedó pendiente ante la inminencia del vencimiento de la Ley de víctimas y restitución de tierras en 2021, como fue reconocido por el exdirector de la Unidad de Restitución[4].

Se espera que el actual Sistema de Verdad, Justicia, Reparación y Garantías de No Repetición del Acuerdo de Paz alcanzado con las FARC proporcione el esclarecimiento del despojo de tierras en Colombia de manera que permita diseñar medidas de garantía de no repetición de los hechos.

---

2 Corte Constitucional. Sentencia C-330 de 2016, M. P.: María Victoria Calle Correa.

3 Una previsión que la Corte Constitucional ordenó atender mediante el Auto 008 de 2009, de seguimiento a la Sentencia T-025 de 2004, M. P.: Manuel José Cepeda Espinosa.

4 Un vacío que al entregar su cargo fue reconocido por el exdirector de la Unidad de Restitución; cfr. RICARDO SABOGAL. "Al país se le debe el capítulo penal del despojo de tierras", *El Espectador*, 23 de julio de 2018, disponible en [https://colombia2020.elespectador.com/pais/al-pais-se-le-debe-el-capitulo-penal-del-despojo-de-tierras-ricardo-sabogal].

En efecto, la Jurisdicción Especial para la Paz (JEP) es el tribunal que Colombia creó en la Constitución para aplicar una justicia restaurativa que contribuya al esclarecimiento de este tipo de hechos. La JEP atenderá los casos priorizados[5] contra diversos actores vinculados con el fenómeno de despojo de tierras, entre ellos, políticos y empresarios. La publicación de la Fundación Forjando Futuros (2016, párr. 3) transcribe apartes de las sentencias: "... los magistrados señalan que el desplazamiento y el despojo de tierras sirvieron para la concentración de la propiedad aprovechándose de la situación de violencia ocasionada por el conflicto armado". Igualmente, la dimensión colectiva de la reparación se expresará en el esclarecimiento de la verdad, que será objeto de estudio por el mecanismo extrajudicial de la Comisión de la Verdad[6].

Respecto del esclarecimiento de la verdad del despojo de tierras es preciso recordar que según informes del Centro Nacional de Memoria Histórica, una de las cuatro causas principales del conflicto armado fue la lucha por la tenencia de la tierra[7]. Por ser una causa estructural de la violencia colombiana, el esclarecimiento tiene gran importancia al operar

---

5 Como puede ser en el caso priorizado de Urabá.

6 Cfr. también "Empresas, desplazamiento y despojo de tierras en Colombia presentado a la Jurisdicción Especial para la Paz", Informe de la Fundación Forjando Futuros, 2018, p. 3, disponible en [https://www.forjandofuturos.org/resources/pdf/uploads/541-Informe-a-JEP-Empresas-y-Despojo-de-Tierras-forjando.pdf]: "En el documento se describen los patrones de despojo que se presentaron en 9 Departamentos, mediante los cuales las 33 empresas adquirieron los predios de las personas que habían sido víctimas del conflicto armado u obtuvieran la concesión de títulos mineros, servidumbre o hipotecas, razón por las cual, los Magistrados determinaron que ninguna de las empresas acreditó la buena fe exenta de culpa, ordenándoles que restituyan las tierras que fueron declaradas como despojadas o se suspendieran los títulos mineros concedidos, las servidumbres o hipotecas"; de la misma organización, Infografía "¿Quiénes se quedaron con la tierra? Compulsa de copias". 2016, párr. 3, disponible en [https://www.forjandofuturos.org/resources/pdf/uploads/600-Forjando%20-%20Semana%2013.04.2018.pdf], según el cual "En 135 sentencias los jueces y magistrados ordenaron a la Fiscalía se investigue a las siguientes personas por hechos relacionados con el despojo de tierras".

7 Centro Nacional de Memoria Histórica. Informe General Grupo de Memoria Histórica ¡Basta Ya! "Colombia: memorias de guerra y dignidad, Bogotá", 2013, p. 21. Tres causas que también se identifican son la ausencia de Estado, la violencia política y el narcotráfico.

no solo como un mecanismo de justicia para las víctimas sino también como una medida de garantía de no repetición, pues al conocer los dispositivos y trayectorias del despojo, sus redes y complicidades, se puede trabajar en el diseño de medidas legislativas, administrativas, judiciales y de control propias de la justicia transicional dirigidas a prevenir tales conductas y superar el conflicto armado[8].

Este es uno de los principales aspectos que indican la necesidad de prorrogar la Ley 1448 de 2011, pues aún falta mucho por hacer, descubrir, reparar y restaurar.

Diversas fuentes consultadas que han evaluado el proceso de restitución de tierras coinciden en afirmar que muchas tareas pendientes tienen que ver con el fortalecimiento de la institucionalidad y su capacidad de coordinación para satisfacer en forma oportuna los requerimientos de restitución y de reparación integral de las víctimas. Cabe destacar varios aspectos que han sido objeto de evaluación; para Gutiérrez Sanín (2019: 197)

> ... los problemas de coordinación entre las instituciones con algún grado de participación en la restitución han promovido la demora tanto en los procesos, como en el cumplimiento de las órdenes judiciales en la etapa de posfallo. La URT y las otras entidades que hacen parte del SNARIV y que tienen el deber de colaborar con el intercambio oportuno de información, así como en la ejecución de las medidas complementarias a la restitución, no han logrado adaptar sus procedimientos internos a las exigencias de la restitución[9].

---

8 Lo afirmó el director saliente de la Unidad de Restitución en entrevista a *El Espectador* haciendo alusión al Urabá antioqueño y chocoano donde los resultados de la restitución fueron muy limitados, entre otras razones, por la seguridad de los funcionarios de restitución que debían adelantar las pesquisas bajo amenazas. Al respecto afirmó que "A los paramilitares les gusta la tierra y aprovecharon la guerra para conseguir más. En este capítulo hay mucho testaferrato. Algunos se han identificado, pero estoy seguro de que falta mucho por descubrir"; cfr. Ricardo Sabogal. "Al país se le debe el capítulo penal del despojo de tierras", cit.

9 F. Gutiérrez Sanín, R. del P. Peña y M. M. Parada Hernández (eds). *La tierra prometida. Balance de la política de restitución de tierras en Colombia*, Bogotá, Editorial Universidad del Rosario, 2019, p. 197.

Existen problemas estructurales en la organización del Estado, multiplicidad de nuevas instituciones nacionales que, frente a la notoria debilidad municipal, acrecientan los problemas del centralismo, y por eso la desconexión o ausencia de subsidiariedad en las actuaciones de los distintos niveles del Estado, lo que se traduce en una baja capacidad institucional para cumplir las órdenes impartidas en los fallos.

El principal problema que se advierte es la negación a las víctimas en el acceso al recurso especial. En efecto, para la Comisión Colombiana de Juristas (CCJ, 2018: 6) se trata del

> ... bajo nivel de cumplimiento de las sentencias judiciales. Pese a que se han expedido 4.264, estas no han logrado materializarse y son contados los casos que presentan un nivel de avance mayor de cumplimiento de las órdenes dictadas por los jueces. Se han identificado cuellos de botella estructurales de articulación interinstitucional, de falta de presupuesto y falta de claridad en la corresponsabilidad de diversas entidades territoriales y del orden nacional que deben concurrir al cumplimiento de la restitución. El último de los problemas que merece revisarse es el alto nivel de negaciones de las solicitudes de las víctimas en la fase administrativa del proceso de restitución de tierras, pues en el 63% de los casos que se presentaron no se dio trámite al proceso de restitución[10].

Desde la fase administrativa se presentan deficiencias en la caracterización de las víctimas y los predios, lo cual dificulta que los jueces puedan conocer sus necesidades y, en tal sentido, lograr una justicia material que articule a todas las instituciones del sistema integral con una misión dirigida a superar la vulnerabilidad, es decir, transformar las circunstancias que contribuyeron a la victimización. Esta deficiente caracterización se ve agravada por la defectuosa coordinación entre los programas de la Unidad de Restitución y la Unidad para las Víctimas, que alejan la posibilidad de garantizar la reparación integral, lo que hace que las prestaciones se otorguen de manera

10 Comisión Colombiana de Juristas. "Cumplir metas, negar derechos. Balance de la implementación del proceso de restitución de tierras en su fase administrativa 2012-2017", Bogotá, 2018, disponible en [https://www.coljuristas.org/nuestro_quehacer/item.php?id=152].

aislada, sin un auténtico sentido de justicia transicional que logre dar garantías de no repetición y reconciliación, con el fin de superar el conflicto armado en la zona intervenida[11].

Tampoco se ha logrado que la reparación colectiva se articule con los procesos de restitución de tierras.

La descoordinación de tres instituciones (Atención a Víctimas, Memoria Histórica y Restitución de Tierras), pilares conformados por la Ley 1448, se ve agravada por la baja participación institucional en los procesos de diálogo con enfoque territorial, y en la construcción de una agenda de justicia transicional, como la que representaron los ejercicios llevados a cabo en los territorios para la formulación de los 16 Programas de Desarrollo con Enfoque Territorial (PDET).

La verdad es que no se ha logrado aprovechar ni acercar las agendas de trabajo de las tres instituciones, entre ellas los procesos de restitución y formalización, de reparación colectiva y de construcción territorial de memoria histórica, con nuevos procesos y dinámicas del sistema de verdad, justicia, reparación y no repetición.

Asimismo, la deficiente caracterización de los predios a restituir[12] da cuenta de un lastre histórico en la organización administrativa de los sistemas de información del Estado, lo que se traduce en contextos de informalidad de la propiedad rural de una magnitud cercana al 50% del territorio nacional, lo que constituye otra de las causas que facilitaron el despojo de tierras.

---

11 Sobre este aspecto cfr. el concepto de coherencia interna y externa formulado por PABLO DE GREIFF. Naciones Unidas, Asamblea General, Consejo de Derechos Humanos 21.er período de sesiones, Tema 3 de la agenda "Promoción y protección de todos los derechos humanos, civiles, políticos, económicos, sociales y culturales, incluido el derecho al desarrollo", Informe del Relator Especial sobre la promoción de la verdad, la justicia, la reparación y las garantías de no repetición, PABLO DE GREIFF, Distr. General, 9 de agosto de 2012, disponible en [https://www.ohchr.org/Documents/HRBodies/HRCouncil/RegularSession/Session21/A-HRC-21-46_sp.pdf].

12 Manifestada al autor por los jueces y magistrados especializados en restitución de tierras en el marco del Curso Nacional de la especialidad organizado por la Escuela Judicial Rodrigo Lara Bonilla con el apoyo del Programa de Justicia para una Paz Sostenible de USAID en Santa Marta el 29 de noviembre de 2019.

Esta problemática tendría que subsanarse creando una unidad de caracterización predial que no sólo tenga en cuenta la medición del predio sino también los usos compatibles para su explotación económica y otros aspectos socio ambientales[13].

El insumo de la información es crucial para lograr la reparación integral y para el funcionamiento oportuno de la coordinación interinstitucional. Se trata de articular, a través del fallo, aquellas instituciones de diversa naturaleza (ambientales, mineras, sociales, etc.) que deben intervenir en la solución de los procesos de restitución, formalización, redistribución y reubicación. Otras más concurrirán desde la dimensión individual de la reparación en diversas prestaciones a las familias restituidas para su estabilización socioeconómica, así como en prestaciones a las comunidades, en desarrollo de la dimensión colectiva de la reparación integral.

La realidad es que estas falencias en la información han trasladado una carga administrativa adicional a los jueces de restitución que deben suplir en sus fallos con fuentes secundarias. La ausencia de información, sumada a las inconsistencias en los estudios jurídicos prediales de los sistemas de información catastral y registral, altera la eficiencia y eficacia del proceso de restitución en su conjunto.

Adicionalmente, la omisión del Estado, expresada en la carencia de un inventario de los predios baldíos de la nación que sirva a los fines de la reforma agraria, el desarrollo rural y el ordenamiento territorial, traslada a los jueces la defensa del patrimonio público. La decisión judicial provoca el inicio de actuaciones y procedimientos administrativos para que se observe el régimen público de dichos bienes, cuya tutela está a cargo de la Agencia Nacional de Tierras (ANT).

---

13 Una situación administrativa que se mantiene cuando se constatan las falencias del proceso de zonificación ambiental y cierre de la frontera agrícola realizado en cumplimiento del punto 1 sobre RRI del Acuerdo de Paz, y cuya escala tan grande no permite a los operadores del sistema de justicia transicional tener una fuente de información más cercana a los fenómenos económicos, ambientales, sociales y culturales del territorio de los predios que se están restituyendo, una falla que también debilita la toma de decisiones administrativas acertadas e integradoras con los planes territoriales logrados por los ejercicios PDET.

A. LA DESCOORDINACIÓN ADMINISTRATIVA CAUSA LA INEFICACIA DEL PROCESO DE RESTITUCIÓN DE TIERRAS

I. FALENCIAS DE INFORMACIÓN, CARENCIA DE INVENTARIOS, INSUFICIENTES RECURSOS ASIGNADOS PARA LA DIMENSIÓN DEL PROBLEMA RURAL, AUSENCIA DEL ESTADO PARA LA GOBERNANZA TERRITORIAL

Es deseable y absolutamente necesaria la articulación institucional para resolver los problemas humanitarios en razón del conflicto armado si se quiere, en el mediano plazo, aumentar una capacidad instalada que se traduzca en el fortalecimiento real del Estado local, considerada una de las más importantes garantías de no repetición que la justicia transicional debe lograr en Colombia. No en vano la violencia contra la propiedad rural se ha visto facilitada por la ausencia del Estado.

La jurisprudencia nacional y los estándares internacionales de derechos humanos, en especial los Principios Pinheiro, establecen que la restitución jurídica del predio mediante la entrega a la víctima del título que la acredita como propietaria o como beneficiaria de un programa de reforma agraria (sin mencionar otras figuras jurídicas que se pueden presentar), junto con la restitución material mediante su entrega –con independencia de su deseo de regresar o no–, forma parte del núcleo esencial del derecho fundamental a la restitución de tierras donde el Estado tiene el deber de restituir en forma principal y preferente. Los Principios Pinheiro instan al Estado a garantizar a las víctimas su retorno. Esta finalidad implica una actuación administrativa compleja que involucra muchas prestaciones y distintas administraciones.

Los principios ordenan el contenido y alcance que debe cumplir el retorno y/o reubicación de personas que sufrieron fenómenos de abandono o de despojo de tierras como consecuencia del conflicto armado: el retorno debe ser voluntario, seguro y digno.

Es verdad que el traslado de personas a otros lugares impone una diversidad de prestaciones cuya coordinación es compleja. La atención de casos masivos de retorno (como masivo fue el desplazamiento forzado) requiere una administración pública coordinada en todos sus niveles.

La descoordinación institucional impacta la eficacia de la reparación integral, el restablecimiento de derechos, los esfuerzos por corregir el atraso de las administraciones municipales, la posibilidad de avanzar en la reconstrucción del tejido social y en los procesos de reconciliación, de forma que la poca capacidad para garantizar un retorno voluntario, digno y seguro provoca en muchos casos el retorno de la víctima sin el acompañamiento de las prestaciones del Estado. Ante la realidad de la población desplazada, los programas no corresponden a la dimensión del problema que se debe resolver. La garantía de un retorno digno y seguro encuentra sus obstáculos en la falta de articulación institucional, en los retrasos y la insuficiente asignación de recursos.

Dos desempeños previos riñen con la atención temprana que se requiere para un retorno seguro y para participar en el proceso de restitución: por una parte, el retraso en garantizar la vivienda rural y, por otra, la persistencia de las amenazas y asesinatos a líderes de restitución, que limitan la restitución a las zonas micro focalizadas, factores que incrementan la incertidumbre, el temor y la desconfianza de las víctimas a participar en el proceso.

En la fase posfallo saltan a la vista las limitaciones institucionales y fácticas imponiendo a los jueces las cargas de ineficacia del proceso y una mayor actividad en el análisis de las amenazas al cumplimiento de los fallos que debe remover. Para el magistrado Néstor Humberto Ramírez (2018: 108) de la Sala Civil Especializada en Restitución de Tierras del Tribunal Superior del Distrito de Bogotá,

> Las facultades-deberes posfallo del juez de restitución de tierras han constituido [...] un proceso de aprendizaje no exento de las contingencias que ello implica. [...] 7. Dentro de ese aprendizaje se han ensayado con diferente éxito diversas formas de atender los compromisos posfallo que surgen de las sentencias emitidas: seguimientos individuales o colectivos, audiencias concentradas o temáticas. [...] 9. El aspecto negativo es tal vez la dificultad de coordinar las múltiples entidades de diferente orden que resultan comprometidas con la concreción de la restitución con enfoque transformador, la falta de continuidad de los funcionarios, pero sobre todo, muchas veces, la falta de voluntad política, ante lo cual, las facultades del juez resultan exiguas[14].

---

14 O. H. Ramírez Cardona. "El seguimiento posfallo en el proceso de restitución de

Esta carga adicional de coordinación de las entidades administrativas les significa a los jueces desatender otros procesos en detrimento de la cobertura de la política de restitución: la eficacia del proceso pesa sobre el juez y no sobre la política de restitución en su conjunto, porque se le impone una actividad de control sobre la Administración, cuando debería ser una actividad esencialmente administrativa que le correspondería ejercer con eficacia a la Procuraduría General de la Nación, entidad que cuenta con la potestad disciplinaria y la función de control y seguimiento al cumplimiento de los fallos de restitución, las cuales no parece estar cumpliendo de manera eficaz, según manifestaron los jueces en relación con la actuación de los procuradores judiciales de restitución de tierras, quienes se limitan a repetir lo que los jueces dicen en sus fallos[15].

Son fallas administrativas que imponen al poder judicial una carga que va en detrimento de la idea de brindar mayor cobertura para la atención de las solicitudes de restitución represadas, que, además, sustanciadas en un porcentaje limitado[16] por la Unidad de Restitución[17], no encuentran en las

---

tierras", en "De la restitución formal a la restitución material: la etapa de posfallo en el proceso de restitución de tierras", informe de la Comisión Colombiana de Juristas, Bogotá, 2018, disponible en [https://www.coljuristas.org/nuestro_quehacer/item.php?id=174].

15 Para R. del P. Peña Huertas, A. Abondano Romero y M. M. Parada Hernández. "Tres tensiones claves: la perspectiva de los jueces de restitución", en *La tierra prometida*, cit., p. 196, "Uno de los magistrados también aseguró que la Procuraduría no hace uso de sus facultades para sancionar disciplinariamente a los funcionarios incumplidos a pesar de que esto acarrea una falta gravísima (entrevista 01M)".

16 Para F. Gutiérrez Sanín. "Lo bueno, lo malo y lo feo de la restitución de tierras en Colombia: una lectura política e institucional", en *La tierra prometida...*, cit., p. 27, "... llama la atención que se vendan como resultados del programa el trámite de solicitudes de restitución, cuando un porcentaje sustancial de estas han estado siendo rechazadas (ver el análisis de la Comisión Colombiana de Juristas, 2018). Ciertamente, hay que decir que toda esta cantidad de rechazos de solicitudes plantea la pregunta de si no hubiera sido más barato comprar tierra y distribuirla entre las víctimas. Dicho en otros términos, el afán de cumplir las metas y a la vez de mantener al programa 'dentro de sus justas proporciones' minó los principios de eficiencia de la URT, llevándola no a cumplir las metas sino a simular su cumplimiento, pese al compromiso que mostraba diariamente la mayoría de sus funcionarios".

17 Según M. Parada Hernández, R. del P. Peña y A. Lozano Valcárcel. "La

demás instituciones del Estado un espacio de salida en aparato judicial[18] debilitando la eficacia del proceso de restitución en su conjunto con una clara afectación para las víctimas[19].

II. UN DEBATE VIGENTE: AUSENCIA DE VOLUNTAD POLÍTICA

La baja asignación de recursos presupuestales, la descoordinación institucional, traducida en la falta de apoyo de las instituciones del Estado al proceso de restitución, y la omisión en la redistribución de tierras son una muestra de la falta de voluntad política que se evidencia desde el inicio del diseño de la política de restitución. Para Gutiérrez Sanín (2019: 21):

---

encrucijada de la política de restitución de tierras", Observatorio de Restitución y Regulación de Derechos de Propiedad Agraria, 5 de mayo de 2019, p. 16, "A la fecha, solo el 45% de las solicitudes presentadas han sido resueltas, a través de sentencias o actos administrativos de no inscripción. Esto representa 340.704 hectáreas de tierras restituidas, cifra que no se acerca a las estimaciones disponibles sobre despojo (entre 1 y 10 millones de hectáreas). Además, del total de solicitudes interpuestas, solo el 78% está ubicado en zonas habilitadas por el Ministerio de Defensa para la restitución y el 22% restante continúa sin las condiciones de seguridad para garantizar el retorno y la entrada de las instituciones al territorio. Por último, en materia de derechos étnicos, actualmente 101 medidas cautelares y 52 demandas presentadas, de las cuales han sido falladas 14".

18 F. Gutiérrez Sanín. "Un trancón fenomenal: análisis de las demoras en el proceso de restitución de tierras", Bogotá, Observatorio de Restitución y Regulación de Derechos de Propiedad Agraria, 2013, disponible en [https://www.coljuristas.org/documentos/adicionales/ANEXO _2-Informe_Un_trancon_fenomenal.pdf].

19 "... al hablar con los beneficiarios sobre el curso del proceso de restitución de tierras [...] se detectó un alto desconocimiento de las etapas del proceso, sus contenidos, el estado de los procesos y de la estrategia de defensa ejecutada por los abogados de la URT, situación que evidencia una distancia entre los representantes judiciales y las víctimas. Lo anterior indica que la construcción de la estrategia de litigio se llevó a cabo de manera desarticulada, pues si bien los operados jurídicos son los que tienen el conocimiento técnico, son las víctimas las que dominan las situaciones de hecho que generaron su victimización...": CINEP/PPP. "El viacrucis de las víctimas: transitar dentro de la transición", Bogotá, 2018, p. 137, disponible en [https://www.cinep.org.co/publicaciones/PDFS/20190613D1_Seguimiento_a_sentencias_Choco_El_viacrucis.pdf].

> La mentalidad estrecha que llevó a una restitución "predio a predio" obviamente conecta con las dinámicas políticas en las que nació y se desarrolló. Pues ella iba dirigida ostensiblemente a tranquilizar a grandes intereses agrarios que hacían parte de la coalición de los dos gobiernos Santos y a garantizarles que la restitución no tendría ninguna conexión con alguna clase de agenda redistributiva más amplia. Dicho de otra manera, el diseño institucional de la restitución predio a predio no fue casual, sino que resultó de un conjunto de restricciones políticas que a su vez dimanan de la voluntad de no poner en cuestión, en términos más generales –incluso de una manera gradual y moderada– la relación entre violencia, política y asignación de los derechos de propiedad en Colombia.

Si la política de restitución de tierras hubiera estado acompañada de una política social el balance actual sería muy diferente. El recaudo del impuesto predial se traduciría en mayor presencia del Estado[20], cuando su ausencia es identificada como una de las principales causas del conflicto armado. Los incentivos tributarios hacia la productividad, conectados con el concepto de justicia restaurativa promovida por el Acuerdo de Paz, hubieran estimulado iniciativas que vincularan a los actores privados y a las empresas con el apoyo de ambas políticas públicas, no solo en productividad, sino también en la reconstrucción del tejido social y la recuperación de la confianza ciudadana en el Estado, todos caminos que conducen a la convivencia pacífica y la reconciliación.

Tener la intención de revertir el récord mundial que nos caracteriza en el mundo como un país de inequidad y desigualdad implica conseguir el consenso social y político para transformar una de sus principales y ampliamente identificada causa: la concentración de la tierra. Una mayor

---

20 Según S. Kalmanovitz. "Impuestos a la tierra", *El Espectador*, 16 de diciembre de 2019, p. 22, "Se puede demostrar el enorme avance que significaría contar con un catastro veraz sobre la realidad del millar de municipios de todo el país. Primero, aumentaría el recaudo del impuesto predial, que debería tener rangos entre tres por mil y 3,3% para tierras de engorde, pero también del impuesto de industria y comercio, al contar con información sobre granjas avícolas y porcícolas, agroindustrias de diverso tipo, comercio y prestadores de servicios rurales. Municipios mejor financiados podrían invertir en vías terciarias, huellas de cemento y distritos de riesgo, acelerando su desarrollo económico".

distribución de la tierra aliviaría la situación de cientos de miles de personas que permanecen en desplazamiento por causa del conflicto armado.

El espejo más patente de esta falta de voluntad política salta a la vista cuando se constata la inexistencia de un fondo de tierras, un déficit de reforma agraria producido por la inaplicación de los principios y fines que orientan la Ley 160 de 1994 en relación con la ausencia de voluntad política para ejercer el control del Estado en el cumplimiento de la función social y ecológica de la propiedad rural. Un problema histórico y estructural que explica el abultado índice Gini de concentración de la tierra que padece Colombia, un déficit producido por sucesivos gobiernos sin voluntad política de reforma.

A. INACTIVIDAD DEL ESTADO EN EL CUMPLIMIENTO DE LA LEY 160 DE 1994

En este punto es preciso señalar la gran falencia del proceso de restitución de tierras: su desarticulación con la política social del Estado en materia rural. Se ha dicho en todos los foros que la política pública rural debe acompañar los procesos de restitución.

Pero el Estado no ha aplicado una política pública rural porque ha omitido los lineamientos de la Ley 160 de 1994: ha desatendido las agendas rurales que desarrollan un mandato constitucional de redistribución[21]. Si se hubiera aplicado esa norma el proceso de restitución de tierras no se hubiera visto abocado a enfrentar su ineficacia para resolver, por ejemplo, la problemática de los segundos ocupantes, que los formuladores de esa política sabían que debían atender. Se trata de campesinos, en su mayoría en situación de

---

21 Según ALEJANDRO REYES POSADA. "La falta de lógica territorial", *El Espectador*, 21 de abril de 2019, p. 44: "La falta de una estrategia de desarrollo territorial cruza todos los grandes fracasos del país: la sustitución de cultivos ilícitos, las reiteradas mingas indígenas, los paros del Chocó, la debilidad de las zonas de reserva campesina, la deforestación y la expansión de la frontera, la minería predatoria, las economías ilegales del narcotráfico, la persistencia de las bandas criminales, la pobreza rural crónica de la periferia, la inseguridad de los derechos sobre la tierra, los conflictos socioambientales, los usos inadecuados del suelo y la ausencia de desarrollo rural".

vulnerabilidad, que derivan su sustento de la tierra que será restituida a la víctima[22]. Para A. Romero Abondano et al. (2107: 31):

> A pesar de que estas entidades han tomado distintas decisiones para atender la situación de los segundos ocupantes víctimas y en estado de vulnerabilidad, lo cierto es que no han contado con la capacidad estatal en términos de coherencia para materializar esas decisiones a través del territorio nacional. Las decisiones que han adoptado tanto la URT como la Corte Constitucional no han obtenido respuesta de otras entidades que tendrían que haber respondido para hacerlas efectivas.

A partir de los primeros casos evidenciados en la vereda Alto Tillavá, en Puerto López[23], comenzaron a aparecer ocupantes secundarios en los predios a restituir; así, en La Cristalina, también en el departamento del Meta, pasaron del medio millar de familias, y comenzó a evidenciarse este fenómeno en el resto de tribunales del país.

En esta emergencia la restitución de tierras debió contar con un abultado presupuesto para impulsar la política social y las reformas estructurales del campo, y así acompañar la eficacia de los procesos de restitución de tierras. Pero la reacción del Ministerio de Agricultura no fue proporcional a la emergencia. Muy pronto la Unidad de Restitución tuvo que comenzar a estudiar qué haría con esta problemática que comenzaba a ser masiva, de dónde sacaría tierras para entregárselas a esta población acreedora histórica de los programas sociales de acceso a tierras. La solución fue asignar un presupuesto insuficiente que aumentó la fila en la Unidad de Restitución, pero *el trancón* para adquirir tierras por falta de un fondo de tierras no

---

22 A. Romero Abondano, R. del P. Peña Huertas y L. E. Ruiz González. "Entre el querer y el hacer: una evaluación crítica de la capacidad del Estado colombiano para la atención de la ocupación secundaria en el marco de la Ley 1448", Observatorio de Restitución y Regulación de Derechos de Propiedad Agraria, Bogotá, 2017, disponible en [https://www.coljuristas.org/documentos/adicionales/ANEXO _14-Entre_el_querer_y_el_hacer-Atencion_a_segundos_ocupantes.pdf].

23 Tribunal Superior del Distrito Judicial de Bogotá. Sala Civil Especializada en Restitución de Tierras. Sentencias del 3 de febrero de 2014, n.os 50001-31-21-001-2012-00116; 50001-31-21-001-2012-00115, y 50001-31-21-002-2013-00005, en la vereda Alto de Tillavá, Puerto Gaitán, Meta.

contó con la concurrencia de la política redistributiva del Estado en materia rural, sino que persistió la inactividad para conformar el fondo de tierras, y en el desorden administrativo el Incoder, después de cambiar su nombre, diluyó la responsabilidad administrativa en la inactividad de los órganos de control, y en la ausencia de algún control jurisdiccional.

Sin fondo de tierras es imposible aplicar cabalmente la Ley 160, que es esencialmente redistributiva, pues la política de restitución de tierras se acerca a la acción con daño, un efecto desastroso desde el punto de vista institucional, porque muestra la ineficiencia del Estado, lo cual se percibe en la orfandad de los jueces civiles para exigir el cumplimiento de sus fallos judiciales, las fallas en la etapa administrativa, la carga probatoria en la etapa judicial, el saldo negativo desde el punto de vista social y la eterna espera de una población campesina empobrecida. Y desde el punto de vista de la justicia transicional, el camino hacia una nueva revictimización junto con la pérdida de confianza en el Estado tras la victoria de los despojadores a quienes sirve la persistencia del conflicto armado y el desorden institucional[24]. Recuperar la autoridad del Estado –si alguna vez la tuvo– es otra de las medidas de garantía de no repetición de los hechos de violencia que giran en torno a la tenencia de la tierra.

---

24 En tal sentido F. GUTIÉRREZ SANÍN. "Lo bueno, lo malo y lo feo de la restitución de tierras en Colombia: una lectura política e institucional", en F. GUTIÉRREZ SANÍN, R. DEL P. PEÑA y M. M. PARADA HERNÁNDEZ (eds.). *La tierra prometida...*, cit., p. 12, señala: "El tercer problema de fondo es el enorme grado de complicidad de lo que podríamos llamar fuerzas intrasistémicas en este despojo masivo. Los campesinos casi invariablemente reportan que la actitud de las autoridades ante los despojos –y ante otros eventos violentos asociados a ellos, como las masacres– fue de hostilidad hacia ellos antes del evento, de complicidad con los perpetradores durante, y de total indiferencia frente a las víctimas después. A menudo, los paramilitares se enteraron 'misteriosamente' del hecho de que las víctimas habían decidido denunciar, lo que les permitió adoptar medidas retaliatorias casi de inmediato. En muchos casos, la participación tanto de agencias nacionales como de autoridades locales fue un eslabón indispensable en el proceso de despojo. Por ejemplo, un INCODER altamente paramilitarizado contribuyó de manera decisiva al despojo en el Magdalena, ofreciendo a los perpetradores los instrumentos institucionales para poder usurpar las tierras de los campesinos y después legalizarlas" (GUTIÉRREZ y GARCÍA, 2016).

Pensar en resolver esta problemática por la vía judicial sin la existencia de un fondo de tierras, es decir, una organización administrativa que ejerza las potestades exorbitantes del Estado, es absolutamente imposible.

Aplicar la Ley 160 significa ejercer el cumplimiento de la función de la propiedad que obliga a explotar la tierra y la función ecológica que obliga a darle un uso sostenible. Esta función tiene que estar guiada por una política pública articuladora de los conflictos territoriales. Se trata de transformar la ausencia del Estado.

B. POLÍTICAS PÚBLICAS QUE OBSTRUYEN LA VOLUNTAD POLÍTICA DE RESTITUCIÓN DE TIERRAS

El conjunto de falencias históricas del Estado para dar respuesta a los procesos de restitución tiene otros elementos influenciados por las políticas públicas actuales: los jueces civiles de restitución deben armonizar sus casos con este contexto institucional, una labor que los desborda para resolver casos complejos[25] que involucran diversas administraciones públicas y actores privados autorizados por el Estado; además, la falta de herramientas jurídicas para atender dicha diversidad incrementa la ineficacia de la política para resolver de fondo los procesos de restitución y garantizar la no repetición de la violencia por la tenencia de la tierra.

En efecto, algunas sentencias han mostrado las contradicciones de los traslapes que existen en el Estado con otras políticas públicas como la

---

25 R. DEL P PEÑA HUERTAS, A. ABONDANO ROMERO y M. M. PÁRADA HERNÁNDEZ. "Tres tensiones claves: la perspectiva de los jueces de restitución", cit., p. 176, en entrevista con un juez de restitución de tierras, manifestaron: "Nosotros hablamos en restitución de tierras del restablecimiento de derechos de víctimas [...] de bloque de constitucionalidad en lo que aplicación normativa se refiere [...] de vulneración de derechos humanos o de normas propias del derecho internacional humanitario. Esos son aspectos completamente ajenos a los procesos ordinarios civiles o de la jurisdicción ordinaria; a esto no se le puede aplicar la norma de restitución de inmueble arrendado o de inmueble por otras causas distintas al arrendamiento, eso no tiene nada que ver [...] *Entonces, si se piensa en restitución de tierras desde la óptica de la jurisdicción civil las equivocaciones pueden ser gravísimas y enormes* (entrevista 01M)" (cursiva fuera de texto).

minera[26], la de hidrocarburos, la ambiental, la de protección de las comunidades étnicas[27] y la de fomento de los monocultivos[28], entre otras.

Estos entrecruces de políticas públicas dieron como resultado un golpe del Estado a la URT y su propósito misional con la creación del Grupo de Asuntos Ambientales, Minero Energéticos e Infraestructura (AMEI), que significó una toma de control[29] en el avance de procesos con resolución "difícil"[30], como lo ha demostrado en forma palmaria, por ejemplo, la ausencia de voluntad política y el prolongado proceso sufrido por las comunidades del Consejo Comunitario de los ríos La Larga y Tumaradó (COCOLATU), cuya *indefinición indefinida* representa una evidente revictimización que bien podría repetirse en muchos otros procesos de restitución, porque es una muestra más de la ausencia de autoridad del Estado para enfrentar la imposición de mafias que reproducen cíclicamente el conflicto armado.

---

26 Al respecto cfr. Unidad de Restitución de Tierras. "Concepto jurídico sobre la anulación de títulos mineros", Bogotá, 2017, disponible en [https://www.restituciondetierras.gov.co/resoluciones].

27 Reforzada por la notoria falta de voluntad política para clarificar y titular los territorios colectivos de las comunidades étnicas.

28 Los problemas de justicia que surgen en la relación restitución *vs.* proyectos agroindustriales fomentados por el Estado, y que responden a una agenda internacional de *commodities* con sus propias lógicas financieras, no dejan de ocultar las contradicciones de someter a la víctima a asociarse a un proyecto que en ocasiones lo debe relacionar con el testaferro de su propio perpetrador.

29 Unidad de Restitución de Tierras. Circular n.º 8 de 2015. "Directrices frente a la formulación de demandas étnicas en el marco de los procesos de restitución de tierras", Bogotá, 2015, disponible en [https://www.restituciondetierras.gov.co/resoluciones].

30 A. J. Bautista Revelo y L. Plazas Mendieta. "Tensiones entre la política extractivista y la restitución de tierras y los derechos territoriales", Movimiento Nacional de Víctimas de Crímenes de Estado, Bogotá, 2018, p. 82: "... a partir de las decisiones estudiadas es posible afirmar que en lo que va de la aplicación del proceso de restitución, allí donde coinciden predios objeto de restitución con proyectos mineros o petroleros, prevalece la protección de los intereses en materia extractiva sobre el derecho a la restitución de los territorios por parte de las víctimas del conflicto armado": disponible en [https://verdadabierta.com/wp-content/uploads/2018/05/Estudio-Tensiones-entre-la-poli%CC%81tica-extractivista-y-la-restitucio%CC%81n-de-tierras.pdf].

Sin modificar esa falta de voluntad política para cumplir las sentencias judiciales que involucran poderosos intereses de palmeros y ganaderos[31] no será posible lograr la eficacia de la justicia transicional. La agenda de los derechos humanos y de la superación del conflicto armado se enfrenta con las agendas de desarrollo de otros sectores legales e ilegales en el país[32].

Lo anterior da cuenta de que todavía falta mucho por hacer en materia de restitución de tierras. Los casos difíciles aún no han llegado a las instancias judiciales y los jueces civiles de restitución tienen muy pocas herramientas para enfrentarlos. Falta abrir el capítulo de *empresas y derechos humanos*, saber qué paso en esa página de la historia del conflicto armado y contribuir con las garantías de no repetición. ¿Cómo y de qué dimensión fue la alianza de las empresas con el despojo de tierras? Existe mucha documentación y la revelación surgida de varios procesos judiciales de justicia y paz, una

---

31 CINEP/PPP. "Despojo ambiental y cambios ecosistémicos en La Larga y Tumaradó, subregión del Bajo Atrato, Chocó", 2018, p. 77: El informe revela "Un aumento total de 14,262 hectáreas de pasto limpios, definitivamente evidencia un exponencial crecimiento de actividades productivas dirigidas a la ganadería bovina o bufalina dentro del territorio del Consejo", disponible en [https://www.coljuristas.org/documentos/adicionales/ANEXO _20-Despojo_ambiental_y_cambios_ecosistemicos_en_La_Larga_y_Tumarado.pdf].

32 Un ejemplo que puso en evidencia la ausencia de voluntad política fue la intención gubernamental de limitar la restitución que se traslapaba con proyectos de interés nacional y estratégicos en el Plan de Desarrollo 2014-2018, y que la Corte Constitucional declaró inexequible mediante la Sentencia C-035 de 2016, M. P.: Gloria Estela Ortiz Delgado. En efecto, el Alto Tribunal concluyó que "La medida prevista en el artículo 50 de la actual ley del plan afecta gravemente los derechos fundamentales a la reparación y la restitución de un grupo de sujetos de especial protección constitucional, a saber, las víctimas del conflicto armado. Impedir el acceso al proceso de expropiación en condiciones de igualdad con el resto de la ciudadanía constituye una limitación innecesaria de los derechos de las víctimas. Así, pese a que el fin de la norma es legítimo, la Corte observa que existen otros mecanismos que permiten la limitación del derecho de propiedad para la realización de proyectos de interés nacional y que son menos lesivos de los derechos fundamentales a la restitución y la igualdad, tal como es el caso del procedimiento de expropiación".

verdad que también fue objeto de compulsa de copias en diversas sentencias de restitución de tierras a la Fiscalía General de la Nación[33].

En este nuevo marco de justicia restaurativa que propone el sistema de verdad, justicia, reparación y no repetición, es aconsejable la comparecencia voluntaria de los directivos de las empresas involucradas en el despojo de tierras ante la JEP y la Comisión de la Verdad, para saldar responsabilidades que pueden ser juzgadas en instancias internacionales, o ser objeto de sanción social y comercial por los consumidores y los mercados internacionales cada vez más exigentes con los productos que provienen de actores y empresas que han violado los derechos humanos y no han rendido cuentas de sus actos, amparados en el velo de la impunidad.

En el ámbito interno los mecanismos creados en el Acuerdo de Paz sirven de conductos de justicia para que se rindan cuentas respecto del grado de intervención en el conflicto armado, y para que los actores participen del proceso de justicia restaurativa del sistema integral, de modo que coadyuven a la reparación de las víctimas y de las comunidades afectadas y, por esa vía, contribuyan a la reconciliación. Para el cumplimiento de dicha finalidad axiológica es deseable que sea una comparecencia voluntaria.

En este punto se formula una hipótesis de trabajo dirigida a reflexionar acerca de la naturaleza de la jurisdicción que debe enfrentar las diferentes problemáticas del mundo rural, y su idoneidad como garante de las políticas sociales del Estado. Es el debate entre justicia civil y justicia administrativa para la atención y reparación integral de los conflictos rurales.

III. JUSTICIA ADMINISTRATIVA PARA LA RESTITUCIÓN DE TIERRAS Y LA REFORMA RURAL INTEGRAL EN COLOMBIA: UNA HIPÓTESIS DE TRABAJO

A partir del panorama anterior que destaca las dificultades en la ejecución de las políticas de restitución de tierras, es importante resaltar una experiencia positiva de lo logrado hasta el momento por Colombia en este componente de la reparación integral, y que tiene que ver con la creación de cinco salas

---

33 Se espera el resultado de las investigaciones de la compulsa de copias contra más de 12.000 personas que los Tribunales de Justicia y Paz solicitaron investigar.

especializadas de restitución de tierras en la jurisdicción civil ordinaria, una experiencia acumulada que abona el terreno para la creación de una jurisdicción agraria al servicio de la justicia rural, como fue prevista en el Punto 1 sobre RRI del Acuerdo de Paz, y que por su presencia efectiva se espera que sea otra de las medidas que garanticen la no repetición de los hechos victimizantes.

¿Cómo debe ser esa jurisdicción de tierras para alcanzar la cobertura que se requiere en la finalización de la política de restitución de tierras y ser garante en la aplicación de las políticas públicas de desarrollo rural? ¿Cuáles son los obstáculos y las lecciones del proceso de restitución y cómo removerlos para garantizar reparación integral a las víctimas?

La creación de una jurisdicción especializada de tierras –o como la denomina el Acuerdo de Paz, *jurisdicción agraria*– significa dotar al mundo rural con un aparato de justicia garante de los derechos de los campesinos, afrocolombianos e indígenas, y de todos los actores rurales, públicos y privados. Una organización judicial en los territorios, vigilante de la sostenibilidad del medio ambiente y, por ende, de los derechos de las futuras generaciones a gozar de un ambiente sano. Una jurisdicción de tierras que vele por las garantías de participación de todos los actores y la realización del interés general, que aplique un derecho con enfoque territorial adaptado a las dinámicas propias de cada territorio y que busque la resolución pacífica de los conflictos; una especialidad de justicia que participe en la promoción de la política pública de desarrollo territorial y, sobretodo, que esté al servicio de la paz y la convivencia.

Todos estos son atributos propios de una jurisdicción especializada en lo rural, cuyas responsabilidades van más allá de la resolución de conflictos bilaterales propios del derecho civil que aplican actualmente los jueces de restitución.

En efecto, la creación de más de cincuenta despachos judiciales en la jurisdicción civil ordinaria planteó a los jueces el desafío de armonizar el derecho civil con la justicia transicional, porque los conflictos civiles son en su mayoría conflictos bilaterales entre un deudor y un acreedor, y enmarcan una disciplina jurídica centrada en los derechos individuales de propiedad y de libertad, ajena al fenómeno fáctico del conflicto armado y al fenómeno jurídico del acto administrativo que prevalece a lo largo del proceso de restitución en las actuaciones del Estado. Una disciplina que se limite a los fenómenos socio jurídicos, ambientales, culturales, económicos y del conflicto armado que componen el mundo rural[34], y que escapa al conflicto de propiedad que el derecho civil pretende resolver.

El contexto institucional en que se desenvuelven los procesos, que atiende a una causalidad de hechos y factores subyacentes al conflicto armado, genera muchas actuaciones administrativas con incidencia en la efectividad del derecho fundamental de restitución, por ejemplo, la histórica informalidad de tenencia de la tierra –que es una falla institucional– producida por la ausencia del Estado en la promoción de un catastro moderno y un sistema de registro confiable, un vacío cuya corrección generará muchas actuaciones administrativas dirigidas a la formalización de la tierra con las garantías procesales que se deben prever en el marco de la justicia transicional para todos los ciudadanos rurales.

La omisión histórica producto de la inactividad administrativa ha abonado un terreno fértil para el despliegue de diversas modalidades de irrespeto al derecho de propiedad.

Al derecho civil se le exige, entonces, aplicar medidas correctivas de garantía de no repetición y, además, formalizar y fortalecer el Estado local. Un fallo civil eficaz para las garantías de no repetición tendría que dar la orden a la administración de levantar un catastro en el territorio, lo cual afectará los derechos de los administrados, conflictos que el juez civil de restitución no puede resolver, y cuya legalidad no puede controlar.

En su lugar, un juez contencioso administrativo especializado en tierras, cercano al mundo rural, puede ejercer el control de legalidad de dichos actos y mantener la competencia de una integralidad de actuaciones administrativas (ambientales, sociales, económicas, culturales, etc.), con el fin de armonizar los distintos intereses, propiciar su diálogo para la superación del conflicto armado y para la reconciliación, elementos axiológicos de la justicia transicional.

De esta manera el proceso de restitución no se concibe como un instrumento *ad hoc* y aislado del mundo rural a partir de aplicarlo como un problema puramente civil, sino que incorpora muchas variables que hacen

---

34 Para profundizar esta idea de integralidad del derecho de tierras, cfr. S. Roldán. *Derecho transicional de tierras*, Bogotá, Universidad Externado, 2019.

parte de las políticas públicas rurales y que se despliegan en el ámbito del acto y la actuación administrativa.

A. JURISDICCIÓN CIVIL, CONFLICTO ARMADO Y REPARACIÓN INTEGRAL

La irrupción del conflicto armado en los postulados del derecho civil ha significado para los jueces una mirada profunda a los derechos humanos. Los jueces civiles de restitución han tenido que incorporar prerrogativas exorbitantes a favor de las víctimas, tales como la flexibilidad probatoria, la entronización del principio de buena fe, la presunción de veracidad de la actuación administrativa, la inversión de la carga de la prueba, las presunciones legales y de derecho, elementos todos que representaron para los jueces civiles, y para el conjunto de abogados litigantes, la revisión de muchos paradigmas, porque el derecho debe operar en un Estado de guerra.

El contexto de las violaciones a los derechos humanos en que se debaten los procesos de restitución ha significado soluciones que implican la ruptura de la confianza legítima: ha publificado la relación privada de una transacción sobre la propiedad de la tierra cuando se realiza en un contexto de conflicto armado (hecho notorio), y ha introducido elementos novedosos al derecho civil, como la exigencia de una buena fe exenta de culpa, la exigencia a las empresas de una debida diligencia en sus operaciones, la presunción de buena fe de quien alega el derecho, y la consecuente inversión de la carga de la prueba en favor de la parte más vulnerable.

La finalidad de la justicia transicional es lograr la reconciliación local y nacional; y para superar el conflicto armado su propósito es establecer pactos de convivencia pacífica, como los PDET, que son el eje articulador de todo el sistema de verdad, justicia, reparación y no repetición (SVJRNR). Sin embargo, su objetivo va mucho más allá de las aspiraciones que tienen en un proceso de restitución la víctima, el opositor y el segundo ocupante, que son meramente patrimoniales y de restablecimiento de sus derechos.

El objetivo de la justicia transicional es corregir la ausencia de Estado, acción identificada como una de las causas del conflicto armado y cuya consecuencia ha sido un ordenamiento rural caótico, y en tal sentido promover una distribución adecuada de la tierra con el fin de combatir concentración de territorios inexplotados como garantía de no repetición.

Al proceso de restitución interesa la reparación integral de la víctima, la reconciliación local y la superación del conflicto armado. Por eso el derecho civil es limitado para lograr esa finalidad axiológica.

La justicia transicional ha hecho mucho por atender un universo de víctimas cuya magnitud en víctimas triplica el de otros conflictos contemporáneos en el mundo.

Pese a los fondos insuficientes de que fue dotada, los logros obtenidos por la URT y los jueces especializados están a la vista: su labor sembró en la ciudadanía afectada la esperanza de lo posible, el renacer de la confianza, el camino a la superación de las experiencias pasadas. Muchos campesinos han regresado a sus fincas, encontraron justicia, fueron reconocidos como víctimas y se acercaron a la reparación integral. Los aprendizajes adquiridos por los funcionarios tienen un valor incalculable, pues el acercamiento del Estado central a los territorios ha abierto nuevos caminos de comunicación y los derechos territoriales han logrado prevalencia en la agenda pública del Estado central.

Sin embargo, por la magnitud del sufrimiento padecido por millones de personas en lo que tiene que ver con la restitución de tierras, es aún una justicia transicional incipiente. La dimensión del desafío es tan grande como aminorados lucen los esfuerzos por seguir adelante en la restitución de tierras a la población desplazada, lo cual hace temer, como en ocasiones anteriores, que los gobiernos de turno no respeten las políticas de Estado y Colombia deje sus políticas transformadoras a mitad de camino[35], como si

---

35 Ausencia de voluntad política señalada por el ambientalista J. CARRIZOSA UMAÑA. "No más simplezas", *El Espectador*, 15 de enero de 2020, p. 6, en relación con la eficacia de la política antidroga: "Volver al glifosato es otra simpleza. Una muy peligrosa no solo para los campesinos y las aguas, la flora y la fauna, sino también para el Gobierno que con esta solución debilita otras soluciones que ya estaban llegando a tener la complejidad necesaria para enfrentarse al narcotráfico. En 2020 cumplimos 40 años de ensayar simplezas, como la fumigación aérea, para enfrentar nuestro problema principal y desde el ambientalismo complejo tenemos la obligación de invitar al país a ensayar una solución de suficiente complejidad: la de unirnos para mejorar rápida y radicalmente, y a largo plazo, las condiciones de vida de los municipios en donde las características de los ecosistemas y su posición geográfica facilitan el cultivo de la coca. Algunas de las soluciones ensayadas desde 1979 han ido en esa dirección, pero, como los viejos podemos atestiguar, *nunca han durado lo suficiente, ni han tenido la magnitud necesaria,*

el avance social estuviera supeditado al vaivén de las preferencias electorales y, por ese defecto de la democracia, se regrese al conflicto armado.

Y es incipiente porque la restitución de tierras ha sido una política aislada del resto de las instituciones del Estado, tratada como un sistema *ad hoc*, una política aplicada a regañadientes, que no alteró sustancialmente el devenir de las administraciones involucradas, las cuales, desde el principio, debieron dirigir su gestión administrativa hacia el apoyo de la justicia transicional. Casi todas las instituciones tardaron mucho tiempo en organizar sus unidades internas de justicia transicional, incluso los tribunales de cierre pecaron por dicha omisión administrativa.

Las unidades para las víctimas y para la restitución de tierras, los jueces de justicia y paz, y de restitución de tierras, junto con los órganos de control (personeros, procuradores y defensores), organizaron rápidamente una institucionalidad que aseguraba la atención a las víctimas. Pero las prestaciones que el Estado debía brindar iban rezagadas de la celeridad con que operaba la justicia transicional; se ralentizó la entrega efectiva de una reparación integral, o en otros casos estas prestaciones operaron en forma desarticulada. Los tiempos de la unidad de víctimas no fueron los mismos de la unidad de restitución o del Centro de Memoria Histórica, el Estado no actuó en su conjunto. La descoordinación, junto con la ausencia de voluntad política, es la principal lección que arroja el balance negativo de la restitución de tierras.

La finalidad de lograr una transformación del conflicto armado en un estado de convivencia pacífica en el mundo rural contiene elementos que gravitan permanentemente en torno al conflicto civil bilateral que resuelve el derecho de propiedad rural y que, vistos en su conjunto, desde la perspectiva del derecho civil, ofrecen una solución jurídica limitada para el logro de los fines de la justicia transicional.

---

ni han sido realmente integrales, ni han tenido en cuenta la complejidad de las mentes de todas las personas que intervienen en el narcotráfico, desde los campesinos hasta los adictos. Por eso no han funcionado; siempre la complejidad del problema se ha reído de la simplicidad de las soluciones y seguimos siendo el mayor productor de cocaína del planeta con todas las consecuencias que amenazan destruir la nación colombiana" (cursiva fuera de texto).

El proceso de restitución debe atender a la noción de reparación integral y transformadora proclamada en la Ley de víctimas y restitución de tierras, en la que el papel del Estado es primordial.

En la reforma a la Ley de víctimas y restitución de tierras es importante reconocer que la idea de la restitución, como parte de un sistema integral (SNARIV), no tuvo un desarrollo adecuado, debido a la inactividad y descoordinación de las instituciones del Estado encargadas del restablecimiento socioeconómico. Se debe trabajar en la corrección de esta falla. ¿Puede un juez civil intervenir en esas falencias de índole administrativa? Además de la restitución, la reparación integral exige atender las necesidades de las víctimas, la superación de la vulnerabilidad, el goce efectivo de sus derechos, y su articulación con el SVJRNR que contiene elementos que desbordan las posibilidades del juez civil especializado en restitución de tierras.

B. JURISDICCIÓN CIVIL *VS.* JURISDICCIÓN ADMINISTRATIVA

Los fenómenos producidos por el conflicto armado en las zonas rurales demandan continuas actuaciones del Estado (formalización, catastro, frontera agrícola, licenciamiento, etc.). Dicho contexto hace imperativo reflexionar si en un proceso de justicia transicional no tendría más sentido establecer la jurisdicción de tierras con un enfoque contencioso administrativo, es decir, aplicar un derecho esencialmente público al proceso de restitución de tierras[36], dado que para el ordenamiento de la propiedad rural, es decir, para la resolución de diversidad de problemas que surgen en el territorio, se requiere del ejercicio de las potestades exorbitantes del Estado, cuyo control de legalidad es propio de dicha jurisdicción.

En esa línea se plantea la conveniencia de trasladar el conocimiento del proceso de restitución de tierras de la jurisdicción civil a la jurisdicción contenciosa administrativa. Algunos ejemplos son ilustrativos para apoyar esta fórmula.

---

36 Aún las medidas que se tomen para la superación de la vulnerabilidad y el goce efectivo de derechos son prestaciones que se desenvuelven en el marco del derecho público.

La recuperación de los baldíos despojados al Estado y la adjudicación a sus destinatarios naturales, los campesinos sin tierra[37], en cumplimiento de los fines redistributivos; o el control respecto del cumplimiento de la función social de la propiedad rural, que sería otra de las medidas de garantía de no repetición, si se concluye que la concentración de la tierra[38] y su improductividad, es decir, la propiedad especulativa de la tierra, contraría la cláusula del Estado social de derecho.

Esta última consideración es de la esencia de la política pública rural, y constituye un aspecto de tal impacto social (por las garantías que se debe brindar a los afectados) que cuestiona la capacidad real de resolución de un proceso de restitución radicado en una jurisdicción civil con herramientas limitadas para abocar el conocimiento y resolución de estos fenómenos propios del derecho administrativo.

En el mismo sentido, se cuestiona la capacidad del juez civil de restitución para supeditar el ejercicio del control al cumplimiento de la función ecológica de la propiedad, una potestad que sí puede ejercer sobre la

---

37 Rodrigo Uprimny. "¿Un plan para legalizar la apropiación de baldíos?, *El Espectador*, 14 de abril de 2019, p. 39, señaló en su momento: "Algunos congresistas del Partido Conservador, de la U y del Centro Democrático pretenden incluir en el Plan de Desarrollo unas normas que legalizarían la apropiación indebida de miles de hectáreas de baldíos ocurrida en los últimos años [...] Esto sucede porque el Estado colombiano no ha sido capaz de tener un buen catastro, por lo cual no tiene un inventario claro de los baldíos, lo cual ha permitido, como lo muestra una investigación a punto de ser publicada del grupo de derecho constitucional de la Universidad Nacional, que en los últimos 25 años al menos unas 370.000 hectáreas de bienes presuntamente baldíos hayan sido adquiridas por prescripción, una cifra que no es menor".

38 El informe "Radiografía de la desigualdad. Lo que nos dice el último censo agropecuario sobre la distribución de la tierra en Colombia", Censo Nacional Agropecuario, OXFAM, 2017, p. 18, concluye que "Colombia es el país de América Latina con mayor concentración de la tierra. El informe ilustra las siguientes cifras: el 1% de las fincas de mayor tamaño tienen en su poder el 81% de la tierra colombiana. El 19% de tierra restante se reparte entre el 99% de las fincas. El 0,1% de las fincas que superan las 2.000 hectáreas ocupan el 60% de la tierra. En 1960 el 29% de Colombia era ocupado por fincas de más de 500 hectáreas, en el 2002 la cifra subió a 46% y en 2017 el número escaló al 66%. El 42,7% de los propietarios de los predios más grandes dicen no conocer el origen legal de sus terrenos", disponible en [https://www-cdn.oxfam.org/s3fs-public/file_attachments/radiografia_de_la_desigualdad.pdf].

Administración omisiva el juez contencioso. Se hace referencia también a la omisión administrativa relativa al ejercicio de la potestad de control que ejerce en el territorio la autoridad regional ambiental, o incluso, la omisión en el ejercicio de la potestad disciplinaria o sancionatoria de la Procuraduría General de la Nación en relación con el seguimiento al cumplimiento de los fallos y a las políticas públicas rurales. ¿No son estos acaso aspectos que rebasan con creces las facultades del juez civil de restitución?

Hay que entender que el proceso de restitución de tierras no consiste solo en devolver una tierra y formalmente entregar un título de propiedad; se trata de la atención a la población desplazada, afectada por el conflicto armado y en condición de vulnerabilidad; del restablecimiento de derechos que suponen prestaciones del Estado inscritas en los Derechos Económicos, Sociales y Culturales (DESC).

En un contexto de restablecimiento de derechos humanos de la población desplazada víctima de despojo o de abandono de tierras en zonas afectadas por el conflicto armado, los jueces civiles de restitución deben incorporar los Principios Pinheiro en su práctica judicial. Entonces, deben velar porque el retorno a sus propiedades se lleve a cabo en condiciones voluntarias, seguras y dignas. No se trata solo de definir la propiedad, sino de impulsar con el fallo judicial otras prestaciones administrativas de formalización, de vivienda, de fomento de la productividad, de protección del ambiente, de goce efectivo de derechos, de convivencia pacífica de una comunidad de retornados y, además, articular todos estos elementos con el sistema de verdad, justicia, reparación y no repetición, en especial con los PDET, que deberían ser el eje articulador de la implementación de la justicia transicional.

¿Puede el juez civil de restitución de tierras intervenir con eficacia en estas materias? Se trata de controlar muchos principios de la actuación administrativa para lograr una reparación integral. El proceso de restitución hace parte de procesos estructurales de reconstrucción del Estado y de reconstrucción de una convivencia pacífica de una sociedad rural.

El desarrollo del proceso de restitución de tierras ha mostrado que en él concurre el Estado en todo momento: en la fase administrativa de documentación del caso, en la que una de las primeras actuaciones para su viabilidad es si están dadas las condiciones para garantizar seguridad y dignidad en el regreso de las víctimas y la posibilidad de efectuar el control de legalidad que el ciudadano puede ejercer cuando la decisión obstaculice su derecho de restitución. ¿Puede el ciudadano acudir al juez civil de restitución para el control de legalidad de dicha decisión?

O en la actuación administrativa que se surte en el procedimiento de identificación predial. Las evaluaciones consultadas para este artículo muestran cómo dicho proceso ha sufrido la descoordinación administrativa entre los sistemas de información de catastro y registro, y ha debido establecer, en sede administrativa, una nueva identificación, susceptible de dejar en indefensión a un administrado. ¿Puede el juez civil de restitución brindar una tutela judicial efectiva a ese administrado?

O si la decisión administrativa desconoce el régimen de protección ambiental de un predio. ¿Puede un ciudadano cualquiera oponerse en el proceso de restitución en defensa del interés público? No. Desde un enfoque civilista el proceso de restitución está concebido para resolver los extremos del conflicto entre un acreedor y un deudor, no para dar cabida a otros fenómenos que se producen en el mundo rural y que afectan no solo derechos individuales sino también el interés general. Ese es el objeto de la *jurisdicción agraria* que se requiere para la paz.

En la fase judicial, ¿no ha tenido que enfrentar un juez civil de restitución la revocatoria de una licencia otorgada por el Estado? ¿ Dicha decisión judicial no ha dejado abierto el camino al contencioso administrativo de ese licenciatario indefenso? ¿No es este resultado un factor de inseguridad jurídica para la inversión? ¿No será más oneroso el resultado por ulteriores demandas contra el Estado?

Y en la fase posfallo, ¿acaso no tiene que concurrir en numerosas ocasiones el Estado en sus diversos niveles para garantizar el cumplimiento de la sentencia de restitución? ¿No se han visto los jueces abocados a resolver conflictos de competencia entre los niveles municipal, departamental y nacional?, ¿acaso han podido los jueces civiles de restitución emitir órdenes para reglamentar una ordenanza o un acuerdo municipal requerido para promover una solución entre los conflictos territoriales? No.

Se han visto limitados, al igual que la URT para adelantar procesos en los que otras agencias del Estado han concurrido, bien otorgando un permiso o una licencia, o bien invirtiendo recursos públicos en actividades que fomentan determinada productividad, como puede ser el caso, por ejemplo, de la palma africana en predios que las víctimas demandan en restitución.

¿No es acaso ese contrato de explotación que suscribe la víctima restituida con el ocupante declarado de buena fe exenta de culpa, un contrato con cláusulas exorbitantes propias del derecho administrativo? ¿No es aquí la administración garante de los derechos de las víctimas? Y respecto de las explotaciones rurales destinadas a la reparación colectiva de las víctimas, ¿no son todos procedimientos que deben regirse por el derecho administrativo?

La asunción de una política pública rural que apunte a revertir las causas que produjeron el conflicto armado, en tal sentido las previsiones del Punto 1 del Acuerdo de Paz sobre RRI, no son actuaciones que se puedan llevar a cabo en el ámbito del derecho civil. Son, en esencia, labores que además de estar inscritas en la justicia redistributiva que impone la cláusula del Estado social de derecho de la Carta Política, pretenden desarrollarse bajo la orientación de la justicia transicional. La reconstrucción del Estado de derecho después de un conflicto armado es un proceso que debe ser publificado bajo el control de legalidad de la jurisdicción contencioso administrativa.

La jurisdicción de tierras que se diseñe para el futuro debe prever el nuevo rol del juez. Un juez formado en otras disciplinas –además de la civil–, más activo y conocedor de las políticas públicas, del derecho administrativo, del medio ambiente, de la hacienda pública y de la organización del Estado. Un juez con amplias facultades, que conserve su competencia para dictar órdenes aún después del fallo. La jurisdicción debe estar apoyada por un órgano judicial técnico que realice el seguimiento a sus decisiones para que las sentencias se cumplan, un órgano judicial conocedor de la organización del Estado en sus diversos niveles.

Porque el proceso de restitución de tierras, como un típico proceso de justicia transicional, demanda celeridad en el trámite de los asuntos, la visión de buscar una justicia material y en tal sentido, además de resolver respecto de la titularidad del predio (sucesiones, relaciones conyugales, etc.), debe hacerlo en relación con la idoneidad del restituido para permanecer en el predio, más aún cuando ostenta la condición de campesino; o hacer cumplir un régimen público en el predio baldío que se le restituye, porque tiene la obligación de explotarlo durante un período de tiempo, y demostrar su vocación campesina[39].

---

39 Naciones Unidas. Asamblea General. Declaración de las Naciones Unidas sobre los

Luego, son mucho más frecuentes los problemas jurídicos de naturaleza pública que han mostrado los procesos de restitución como para pensar seriamente en radicar dicha competencia en la jurisdicción contencioso administrativa, en una eventual reforma que prorrogue el mecanismo de justicia transicional de la restitución de tierras. Hasta 2021 el poder legislativo puede preparar el terreno para hacer el tránsito de jurisdicción y garantizar justicia rural para las próximas generaciones.

CONCLUSIONES

Los elementos del proceso de restitución de tierras analizados nos llevan a reafirmar la propuesta de publificación hacia un proceso contencioso administrativo.

Estamos frente a la aplicación de un derecho social necesario para cumplir con la condición de Estado social de derecho que impuso la Constitución Política de Colombia, y que nos enseña, desde el derecho agrario, el papel de un juez que inclina la balanza a favor de la parte más débil del conflicto, con facultades *extra* y *ultra petita*, y que con las herramientas que brinda el derecho transicional de tierras, corrige las anomalías administrativas que fueron factor causante del conflicto armado. El juez administrativo especializado en tierras es un funcionario garante de aquel que ha sido afectado en sus derechos humanos.

La condición de superar un estado de conflicto armado y la vinculación de la reforma institucional con las garantías de no repetición son factores determinantes para la publificación del derecho de tierras.

Así, la jurisdicción contencioso administrativa especializada en tierras recibiría la experiencia acumulada de los procesos de restitución, y ampliaría su radio de acción para atender, además de la identificación de las víctimas y los predios, de los segundos ocupantes y de los opositores, y su causalidad con el conflicto armado, las problemáticas administrativas derivadas

Derechos de los Campesinos y de Otras Personas que Trabajan en las Zonas Rurales. Consejo de Derechos Humanos, aprobada el 17 de diciembre de 2018, A/C.3/73/L.30. Un análisis de esta declaración se puede encontrar en S. ROLDÁN. *Derecho transicional de tierras*, cit.

del proceso de restablecimiento de derechos individuales y colectivos en los territorios, y su complementariedad con programas de reforma agraria.

En tal sentido, si se crea esta especialidad, los nuevos jueces contencioso administrativos requerirán órganos de apoyo para la sustanciación de los casos. Es necesario contar con el diseño de un proceso que considere como principios fundamentales los administrativos de participación, celeridad, economía y eficacia, y la incorporación en el expediente administrativo de restitución y/o de reforma agraria de los principios que orientan la justicia transicional.

Desde el punto de vista del principio de economía, es preciso aplicar los principios de gradualidad y progresividad, de conformidad con las condiciones de seguridad y las posibilidades fiscales, mediante una metodología de barrido territorial a una escala que contribuya con la gobernanza del territorio desde sus diversos componentes. En tal sentido, considerar la acumulación de casos a trabajar con una perspectiva de reparación colectiva que involucre a los restituidos en el territorio con el eje articulador de los PDET y las demás políticas sociales[40].

Esa mirada articuladora permitiría soluciones a las dimensiones individuales y colectivas de la reparación integral. Aquí se requiere entonces un órgano técnico de apoyo a los jueces que considere el factor institucional de las entidades públicas que deben concurrir en el proceso, que son de carácter ambiental, de fomento social y económico, étnico y cultural. Los expedientes de restitución y de reforma agraria incorporarían así el análisis de estas variables para proporcionar a los jueces administrativos de tierras la información que requieren de forma que puedan configurar la resolución del caso, y llamar a los actores institucionales y particulares que

---

40 Por ejemplo para F. Gutiérrez Sanín. "Un trancón fenomenal: análisis de las demoras en el proceso de restitución de tierras", Bogotá, Observatorio de Restitución y Regulación de Derechos de Propiedad Agraria, 2013, p. 19: "Es urgente diseñar una política nacional contra el desplazamiento forzado. No se puede operar sobre la base de que el fenómeno simplemente desapareció. Es necesario reconsiderar la restitución predio a predio, y modular el principio de gradualidad con el de masificación, correspondiente a las especificidades del despojo (ampliamente documentadas) que tuvo lugar en Colombia", disponible en [https://www.coljuristas.org/documentos/adicionales/ANEXO _2-Informe_Un_trancon_fenomenal.pdf].

deben comparecer en la representación de sus intereses y la defensa de sus derechos, además de contar con la garantía de velar por el interés general propia de la jurisdicción contencioso administrativa.

Se trata de procesos que envuelven una complejidad de actores y de temáticas que, además, se deben articular con el sistema de verdad, justicia, reparación y no repetición.

Se piensa en una justicia administrativa de tierras transicional, orientada por criterios de justicia restaurativa individual y colectiva, donde las soluciones brindadas en los fallos consideren las posibilidades de los actores para contribuir a su cumplimiento. El juez contencioso ha tenido que abrir diversos incidentes y espacios de participación para los interesados, por ejemplo, para dictar órdenes de carácter ambiental relacionadas con el control de la calidad de agua de influencia de los predios restituidos, además, ha debido abrir un incidente para determinar el grado de competencia de los diferentes niveles de la administración, y explorar en los ámbitos público y privado soluciones conjuntas para el desarrollo económico de los predios restituidos en su zona de influencia.

Esta aplicación del derecho administrativo incorpora los postulados de la justicia restaurativa, caracterizada por el diálogo que el funcionario judicial debe impulsar entre los diversos actores que confluyen en el conflicto rural; una dinámica judicial –con vocación de permanencia– que introduce técnicas de diálogo y de participación efectiva de los actores sociales del territorio, de manera que la legitimidad del consenso que promueva la jurisdicción de tierras provenga de las consultas y de los acuerdos programáticos logrados, de mecanismos de resolución de conflictos y, excepcionalmente, de la imposición en el ejercicio del poder exorbitante del Estado. Una justicia administrativa transicional con un enfoque restaurativo.

La sustanciación del expediente de restitución, bien en sede administrativa a través de la URT adscrita a la ANT, o en sede judicial a través de los órganos técnicos de apoyo, incorpora las variables ambiental, social, económica y cultural, para permitir al juez contencioso ponderar aquellas que deben prevalecer en la resolución de los casos. La justicia opera en un contexto de reconstrucción desde un enfoque correctivo de situaciones anómalas que se produjeron como consecuencia de la ausencia de Estado y de la supremacía del conflicto armado, y desde un enfoque territorial para adecuarse a la diversidad de fenómenos que ofrecen los distintos territorios.

Las causales que impiden la restitución como medida preferente se amplían para considerar la compensación por vía de reubicación, permitiendo a la administración corregir las fallas estructurales del problema rural y observar el principio de eficacia. Así, las políticas públicas redistributivas comienzan a operar mediante incentivos que brindan posibilidades a los jueces contenciosos de atender dichas fallas, con el fin de resolver conflictos sociales que van más allá del conflicto civil de propiedad que se atendería en un contexto limitado de jurisdicción civil.

Si se considera que es en sede administrativa que se deben diseñar las soluciones que atienden a la complejidad de problemáticas de cara a una solución integral, el juez contencioso especializado en tierras actuaría con las potestades para ejercer el control de legalidad sobre dichos actos administrativos que se producen para el efectivo cumplimiento de los fines del Estado en el mundo rural.

Todo lo anterior plantea la hipótesis de trabajo para profundizar en el estudio de esta propuesta que está dirigida a promover el avance de la discusión legislativa que la Carta Política impone realizar en desarrollo de la RRI para la puesta en marcha de una jurisdicción agraria.

La idea de un derecho de tierras publificado, en un contexto de tránsito del conflicto armado hacia la paz, permite el uso de las herramientas que proporcionan los poderes exorbitantes del Estado en favor de la eficacia del derecho de tierras. En tal sentido, la incorporación del principio de legalidad, de la doctrina de las potestades, de la supremacía jurídica de la Administración Pública; los privilegios que tiene la Administración, la ejecutividad y ejecutoriedad de sus actos en relación con los bienes, o con los privilegios de carácter económico o de carácter procesal; las herramientas para dictar actos administrativos de diversa índole, tales como favorables y de gravámenes, actos resolutorios y de trámite, actos que causan estado en la vía administrativa y actos que no lo produce, actos originarios y confirmatorios, actos simples y actos complejos, plurales, constitutivos y declarativos, junto con la garantía que otorgan los procedimientos administrativos, dejan clara la importancia y necesidad de un aparato judicial que garantice la eficacia del derecho transicional de tierras.

Al lado de este aparato institucional, el robustecimiento de las garantías ciudadanas a la participación y al control (revisión de oficio, revocación, recursos administrativos, etc.), y las instancias de participación (los PDET, entre otras), son todas medidas dirigidas a fortalecer el Estado y a devolver la confianza ciudadana en la efectividad de sus derechos.

BIBLIOGRAFÍA

Bautista Revelo, A. J. y L. Plazas Mendieta. "Tensiones entre la política extractivista y la restitución de tierras y los derechos territoriales", Bogotá, Movimiento Nacional de Víctimas de Crímenes de Estado, 2018, disponible en [https://verdadabierta.com/wp-content/uploads/2018/05/Estudio-Tensiones-entre-la-poli%CC%81tica-extractivista-y-la-restitucio%CC%81n-de-tierras.pdf].

Carranza Franco, F.; A. Gómez Peñuela, C. López Ortiz y W. E. Ospina Garrido. "Límites en el diseño de la restitución de tierras en Colombia", en F. Gutiérrez Sanín, R del P. Peña Huertas y M. M. Parada Hernández (eds.). *La tierra prometida. Balance de la Política de Restitución de Tierras en Colombia*, Bogotá, Editorial Universidad del Rosario, 2019.

Carrizosa, J. "No más simplezas", *El Espectador*, 15 de enero de 2020, p. 8.

Centro Nacional de Memoria Histórica. "¡Basta Ya! Colombia: Memorias de guerra y dignidad", Bogotá, 2013.

cinep/ppp. "El viacrucis de las víctimas: transitar dentro de la transición", Bogotá, 2018, disponible en [https://www.cinep.org.co/publicaciones/PDFS/20190613D1_Seguimiento_a_sentencias_Choco_El_viacrucis.pdf].

cinep/ppp. "Despojo ambiental y cambios eco sistémicos en La Larga y Tumaradó, subregión del Bajo Atrato, Chocó", 2018, disponible en [https://www.coljuristas.org/documentos/adicionales/ANEXO _20-Despojo_ambiental_y_cambios_ecosistemicos_en_La_Larga_y_Tumarado.pdf].

Comisión Colombiana de Juristas (ccj). "Cumplir metas, negar derechos. Balance de la implementación del proceso de restitución de tierras en su fase administrativa 2012-2017", Bogotá, 2018, disponible en [https://www.coljuristas.org/nuestro_quehacer/item.php?id=152].

Comisión Nacional de Reparación y Reconciliación (cnrr). "Programa de Restitución de Bienes, prb (inmuebles, tierras, territorios)", Comité Técnico

Especializado (CTE), Comisión Nacional de Reparación y Reconciliación, 48.ª Sesión Plenaria, Fondo Global para la Paz y la Seguridad (Canadá), Organización Internacional para las Migraciones (OIM), Cooperación Alemana (GIZ), Agencia para los refugiados (ACNUR) y el Programa MIDAS de USAID, Bogotá, 2010.

Congreso de la República. Ley 160 de 1994, "Por la cual se crea el Sistema Nacional de Reforma Agraria y Desarrollo Rural Campesino, se establece un subsidio para la adquisición de tierras, se reforma el Instituto Colombiano de la Reforma Agraria y se dictan otras disposiciones", *Diario Oficial* n.º 41.479, 5 de agosto de 1994.

Congreso de la República. Ley 975 de 2005, "Por la cual se dictan disposiciones para la reincorporación de miembros de grupos armados organizados al margen de la ley, que contribuyan de manera efectiva a la consecución de la paz nacional y se dictan otras disposiciones para acuerdos humanitarios", *Diario Oficial* n.º 45.980 del 25 de julio de 2005.

Congreso de la República. Ley 1448 de 2011, "Por la cual se dictan medidas de atención, asistencia y reparación integral a las víctimas del conflicto armado interno y se dictan otras disposiciones", *Diario Oficial* n.º 48.096 del 10 de junio de 2011.

Congreso de la República. Acto Legislativo 01 de 2017, Acuerdo de Paz, "Por medio del cual se crea un título de disposiciones transitorias de la Constitución para la terminación del conflicto armado y la construcción de una paz estable y duradera y se dictan otras disposiciones", *Diario Oficial* n.º 50.196 del 4 de abril de 2017.

Constitución Política de Colombia (1991).

Corte Constitucional. Sentencia T-025 de 2004, M. P.: Manuel José Cepeda Espinosa.

Corte Constitucional. Sentencia C-330 de 2016, M. P.: María Victoria Calle Correa.

Corte Constitucional. Sentencia C-035 de 2016, M. P.: Gloria Estela Ortiz Delgado.

FUNDACIÓN FORJANDO FUTUROS "Empresas condenadas a restituir tierras o a suspender exploraciones mineras", 2016, disponible en [https://www.forjandofuturos.org/resources/pdf/uploads/148-EMPRESAS%20CONDENADAS%20A%20RESTITUIR%20TIERRAS.pdf].

FUNDACIÓN FORJANDO FUTUROS. "Empresas, desplazamiento y despojo de tierras en Colombia presentado a la Jurisdicción Especial para la Paz", 2018, disponible en [https://www.forjandofuturos.org/resources/pdf/uploads/541-Informe-a-JEP-Empresas-y-Despojo-de-Tierras-forjando.pdf].

FUNDACIÓN FORJANDO FUTUROS. "¿Quiénes se quedaron con la tierra? Compulsa de copias", disponible en [https://www.forjandofuturos.org/resources/pdf/uploads/600-Forjando%20-%20Semana%2013.04.2018.pdf].

GUTIÉRREZ SANÍN, F.; R. DEL P. PEÑA y M. M. PARADA HERNÁNDEZ (eds.). *La tierra prometida. Balance de la Política de Restitución de Tierras en Colombia*, Bogotá, Editorial Universidad del Rosario, 2019.

GUTIÉRREZ SANÍN, F. "Lo bueno, lo malo y lo feo de la restitución de tierras en Colombia: una lectura política e institucional", en F. GUTIÉRREZ SANÍN, R DEL P. PEÑA HUERTAS y M. M. PARADA HERNÁNDEZ (eds.). *La tierra prometida. Balance de la Política de Restitución de Tierras en Colombia*, Bogotá, Editorial Universidad del Rosario, 2019.

GUTIÉRREZ SANÍN, F. "Un trancón fenomenal: Análisis de las demoras en el proceso de restitución de tierras", Observatorio de Restitución y Regulación de Derechos de Propiedad Agraria, Bogotá, Editorial Universidad del Rosario, 2013, disponible en [https://www.coljuristas.org/documentos/adicionales/ANEXO _2-Informe_Un_trancon_fenomenal.pdf].

KALMANOVITZ, S. "Impuestos a la tierra", *El Espectador*, 16 de diciembre de 2019, p 15.

NACIONES UNIDAS. Asamblea General, Consejo de Derechos Humanos 21.º período de sesiones, Tema 3, "Promoción y protección de todos los derechos humanos, civiles, políticos, económicos, sociales y culturales, incluido el derecho al desarrollo", Pablo de Greiff, Relator Especial Distr. General, 9 de agosto de 2012, disponible en [https://www.ohchr.org/Documents/HRBodies/HRCouncil/RegularSession/Session21/A-HRC-21-46_sp.pdf].

NACIONES UNIDAS. "Declaración Universal sobre los derechos de los campesinos y otros habitantes del territorio", Naciones Unidas, Asamblea General, 2018, Declaración de las Naciones Unidas sobre los Derechos de los Campesinos y de Otras Personas que Trabajan en las Zonas Rurales. Consejo de Derechos Humanos, aprobada el 17 de diciembre de 2018.

OXFAM. "Radiografía de la desigualdad. Lo que nos dice el último censo agropecuario sobre la distribución de la tierra en Colombia", Bogotá, 2017, disponible en [https://www-cdn.oxfam.org/s3fs-public/file_attachments/radiografia_de_la_desigualdad.pdf].

PARADA, M.; R. DEL P. PEÑA, A. LOZANO. "La encrucijada de la política de restitución de tierras", *El Espectador*, 5 de mayo de 2019, p. 9.

PEÑA HUERTAS, R. DEL P.; A. ABONDANO ROMERO y M. M. PARADA HERNÁNDEZ. "Tres tensiones claves: la perspectiva de los jueces de restitución", en F. GUTIÉRREZ SANÍN, R. DEL P. PEÑA HUERTAS y M. M. PARADA HERNÁNDEZ (eds.). *La tierra prometida. Balance de la Política de Restitución de Tierras en Colombia*, Bogotá, Editorial Universidad del Rosario, 2019.

RAMÍREZ CARDONA, O. H. "El seguimiento posfallo en el proceso de restitución de tierras", en *De la restitución formal a la restitución material: la etapa de posfallo en el proceso de restitución de tierras*, Comisión Colombiana de Juristas, Bogotá, 2018, Recuperado de [https://www.coljuristas.org/nuestro_quehacer/item.php?id=174].

REYES POSADA, A. "La falta de lógica territorial", *El Espectador*, 21 de abril de 2019, p. 14.

ROLDÁN ZULUAGA, S. *Derecho Transicional de Tierras*, Bogotá, Editorial Universidad Externado, 2019.

ROMERO ABONDANO, A.; R. DEL P. PEÑA HUERTAS y L. E. RUIZ GONZÁLEZ. "Entre el querer y el hacer: Una evaluación crítica de la capacidad del Estado colombiano para la atención de la ocupación secundaria en el marco de la Ley 1448", Observatorio de Restitución y Regulación de Derechos de Propiedad Agraria, Bogotá, Editorial Universidad del Rosario, 2017, disponible en [https://www.coljuristas.org/documentos/adicionales/ANEXO _14-Entre_el_querer_y_el_hacer-Atencion_a_segundos_ocupantes.pdf].

SABOGAL, R. "Al país se le debe el capítulo penal del despojo de tierras", *El Espectador*, 23 de julio de 2018, disponible en [https://colombia2020.elespectador.com/pais/al-pais-se-le-debe-el-capitulo-penal-del-despojo-de-tierras-ricardo-sabogal].

TRIBUNAL SUPERIOR DEL DISTRITO JUDICIAL DE BOGOTÁ. Sala Civil Especializada en Restitución de Tierras. Sentencias del 3 de febrero de 2014, n.º

50001-31-21-001-2012-00116; n.º 50001-31-21-001-2012-00115; n.º 50001-31-21-002-2013-00005 en Vereda Alto de Tillavá, Puerto Gaitán, Meta.

Unidad de Restitución de Tierras. "Concepto jurídico sobre la anulación de títulos mineros", Bogotá, 2017, disponible en [https://www.restituciondetierras.gov.co/resoluciones].

Unidad de Restitución de Tierras. "Directrices frente a la formulación de demandas étnicas en el marco de los procesos de restitución de tierras", Circular n.º 8 de 2015, disponible en [https://www.restituciondetierras.gov.co/resoluciones].

Uprimny, R. "¿Un plan para legalizar la apropiación de baldíos?, *El Espectador*, 14 de abril de 2019, p. 16.

FERNANDO VARGAS VALENCIA*

Beneficiarios, determinadores y perpetradores: máximos responsables y reparación a víctimas de violaciones a derechos humanos en Colombia

Una tribu de palabras mutiladas
busca asilo en mi garganta,
para que no canten ellos,
los funestos, los dueños del silencio.

Alejandra Pizarnik
(Los trabajos y las noches, 1965)

SUMARIO

Introducción. I. El modelo restaurativo del régimen de condicionalidad. II. De la restauración moral a la reparación integral. III. Los máximos responsables desde la perspectiva de la reparación. IV. La identificación de máximos responsables a partir de la agencia moral: beneficiarios, determinadores y perpetradores. V. A manera de conclusión: la reparación como ajuste entre máximos responsables y víctimas. Bibliografía.

RESUMEN

En Colombia la institucionalidad ha enfrentado los efectos de las violaciones de derechos humanos ocurridas en el marco del conflicto armado a través de mecanismos de justicia transicional que se concentran en un trato punitivo benigno para los responsables de dichas violaciones, pero restringido a la satisfacción de los derechos de las víctimas. Sin embargo, las víctimas no han tenido un acceso real y efectivo al derecho a la reparación integral en sentido estricto, principalmente porque el Estado ha asumido la obligación de reparar, en todos los casos, en el marco de su responsabilidad subsidiaria.

A propósito de la suscripción del Acuerdo Final de Paz de noviembre de 2016 se instaló en el país un modelo de justicia restaurativa concentrado en

* Abogado especialista en Derechos Humanos y DIH de la Universidad Externado de Colombia; magíster en sociología aplicada de la Universidad Autónoma de Barcelona; consultor independiente, profesor de posgrado en los departamentos de Derecho Constitucional y del Medio Ambiente en la Universidad Externado de Colombia. Correo electrónico: fervarvaconsultor@gmail.com.

la investigación y sanción de los máximos responsables de las violaciones. El texto sugiere una orientación de dicho concepto con base en la centralidad de los derechos de las víctimas para que la atribución de responsabilidad ayude a superar obstáculos de acceso a la reparación. Para lograrlo, el texto sugiere la identificación de niveles de responsabilidad y de consecuentes deberes diferenciados de reparación de daños, a partir del concepto de agencia moral de quienes pueden ser considerados beneficiarios, perpetradores o determinadores de fenómenos de macro-victimización.

PALABRAS CLAVE

Máximos responsables, reparación integral, justicia restaurativa, paz.

ABSTRACT

In Colombia, the institutionality has faced the effects of the human rights violations occurred in the context of the armed conflict, with mechanisms of transitional justice focused in a benign punitive treatment for the perpetrators of those violations, but at the same time restricted the satisfactions of the victims' rights.

Nevertheless, the victims did not have an effective and real access to the integral [comprehensive] repair rights in strict sense, mainly since the State has assumed the obligation to repair in all the cases, under a frame of subsidiary responsibility.

Derived from the signed of the final peace agreement in November 2016, it was established in the country a restorative justice model focused in the investigation and sanction of the highest responsible of those violations.

This text suggests an orientation of that concept based on the victims' rights centrality, so that the attribution of responsibility aids to overcome obstacles in terms to access the reparation process.

To achieve that goal, the text suggests that it is necessary to identify levels of responsibility, also, sequent discriminated duties in repairing the damage. Starting from the concept of moral agency of the whom can be considered beneficiaries, perpetrators or determiners of macro-victimization phenomena.

KEYWORDS

Highest responsible, integral [comprehensive] reparations, restorative justice, peace.

INTRODUCCIÓN

Con ocasión de la suscripción del Acuerdo de Paz en 2016 entre el Gobierno nacional y las entonces Fuerzas Armadas Revolucionarias de Colombia (FARC-EP) se instauró en el país un modelo excepcional de justicia orientada a la investigación y sanción de violaciones a derechos humanos e infracciones al Derecho Internacional Humanitario (DIH) acaecidas por causa, con ocasión o en relación directa o indirecta con el conflicto armado al que dicho acuerdo busca poner fin.

Tal modelo presenta algunas particularidades de las cuales, para efectos del presente capítulo, se pueden destacar las siguientes:

1. En opinión de algunos analistas como Abuchaibe (2017), y de la Corte Constitucional (2018a), este paradigma se enmarcaría en el concepto sociojurídico de *justicia transicional*, a pesar de la ambigüedad que al respecto ofrece el Acuerdo. Dicho enmarque supondría el reconocimiento político de un pasado de violaciones que debe ser resarcido, superado y no repetido, a través de un conjunto de mecanismos excepcionales y transitorios enfatizados en la satisfacción de los derechos de las víctimas a la verdad, la justicia y la reparación (VJR).

2. En dicho ámbito la investigación y sanción de las violaciones están en la base del derecho a la justicia de las víctimas, y para facilitar el aseguramiento del derecho a la paz no responden a los estándares tradicionales de la persecución penal[1]. Un ejemplo lo constituye el modelo de investigación y

---

1 En 2011 la Corte Constitucional enfatizó en este aspecto al indicar que "existen instituciones usuales en la justicia transicional, la mayoría de las cuales suelen adoptarse oficialmente por los Estados mediante la aprobación de leyes o la expedición de normas jurídicas de otro tipo, incluso en algunos casos, reformas constitucionales. Dentro de tales herramientas deben destacarse todas aquellas *normas de carácter penal, tanto sustanciales como procesales, que implican un tratamiento punitivo más benigno que el ordinario*, sea mediante la imposición de penas comparativamente más bajas, la adopción

sanción de violaciones a derechos humanos e infracciones al DIH contemplado en el Acuerdo, que se basa en la aplicación de criterios de priorización y selección para el juzgamiento enfocado solamente en algunas de ellas, lo que tiene un correlato en la renuncia a la persecución penal de las restantes[2].

3. Como consecuencia de lo anterior, el Acto Legislativo 01 de 2017 creó un Sistema Integral de Verdad, Justicia, Reparación y No Repetición (SIVJRNR), temporal y excepcional, compuesto por la Comisión de Esclarecimiento de la Verdad (CEV) y la Unidad de Búsqueda de Personas dadas por Desaparecidas (UBPD) como órganos extrajudiciales, y la Jurisdicción Especial para la Paz (JEP) como órgano jurisdiccional encargado de investigar y sancionar a los *máximos responsables* de las violaciones e infracciones anteriormente destacadas.

4. De conformidad con el tenor del Acuerdo de Paz, y de buena parte de su normativa de implementación, el paradigma orientador del funcionamiento del SIVJRNR es el de la *justicia restaurativa*, modelo que si bien ha sido generalmente aplicado en la justicia penal ordinaria como un programa excepcional enfatizado en la satisfacción del derecho de las víctimas a la reparación del daño como estrategia para la "resocialización" del o los responsables del mismo (Kemelmajer, 2004; Sampedro Arrubla, 2019), en un contexto de transición democrática debería ser una *justicia esencialmente reparadora* (De Greiff, s. f. en Corte Constitucional, 2013).

5. Una transición hacia la paz sustentada en un paradigma restaurativo tendría que ser interpretada como i) un esfuerzo orgánico por concentrar los desvelos de la justicia en la satisfacción de los derechos de las y los ciudadanos reconocidos como víctimas, y ii) un intento institucional y societal por construir a través de la investigación y sanción de las violaciones, un contexto de radicalización democrática que asegure que ni estas ni sus causas se repitan (Vargas Valencia, 2020a).

---

de medidas que sin eximir al reo de su responsabilidad penal y civil, hacen posible su libertad condicional, o al menos el más rápido descuento de las penas impuestas".

2 Cfr. artículo 28.3 de la Ley 1820 de 2016; artículos 1.º (trans. 7) y 3.º del Acto Legislativo 01 de 2017; artículos 11.6, 13.5, 27D.2, 49 y 71 de la Ley 1922 de 2018; artículos 19, 79 lit. m, 79 lit. o, 79 lit. s y 84 lit. c de la Ley 1957 de 2019.

I. EL MODELO RESTAURATIVO DEL RÉGIMEN DE CONDICIONALIDAD

De conformidad con la normativa y jurisprudencia de implementación del Punto 5 del Acuerdo Final de Paz de noviembre de 2016, los cinco aspectos anteriormente destacados se encontrarían materializados en un "régimen de condicionalidad" en virtud del cual las y los responsables de las violaciones a los derechos humanos e infracciones al DIH que son competencia del SIVJRNR, pueden acceder a sus tratamientos penales especiales, si y solo si cumplen con un conjunto dinámico de obligaciones orientadas a la satisfacción de los derechos VJR de las víctimas[3].

En otras palabras, en Colombia la justicia para la paz es excepcional, no solo por responder a estándares de lo que se conoce en las experiencias internacionales como justicia transicional, sino porque desplaza la privación de la libertad de las y los responsables de violaciones a derechos humanos cometidas en el contexto del conflicto armado colombiano hacia un régimen de libertades sustentado en una ecuación de compensación restaurativa entre el agente dañino y el agente dañado, es decir, entre los responsables y sus víctimas, para resarcir y compensar el sufrimiento infligido a estas por aquellos (Vargas Valencia, 2020a).

Dicha ecuación supone que la justicia encaminada a la satisfacción de un derecho, como el de la reparación de daños, se enfoca en un ejercicio de atribución de responsabilidades orientado a la interpelación de la agencia moral de quien interviene directa o indirectamente en la emergencia de las violaciones (Garay Salamanca y Vargas Valencia, 2016), en tanto uno de sus deberes restaurativos explícitos, de acuerdo con el denominado *régimen de condicionalidad*, es el de contribuir a resarcir las injurias causadas.

El epicentro de las condicionantes morales para la libertad individual de las y los responsables de las violaciones es la sanción, que si bien no implica por regla general su privación física, sí abarca restricciones orientadas a facilitar la satisfacción de los derechos de las víctimas. Lo anterior puede expresarse en el campo moral como una atadura de la libertad del

---

3 Cfr. Corte Constitucional, 2017, 2018a; artículos 67 y 68 de la Ley 1922 de 2018; artículo 20 de la Ley Estatutaria 1957 de 2019.

responsable al bienestar de la víctima, es decir, como un ajuste de derechos (Reyes Mate, 2011; Teitel, 2017).

En palabras de Reyes Mate (2011) este ajuste es ante todo reparador y está precedido de dos reconocimientos: i) el de la alteridad de la víctima (como afirmación de una vida radicalmente negada, en sus aspectos físicos y morales, por la victimización), y ii) el de un débito, una deuda pendiente del responsable para con ella. En efecto, una de las expresiones heurísticas de la agencia moral de las y los responsables interpelada por la justicia restaurativa, es la del *reconocimiento* de su propia responsabilidad que estos ofrezcan a la justicia y a las víctimas.

Al problema del reconocimiento se suma el de la atribución de responsabilidad. En este caso, en el campo de la verdad judicial, por ejemplo, la labor de las y los magistrados de la JEP puede ser deductiva o inductiva, de acuerdo con la existencia o no de reconocimiento de responsabilidad (propia y de otros, por cuanto el reconocimiento es también de verdad) de las y los comparecientes, es decir, de quienes se someten al régimen de condicionalidad.

En dicho marco, el reconocimiento puede, por ejemplo, tomar la forma de confesión, delación, explicación o justificación, de manera que la investigación transicional restaurativa requeriría el empleo de estrategias de desentrañamiento o contrastación del relato que las y los comparecientes presenten ante el SIVJRNR a título de *reconocimiento.* De conformidad con la normativa y la jurisprudencia de implementación del Acuerdo de Paz, dichas estrategias están orientadas a sancionar solamente a quienes se consideran *máximos responsables* de las violaciones, a pesar de que el contexto de victimización reconocido por el propio acuerdo interpela a un orden de gravedad, masividad y sistematicidad.

II. DE LA RESTAURACIÓN MORAL A LA REPARACIÓN INTEGRAL

Lo descrito parece en cierta medida sencillo cuando se piensa en obligaciones o débitos de carácter estrictamente moral como exigencias simbólicas o inmateriales para re-dignificar a las víctimas. Sin embargo, el modelo en cierta medida se problematiza cuando se indaga por las obligaciones de resarcimiento que apuntan a las dimensiones materiales de los daños ocasionados.

De hecho, en esta materia podría decirse que el modelo se sustenta en una paradoja: al tiempo que erige el régimen de libertades para responsables de violaciones a derechos humanos en el paradigma restaurativo, es decir, en el de la reparación o compensación del dolor, presupone que ciertos aspectos del resarcimiento serían de imposible cumplimiento para las y los responsables, de manera que el Estado tendría que cubrir, en la medida de sus posibilidades fiscales, dichos aspectos[4].

Tal situación fue abordada por la Corte Constitucional (2006) cuando analizó la constitucionalidad de la Ley 975 de 2005, concluyendo en aquel entonces que i) los miembros de estructuras armadas responsables de violaciones a derechos humanos deberían garantizar la reparación integral de sus víctimas, tanto con sus bienes ilícitos como lícitos; ii) la estructura armada seria co-responsable de dicho resarcimiento en sus distintos niveles y sub-niveles, y iii) el Estado (en los casos no atribuibles a sus agentes) solo debería entrar a reparar subsidiariamente dichos daños de manera excepcional, ante la manifiesta imposibilidad de los particulares responsables de costear con las medidas de reparación.

Lo anterior llevó hasta cierto punto a la jurisprudencia constitucional de años subsecuentes a sugerir esfuerzos para: i) evitar el ocultamiento de bienes por los responsables de las violaciones; ii) desmantelar los andamiajes

4 El artículo 41 de la Ley 1820 de 2016 consagra que la amnistía "extingue la acción de indemnización de perjuicios derivada de la conducta punible y la responsabilidad derivada de la acción de repetición cuando el amnistiado haya cumplido funciones públicas [...] sin perjuicio del deber del Estado de satisfacer el derecho de las víctimas a la reparación integral en concordancia con la Ley 1448 de 2011". El artículo 48 *eusdem* establece que la renuncia a la persecución penal "impide el ejercicio de la acción de repetición y del llamamiento en garantía contra los agentes del Estado sin perjuicio del deber del Estado de satisfacer el derecho de las víctimas a la reparación integral". El artículo transitorio 18 del artículo 1.º del Acto Legislativo 01 de 2017 sostiene que "la reparación será garantizada por el Estado de manera integral, adecuada, diferenciada y efectiva [en un marco de] distribución de [...] recursos disponibles". En la Sentencia C-674 de 2017, la Corte Constitucional indicó que el Acto Legislativo anteriormente citado "libera *parcialmente* a los victimarios del deber general de indemnización, al supeditar la reparación material a cargo del Estado a la disponibilidad de recursos presupuestales" en particular en los casos de "los miembros de la fuerza pública" quienes "conservan obligaciones de reparación no monetaria".

económicos que sustentaban las redes y estructuras en el seno de las cuales se cometieron las violaciones; iii) esclarecer y revertir el testaferrato, y iv) orientar la extinción de dominio a la reparación integral de las víctimas.

Un ejemplo de ello se ve reflejado en el artículo 150 de la Ley 1448 de 2011 que establece, en el contexto de la aplicación de estrategias y mecanismos de justicia transicional, la obligación del Estado de adoptar "las medidas conducentes a lograr el desmantelamiento de las estructuras económicas y políticas que se han beneficiado y que han dado sustento a los grupos armados al margen de la ley", con el fin de asegurar la realización de la reparación y las garantías de no repetición[5].

Uno de los aspectos que probablemente dio al traste con la satisfacción del derecho a la reparación integral de las víctimas del paramilitarismo fue que una serie de obstáculos fácticos e institucionales impidió, en el contexto de aplicación de la mencionada Ley 975 de 2005, que se concretara el cumplimiento de estas estrategias, dejando en manos del Estado, bajo el manto de la figura de la responsabilidad subsidiaria, el pago de la totalidad de los costos del resarcimiento de circunstancias masivas y sistemáticas de violaciones a derechos humanos o, dicho de otra manera, supeditando a la regla fiscal el goce efectivo del derecho de las víctimas a la reparación integral (Garay Salamanca et al., 2011, 145).

El correlato moral de esta situación es que las víctimas del conflicto armado no han contado hasta el presente con un acceso real y efectivo a la integralidad de la reparación, ni por la vía de la atribución de responsabilidades a los agentes que perpetraron las violaciones, ni por la vía de la asunción subsidiaria de dicha responsabilidad por el Estado.

En otras palabras, ni el Estado ni los perpetradores de las violaciones han sido considerados como agentes de reparación *integral* de sus víctimas en el sentido moral del término, circunstancia que posiblemente pueda ayudar a transformar una aproximación a la justicia restaurativa que la comprenda

---

5 Dicho artículo está estrechamente vinculado con el artículo 45 que hace referencia a la atribución de deberes materiales de reparación a víctimas de violaciones a derechos humanos por parte de personas naturales o jurídicas que brindaron apoyo a estructuras armadas, o de agentes del Estado que dispusieron de la función pública para facilitar o promover la comisión de violaciones a derechos humanos.

como "marco de compensación moral entre víctimas y responsables para propiciar la reconstrucción de [...] ciertas capacidades o condiciones de autonomía negadas, tergiversadas o sojuzgadas en los victimarios y en las víctimas con ocasión de la violencia" (Vargas Valencia, 2020a, 56).

Por la anterior razón, y con el ánimo de proponer que el funcionamiento del SIVJRNR contribuya en alguna medida a mejorar el estado de cosas descrito, a continuación se sugiere una orientación del concepto de *máximos responsables* con base en la centralidad de los derechos de las víctimas VJR, en el entendido de que las personas perjudicadas con las conductas y crímenes objeto de investigación y sanción en el SIVJRNR tienen derecho a: i) conocer los grados y circunstancias de participación de los agentes responsables en la emergencia y desarrollo de los acontecimientos victimizantes, así como sus motivos y patrones de conducta, y ii) hacer valer sus intereses beneficiándose de la investigación y sanción en el marco de un recurso justo y eficaz, principalmente para conseguir que las y los responsables de las violaciones sean juzgados y reparen los daños ocasionados.

III. LOS MÁXIMOS RESPONSABLES DESDE LA PERSPECTIVA DE LA REPARACIÓN

En un contexto de selección y priorización de casos, la atribución de responsabilidad puede tener efectos positivos en el derecho a la reparación de las víctimas si se reorienta en ese sentido. Para ello se podría comprender el ejercicio de investigación y sanción de *máximos responsables* en el contexto del SIVJRNR como una visión ampliada de la imputación penal que la oriente a la afirmación de la agencia moral de los victimarios como *capacidad para reparar*, y al esclarecimiento de quienes en diversidad de escalas pueden ser considerados responsables de los vejámenes contra la dignidad humana que son competencia del sistema en mención.

Lo anterior sería una alternativa a eventuales aproximaciones que, basadas únicamente en los intereses de quienes son investigados e investigadas en el marco de los esfuerzos de justicia transicional, suponen que la concentración de las investigaciones en los máximos responsables se produce con ocasión del interés de los actores de la transición por brindar amnistías, inmunidades o impunidad a quienes, aun haciendo parte de los entornos de violaciones o de conflicto, no serían considerados sujetos de la persecución penal transicional[6].

Un antecedente jurisprudencial básico podría servir de sustento para esta propuesta: en la Sentencia C-579 de 2013 la Corte Constitucional examinó la constitucionalidad del concepto de *máximo responsable* contenido en el artículo 1.º del Acto Legislativo 01 de 2012, enmienda constitucional que introdujo en Colombia instrumentos jurídicos de *justicia transicional.*

En dicho contexto, la Corte definió el concepto de la siguiente manera:

> El máximo responsable es aquella persona que tiene un rol esencial en la organización criminal para la comisión de cada delito, es decir, que haya: dirigido, tenido el control o financiado la comisión de los delitos de lesa humanidad, genocidio y crímenes de guerra cometidos de manera sistemática. Dentro de este concepto se deben incluir entonces, no solamente líderes que hayan ordenado la comisión del delito, sino también conductas a través de las cuales este se haya financiado (Corte Constitucional, 2013).

La anterior definición impacta la triada de derechos VJR de las víctimas en contextos transicionales, en el sentido de que orienta el esclarecimiento de la verdad a la comprensión de la complejidad de interacciones en la que se insertan las violaciones de derechos humanos en contextos como el del conflicto armado colombiano. En dicho marco, la identificación de los máximos responsables tendría que ser entendida como una labor de esclarecimiento enfocada a la proscripción de la impunidad mediante la aplicación de metodologías sistémicas, amplias e integrales de investigación, que coadyuven a perfilar la sanción restaurativa efectiva.

---

6 Algunos ejemplos en la experiencia comparada dan cuenta de la aplicación de ciertas clasificaciones entre eventuales responsables de graves crímenes en diversidad de contextos, en su mayoría de violencia generalizada, para diferenciar entre aquellos que debían ser condenados por la justicia y aquellos que podrían ser beneficiarios de perdón estatal. Los "arrepentidos", los "desertores", los "equivocados" en instrumentos como la Proclama de Cambrai en la Francia de la primera restauración del siglo XIX (ELSTER, 2006), o los fascistas "redimidos" que por unirse a la lucha contra la República Nazi de Saló, contaron con atenuantes de responsabilidad o posibilidades de absolución en la ley italiana del 27 de julio de 1944.

Así, una sanción basada en el esclarecimiento de lo sucedido en términos de identificación de los grados de contribución a las violaciones por ciertos agentes tiene una gran potencialidad restaurativa, ya que sería el resultado de una investigación a fondo cuyo propósito principal es el restablecimiento de los derechos mínimos de las víctimas a la verdad y a la reparación integral.

Aquí es clave por lo menos un elemento de análisis: el *rol esencial* en el entorno de posibilidad de las violaciones. Para glosar aproximativamente dicha acepción desde un punto de vista estrictamente metodológico puede ser útil sugerir el empleo de dos acercamientos sociológicos en el marco de la investigación a profundidad de las causas subjetivas de las violaciones a derechos humanos: i) la explicación a través de mecanismos (Hedström y Swedberg, 1998; Elster, 2010), y ii) la aproximación a los fenómenos de macro-criminalidad como resultado de interacciones en el seno de redes de poder (Garay Salamanca y Salcedo-Albarán, 2013; Garay Salamanca y Vargas Valencia, 2012).

Dicha estrategia supone la necesidad de indagar por los patrones causales que contribuyen a explicar y comprender las violaciones de derechos humanos en su contexto de gravedad, sistematicidad y masividad. Dichos patrones causales serían ante todo una concatenación de causas/efectos en un conjunto de interacciones sociales, "que se ponen en funcionamiento en condiciones generalmente desconocidas o con consecuencias indeterminadas" (Elster, 2010, 52).

En ese contexto, las violaciones a derechos humanos atribuibles a quienes participaron directa e indirectamente en el conflicto armado colombiano se puede explicar en el marco de una serie de mecanismos sociales, entendidos como un conjunto de entidades e interacciones, acontecimientos y procesos organizados de tal modo que dan lugar a resultados dañinos determinados (Hedström y Swedberg, 1998; Noguera, 2010).

Un elemento clave a ser develado bajo esta lógica es el conjunto de motivaciones, intenciones o intereses que explican (*explanans*) la emergencia del vejamen contra la dignidad humana (*explanandum*), en tanto el mecanismo contribuye a esclarecer las razones de un comportamiento individual y este es el marco último de la atribución o evaluación del reconocimiento de la responsabilidad.

Bajo esta lógica, la identificación del conjunto de fenómenos que contribuyen a explicar las violaciones objeto de esclarecimiento, investigación, juzgamiento y sanción en el SIVJRNR, consistiría en una indagación a profundidad de la diversidad de ámbitos de interacción de correlaciones, lo cual puede ser uno de los fines metodológicos de contraste de información que se encuentra en la base de la investigación de casos en los cuales las y los comparecientes brindan un mínimo de reconocimiento de verdad y de responsabilidad (Cfr. arts. 3.º y 27B Ley 1922 de 2018; art. 79 num. H Ley 1957 de 2019).

En el caso de los miembros de las FARC, por ejemplo, la investigación no podría limitarse a sus declaraciones públicas sobre las motivaciones de sus acciones, pues en ellas podría existir un "sesgo autorreferencial" (Elster, 2010: 77). Por dicha razón, es preciso ir más allá de los contenidos de las audiencias, versiones voluntarias y documentación oficial existente respecto de las temáticas objeto de las mismas, e indagar por las pruebas y fuentes de información que, incluso en el plano de lo secreto, puedan estar "menos motivadas por un deseo de distorsión" (Elster, 2010: 77).

De esa forma, a la luz de los estándares internacionales de instancias de justicia que responden al sufrimiento de víctimas de violaciones a derechos humanos, la búsqueda de la verdad exige encontrar interpretaciones de la acción humana desde el punto de vista de las motivaciones (fines, intenciones) del agente responsable, en el marco del sistema global de deseos y creencias de la persona (Elster, 2010: 69), para situarlo frente a una lógica de mecanismos que revelen responsabilidades y que determinen el por qué de la macro-victimización.

De manera complementaria, las circunstancias de macro-victimización y de conductas objeto de sanción pueden estar situadas en una forma específica de constelación causal, cual es el entorno de las redes de poder (Garay Salamanca y Salcedo-Albarán, 2013).

En este caso las redes de poder pueden ser conjuntos específicos de agentes morales (individuos o grupos, estructuras armadas, organizaciones estatales o no estatales) que tienen vínculos explícitos o implícitos en razón de una serie de interacciones que responden a correspondencias entre sus motivaciones.

Dichas redes son capaces de ejercer de facto un amplio control territorial y poblacional a través de, entre otros: i) la suplantación del Estado o el usufructo de su ausencia o presencia precaria; ii) la imposición violenta de patrones de conducta entre comunidades y grupos sociales; iii) el despliegue de acciones en cooperación o connivencia con agentes estatales, y iv) la emergencia de fenómenos de cooptación o reconfiguración cooptada del Estado (Garay Salamanca y Salcedo-Albarán, 2012; Vargas Valencia, Garay Salamanca y Rico Revelo, 2016).

Entre los agentes morales se pueden incluir los llamados por Roxin (2006) aparatos armados de poder, en el sentido de que las redes aquí destacadas pueden estar constituidas por una variedad de estructuras armadas caracterizadas por un mando capaz de ordenar, o conocer, la ejecución de las violaciones en el entorno de diversidad de órganos fungibles o escalas de cooperación en su realización (Ambos, 2001). Estos aparatos pueden o no ser estatales e interactuar constantemente con diversas entidades sociales: flexibles, rígidas, horizontales, verticales, institucionales e incluso consideradas legales.

Este modelo de interacción de agentes en contextos de violaciones a derechos humanos tiende a despersonalizar las operaciones, acuerdos, órdenes y conductas, desarrollando una urdimbre compleja de diversidad de interrelaciones, incluso entre actividades consideradas ilegales, ilícitas o criminales y aquellas consideradas como abiertamente lícitas. Allí resulta clave develar la responsabilidad de los agentes que tienen *un rol esencial* en la comisión de las violaciones.

A propósito de la necesidad de esclarecer el despojo y abandono forzado de tierras y territorios, Garay Salamanca y Vargas Valencia (2012) sugieren una aproximación que distinga entre agentes que participan en redes armadas y no armadas de desposesión violenta en zonas rurales, lo cual resulta útil para diferenciar niveles o grados de responsabilidad.

En el marco de dicha aproximación resalta la identificación de *agentes grises u opacos*, los cuales "se mueven entre la legalidad y la ilegalidad" (Vargas Valencia, Garay Salamanca y Rico Revelo, 2016, 43) en el contexto de las redes señaladas, desarrollando estrategias para satisfacer sus intereses a la luz de reglas legales de carácter jurídico, político, económico o social, en una lógica de relacionamiento permanente con agentes abiertamente ilegales, criminales u oscuros, con quienes acuerdan o coordinan la promoción o cuidado de sus intereses ilícitos o egoístas.

Es posible ubicar a estos agentes grises en el marco del rol esencial al que hace referencia la Corte Constitucional (2013) cuando define el concepto de máximo responsable. Para ello es importante comprender la complejidad de las interrelaciones en torno a las cuales se producen las violaciones a los derechos humanos, y situar como mecanismo causal de su acaecimiento el conjunto de beneficios obtenidos en virtud de la comisión de vejámenes contra la dignidad humana por estructuras armadas legales o ilegales, e incluso estatales[7].

IV. LA IDENTIFICACIÓN DE MÁXIMOS RESPONSABLES A PARTIR DE LA AGENCIA MORAL: BENEFICIARIOS, DETERMINADORES Y PERPETRADORES

La orientación de la atribución de responsabilidad a máximos responsables que se desprende de la propuesta aquí desarrollada significa un viraje en el análisis cualitativo de las violaciones a los derechos humanos como fenómenos de macro-victimización, y no solo como de macro-criminalidad (Berinstain, 1996).

En este caso, la investigación restaurativa no solo se limitaría a las perspectivas ego-centradas, sino que aportaría a la explicación de los niveles de interacción social, económica, política, cultural, racial o de género en los cuales se inserta la comisión de violaciones relacionadas directa o indirectamente con el conflicto armado.

La pregunta respecto de la masividad de las violaciones en el marco de la atribución de responsabilidad a quienes tuvieron roles esenciales en su comisión ubica la investigación en una pregunta más amplia respecto de ciertas relaciones de daño, incluso estructural, que surgen, se propagan o

---

7 Por ejemplo, en los fenómenos de despojo y abandono de tierras y territorios, los cuales pueden ser entendidos como correlatos de la victimización masiva asociada al desplazamiento forzado de personas producido en el contexto del conflicto armado colombiano, los beneficios económicos obtenidos por ciertos agentes aparentemente legales (en especial, empresas locales, nacionales y transnacionales) con ocasión de las incursiones de despoblamiento violento por grupos paramilitares, salen a relucir incluso de manera sistemática en ciertas regiones del país, a raíz de la verdad judicial emanada de los dispositivos transicionales de la Ley de Justicia y Paz (Ley 975 de 2005), y restitución de tierras (Ley 1448 de 2011), sin que hasta la fecha se conozcan avances sustanciales respecto de su sanción moral o penal en otras instancias (cfr. Comisión Nacional de Reparación y Reconciliación (CNRR), 2010; Centro Nacional de Memoria Histórica (CNMH), 2012; Fundación Forjando Futuros, 2018; VARGAS VALENCIA, 2020b).

reproducen con ocasión del actuar de actores armados, legales e ilegales, y que no son solamente del resorte exclusivo de las víctimas sino de la sociedad en su conjunto[8].

Con ello se podría ir más allá de la visión básica de la disciplina penal según la cual la diferenciación elemental entre partícipes en una conducta punible se centra en el binomio autor-cómplice, aún en fenómenos de macro-criminalidad (Salcedo-Albarán y Garay Salamanca, 2016) en los que cada uno de los elementos de la dupla contiene gran variedad de grados y matices[9]. En este caso, el binomio resultaría eventualmente funcional a la impunidad respecto de agentes grises u opacos, en el entendido de que la atribución de máxima responsabilidad recaería en los partícipes y no en quienes el Acuerdo de Paz denomina "terceros"[10].

Para efectos de la reparación a las víctimas es importante analizar la agencia de quienes interactúan en un contexto de violaciones a derechos humanos, antes, durante y después del acaecimiento de las circunstancias

---

8 Al contribuir a definir el concepto de justicia restaurativa la Corte Constitucional (2013: 143 y 144) indica que esta "... contempla numerosas y diversas formas [de reparación]. En todo caso, la reparación también tiene un ingrediente colectivo, pues en los casos de graves y masivas violaciones a los derechos humanos, la sociedad en su conjunto sufre perjuicios (*spill over effects*) frente a los cuales se deben adoptar medidas".

9 En el contexto del derecho internacional de los derechos humanos, los principios Joinet de la Organización de Naciones Unidas (ONU) aluden al deber de los Estados de juzgar a los responsables de violaciones de derechos humanos, entre los cuales cuenta a los "opresores" y a los "cómplices comanditarios". Otros referentes internacionales como la Ley de Reconciliación Nacional de Guatemala diferencian entre autores, cómplices y encubridores.

10 El artículo transitorio 16 del artículo 1.º del Acto Legislativo 01 de 2017 cobija bajo el concepto de "terceros" a aquellos "... que sin formar parte de las organizaciones o grupos armados, hubieren contribuido de manera directa o indirecta a la comisión de delitos en el marco del conflicto". De conformidad con la Corte Constitucional (2017), la competencia de la JEP para investigar y sancionar a estos "terceros" depende de su voluntad expresa de someterse a dicha jurisdicción. Esta situación normativa y jurisprudencial, según la cual la comparecencia de los llamados "terceros" ante la JEP es voluntaria, desafía de manera tajante el alcance real de la justicia dirigida a la sanción de máximos responsables. Una coordinación entre dicha jurisdicción, la justicia ordinaria y la CEV podría ofrecer avances en clave de satisfacción de los derechos VJR aún en medio de las restricciones normativas destacadas.

dañinas. Desde la perspectiva de la macro-victimización, además de la indagación de las motivaciones e intenciones de los victimarios, cobra especial importancia el reconocimiento y esclarecimiento del contenido, alcance, magnitud y gravedad del daño como substancia de la reparación inscrita en las sanciones.

En este contexto, "el daño es el elemento primordial adscrito a procesos de responsabilidad" en fenómenos de macro-victimización como el desplazamiento forzado (Garay Salamanca et al., 2011: 117), de suerte que estos también tendrían que ser analizados conforme a la magnitud del dolor o sufrimiento que ocasionan las violaciones inscritas en ellos.

El reconocimiento de las circunstancias de victimización como macrofenómenos de daño coadyuva a dos objetivos básicos de la investigación transicional restaurativa: i) contribuye a restablecer los derechos mínimos de las víctimas a la verdad (reivindicando su alteridad actual mediante la enunciación de su dolor pasado) y a la reparación (estableciendo una línea de base de lo que será restablecido o restaurado en las sanciones), y ii) evita la repetición de las violaciones mediante el reconocimiento de las interacciones estructurales que contribuyen a explicarlas causalmente en el marco del "deber del Estado de visibilizar las causas fundamentales del conflicto" (Consejo de Seguridad de la ONU, 2011 en: Corte Constitucional, 2013, punto 6.1.1.4).

En un marco transicional las transformaciones democráticas inherentes al tránsito de la barbarie a la paz estable y duradera requieren de cambios en las causas anteriormente señaladas. Ante una amplitud de criterios para la determinación de máximos responsables, desde la justicia es posible aportar a una identificación de aquellos agentes económicos, políticos, sociales, raciales o étnicos que en un ámbito de participación activa o de colaboración/interacción con los ejecutores de las violaciones, se beneficiaron del régimen de barbarie.

En dicho contexto de indagación, la verdad reparadora inherente a la investigación transicional restaurativa contribuiría a satisfacer lo que la Corte Constitucional (2013: 140) denomina el valor doble del derecho a saber, toda vez que i) identifica públicamente a dichos agentes que han actuado a la sombra y con ello, ii) "evita que saboteen los esfuerzos de reconstruir la sociedad".

En términos metodológicos la identificación del rol determinante en la emergencia de violaciones a derechos humanos de los agentes anteriormente destacados se puede sustentar en ciertas intuiciones estructurales (Lozares, s.f.) en lo que atañe a sus formas de interacción, algunas de las cuales pueden ser las siguientes:

1. Los entornos de violaciones a derechos humanos en el marco del conflicto armado colombiano permitirían identificar similitudes entre agentes responsables armados y no armados, legales e ilegales, militares o civiles, etc., "en la medida en que están vinculados por relaciones entre ellos" (Lozares, s. f.: 16) que permiten establecer afinidades de intenciones, tendencias de comportamiento o motivaciones. Una opción metodológica para aproximarse a la identificación del mecanismo causal de ciertas violaciones en ciertos contextos temporales y territoriales sería, por ejemplo, la caracterización de la intensidad de las interrelaciones entre diversos agentes para ubicar correspondencias, relaciones y roles indispensables para la emergencia de fenómenos de macro-victimización.

2. Existencia de agentes equivalentes, entendiendo como tales a aquellos actores que construyen en el devenir de sus interacciones pautas de relación que comparten con otros agentes, razón por la cual son considerados entre sí como sus semejantes. En este caso, es particularmente eminente el rol de quien imparte o modela las pautas en una red compleja de relaciones como elemento útil para determinar mecanismos causales de la macro-victimización.

3. En el conjunto de interacciones asociadas a la emergencia de violaciones a derechos humanos o de fenómenos de macro-victimización en el marco del conflicto armado existen niveles horizontales y verticales de comunicación. Es posible ubicar entre los agentes involucrados en las redes de relación aquí destacadas, a los que pueden considerarse como prominentes, es decir, aquellos que se sitúan "sobre el eje vertical de la organización" (Lozares, s. f.: 16) y que generalmente utilizan una red para que otros agentes satisfagan sus intereses (Marsden, 1984 en Lozares, s.f.).

4. Identificación de todos aquellos agentes que tienen mayor número de relaciones en el marco de una red, pues se podría suponer que tienen mayores posibilidades de disponer de los recursos asociados a ella. También de aquellos cuyas interacciones se convierten en puente entre otros agentes o incluso entre varias redes (Garay Salamanca y Salcedo-Albarán, 2013).

De lo anterior se desprende la necesidad de una distinción más abierta que la de carácter estrictamente penal entre quienes pueden ser considerados como *intervinientes* directos o indirectos en violaciones a derechos humanos, infracciones al DIH o fenómenos de macro-victimización, a partir de su *agencia moral* en clave de satisfacción del derecho de las víctimas a la reparación integral.

En este caso, sea un individuo, una colectividad o una organización, el agente es quien "actúa y provoca cambios" (Sen, 2000: 36). A partir de allí se entendería como *agencia moral* la capacidad actual o potencial de un actor social de discernir respecto del carácter justo o injusto, legítimo o ilegítimo, egoísta o altruista de sus decisiones y acciones, así como de interactuar con otros en un marco de autonomía y autorregulación. En una palabra, el agente moral es quien actúa o puede actuar en un ámbito concreto de *libertad de agencia* (Sen, 2000) con la plena capacidad de potenciar lo que desea.

El componente cardinal de la categoría es el concepto de *agencia* (Sen, 2000). La agencia es una habilidad, de suerte que puede interpretarse como la posibilidad de actuar libremente o de comprender, en algún momento de la línea de conducta, las consecuencias o el significado o efecto moral de lo que se hace, se permite o se deja de hacer.

Además, la agencia está estrechamente vinculada al acceso, o a la posibilidad de un individuo de entrar en relación con *recursos* y *oportunidades*, con condiciones que facilitan la potenciación de lo que el agente busca desarrollar en el marco de sus acciones, aun siendo inesperado o inimaginable para otros (Arendt, 2015).

A partir de esta aproximación a la agencia de los responsables de violaciones a derechos humanos y procesos de macro-victimización se puede distinguir entre *perpetradores*, *determinadores* y *beneficiarios* (Castillejo Cuéllar, 2013; CODHES, 2018; Vargas Valencia, 2020a).

Los primeros, serían el agente moral que contribuye, por acción o por omisión, a la emergencia o desencadenamiento de una o varias violaciones a derechos humanos o infracciones al DIH, independientemente de las diferenciaciones que al respecto sugiera a la justicia transicional el derecho penal tradicional, entre intervinientes en la comisión de un delito, sea en términos de autoría, coautoría o participación.

De esta manera son perpetradores concurrentes, por ejemplo, el autor intelectual (en términos penales) de una desaparición forzada, quien la lleva a cabo materialmente por orden de un superior en una red o estructura jerárquica determinada, o quien financia voluntariamente las actividades en el seno de las cuales se produce un conjunto de desapariciones forzadas. En este último caso, quien tuvo la capacidad de financiar emprendimientos, maquinarias, aparatos, esquemas de terror, sufrimiento y barbarie en contra de otros, tendría el deber moral de contribuir a financiar medidas de reparación.

Por su parte, la figura del *determinador* hace alusión al agente moral que influye a través de diversidad de mecanismos en otros agentes para que perpetren una o varias violaciones a los derechos humanos o infracciones al DIH (Vargas Valencia, 2020a). Se trata de agentes cuyo poder de control social, político o económico es tal que la satisfacción de sus intereses se ve fácilmente reflejada en las conductas de otros a través de órdenes directas, o a través de terceros, amenazas, insinuaciones, gestos, intimidaciones, entre otras expresiones de influjo o autoridad notoria o a la sombra.

En este caso, la capacidad de determinación de conductas violatorias de derechos humanos podría significar un ámbito de responsabilidad encaminado a disolver el o los perímetros de poder y abuso de poder de este tipo de agentes, cuanto menos como garantía de no repetición de las violaciones.

La noción de *beneficiarios* alude a aquellos agentes morales que obtuvieron directa o indirectamente una ventaja, ganancia, lucro o usufructo de la comisión de violaciones a derechos humanos e infracciones al DIH, en el marco de la "economía política de la victimización" (Garay y Vargas Valencia, 2012; Castillejo Cuéllar, 2013; Vargas Valencia, 2014). En particular,

> ... quienes actúan a la sombra de la victimización y son por ello "sujetos grises" –como es el caso de algunos funcionarios pertenecientes al Estado o, incluso, determinados empresarios y grupos privados opacos/grises que se han movido entre la legalidad y la ilegalidad aprovechando el "desorden de cosas" en beneficio de sus propios intereses políticos y económicos" (Vargas Valencia, 2014: 121).

En el ejemplo planteado del despojo territorial es probable situar entre los aquí denominados *beneficiarios* a aquellos agentes que obtuvieron ventajas económicas del acceso o usufructo de la tierra con ocasión de la violencia generalizada que dio lugar a desplazamientos individuales o colectivos de personas. En este caso, el aprovechamiento de un agente moral de la comisión de violaciones a derechos humanos imputable a otros, debería establecer un ámbito de responsabilidad que se refleje en la reparación de las víctimas en clave correctiva y restaurativa.

V. A manera de conclusión: la reparación como ajuste entre máximos responsables y víctimas

El esfuerzo por revelar la responsabilidad diferenciada entre beneficiarios, determinadores y perpetradores de la macro-victimización cobra especial utilidad en lo que respecta al goce efectivo del derecho de las víctimas a la reparación integral de los daños, pues permite identificar la concurrencia en diversas escalas de deberes específicos y complementarios de resarcimiento.

Tales escalas interpelan a la agencia moral de quienes intervinieron directa o indirectamente en los fenómenos de macro-victimización, y en particular de aquellos *agentes grises* que actualmente gozan de total impunidad y que obtuvieron importantes o cuantiosas ganancias a costa del sufrimiento inenarrable de las víctimas.

Al entrecruzar el esclarecimiento de los mecanismos causales de la macro-victimización con la búsqueda de fuentes de financiación de las medidas materiales de reparación, se podría instaurar un modelo de reparaciones en el seno del SIVJRNR para el cual operen de manera complementaria otros de carácter administrativo.

La necesidad de implementar un modelo de reparaciones distinto a los que se han establecido con ocasión de las normativas de justicia transicional anteriores a la suscripción del Acuerdo de Paz de noviembre de 2016 fue reconocida por las partes firmantes[11], y reafirmado por la Corte Constitucional (2017) cuando sostuvo que ni el Acuerdo en mención ni el Acto Legislativo 01 de 2017 fijaron los elementos estructurales del modelo de reparación que regiría el SIVJRNR.

11 El sub-punto 5.1.3.7 del Acuerdo Final establece como obligación en cabeza del Estado, "... la adecuación y fortalecimiento participativo de la Política de atención y reparación integral a víctimas en el marco del fin del conflicto y contribución a la reparación material de las víctimas" (Acuerdo Final de Paz, 2006: 164).

Exigir a los agentes grises que reparen materialmente a las víctimas de las violaciones de las cuales se beneficiaron, principalmente en aspectos económicos, no solo es éticamente válido sino que también lo es desde la perspectiva normativa de la justicia, pues como se ha sostenido en el presente capítulo, la reparación es ante todo un ajuste en el que cualquier exoneración de deberes de reparación, como el de indemnizar, no podría ser más que parcial y debería estar justificado por valores normativos superiores.

En efecto, al ejercer el control automático de constitucionalidad del entonces proyecto de Ley estatutaria de la administración de justicia en la JEP, la Corte Constitucional (2018) señaló que la obligación de reparación individual de los responsables se inscribe en el componente restaurativo de la sanción.

De conformidad con lo anterior, se puede afirmar que el alcance restaurativo del modelo de justicia que rige al SIVJRNR es el reconocimiento de los fundamentos morales de la reparación en términos de justicia correctiva, que en el caso de los agentes grises perpetradores, beneficiarios y determinadores, sería fundamentalmente *anuladora* y *relacional* (Coleman, 2010).

Desde la perspectiva anuladora, la ecuación restaurativa que se encuentra en la base de la reparación en el SIVJRNR, entendida como un ajuste en el seno de la concreción de deberes específicos, exige una compensación básica de supresión de la ganancia injusta obtenida por los máximos responsables como correlato de la eliminación de la pérdida injusta padecida por las víctimas.

En este caso, los perpetradores, beneficiarios y determinadores formarían una constelación de agentes encargados de la reparación con vocación de integralidad, en la medida de la magnitud de sus ganancias y de su rol esencial en la emergencia del padecimiento ocasionado a las víctimas. Se trataría del retorno al paradigma básico de justicia, según el cual, el máximo responsable es el *primer* obligado a dejar indemnes a sus víctimas (Corte Constitucional, 2006).

Precisamente, desde el enfoque *relacional* de la reparación en cabeza de los agentes grises de la macro-victimización la justicia correctiva les impone el deber de "rectificar el injusto" (Coleman, 2010, 320). De conformidad con lo anterior, el daño sería anulado mediante la imposición del deber de resarcirlo en cabeza de quien obtuvo una serie de ganancias o ventajas conculcando los derechos de otro.

De allí la importancia de la *agencia moral*, que en cierta medida instala un principio de eficiencia de la reparación en tanto "el deber de reparar las pérdidas injustas está fundado [...] en el hecho de que son responsabilidad del agente dañador, resultado de su agencia" (Coleman, 2010, 329).

Además de cumplir con mínimos éticos en un contexto en el que la justicia ofrece a los victimarios "un tratamiento punitivo más benigno que el ordinario" (Corte Constitucional, 2011), el modelo de reparaciones aquí sugerido cumple objetivos pragmáticos. Uno de ellos es contribuir a la materialización de la verdad reparadora en razón a que se sustenta en esfuerzos de esclarecimiento profundo de la realidad oculta de la macro-victimización.

Otro objetivo es contribuir a que el Estado no sea el único ente encargado de reparar a las víctimas en el marco de limitaciones fiscales que dan lugar a aproximaciones precarias a ciertos contenidos parciales de la reparación que, incluso, pueden llegar a nutrir lógicas estructurales de discriminación y pauperización.

Aquí cabe destacar que actualmente el SIVJRNR se enfrenta al desafío de hacer operativos diversos mecanismos de reparación, instalados en diversidad de normativas e instituciones. Uno de ellos es el programa administrativo de indemnizaciones contemplado en la Ley 1448 de 2011, el cual debe adecuarse a los estándares que sobre la materia ha establecido la Comisión Interamericana de Derechos Humanos (CIDH, 2008), entre los que se destacan, para los propósitos del presente capítulo, los siguientes:

1. Las reparaciones no pueden enriquecer pero tampoco empobrecer a las víctimas;

2. Los programas administrativos tienen como objetivo complementar las medidas judiciales de reparación;

3. Los programas de reparación administrativa requieren un proceso de diálogo y consulta con las víctimas;

4. La adopción de programas administrativos no puede excluir el acceso a reparaciones judiciales;

5. La existencia de un programa administrativo no puede convertirse en una vía excluyente o un desistimiento de la indemnización judicial, y

6. Los programas administrativos de reparación no excluyen que los victimarios contribuyan con sus bienes a la reparación de las víctimas, por lo cual se requiere una estrategia para la recuperación de activos lícitos e ilícitos.

En el marco de lo anterior, y en ausencia de posibilidades reales de ajuste del programa en relación con este tipo de lineamientos, tanto la JEP como la CEV podrían dar prioridad a la identificación de medidas de reparación en cabeza de beneficiarios, perpetradores y determinadores, según su respectivo ámbito de competencias[12].

En estrecha relación con el anterior objetivo, un modelo de reparaciones basado en un ajuste programático de derechos entre máximos responsables y víctimas contribuiría a que las y los ganadores de la guerra, las y los usufructuarios de vejámenes contra la dignidad humana, se vieran confrontados por la justicia a través de una interpelación restaurativa que alcanzaría otros dos objetivos complementarios.

Por un lado, cumpliría con los estándares de progresividad y no regresividad exigidos al SIVJRNR en relación con sus antecedentes *transicionales*, ya que se inscribiría en un intento por retomar los esfuerzos fallidos que, en el marco de normativas previas, la jurisprudencia ha orientado hacia el desmantelamiento de las estructuras económicas y políticas que se han beneficiado de violaciones a derechos humanos e infracciones al DIH, o que han dado sustento a sus redes de perpetración.

Por otro lado, avanzaría de forma determinante en la configuración de garantías de no repetición, toda vez que la justicia, a través de la compensación real y efectiva del dolor de las víctimas a expensas de sus máximos responsables, estaría emitiendo un mensaje a la sociedad según el cual nadie podría en el futuro erigir su opulencia gracias al sufrimiento radical de otras y otros ciudadanos.

Adicionalmente, si se demuestra una brecha entre la libertad de agencia de los máximos responsables de las violaciones respecto de la de sus víctimas, como ocurre en los casos de despojo de tierras y territorios a campesinos y campesinas, la reparación puede constituir un ajuste restaurativo consistente en la corrección de una injusticia radical mucho más amplia y profunda (Reyes Mate, 2011) y que probablemente haga parte de las causas fundamentales del conflicto.

---

12 Lo anterior en razón a que la reparación es transversal a todo el SIVJRNR en el sentido de que no se inscribe de manera exclusiva en un órgano en particular del sistema, ni tampoco en otras instituciones judiciales o administrativas (VARGAS VALENCIA, 2020a).

BIBLIOGRAFÍA

Abuchaibe, H. "La justicia transicional del posacuerdo con las farc-ep", *Revista Ópera*, 20, 2017.

Acuerdo Final para la Terminación del Conflicto y la Construcción de una Paz Estable y Duradera, Bogotá, 24 de noviembre de 2016.

Ambos, K. *Dominio del hecho por dominio de voluntad en virtud de aparatos organizados de poder*, Bogotá, Universidad Externado de Colombia, 2001.

Arendt, H. *La condición humana*, Barcelona, Paidós, Colección Estado y Sociedad, 2015.

Beristain, A. *Criminología, victimología y cárceles*, t. i, Bogotá, Pontificia Universidad Javeriana, Colección Profesores 22, 1996.

Castillejo Cuéllar, A. "Sobrevivientes, beneficiarios y perpetradores: notas para pensar una comisión de la verdad en Colombia", *Encuentro Internacional Encrucijadas de la Memoria, la Violencia y la Paz*, Bogotá, octubre de 2013.

Centro Nacional de Memoria Histórica (cnmh). *Justicia y paz: tierras y territorios en las versiones de los paramilitares*, Bogotá, oim, 2012.

Coleman, J. C. *Riesgos y daños*, Madrid, Barcelona, Buenos Aires, Marcial Pons, 2010.

Comisión Interamericana de Derechos Humanos (cidh). "Lineamientos principales para una política integral de reparaciones", oea/Ser/L/V/ii.131, Washington, 19 de febrero de 2008.

Comisión Nacional de Reparación y Reconciliación (cnrr). *La tierra en disputa: Memorias de despojo y resistencia campesina en la costa Caribe (1960-2010)*. Bogotá, Taurus y Fundación Semana, Grupo de Memoria Histórica, 2010.

Consultoría para los Derechos Humanos y el Desplazamiento (codhes). "Primer Conversatorio de Desplazamiento Forzado en el Sistema de Verdad, Justicia y Reparación", *Derechos de la población desplazada en el marco de la implementación del Acuerdo de Paz*, Bogotá, Sistematización de Memorias, 2018.

ELSTER, J. *Rendición de cuentas: la justicia transicional en perspectiva histórica*, Buenos Aires, Katz Editores, 2006.

ELSTER, J. *La explicación del comportamiento social: más tuercas y tornillos para las ciencias sociales*, Barcelona, Gedisa Editorial, 2010.

FUNDACIÓN FORJANDO FUTUROS. "Empresas, desplazamiento y despojo de tierras en Colombia", Asamblea de Cooperación por la Paz, OXFAM, Fundación Abogacía Española, Observatorio de Derechos Humanos de la Universidad de Valladolid, Agencia Vasca de Cooperación para el Desarrollo, Tierra y Paz, 2018.

GARAY SALAMANCA, L. J. (dir.), F. BARBERI GÓMEZ, C. RAMÍREZ GÓMEZ y F. VARGAS VALENCIA. *El reto ante la tragedia humanitaria del desplazamiento forzado: reconocer y resarcir debidamente los daños y perjuicios*, vol. 10, Bogotá, Comisión de Seguimiento a la Política Pública sobre Desplazamiento Forzado y Embajada del Reino de los Países Bajos en Colombia, 2011.

GARAY SALAMANCA, L. J. y E. SALCEDO-ALBARÁN. *Redes ilícitas y reconfiguración de Estados: el caso de Colombia*, Bogotá, vortex, ICTJ, 2012.

GARAY SALAMANCA, L. J. y E. SALCEDO-ALBARÁN. *Hacia una formulación de criterios para identificar máximos responsables en redes criminales: Aplicación del Análisis de Redes Sociales*, Documento de trabajo n.º 8, Bogotá, Fundación Vortex, 2013.

GARAY SALAMANCA, L. J. y F. VARGAS VALENCIA. *Memoria y reparación: elementos para una justicia transicional pro víctima*, Bogotá, Universidad Externado de Colombia, 2012.

GARAY SALAMANCA, L. J. y F. VARGAS VALENCIA. Punto 5 del Acuerdo de Paz entre el Gobierno Nacional y las FARC-EP: retos desde la justicia anamnética", en L. J. GARAY SALAMANCA, F. VARGAS VALENCIA y C. SALGADO ARAMÉNDEZ. *Daño, verdad, reparación colectiva y construcción de paz en Colombia*, Lecturas de Reparación Colectiva, vol. 1, Bogotá, CODHES, USAID, 2016.

HEDSTRÖM, P. y R. SWEDBERG. "Social mechanisms: An introductory essay", en P. HEDSTRÖM y R. SWEDBERG (eds.). *Social Mechanisms: An Analytical Approach to Social Theory*, Cambridge, Cambridge University Press, 1998.

Kemelmajer, A. *Justicia restaurativa: posible respuesta para el delito cometido por personas menores de edad*, Buenos Aires, Rubinzal-Culzoni Editores, 2004.

Lozares, C. *La teoría de redes sociales* (ensayo), Barcelona, (s. f.).

Noguera, J. A. *Teoría sociológica analítica*, Madrid, Centro de Investigaciones Sociológicas, 2010.

Reyes Mate, M. *Tratado de la injusticia*, Barcelona, Anthropos, 2011.

Roxin, C. "El dominio de organización como forma independiente de autoría mediata", en *Revista de Estudios de la Justicia*, 7, 2006.

Salcedo-Albarán, E. y L. Garay Salamanca. *Macro-criminalidad: complejidad y resiliencia de las redes criminales*, Bloomington, iUniverse, 2016.

Sampedro Arrubla, J. *La re-humanización del sistema penal: una propuesta desde las víctimas y la justicia restaurativa*, Colección Criminología y Victimología n.º 8, Bogotá, Pontificia Universidad Javeriana y Grupo Editorial Ibáñez, 2019.

Sen, A. *Desarrollo y libertad*, México, Planeta, 2000.

Teitel, R. G. *Justica transicional*, Bogotá, Universidad Externado de Colombia, 2017.

Vargas Valencia, F. "Hacia una verdad que fluya y permanezca como un río: ¿qué puede esperarse de una comisión de la verdad en Colombia?", en AA.VV. *Detrás del espejo: los retos de las comisiones de la verdad*, Bogotá, Alcaldía Mayor de Bogotá, Dignificar, Centro de Memoria, Paz y Reconciliación, 2014.

Vargas Valencia, F. *Reparación a víctimas en el componente judicial del Sistema Integral de Verdad, Justicia, Reparación y no Repetición (SIVJRNR): Sub-reglas constitucionales y propuestas de lineamientos básicos*, Bogotá, Consultoría para los Derechos Humanos y el Desplazamiento (CODHES), USAID (en prensa), 2020a.

Vargas Valencia, F. "Contextos estructurales del conflicto armado en Colombia: un camino hacia la intersección entre la justicia de transición y el derecho a la propiedad sobre la tierra", en L. Cespedes y S. Latorre (eds.). *El debate sobre la propiedad en transición hacia la paz: desafíos a la propiedad en el marco de la justicia transicional en Colombia*, Bogotá, Universidad de El Rosario y Universidad del Norte (en prensa), 2020b.

Vargas Valencia, F.; L. J. Garay Salmanca y G. Rico Revelo. *Derechos patrimoniales de víctimas de la violencia: Reversión jurídica y material del despojo y alcances de la restitución de tierras en procesos con oposición*, Bogotá, Escuela Judicial "Rodrigo Lara Bonilla", 2016.

JURISPRUDENCIA

CORTE CONSTITUCIONAL

Sentencia C-370 del 18 de mayo de 2006, MM. PP.: Manuel José Cepeda, Jaime Córdoba Triviño, Rodrigo Escobar Gil, Marco Gerardo Monroy, Álvaro Tafur Galvis, Clara Inés Vargas, Bogotá.

Sentencia C-771 del 13 de octubre de 2011, M. P.: Nilson Pinilla.

Sentencia C-579 del 28 de agosto de 2013, M. P.: Jorge Ignacio Pretelt.

Sentencia C-674 del 14 de noviembre de2017, M. P.: Luis Guillermo Guerrero.

Sentencia C-007 del 1.º de marzo de 2018a, M. P.: Diana Fajardo Rivera.

Sentencia C-080 del 15 de agosto de 2018b, M. P. Antonio José Lizarazo.

ÁLVARO HERNANDO CARDONA GONZÁLEZ. Abogado, magíster en Derecho de los Recursos Naturales; especializado en Derecho Minero Energético, diplomado en Conciliación y Docencia Universitaria; se ha desempeñado como secretario de Fomento Agropecuario y Minero del Huila, director seccional de Cormagdalena, subcontralor del Huila, director de Justicia y secretario de Gobierno de Neiva, superintendente de Puertos y Transporte de Colombia, procurador regional de Boyacá y La Guajira, y director ejecutivo de la Cámara Sectorial del Transporte de la ANDI; fue miembro del Comité Jurídico del SINA, de la Comisión Interamericana de Puertos de la OEA y miembro del Consejo Directivo del ICONTEC; es coautor de varios libros sobre Derecho del Ambiente, y Derecho de Tierras, y columnista del *Diario del Huila*; docente y miembro del Grupo de Investigación del Departamento de Derecho Ambiental de la Universidad Externado de Colombia y procurador Agrario y Ambiental de Boyacá.

YEHISON FERNANDO VARGAS MORENO. Abogado, especialista en Derecho Procesal de la Universidad de Boyacá, con doctorado en Filosofía de la Religión del Seminario Anglicano Internacional de Virginia EEUU, y candidato a magíster en Derecho Procesal y Probatorio de la Universidad de Boyacá; ha prestado apoyo jurídico y ha sido líder jurídico del Programa de Formalización de la Propiedad Rural de la Corporación Colombia Internacional en Ramiriquí, Boyacá; fue líder jurídico de la Organización Internacional para las Migraciones, Agencia de Naciones Unidas, en Ramiriquí (Boyacá) del Programa de Formalización de la Propiedad Rural de la ANT; actualmente se desempeña como enlace territorial de la Organización Internacional para las Migraciones, Agencia de Naciones Unidas, en los municipios de Moniquirá, Ramiriquí, Ventaquemada y Zetaquirá (Boyacá) del Programa de Formalización de la Propiedad Rural de la ANT.

CARLOS ALBERTO TELLO MOSQUERA. Abogado de la Universidad Tecnológica del Chocó; especialista en Derecho Administrativo de la Universidad Libre de Pereira, y especialista en Administración Pública Contemporánea de la Escuela Superior de Administración Pública (ESAP); magíster en Democracia y Gobierno y en Gobernanza y Derechos Humanos de la Universidad Autónoma de Madrid; estudiante de doctorado en Derecho, Gobierno y Políticas Públicas de la Universidad Autónoma de Madrid; investigador del Grupo Derecho, Sociedad y Medio Ambiente (GIDSMA) en la línea Derechos Humanos y Democracia; posee experiencia en docencia universitaria en la Facultad de Derecho de la Universidad Tecnológica del Chocó; se ha desempeñado como auxiliar judicial de magistrado del Tribunal Administrativo del Chocó y consultor de la Procuraduría Regional Chocó.

FERNANDO VARGAS VALENCIA. Abogado, especialista en Derechos Humanos y DIH de la Universidad Externado de Colombia; magíster en Sociología Aplicada de la Universidad Autónoma de Barcelona, España; consultor en Justicia Transicional, Derechos Humanos y Desplazamiento Forzado; asesor de organizaciones sociales y comunidades étnicas en materia de derechos humanos y territoriales; se ha desempeñado como asesor jurídico de la Vice-contraloría General de la República, investigador socio-jurídico de la Comisión de Seguimiento a la Política Pública sobre Desplazamiento Forzado en Colombia, coordinador nacional de incidencia jurídica de la Consultoría para los Derechos Humanos y el Desplazamiento (CODHES) y jefe del Grupo de Análisis de la Información (GRAI) de la Jurisdicción Especial para la Paz (JEP).

IVÁN EDUARDO MATIZ SÁNCHEZ. Abogado, magíster en Planeación para el Desarrollo y especialista en Docencia e Investigación Universitaria y en Derecho Comercial y de los Negocios; se ha desempeñado como directivo, asesor, consultor y contratista de entidades públicas y privadas nacionales y locales; ha sido consultor internacional del Banco Mundial y de otras organizaciones en América Latina; su experiencia comprende temáticas de gobernanza de la tierra, territorial y pública, tierras, ordenamiento social de la propiedad, catastro predial, registro de la propiedad, planeación y desarrollo, estructuración, dirección y coordinación de proyectos, y diseño de políticas públicas; ha sido docente universitario en las cátedras de Derecho Civil Bienes y Procesal; actualmente es docente de la Universidad Externado de Colombia en la especialización de Derecho de Tierras; ha escrito diversos artículos para revistas especializadas y ha colaborado en publicaciones para organizaciones nacionales e internacionales.

Daniella Farias Scarassatti. Licenciada en Arquitectura y Urbanismo, magíster en Sistemas de Información Geográfica; con experiencia en planificación, catastro y tributos; es investigadora del Grupo de Gobernanza de Tierras de la Facultad de Economía de la Universidad Estadual de Campinas, y se desempeña en el Ayuntamiento de Campinas en las áreas de planificación urbana, catastro inmobiliario e impuestos; ha sido representante del Ayuntamiento de Campinas en el Comité de Catastro en Iberoamérica, coordinadora latinoamericana en la red de expertos en catastro de la Fundación Centro de Educación a Distancia para el Desarrollo Económico y Tecnológico de España, y editora jefe de la revista de catastro en la misma organización.

Gladys Rojas León. Ingeniera geógrafa, magíster en Gestión Pública y Planificación y Gestión del Territorio; ha sido consultora en el área territorial con fines ambientales y directora regional de apoyo a municipalidades en planes de desarrollo local; presta sus servicios en la Superintendencia Nacional de los Registros Públicos, en la Subdirección Nacional de Catastro Registral y en la Oficina de Catastro Registral; ha participado en diferentes escenarios internacionales relacionados con las temáticas de catastro y gobernanza de la tierra; actualmente es docente de la Universidad Nacional Federico Villarreal en las temáticas de catastro, planificación del territorio e ingeniería de valuación.

Jaime Augusto Correa Medina. Abogado, candidato a doctor en Derecho, becario y magíster en Derecho, con énfasis en Derecho Procesal de la Universidad Externado de Colombia; docente del Departamento de Derecho Procesal en pregrado y en las especializaciones de Derecho de Tierras, Derecho Público y Derechos Humanos de la Universidad Externado de Colombia; es asesor jurídico y temático de la Dirección General de la Agencia Nacional de Tierras y para el Gobierno Nacional; es coautor de diversas publicaciones jurídicas en temas de tierras.

Myriam Carolina Martínez Cárdenas. Abogada de la Universidad Sergio Arboleda; magíster en Administración de Negocios (MBA) del ESIC Business and Marketing School de Madrid, España; especialista en Derecho Comercial y Financiero de la Universidad Sergio Arboleda y en Derecho de las Telecomunicaciones de la Universidad de Externado de Colombia; actualmente es directora general de la Agencia Nacional de Tierras.

NINO CAVALLO. Abogado de la Universidad Militar Nueva Granada de Colombia; especialista en Derecho de Tierras y Docencia Universitaria de la Universidad Externado de Colombia, con formación en Derecho Inmobiliario y Gestión Predial para el desarrollo y ejecución de proyectos de utilidad pública en el sector Oil & Gas, vías, construcción e infraestructura; actualmente se desempeña como abogado de la vicepresidencia regional jurídica orinoquía de Ecopetrol; prestó sus servicios en la Constructora Colpatria, Torres & Alvarado Consultores Gerenciales Ltda., Arce Rojas Consultores & Cia., Chahin Vargas & Asociados, Gestión Integral de Proyectos SAS, Notaria 53 de Bogotá en asuntos el ejercicio del litigio relacionado con la ejecución de proyectos, derecho notarial y de registro, urbanístico, civil, procesal, derecho agrario, ambiental, justicia transicional, restitución de tierras y comunidades colectivas.

SERGIO ROLDÁN ZULUAGA. Abogado de la Universidad de los Andes; especialista en Derecho Administrativo con experiencia en derechos humanos; se ha desempeñado como director nacional de Acciones Judiciales, de Defensoría Pública y de Promoción y Divulgación de Derechos Humanos en la Defensoría del Pueblo; Ha sido coordinador nacional de reparación y atención a víctimas de la Comisión Nacional de Reparación y Reconciliación (CNRR); consultor de USAID, OIM, Consejo Noruego de Refugiados, ONU-DDHH, PNUD, embajadas de Canadá, Holanda y Suiza, de GIZ Cooperación Alemana, y de organizaciones no gubernamentales como CODHES, Dejusticia e ICTJ; ha sido jurado del Premio Nacional Colombo-Suizo de Fotografía en Derechos Humanos y es profesor e investigador de la Universidad Externado de Colombia; es autor de varios libros y artículos; abogado y consultor.

JULIANA DE OLIVEIRA SALES. Licenciada en Derecho, con maestría en Medio Ambiente y Desarrollo y doctoranda en Derecho Sociambiental y Sostenibilidad de la Pontificia Universidad Católica del Paraná (PUCPR), Brasil; participa en los grupos de investigación "Ekoa: grupo de investigación y pesquisa en derecho socioambiental" (UFPR) y "Medio ambiente:

sociedades tradicionales y sociedad hegemónica" (PUCPR); asociada del Centro de Investigación y Extensión en Derecho Socioambiental (CEPEDIS).

WILLIAM IVÁN GALLO APONTE. Abogado de la Universidad Externado de Colombia; mestrando en Direito Econômico e Desenvolvimento, Direitos Sociais, Desenvolvimento e Globalização por la Pontifícia Universidade Católica do Paraná, Brasil; becario de la PUCPR-CAPES y de la Universidad Externado de Colombia para adelantar estudios de maestría; se ha desempeñado como asistente de investigación del Departamento de Derecho del Medio Ambiente de la Universidad Externado de Colombia; es miembro del Núcleo de Investigaciones en Políticas Públicas y Desarrollo Humano (NUPED), y vicepresidente de la Red Iberoamericana Juvenil de Derecho administrativo.

ANDRÉS PARRA CRISTANCHO. Abogado de la Universidad Libre y filósofo de la Universidad Nacional; es docente de la especialización en Derecho de Tierras de la Universidad Externado de Colombia; autor de la publicación "Nociones de Derecho Agrario. Texto Guía para capacitación", y coautor de Land and Rural Development Program: Unión Marital de Hecho y Manual para la formalización de la tenencia de predios rurales.

HECTOR SANTAELLA QUINTERO. Abogado y magíster en Derecho Administrativo de la Universidad Externado de Colombia; diplomado en Estudios Avanzados en Derecho del Medio Ambiente y Ordenación del Territorio por la Universidad Autónoma de Madrid; doctor en Derecho por la Universidad Autónoma de Madrid; exmagistrado auxiliar de la Sección Primera del Consejo de Estado; abogado en ejercicio, consultor y asesor de empresas privadas y entidades públicas; socio de Vargas Ayala Abogados; se desempeña como profesor de los departamentos de Derecho Administrativo, Derecho Constitucional y Derecho del Medio Ambiente de la Universidad Externado de Colombia.

JEFFREY LEÓN BALCERO. Abogado de la Universidad Externado de Colombia con intensificaciones en contratación internacional, interpretación de contratos atípicos, régimen contractual de la propiedad intelectual y conciliación administrativa; se desempeñó como estudiante investigador en el Semillero de Investigación "Reforma al equilibrio de poderes", y en el "Proyecto de investigación sobre monismo y pluralismo jurídico en el derecho internacional"; practicante en la Sección Primera del Consejo de Estado; realizó cursos intensivos en Contratación Internacional y en Diseño de Políticas Públicas en la Universidad Externado de Colombia; ha sido asistente investigador de Hernando Parra Nieto y asistente jurídico de Héctor Santaella Quintero; actualmente cursa la especialización en Derecho Público en la Universidad Externado de Colombia.

JORGE EDUARDO CAMARGO CARVAJAL. Abogado especialista en Derecho Administrativo de la Universidad Santo Tomas y en Derecho del Medio Ambiente y Servicios Públicos Domiciliarios de la Universidad Externado de Colombia; se ha desempeñado como Procurador Judicial para Asuntos de Restitución de Tierras, Procurador Judicial para Asuntos Agrarios y Ambientales y Secretario General y Jurídico del Acueducto Metropolitano de Bucaramanga; es abogado litigante y consultor en asuntos civiles, administrativos, agrarios y de tierras, y docente universitario; actualmente es Defensor Delegado para Asuntos Agrarios y Tierras.

Editado por el Departamento de Publicaciones
de la Universidad Externado de Colombia
en julio de 2020

Se compuso en caracteres Ehrhardt Regular de 12 puntos
y se imprimió sobre papel Holmen Book Cream de 60 gramos
Bogotá (Colombia)

Post tenebras spero lucem

Made in United States
North Haven, CT
04 November 2026

21764888R00268